21 世纪高等院校创新课程规划教材

战略管理

主　编　刘　珂　徐明霞
副主编　张　省　唐　云　程　洁

中国财经出版传媒集团
经济科学出版社
Economic Science Press

图书在版编目（CIP）数据

战略管理 / 刘珂，徐明霞主编．—北京：经济科学出版社，2021.8

21 世纪高等院校创新课程规划教材

ISBN 978－7－5218－2694－4

Ⅰ．①战…　Ⅱ．①刘…　②徐…　Ⅲ．①企业管理－战略管理－成人高等教育－教材　Ⅳ．①F272.1

中国版本图书馆 CIP 数据核字（2021）第 135943 号

责任编辑：周胜婷
责任校对：齐　杰
责任印制：王世伟

战略管理

主　编　刘　珂　徐明霞

副主编　张　省　唐　云　程　洁

经济科学出版社出版、发行　新华书店经销

社址：北京市海淀区阜成路甲 28 号　邮编：100142

总编部电话：010－88191217　发行部电话：010－88191522

网址：www.esp.com.cn

电子邮箱：esp@esp.com.cn

天猫网店：经济科学出版社旗舰店

网址：http://jjkxcbs.tmall.com

北京季蜂印刷有限公司印装

787×1092　16 开　17.5 印张　400000 字

2021 年 8 月第 1 版　2021 年 8 月第 1 次印刷

ISBN 978－7－5218－2694－4　定价：42.00 元

前言

数字经济的发展以数据作为关键生产要素，有效驱动劳动力、资本、土地、技术、管理等要素，并促进这些要素的网络化共享、集约化整合、协作化开发和高效化利用。同时，新一代信息技术与经济社会各领域的深度融合，孕育了新技术、新产业、新业态、新模式。如何应对这一巨变，实现企业的数字化转型，是当前企业制定战略时需要考虑的一个重要且急迫的问题。数字化转型并非单一的技术创新，而是从企业的战略导向和价值取向出发，综合分析外部的数字环境、内部的数据资源和知识资源，设计企业不同层次的战略选择，并进行有效的战略实施和战略评价。已经有一些企业主动应对大数据带来的机遇，开启了工业互联网平台建设、跨界经营、商业模式创新等，对自身的战略进行着变革。基于此，在数字经济的背景下，本编写团队对传统的战略管理教材的内容进行调整，以突出数字经济的时代特征和企业战略管理的变化，适应本科生和研究生（包含 MBA、MPAcc）的教学需求，并能够给企业管理实践者提供借鉴。

本教材的编写特色体现在以下三点。

1. 内容与时俱进

本教材将数字经济时代的新环境、新变化、新模式、新理念、新业态、新战略等内容渗透到传统战略管理框架中去，主要体现在以下几部分。

第二章环境演进与战略管理。强调环境对战略管理的影响作用，战略管理本身即是企业决策者与环境博弈的过程。第一节为战略管理的基本问题，即如何在经营环境中获取竞争优势。第二节为环境特征与战略管理，说明环境变化与战略管理的动态性关系。第三节为相对静态环境下的战略管理，即传承传统战略管理的精华内容。第四节为 VUCA 时代的战略管理，突出 VUCA 时代的特征及其对战略变革的影响。第五节为数字经济时代的战略管理，该部分内容与第四节内容形成递进关系，突出数字经济下企业战略管理的颠覆性变革。

第三章外部环境分析。第一节为宏观环境分析，研究中加入生态环境（E）和法律环境（L）的分析，形成 PESTEL 的分析框架。第五节是数字环境分析，强调与企业经营相关联的外部环境中哪些因素来源于数字经济，对企业战略将产生何种影响。第六节是企业跨界经营的外部条件分析，分析和归纳出企业进行跨界经营的外部条件因素，以及是如何产生影响的。

第四章内部环境分析。第三节数据资源和知识资源分析，突出了数字经济时代企业的战略性资源，即数据资源和知识资源的重要性。

第七章扩张战略。与传统扩张战略相比，增加了平台型战略、跨界经营战略。平台型战略已经是传统企业扩张战略转型、新创企业实现扩张的模式；跨界经营战略更是拥有数据资源这种战略资源的企业进行扩张的首选模式。本章最后提出，所有扩张战略的实现方式，都可以是并购、战略联盟、新建等，与传统战略管理的内容相呼应。

第八章数字经济下的新型增长战略。本章内容与第七章内容区别开来，重点讲数字经济时代的新型增长战略，包括电子商务战略、虚拟经营战略、商业模式创新、创业战略等内容。这几种战略本身也形成了一定的递进关系，电子商务战略、虚拟经营战略是信息技术时代的增长战略选择，而数字经济时代更突出商业模式创新、创业战略的重要性。

2. 适读适用性强

首先突出案例的时效性。本教材引入大量数字经济时代企业经营管理的案例，每一章均安排引例、章后案例，同时在具体内容撰写时插入小案例，以增加教材的趣味性和可读性，适合本科生教学和研究生教学需求。

其次结构逻辑合理。遵循“战略导论—战略分析—战略选择与制定—战略实施”的结构逻辑撰写，适用于本科生的学习逻辑和研究生的思考模式。首先是战略管理的基本理论，包括第一章“战略管理导论”、第二章“环境演进与战略管理”。接着是战略分析，包括第三章“外部环境分析”、第四章“内部环境分析”、第五章“愿景、使命和战略目标”。随后是战略选择和制定，包括第六章“战略层次及基本战略”、第七章“扩张战略”、第八章“数字经济下的新型增长战略”。最后是战略实施，包括第九章“战略实施”、第十章“战略评价与控制”。

3. 针对性强

本教材在传承战略管理经典理论的基础上，注重数字经济时代企业经营环境的变化，加大本土化案例的开发和撰写。在案例选择方面，力求结合本科生教育的时代特征、MBA和MPAcc教育的实战性特点，引入农业、制造业、电子商务、电子信息、工业互联网产业等方面的案例，促进学生关注企业经营实践，并通过案例分析使学生加强对战略管理理论知识的理解、把握和运用。

本教材的编写大纲由郑州轻工业大学的刘珂、徐明霞拟定，郑州轻工业大学、郑州升达经贸管理学院的相关老师参与了本书的编写工作，具体分工如下：刘珂编写第二章、第五章的第一节和第二节，徐明霞编写第五章的第三至第五节、第七章，张省编写第六章的第四至第七节、第八章，唐云编写第四章、第十章的第四至第六节，程洁编写第一章，王曼曼编写第三章、第六章的第一至第三节，王琦玮编写第九章、第十章的第一至第三节，全书的统稿由徐明霞完成。本书的编写得到了郑州轻工业大学教材建设立项资助，也得到了郑州轻工业大学经济与管理学院领导的大力支持。同时也参考了大量的相关书籍和文献资料，相关专家编写的战略管理教材对本教材的框架确定有较大的启发和帮助。特别感谢经济科学出版社的编辑对本书的支持，在此一并表示感谢。

限于时间和水平，本书难免存在疏漏或错误，我们真诚地希望读者多提反馈意见，也希望同行专家批评指正，使我们不断完善书稿，更新内容。

编者

2021 年 5 月

目录

第一章　战略管理导论

战略是什么？迈克尔·波特说战略是“放弃”，杰克·韦尔奇说战略是“重建游戏规则”，钱·金说战略是“发现蓝海”，柳传志说战略是“想清你的目的，目的决定一切”。当下全世界的企业都面临着越来越复杂的环境，越来越激烈的竞争，越来越大的市场范围，越来越快的社会、经济、文化和技术的变化。对于企业来说，如何对未来的市场环境变化做出正确的判断？如何调整企业的经营行为，以应对这种未来的变化，从而领先对手，获得竞争优势？如何从各种社会与商业关系中发掘别人没有发觉的价值，创造出别人没有采用过的盈利模式？这都是企业家和管理者非常关注的战略问题。那么，战略管理到底是什么？战略理论是如何发展到今天的？战略管理体系能帮助企业实现什么目标？本章就战略及战略管理的基本概念进行纵览与概述。

［学习目标］

◇ 明确“战略管理”概念的形成过程

◇ 掌握战略管理的流派、层次以及过程

◇ 熟悉战略管理的发展历程

［引例］

D 集团的新战略

全球最大整车企业 D 集团（德国）数字化产品与服务并重，着力打造汽车数字化生态系统。

全球汽车行业对于未来汽车的定义已经远超简单的运输工具，未来汽车将成为承载消费者生活、工作、娱乐等需求的“移动”设备。

在这一行业趋势之下，全球最大整车企业 D 集团制定了从整车制造到全场景出行解决方案提供商的业务转型战略。承接该业务战略的最核心部分在于借助数字化全方位地重塑汽车产品，让未来的消费者能通过未来的 D 汽车实现“在移动中连接世界”。D 集团的数字化转型就选择在“重塑汽车”上全力投入，D 集团计划将于在 2025 年前在打造数字化产品与服务上累计投入 35 亿欧元。

D 集团重金打造的未来汽车的设计与运营完全按照数字化产品的理念：D 集团将汽车

硬件与软件分离，从而使未来汽车能够以更快的频率更新和升级软件系统；作为未来汽车的基础软件平台，D 集团全力打造“汽车界的 Android”——VW. OS 汽车操作系统平台；在 VW. OS 基础上，D 集团将致力于与第三方 App 应用开发者及各类商家一起构建汽车行业最大的数字化生态系统（VW WE）。在 VW WE 这个汽车数字化生态系统中，未来 D 集团所能为消费者提供的产品与服务组合将远超传统的整车销售与维保。VW WE 生态系统将能够按照消费者不断涌现的需求，由 D 集团或其他第三方参与者持续不断地增加新的车载消费与体验服务或是其他移动出行解决方案。比如目前 D 集团已开始推出的 WeDeliver，一项递送到车而不是传统的递送到固定地址的快递服务。

D 集团所推行的聚焦数字化产品与服务打造的数字化转型，届时有望实现可观的业务价值：D 集团预计到 2025 年这些新的数字化服务将实现超过 10 亿欧元的营收，并将持续增长。

资料来源：笔者根据有关资料管理。

第一节　战略与战略管理

一、战略的定义

“战略”（strategy）一词最初是军事用语，来自希腊语动词“stratego”，原意为“将领”，也有“权力”“军队”“指挥”等意思。1688 年，该词被引入英语词汇中，意思是“通过有效利用资源来规划敌人造成的毁灭”①。许多著名的军事家都对“战略”一词的含义给出了各自的解释。德国著名军事战略家克劳塞维茨将军在其成名作《战争论》当中是这样定义“战略”的：“战略是为了达到战争目的而对战斗的运用。战略必须为整个军事行动规定一个适应战争目的的目标”。而德国另一位军事战略家毛奇将军在其所著《毛奇军事论文集》一书中对“战略”的解释是：战略是一位统帅为达到赋予他的预定目的而对自己手中掌握的工具所进行的实际运用。

战略一词 20 世纪初开始走入商业领域。1938 年，巴纳德（Barnard）首次将战略概念引入管理理论。他认为，在需要做出决策的任何情况下，企业组织应该遵循相同的原则，都必须考虑战略因素②。而将战略与商业策略联系起来则是 20 世纪 60 年代以后的事情。战略在企业中的推广与应用使得企业战略成为学术界研究的热点，企业战略的定义呈现了百花齐放的状态。如哈佛大学的迈克尔·波特（Michael Porter）教授把战略定义为：公司

---

① 丹尼尔·雷恩. 管理思想的演变［M］. 北京：中国社会科学出版社，1997：545.

② 切斯特·巴纳德. 经理人员的职能［M］. 王永贵译. 北京：机械工业出版社，2007.

将自身与行业环境结合起来进行的自我定位①。有着“企业战略之父”美誉的小阿尔弗雷德·D. 钱德勒（Alfred D. Chandler Jr.）认为企业战略是“企业长期基本目标的决定以及为贯彻这些目标必须采纳的行动方针和资源分配”②。长期担任加拿大蒙特利尔市麦吉尔大学管理研究部教授、法国枫丹白露欧洲管理学院组织学教授的著名学者亨利·明茨伯格（Henry Mintzberg）在《战略历程——纵览战略管理学派》一书中根据人们对企业战略的不同理解将战略管理归结为十个学派，并进而指出，战略的形成不但与价值观、远见和能力有关，而且与军队和宗教、危机和承诺、组织的学习和进化平衡的中断、产业组织和社会变革有关。他认为，战略至少应当有五种定义：战略是计划（预期的战略）、战略是模式（已实现的战略）、战略是定位、战略是观念、战略是策略。根据詹姆斯（James）1810年的著作《军事字典》（*Military Dictionary*），“战略”和“策略”有所不同，战略关注的是“看不见敌人是做什么的策略”，而策略指面对敌人的即时反应。

在中国古代的典籍中，“战略”一词出现的频率很低，检索二十五史发现，“战略”作为一个单独词汇仅仅出现过八次。但我们绝不能以此否认东方人在战略思维的发展史上所做出的卓越贡献。中国古代历史文献中比较盛行且与“战略”词义相近的是另外一些词汇，譬如“方略”“韬略”“对策”等。“战略”是古代战略思想长期发展的结果。人类的战争实践是战略思想产生的历史渊源，这可一直追溯到史前的部落冲突与战争时期。中国具有五千年光辉灿烂的文明史，是世界上唯一未间断的历史文化发祥地。一般认为，中国古代的兵书比较完整地保存和记录下了迄今世界上最早的战略思想。世界上最早、最杰出的战略理论专著《孙子兵法》提出了一系列战略理论原则。这些原则至今仍为东西方战略理论研究界所推崇和津津乐道。

在我国的战略思想发展史上，人们较早地注意到了政治与军事间的密切联系。战国时期随着部族间和国家间的战事频繁发生，人们对战略的认识也逐渐深入。军队和国家的高层决策者们日益发觉，单纯的战争手段往往无法实现既定目标。战国时期著名军事家吴起在其所著《吴子》一书中明确指出，要发动对外战争，首先必须“内修文德，外治武备”，足见其对政治状况与战略之间关系的重视。《辞海》则是这样给“战略”下的定义：“战争的方略。泛指重大的、带全局性或决定全局的谋划。”

20世纪80年代以来，“战略”概念的活动范围已经逐渐从军事、政治、外交和企业这些传统领域延展到学校、政府管理部门和各类组织机构，人才战略、教育发展战略、城市发展战略、区域一体化战略等词汇纷至沓来。由于“战略”一词本身所具有的多维性和权变性，导致人们对其定义的内涵与外延存在广泛差异。即便如此，东西方各家学者对于战略的基本特征还是达成了某些共识。根据军事战略的本意，人们大体认同战略的以下几个特征：全局性、长远性、指导性、现实性、竞争性。

---

① 迈克尔·波特. 竞争战略［M］. 陈小悦译. 北京：华夏出版社，1997.

② 钱德勒. 战略与结构：美国工商企业成长的若干篇章［M］. 昆明：云南人民出版社，2002.

二、战略管理概念的形成

战略管理是20世纪70年代末到80年代出现于西方管理学界的一个新概念。开始阶段，人们试图将战略管理分解为目标制定、环境分析、战略制定、战略评价、战略实施和战略控制等若干与“管理”息息相关的步骤和任务，认为按部就班地落实好这些步骤和任务就是在进行有效的“战略管理”了。显然，这是对战略管理的狭义理解。另一种是广义的战略管理概念，持这种看法的主要代表人物是美国的著名战略管理学家伊戈尔·安索夫（Igor Ansoff）。他认为，战略管理是运用战略对整个企业进行战略性管理，主张将企业的日常业务决策活动同长期规划决策相结合①。安索夫后来也被尊称为“战略管理之父”。

在战略管理理论发展到成熟的过程中，有三位学者做出了奠基性理论贡献。他们是小阿尔弗雷德·D. 钱德勒、肯尼斯·安德鲁斯（Kenneth R. Andrews）和伊戈尔·安索夫。

钱德勒是美国著名的企业史学家。他的企业史研究三部曲《战略与结构：美国工商企业成长的若干篇章》《看得见的手：美国企业的管理革命》《规模与范围：工业资本主义的原动力》令人信服地展示了美国等国大公司的发展历程，被学术界奉为企业史研究的经典。《战略与结构：美国工商企业成长的若干篇章》发表于1962年，研究对象是美国的杜邦、通用汽车、新泽西标准石油和零售业巨头西尔斯。他详细考察了这些公司由职能制管理结构向多部门组织结构转变的原因和过程。据此，钱德勒提出了“结构跟随战略”的命题，即企业在实行扩张战略时必然要对其组织结构进行相应的调整。正是这种观点，使钱德勒被认为是战略管理领域的奠基者之一，而“结构跟随战略”则成为推动战略管理领域发展的主要思想来源之一。

在《看得见的手：美国企业的管理革命》一书中，钱德勒将美国大企业的成长和在此过程中企业主管理职能的弱化综合起来，称为“管理革命”。他充分肯定了“看得见的手”，即现代企业内部的行政协调所展现的资源分配能力。这部著作为钱德勒赢得了巨大声誉，引起学术界普遍关注。钱德勒本人还获得了1993年诺贝尔经济学奖提名。

1990年，钱德勒发表了其第三部标志性著作《规模与范围：工业资本主义的原动力》。他在这部书中将其研究视野从美国本土企业扩展到全球。他从美、英、德三个工业强国各精心遴选了200家最大的工业企业，考察了这些企业从1870～1990年整个时段的发展状况，提出了“组织能力”概念。他认为，组织创新是“技术”进步的组成部分。

肯尼斯·安德鲁斯写过很多关于职业经理人教育、公司战略和公司治理方面的文章。哈佛大学图书馆里保存着安德鲁斯有关教学、案例研究和学术研究的成果及其相关

---

① Igor Ansoff. The concept of strategic management [J]. Journal of Business Policy, 1972 (2).

数据、信件等资料。1971 年，他出版了《公司战略的概念》一书，首次提出了一个严谨的战略分析的框架。他认为，公司战略包含两部分内容：其一是公司可以做的，即公司所处的外部环境提供的机遇（opportunities）与威胁（threats）；其二是能够做的，即公司自身的优势（strengths）和劣势（weaknesses）。这种由环境和公司两维，由公司自身的优势和劣势、公司所处外部环境赋予公司的机遇和威胁四种要素所形成的战略分析架构后来演变为著名的 SWOT 战略分析工具。安德鲁斯在该书中提出的战略理论和分析框架一直被认为是竞争战略理论研究的起点。安德鲁斯本人也因此被尊为“公司战略领域的奠基人”“公司战略之父”。

在哈佛商学院任教期间，安德鲁斯还参与编写了一本哈佛商学院的基础教科书《经营策略：内容与案例》。这本教材的部分内容全面、清晰地阐述了设计学派的学术思想。因此，安德鲁斯也被认为是战略管理最早的一个学派“设计学派”的代表人物。《经营策略：内容与案例》、安东尼的《计划与控制系统》以及伊戈尔·安索夫所著的《公司战略》共同构成了战略管理思想的“三安范式”（Anthony-Ansoff-Andrews paradigm）。这是西方战略管理思想正式形成的标志。

伊戈尔·安索夫是国际公认的战略管理的“鼻祖”和战略之父。1965 年，安索夫发表了其第一部重要著作《公司战略》。此书被公认为战略管理理论的开山之作，标志着公司战略理论的正式诞生。在书中，安索夫对公司战略的概念、制定公司战略的必要性、公司战略的构成要素及战略选择的工具和过程等进行了系统阐述，并提出有必要建立一种进行战略规划决策的合理模型。安索夫认为，战略管理与以往经营管理的不同之处在于：战略管理是面向未来动态地、连续地完成从决策到实现的过程。安索夫把经营战略定义为：企业为了适应外部环境，对目前从事的和将来要从事的经营活动进行的战略决策。

三、战略管理的本质

20 世纪 60 年代初到 80 年代初，在西方形成了被称为战略管理理论丛林的众多学派。1998 年，亨利·明茨伯格和他的同事布鲁斯·阿尔斯特兰德、约瑟夫·兰佩尔勇敢地超越“理论丛林”，首次对战略管理理论进行了一次大盘点，归纳出十个具有各自鲜明学术观点的学派，分别是设计学派（design school）、计划学派（planning school）、定位学派（positioning school）、企业家学派（entrepreneurial school）、权力学派（power school）、认识学派（cognitive school）、学习学派（learning school）、文化学派（cultural school）、环境学派（environmental school）和结构学派（configuration school）。20 世纪 80 年代以来，如何为企业制定“竞争战略”，使企业保持“竞争优势”成为企业战略管理理论研究者们争相追捧的研究焦点，并逐渐形成了三大战略理论学派。1980 年和 1985 年，迈克尔·波特先后发表了《竞争战略》和《竞争优势》两部力作，从而奠定了其在这一研究领域的领先地位。波特是当今世界公认的竞争战略和竞争力领域的权威，被誉为“竞争战略之父”。时至今日，其关于创造企业竞争优势的理论在许多国家仍有广泛的市场。

从上面的论述中我们可以明显地看出，西方有关战略管理理论的研究主要侧重于企业战略领域。各家各派对“战略管理”的表述语境也是围绕企业展开的。但是我们更应当清醒地看到，战略管理不能等同于企业战略管理，更不能武断地认为战略管理是企业组织所独享的内容。这是由战略管理的本质属性所客观决定的。

第一，从“战略”和“管理”的角度看，“战略”和“管理”概念从产生，到后来的发展、演变，乃至战略思想和管理思想的形成，都不局限于企业范畴，而是人类生产斗争实践和社会活动实践的必然产物。

第二，战略管理虽然是在企业管理实践过程中，为了有效应对企业所面临的外部机遇与威胁，并结合企业自身情况而发展出的一套管理理念和管理工具，但是战略管理理论研究涉及产业经济学、心理学、社会学、政治学、人类学、伦理学等众多学科。有学者曾经指出，所有与组织有关的文献都对战略管理研究有所贡献。

第三，战略管理是管理者对涉及的全局性、长远性实践活动进行战略性管理的过程。从空间维度看，战略管理所涵盖的地理地域、研究对象、学科领域都较广；从空间维度看，战略管理往往要求有一个较长时段的管理周期。但有一点是明确的：但凡接受战略管理的对象，要达到其战略目标，绝非一蹴而就便可如愿的。

第四，战略管理是重大的、具有战略意义的管理行为。这在客观上决定了实施这种战略管理行为的管理者必然是处于决策层顶端的管理者。战略管理理论自出现以来一直占据着管理学学科体系“金字塔”塔尖位置这一点，也从另一个侧面印证了这种判断。当代管理学大师彼得·德里克在其名著《管理的实践》一书中这样写道：真正重要的决策，都是战略性决策。任何管理者都必须制定这类战略性决策，管理者的层级越高，则需要制定的战略性决策就越多。

第五，“战略管理”概念是一般意义上的战略管理，即战略性管理。战略管理是战略决策者实施的战略性的或者具有战略意义的管理活动和行为的过程。一般意义上的战略管理关注的核心问题是竞争优势的来源和获取问题。战略起源于军事竞争，将战略概念引入企业管理也是因为企业面临着越来越激烈的竞争。

第二节　战略管理的流派

本节从理论研究出发，重点介绍产业组织理论流派、资源基础观理论流派、核心能力理论流派、动态能力理论流派，以及企业战略管理理论的发展趋势。

一、产业组织理论流派

“竞争优势”最早是由英国的张伯伦于1939年首次提出的。随后，霍弗和申德尔把它引入战略管理领域。但是真正对企业竞争优势进行系统和深入研究的是美国学者迈克尔·波特，20世纪80年代，他先后出版了《竞争优势》《竞争战略》《国家竞争战略》三部著作，从产业结构的层面论述了竞争优势的重要性。波特认为，企业战略的核心是获取竞争优势。竞争战略的选择由两个中心问题构成。第一个中心问题是产业长期盈利能力及其影响因素所决定的产业吸引力。波特认为，一个产业内存在五种基本竞争力量，即潜在进入者、替代品、供方、需方以及产业内现有竞争者。任何产业的竞争规律都将体现于进入障碍、替代威胁、供应商的议价能力、购买者的议价能力与现有竞争者的竞争作用力之中，而其中每一种竞争作用力又受到诸多的经济技术因素和特征的影响，这五种竞争作用力综合起来决定某产业中的企业获取超出资本成本的平均投资收益率的能力，决定产业的盈利能力。第二个中心问题是决定产业内相对竞争地位的因素。企业的基本竞争优势来源于低成本与歧异性。一个企业所具有的竞争优势或劣势的显著性最终取决于企业在多大程度上能够对相对成本或歧异性有所作为，成本优势和歧异性又受产业结构的影响。在上述分析的基础上，波特提出了三种竞争战略选择方案：成本领先、差异化和目标集中。这三种战略存在不同程度的风险，需要不同的资源和技能。

产业分析竞争战略理论流派在其理论研究上的局限性主要表现在两个方面：一方面，过分强调企业的外部环境在企业战略管理中的作用，认为企业的战略选择主要取决于当前企业的外部环境，因而企业在制定战略时并不需要过多考虑企业自身内部的变化；另一方面，研究对象是产业而非企业个体实例。没有从企业自身的角度充分考虑影响企业竞争战略的制定和实施的多方面因素，有时不免会误导企业盲目进入看似利润高，而事实上不符合企业自身优势的行业或产业领域。

二、资源基础观理论流派

1984年沃纳菲尔特（B. Wernerfelt）在美国的《战略管理杂志》上发表《企业资源基础论》一文，提出企业内部资源对企业获利和维持竞争优势具有重要意义，对企业创造市场优势具有决定性的作用。企业内部的组织能力、资源和知识的积累是解释企业获得超额利润、保持竞争优势的关键。对企业而言，成功的战略是那种能够利用各种相关资源和能力并形成优势的战略。一个企业的资源包括资本、知识、组织结构、进程等企业可以控制的所有一切。对众多的资源有不同的归类方法，如巴内认为资源可以归为三类——物理资源、人力资源和组织资源。物理资源包括有形资产，如土地、建筑物、设备、成品和半成品，也包括商标名称、版权和专利等无形资产。人力资源包括公司中个体的教育、训练、经验、关系、技能和智力。组织资源包括企业文化、组织结构、规则、进程和管理信息系统，还有企业与外部团体的关系。

科利斯和蒙哥马利提出，企业资源观是建立在波特的竞争策略与核心能力竞争两种策略方法基础上的。企业是实体资产、无形资产及能力三大素质的组合，企业的资产与能力决定企业的效率与成效，拥有最佳且最适当资源的企业比竞争对手表现得更佳或成本更低，从而取得成功。企业中长期发展和竞争优势依赖于企业自身构建、培育和拥有的特殊资源和能力，企业竞争策略的研究重点就是一家企业的资源如何在动态的竞争环境中左右企业的表现。有竞争价值的企业资源（有形、无形、能力）与基本市场力量的动态相互作用（表现为稀有性、专用性、需求性），决定某一资源或能力的价值。资源基础观反映了人类迈入知识经济时代的趋势：当能够创造价值的生产要素不再仅仅是土地、资本和劳动力，当信息、技能和知识在价值创造中占据越来越重要的地位，理论就必须将其纳入分析之中并赋予其应有的地位。

三、核心能力理论流派

1990 年，美国学者普拉哈拉德（C. K. Prahalad）和英国学者哈默尔（Garv Hamel）在《哈佛商业评论》上发表的《公司核心能力》中首次提出“核心能力”一词，他们认为“核心能力是企业关于如何协同不同生产技能及整合多种技术的集合知识，是沟通、包容以及跨越组织边界的高度承诺”。他们认为核心能力是组织中积累性学识，特别是关于如何协调不同生产技能和有机结合各种流派的学识。核心能力认为并不是企业所有的资源、知识和能力都能形成持续的竞争优势，只有当资源、知识和能力同时符合珍贵（能增加企业外部环境中的机会或减少威胁）、异质（企业独一无二的，没有被当前和潜在的竞争对手所拥有）、不可模仿（其他企业无法获得的）、难以替代（没有战略性等价物）的标准时，它们才成为核心竞争力，并形成企业持续的竞争优势。

现代市场竞争与其说是基于产品的竞争，不如说是基于核心能力的竞争。企业的经营能否成功，已经不再取决于企业的产品、市场的结构，而取决于其行动反应能力，即对市场趋势的预测和对变化中的顾客需求的快速反应。因此，企业战略的目标就在于识别和开发竞争对手难以模仿的核心能力。只有具备了这种核心能力，企业才能快速适应市场的变化，满足顾客的需求，才能在顾客心目中将企业与竞争对手区分开来。另外，企业要获得和保持持续的竞争优势，就必须在核心能力、核心产品和最终产品三个层面上参与竞争。在核心能力层面上，企业的目标应是在产品性能的特殊设计与开发方面建立起领导地位，以保证企业在产品制造和销售方面的独特优势。

四、动态能力理论流派

蒂斯（Teece）等在 1994 年第一次提出“动态能力”的概念。他指出动态能力是企业整合、建立以及重构企业内外能力以适应快速变化的环境的能力。这个提法标志着动态能力理论的问世。蒂斯在 1997 年进一步提出了动态能力的分析框架。他认为动态能力的分析框架由位置、过程和路径三个要素组成。

佐罗（Zollo）和温特（Winter）认为，学习机制是动态能力不断演化的根本手段。他们于 2002 年提出，通过经验积累、知识表述和知识编码三个相互衔接的循环学习过程，企业一方面能系统地改进已有的操作惯例，另一方面能形成关于如何改进操作性惯例的惯例——这些惯例就是动态能力。佐特（Zott，2003）提出，动态能力演化依照产生变异、内部选择、传播和保持四个阶段循环进行：变异组织在内外因素刺激下创造出一系列新主张；内部选择是对这些新主张的确立；传播和保持是对确立了的新主张的实际运用。艾森哈特和马丁（Eisen Hardt & Martin，2000）提出：动态能力的演化主要由企业的学习机制主导；动态能力的演化也依赖于市场的动态性——变化中等的市场有助于管理者进一步理解现有动态能力和形成更为有效的动态能力；而在高速变化的市场中，变异因为容易发生不再成为影响动态能力的关键方面，关键的方面是选择，即快速实施、快速总结、持续变动的能力。

类似于产品生命周期理论，赫尔法特和彼得福克（Helfat & Peteraf）在 2003 年提出能力生命周期概念：能力的演化过程要经历创造、发展、成熟三个阶段和一个“6R”转化模式的额外阶段①。纳尔森（Nelson）在将知识依据其在能力形成中的作用分成三类的基础上，进行了能力演化过程的研究。这三类知识分别是：特殊知识——某个领域的专业知识；整合知识——不同领域专业知识的有效整合；配置性知识——被用来有效地创造商业价值的知识。当三种知识都得到提升时，会形成新的惯例，形成一种全新的能力。关于动态能力是不是企业竞争优势的来源存在两种不同的观点。蒂斯等认为，动态能力是企业的专属性资产——别人难以复制、模仿，在每个企业都有不同的形态，因此，动态能力是企业竞争优势的来源。艾森哈特等认为，动态能力的关键特性在企业中都是相同的，在细节上才有特殊性；动态能力要通过资源的配置来实现其对竞争优势的影响，因此，动态能力本身并不创造竞争优势。

动态能力对企业绩效的影响与两个方面有关。第一，与动态能力的实施状况有关。动态能力与企业产生的绩效与配置资源的时间、配置资源的成本、配置资源的学习这三个有关动态能力的属性有关。第二，与企业的竞争策略和创新类型有关。动态能力理论认为，企业的动态能力与企业的业绩成正相关关系。但因为缺乏实证研究，招致许多学者持怀疑态度。

---

① Helfat C E，Peteraf M A. The dynamic resource-based view: Capability lifecycles [J]. Strategic Management Journal, 2003 (24).

五、国内学者的研究成果

国内学者对战略管理的研究成果多是综述性的文章，梳理和总结了国内外学者关于战略管理理论的研究，整理出企业战略管理理论的进化脉络，并对企业战略管理理论的发展趋势进行了预测。张德茗、钟鸣芝（2005）将企业战略管理理论和研究方法进行了综合研究，并将企业战略管理理论划分为经典战略理论、竞争战略理论和核心竞争力理论等。郭媛媛（2006）对20世纪90年代以来的战略管理理论进行了全面研究，并总结出主要理论有两大成果——企业能力理论和超越竞争理论，并对两者的前沿性和局限性进行了述评。

企业战略管理实践的研究成果也很浩瀚。郭元珍（2006）指出，企业必须要培育整体的战略管理能力，包括制定合适的企业战略、培育企业的战略管理团队、选择适合的商业运作模式等。周敬伟（2007）指出，我国学者应该密切关注国外前沿研究，掌握战略管理理论学派的假设及观点，推进我国战略管理的研究速度。赵延昇、雷明（2006）对比了工业经济时代与新经济时代企业战略范式的变化，对现代企业的战略管理提出相应的要求，以帮助企业创造并保持竞争优势。

在动态能力理论领域，董俊武、黄江圳、陈震红（2004）认同蒂斯等人对动态能力的界定，认为动态能力是企业保持或者改变其竞争优势的能力。动态能力演变主要是围绕着产生变异（环境刺激）、内部选择（改进现有惯例或建立新惯例）、传播（推广新的或改进后的惯例）和保持（重复运用）4个阶段循环进行。郭立新（2008）将企业动态能力定义为由知识、资源、过程等各种要素构成的能够不断创造新需求和新价值的复杂开放系统；他建立了一个基于系统动力学的企业动态能力系统演化模型，认为企业动态能力系统演化路径由组织学习投入效率、学习效率、价值匹配程度、组织思维与行为惯性4个变量决定。

随着互联网时代出现的创业大潮以及创业学与战略管理学的不断借鉴与融合，对商业模式的重视和研究日益拓展了战略管理学领域的研究。马浩（2019）对中国40多年来战略管理领域的研究进行了梳理，发现出现了一些新概念和现象，如生态系统、平台化战略、共享经济等，并且有学者进一步将商业模式区分为以创意新奇为特色的商业模式、注重效率提升的商业模式两种类型。在生态系统这一主题的研究中，学者们又提出了部件商、互补者的概念，用以解释企业产业链上下游生态系统中的企业关系。在数字经济时代，对企业战略管理中企业绩效的研究也发生了变化，逐渐从竞争优势转向价值创造、价值获取等。

六、企业战略管理理论的发展趋势

进入21世纪后，企业战略管理理论的新发展主要表现在以下4个方面。

一是战略管理理论呈现动态化趋势。21世纪，随着知识经济时代的到来，急速的信息传播速度必将加快经济发展速度，企业经营环境瞬息万变，学习型组织建设和知识员工的管理将成为企业战略管理的重要内容，企业战略管理上将是更多地研究适应全球经济动态变化的战略管理理论，战略实施过程中的动态因素必然会引起企业不断在动态战略框架下演化自身的组织、人事、治理结构以及企业的生产流程等环节，以适应环境变化。

二是系统复杂性理论在战略管理理论中的运用。21 世纪，由于环境的不确定性，导致比较准确的中长期预测几乎不可能。于是企业的战略管理必须放到一个动态的环境中进行思考，必须增强战略的柔性以实现对组织的快速调整和变革。

三是战略管理要求企业的全员参与。以往的战略管理理论中，战略的制定主要是高层管理者的任务。高层管理者首先确定企业的整体战略，然后将其加以分解以确定职能层及业务层的战略，并由高层管理者负责整个战略的实施。此种模式面对复杂的环境，极易导致战略的制定滞后于企业环境的变化，从而不能有效把握稍纵即逝的商机。因此，面对知识经济、信息经济，企业的战略管理必然要求全员参与，特别是最基层人员的参与，因为他们能最早感受到环境的变化，能最快地把握市场的机遇。

四是各战略理论学派之间趋于整合。传统的战略管理理论比较偏重于从各个不同的角度和利用不同的学科工具对其进行研究，如同盲人摸象，形成各自不同的学派和观点。虽然在今后的一定时间内各个学派仍然并存，但在初显轮廓的新的战略管理主流范式中，各家理论学派显示出明显的整合趋势。

第三节 战略管理的层次

安索夫曾说过，战略管理过程可以用于战略开发的各个层面。换句话说，不管所处层面如何，都需要对战略进行有效管理，从而确保战略推动组织朝着目标前进。在企业内在能力中，一个突出的问题是公司内部的各个层面都会开发各自的发展战略，而且这些战略在不同程度上都难免出现矛盾。这是因为，部门经理开发的战略与高层经理开发的战略会有所不同。虽然各个层面的选择都很重要，但有一些选择对公司的影响更加深远。为此，战略管理需要围绕战略目标对战略能力的要求进行系统开发。

斯琴德尔（Schendel）和霍弗（Hofer）根据安索夫的研究成果开发的战略管理四层面法，可以用来考察战略开发的各个层面：职能层面、业务层面、公司层面和企业层面。但是普遍观点认为公司层面和企业层面战略较难区分，为此，将它们合并称为公司战略，这样可以从公司战略、业务战略和职能战略三个层面理解战略管理的层次结构。

一、公司层战略

公司层战略是战略开发的最高层面，也叫企业层面战略、公司层面战略或企业发展战略。公司层战略是以企业整体为对象，是企业的战略总纲，也是企业最高层领导指导和控制企业的行动纲领。一般来说，公司层战略管理主要关注两个问题。其一，企业应该做些什么，涉及如何确定企业的性质和宗旨，选择企业的活动范围和重点。显然，这是企业生存和发展的根本问题。其二，企业怎样去发展这些业务，主要的关注点在于如何决定各个战略单位的设立及其目标和资源配置。

1. 多元化战略

多元化战略体现出企业不满足于现有产业链的经营，或对现有产业链的前景抱有不乐观的预期，基于分散风险的考虑，开展其他多元业务。多元化战略按与现有业务相关的程度，可以分为相关多元化战略和非相关多元化战略。

2. 一体化战略

一体化战略是指企业利用社会化生产链中的直接关系来扩大经营范围和经营规模，在供、产、销方面实行纵向或横向联合的战略。根据产业链延伸方向分类，一体化战略主要有纵向一体化、横向一体化和混合一体化三种类型。

3. 国际化战路

企业的国际化战略通常是公司在国际化经营过程中的发展规划，指跨国公司为了把公司的成长纳入有序轨道，不断增强企业的竞争实力和环境适应性而制定的一系列决策的总称。企业的国际化战略可以分为本国中心战略、多国中心战略和全球中心战略三种。

4. 虚拟经营战略

虚拟经营是指企业在组织上突破原有的界限，虽有生产、营销、设计、财务等功能，但企业实体内却没有完整的执行这些功能的组织。企业的虚拟经营，是指企业在组织上突破有形的界限，不必设置设计、生产、财务、营销等功能的具体组织结构实体，而又能照样完成各种功能任务的一种经营方式。

5. 创新战略

创新战略是企业依据多变的环境，积极主动地在经营战略、工艺、技术、产品、组织等方面不断进行创新，从而在激烈竞争中保持独特优势的战略。从创新对象方面，可以分为产品创新、生产技术创新、组织与管理创新和研究开发创新等创新方式；根据创新的难度和特点，又可以把创新分为领先型创新、跟随型创新和依赖型创新三种类型。

二、业务层战略

理解公司层战略的目标和对象对于理解业务层战略和职能层战略具有重要的指导意义。业务层战略是在公司层战略指导下，针对某一个特定战略单位的战略计划。一般意义上强调业务层战略在实施公司层战略过程中有如下几个要点：一是贯彻企业使命；二是分析业务发展的机会和挑战；三是分析业务发展的内在条件；四是体现业务发展的目标和要求；五是呈现业务发展的重点、阶段和措施。业务层基本竞争战略可分为成本领先战略、差异化战略、聚焦战略及“低成本—差异化”战略四种。

1. 成本领先战略

成本领先战略指通过规模化生产或依靠独特的生产工艺，在成本水平上大大领先于对手，从而获取价格上的竞争优势的战略。在消费者对价格敏感、产品标准性较强、产品品牌效应不显著的情况下，成本领先战略是有效的。成本领先战略往往意味着巨大的生产规模和专业化程度很高的生产设施。如果一个企业能够取得并保持全面的成本领先地位，那么只要能使价格相等或接近于该产业的平均价格水平，它就会成为所在产业中的超群之辈。当成本领先的企业的产品价格相当于或低于其竞争厂商时，它的低成本就会转化为高收益。

2. 差异化战略

差异化战略是通过形成自己的特色，以与其他企业的产品形成差异，从而避开正面的价格竞争的战略。差异化一般通过品牌、技术性能、新功能、服务等方式来实现。值得注意的是，差异化战略并不意味着可以忽略成本控制，不过此时成本控制已不是企业首要的战略目标。

3. 聚焦战略

当企业想利用其核心竞争力满足某一特定行业细分市场的需求而不考虑其他需求时，它可以采用聚焦战略。具体来说，聚焦战略包括产品线聚焦战略、顾客聚焦战略以及地区聚焦战略。

4. “低成本—差异化”战略

顾客在购买一个产品或一项服务的时候往往有很高的期望，希望购买低价、差异化的产品。正是由于顾客的这些期望，企业开始采用新的战略以高效地生产差异化的产品，即低成本差异化战略。有效率地生产是保持低成本的来源，而差异化是独特价值的来源。低成本差异化战略可以让具备柔性生产能力的企业对新技术以及所处外部环境做出及时调整。

三、职能层战略

职能层战略是指企业各个职能竞争，包括生产、研发、物流、营销、财务、人力资源管理、组织设计与规划等方面的战略性思考。企业职能战略一般可分为市场营销战略、财务战略、生产战略、研究与开发战略、人力资源战略、品牌战略等。

1. 市场营销战略

市场营销战略是涉及市场营销活动过程整体（市场调研、预测、分析市场需求、确定目标市场、制定营销战略、实施和控制具体营销战略）的方案或谋划。它决定市场营销的主要活动和主要方向。有效的市场营销战略是企业成功的基础。市场营销战略是一个完整的体系，其基本内容包括市场细分战略、市场选择战略、市场进入战略、市场营销竞争战略和市场营销组合战略。

2. 财务战略

财务战略就是根据公司战略、竞争战略和其他职能战略的要求，对企业资金进行筹集、运用、分配以取得最大经济效益的方略。财务战略的基本目的，就是最有效地利用企业各种资金，在企业内部、外部各种条件制约下，确保实现企业战略计划所规定的战略目标。

3. 生产战略

生产战略就是企业在生产的成本、质量流程等方面建立和发展相对竞争优势的基本途径，它规定了企业在生产制造和采购部门的工作方向，以实现企业总体战略服务。企业生产战略不能仅根据企业内部生产条件来确定，还应考虑市场需求和企业整体战略的要求。

4. 研究与开发战略

研究与开发包括科学技术基础研究和应用研究，以及新产品、新工艺的设计和开发。对于企业来讲，研究与开发涉及市场、技术、产品、生产、组织等各方面，其中主要是技术、产品和生产方面的研究与开发。研究与开发战略的选择常常受企业总体战略和经营战略的影响，处于不同的环境条件下，企业可采取不同的研究与开发战略。

5. 人力资源战略

人力资源战略是指根据企业总体战略的要求，为适应企业生存和发展的需要，对企业人力资源进行开发，提高职工队伍的整体素质，从中发现和培养出一大批优秀人才，所进行的长远性的谋划和方略。为实现人力资源战略的目标，企业人力资源战略可分为人力资源开发战略、人才结构优化战略、人才使用战略三个方面。

6. 品牌战略

品牌战略是公司将品牌作为核心竞争力，以获取差别利润与价值的企业经营战略。品牌战略是企业实现快速发展的必要条件，品牌战略的定位是在品牌战略与战略管理的协同中彰显企业文化，把握目标受众充分传递自身产品与品牌文化的关联识别。

第四节　战略管理的过程

战略管理是由环境分析、战略制定、战略实施、战略控制四个不同阶段组成的动态过程，这一过程是不断重复、不断更新的。理论上通常都是按上述步骤对企业的战略管理进行分步研究。

但是，在实际应用中，这几个步骤往往是同时发生的，或是按照不同于上述步骤进行的。这就要求企业的管理者们必须创造性地设计、应用战略管理系统，并且，这一系统应该有足够的弹性，以适应企业所面临的时刻变化着的外部环境。这一动态过程理论上称为战略管理过程。

一、战略管理过程的组成

战略管理过程包括战略制定、战略实施和战略评价三个阶段。

1. 战略制定

战略制定包括拟定公司愿景和使命、确定公司所面临的外部机会与威胁、决定内部优势与劣势、建立长期目标、提出供选择的战略以及选择具体的战略方案。战略制定涉及的问题包括决定企业进入哪些新行业、企业放弃哪些业务、企业如何配置资源、是否扩大经营范围或进行多元化经营、是否进入国际市场、是否进行并购或组建合资企业、如何防止恶意接管等。由于任何一个组织拥有的资源都不是无限的，企业家必须决定哪一个可供选择的战略方案将为企业带来最大收益。战略制定决策将使企业在相当长的一段时间内与特定的产品、市场、资源和技术联系起来。战略决定着企业的长期竞争优势，因此无论好与坏，战略决策都会带来多种重要后果，并对企业产生持久的影响。企业高层管理人员应当高瞻远瞩，高度重视战略制定决策过程，并有权调配重要的战略实施资源。

2. 战略实施

战略实施要求企业确定年度目标、制定政策、激励员工和配置资源，以保证制定的战略能够得到有效贯彻。战略实施包括塑造支持战略的企业文化、建立有效的组织结构、重新规划营销活动、制定预算、开发和使用信息管理系统，以及将员工报酬与公司业绩挂钩。战略实施经常被称为战略管理的行动阶段。战略实施意味着动员员工及管理人员将已制定的战略付诸行动。战略实施常常被看作是战略管理过程中最艰难的一个阶段，该阶段要求个人具备良好的纪律性、责任心和奉献精神。成功的战略实施依赖于经理人员激励员工的能力，这更是一种艺术，而非科学。如果战略制定完好而不能付诸实施，那将达不到任何预期目标。

3. 战略评价

战略评价是战略管理的最后阶段。管理者需要知道在什么时候特定的战略出了哪些问题，战略评价是获得这一信息的基本手段。基本的战略评价活动是：检查作为当前战略基础的外部环境和内部条件；衡量战略实施的业绩；采取纠正措施。

二、战略管理过程模型

若想取得战略管理的成功，必须将战略管理作为一个完整过程来加以管理，忽视其中任何一个阶段都不可能取得战略管理的成功。然而从实践的角度来看，尽管许多企业制定了发展战略，但却忽视了战略管理过程中的动态性，从而使得战略管理过程只能成为纸上谈兵。

1. 公司使命和社会责任

公司使命的唯一目的是将自己与其他公司区别开来，并明确自己的经营范围。简而言之，使命用一种能够反映战略决策者的价值观和考虑问题的优先次序的方式描述了公司的产品、市场和技术。例如，三星集团剥离全州造纸公司和 Shinsegae 百货的举动体现出企业决策层偏好专业化的一种管理理念，从而改变了企业的发展方向和业务范围①。社会责任是企业战略决策者需要重点关注的问题，因为企业使命必须清楚地表明它将如何为社会做出贡献。企业需要为自己设立社会责任目标，就像设立企业的其他目标一样。

2. 内部分析

企业不仅要对其财力、人力和物力的数量和质量进行分析，还要对企业管理和组织结构的优势和劣势进行评估。最后，把企业过去获得的成功及一贯关注的业务与企业的现有能力进行对比，以明确企业将来的能力所在。

3. 外部环境

企业的外部环境包括能够影响其战略选择和其竞争地位的所有条件和因素。战略管理模型表明，外部环境包含三个相互作用的部分：宏观环境、行业环境和经营环境。

4. 战略分析和选择

同时对企业的外部环境和内部状况进行分析，能够使企业明确哪些是对自己有吸引力的机会，这些机会是企业潜在的投资方向。不过，这些机会必须对照企业使命进行甄别，以进一步明确哪些是真正的机会。这个甄别过程的结果就是做出了一个战略选择。这个过程意味着把企业的长期目标和它的业务层战略、总体战略进行了很好的结合，而这两种战略是为了实现企业使命而将企业在外部环境中进行合理定位。

在只提供单一产品（服务）或以某一种产品（服务）为主的企业中，战略分析和选择的中心工作是确定战略，这些能够对如何在价值链中的关键活动和能力基础上建立可持续竞争优势（企业核心竞争力）产生最大限度的积极影响。而多元化经营企业中的管理者往往把注意力集中在以实现股东价值最大化为指导的如何将不同业务结合起来的问题上。

5. 长期目标

组织所寻求的跨越多年的结果就是它的长期目标。长期目标一般包括下面的部分或全部内容：盈利、投资回报、竞争地位、技术领先地位、生产率、员工关系、社会责任和员工个人发展等。

6. 总体战略和业务层战略

管理者常常把那些为了在动态环境中实现公司长期目标而采取的主要行动与综合性的总体计划结合起来，这个计划称为总体战略，表明了企业将如何实现其长期目标。尽管每个总体战略都是各种长期战略的统一整体，但实际上有 14 种基本的战略实施方法，即集

① 佚名．三星的“生鱼片”理论［J］．中国商人，2005（2）：103.

中发展、市场开发、产品开发、技术创新、横向一体化、纵向一体化、合资、战略联盟、合作、相关多元化、非相关多元化、转向、剥离和清算。同时，所有企业都或明或暗地采用一种或多种业务层战略，从而表明它们在市场中的竞争取向。低成本、差异化和集中战略是三种基本类型。明智的管理者寻求各种途径，试图把低成本和差异化战略的竞争优势融入自己的业务层战略中。

7. 行动计划和短期目标

行动计划把业务层战略和总体战略转变为“行动”，它一般包括四个方面的内容。第一，行动计划要确定下个星期、下个月或下个季度要采取的具体职能策略和行动，这是为了建立竞争优势而做出的努力的一部分。第二，要有清晰的时间安排。第三，通过明确谁来为计划中的每项“行动”负责，行动计划对经营责任进行划分。第四，行动计划中的每项“行动”必须有一个或一个以上的具体、直接的目标作为行动的结果。

短期目标是长期目标可以实现的计划，是长期目标的具体化、现实化和可操作化的行动计划。

8. 职能策略

在企业的业务层战略和总体战略确定的框架下，每个职能部门都要明确并采取有助于建立持续竞争优势的活动。各个职能部门的管理者制定职能策略，这些职能策略描述了各个职能部门的活动，并且常常把自己的职能部门作为行动计划的核心。职能策略是对用来实现短期目标和建立竞争优势的方式或活动的详细描述。

9. 授权原则

在当今竞争激烈的全球化市场中，速度成为成功的关键。一种提高反应速度和响应灵敏性的方法是促使并允许在可能的情况下尽量由组织的最底层做决策。所谓原则，就是预先制定的一些决策，这些决策能够指导或替代那些重复性的或者对时间敏感的管理决策。为了以一种与企业的战略目标一致的方式建立和控制企业的运营过程，有必要制定一些能够对业务经理们思考、决策和行动起到指导和预先授权作用的原则。这些原则常常能够提高管理有效性，其方式是把战略实施过程中的常规决策进行标准化，并给予或扩大经理和下属们自行处理问题的权利。

10. 组织的重构、再造和重新对焦

到目前为止，在战略管理过程中，管理者在制定战略并开始通过行动计划和职能策略加以实施的时候一直保持一个明确的市场主攻方向。现在把目光转向企业内部——如何兼顾业务活动的效率和效果从而使战略获得成功？把企业组织起来实现目标的最佳途径是什么？应该怎样获取竞争优势？应该用什么样的价值观指导我们的日常活动？组织和组织成员应该是什么样的？我们应该建立一个怎样的薪酬系统才能对恰当的行为起到激励作用？全球化市场中的激烈竞争使得“注重公司内部”的传统不得不面对一系列的问题，包括重塑公司自身、对市场进行前所未有的关注、缩小公司规模、对公司进行重构和再造等，这些做法都反映出管理者试图重塑组织的战略实施过程十分关键。为了满足战略带来的对成本和质量方面的要求，对公司的结构、领导层、文化和薪酬制度都有可能做出改变。

11. 战略控制和持续改进

战略控制涉及在战略实施过程中对其进行跟踪，探查问题和变化所在，并做出必要的修正。与事后控制不同，战略控制在战略管理过程中始终以业务层战略和总体战略作为指导，而这时最终结果还远没有出现。进入21世纪以来，全球市场的快速变化使得持续改进成为许多组织进行战略控制时需要考虑的另一个重要问题。持续改进为管理者提供了一种战略控制形式，使得管理者能够对影响公司获得成功的数以百计的领域中所发生的快速变化主动及时地做出反应。

第五节 战略管理发展历程

企业战略管理于20世纪60年代才被作为一种理论来研究。从此之后，企业战略管理理论实现了迅速发展，各种新的观点和学派相继出现，并广泛应用到企业管理实践中。本节将按时间顺序对企业战略管理理论进行整理，以探讨企业战略管理理论的发展趋势。

一、战略管理理论发展历程

1. 20世纪六七十年代的战略管理理论

战略管理由巴纳德于1938年在《经理人员的职能》一书中首次提出，由此战略管理的研究得以发端。1962年，钱德勒出版了《战略与结构：美国工商企业成长的若干篇章》一书，提出“结构追随战略”，并阐述“环境—战略—组织结构”之间的关系，最终形成了两个学派——设计学派和计划学派。

设计学派和计划学派分别以哈佛大学的安德鲁斯教授和安索夫为代表。前者将战略分为公司实力、个人价值观和渴望、市场机会、社会责任4个要素；而后者将战略分为产品与市场范围、协同效应、增长向量和竞争优势4个要素。设计学派认为公司应该对自己的资源进行优化配置，形成具有特色的能力，从而获得竞争优势；计划学派认为公司应该组织如何实现企业目标和使命。设计学派强调战略制定是一个企业高管负责的、有计划、周密的设计，简单但非正规的过程；而计划学派认为战略是一个由企业高管全程负责计划的、有控制、有意识的正规计划过程。由此可见，设计学派和计划学派有同有异，但都同为企业战略制定、实施提供理论支持。

2. 20世纪80年代的战略管理理论

20世纪80年代，哈佛大学的迈克尔·波特提出了竞争定位理论，此理论成为当时战略管理理论研究的焦点。波特认为企业战略的核心是获得竞争优势，竞争战略的选择面临两个问题：产业选择问题和竞争地位问题。竞争战略基于选择有吸引力的、高潜在利润的产业，之后，在已选定的产业中确定找准自己的优势竞争地位。竞争定位理论将企业战略分析的重点由企业转向行业，强调外部环境的重要性，为战略的选择过程提供了行业吸引力矩阵、价值链分析等极为有用的分析工具。定位学派的新颖之处在于将竞争优势作为中心，将战略制定、实施有机结合起来。这和计划学派、设计学派是有区别的，计划学派、设计学派将战略制定、实施分离开来，是分开的两个过程。虽然定位学派为战略管理研究提供了新的工具，但是对企业内部分析的关注度不够。这为之后 90 年代的能力学派的出现及发展提供了机会。

3. 20 世纪 90 年代初期的战略管理理论

1990 年，普利哈拉德和哈默发表了《企业的核心能力》，掀起了关于核心能力的研究，形成了“核心能力学派”。他们认为，长期而言，对企业起决定作用的是培育和增强企业的核心能力，核心能力是在企业管理组织中不断积累得到的经验和组织性资源，是企业最核心、最根本的能力。核心能力学说认为，并不是企业所有的资源、知识和能力都能形成竞争优势，只有稀少、异质、不可模仿、难以替代的部分才能够成为核心能力。普利哈拉德和哈默的核心能力观强调了企业内部条件的决定性作用，企业的战略目标在于识别和开发难以模仿的核心能力。1990 年，美国学者彼得・圣吉（Peter M. Senge）在其著作《第五项修炼》中提出了学习型组织的管理理念，即企业应该建立学习型组织，以提升自身的竞争力。

4. 20 世纪 90 年代后期的战略管理理论

在《竞争的衰亡》一书中，美国学者穆尔于 1996 年提出生态系统理论。穆尔从生物学的生态系统均衡演化的层面描述了市场中的企业活动，将商业活动分为开拓、拓展、领导和更新 4 个阶段。穆尔认为商业生态系统是包含了生产者、竞争者、提供商、风险承担者的组织以及个人的联合体，这些结构之间相互作用，进而促进商业活动内部的共同进化。穆尔认为应从微观经济和财务的创新角度制定战略，设计战略来代替以狭隘行业为基础的战略。

1998 年，布朗与艾森哈特合作出版了《边缘竞争》一书。布朗与艾森哈特认为未来公司经营环境具有高速变化性和不可预测性。战略最重要体现在对变革进行管理，包括 3 个方面：对变革做出反应、对变革做出预测、领导变革。领导变革的意思就是要走在变革的前面，更有甚者是变更竞争游戏规则。企业应该不断对管理进行变革来构建和调整竞争优势，以取得良好的竞争优势。在不断变化的市场环境中，虽然边缘竞争战略是不可控、不确定的，但却是一种最有效的战略。

除此之外，还有许多新观点出现。动态统筹的战略管理理念，强调对企业的资源、能力和竞争能力进行动态统筹，以形成竞争优势；基于系统概念和系统方法论的新进展，对企业战略研究方法论进行了集成和创新；行业竞争结构的网络分析模型，用网络形式分析竞争结构，在动态和联系的基础上分析竞争情况；引入人工智能，用计算机化网络系统和人机交互方式实现动态战略决策过程，以应对新战略挑战，在战略决策过程中融合复杂性理论、博弈论等理论。

5. 工业互联网时代的战略管理理论

进入21世纪，以工业互联网为基础的信息化、数字化、智能化、平台化正在深刻改变许多产业的格局和企业战略模式。先是由学者 W. 钱·金（W. Chan Kim）和勒妮·莫博涅（Renée Mauborgne）于2005年出版《蓝海战略》一书，提出了蓝海战略的概念，强调价值创新的重要性。后来在数字经济时代，有学者提出了黑海战略理论，黑海战略的目的是构建“生态系统”，实现共创共赢。蓝海战略、黑海战略与传统的红海战略有所不同，如表1-1所示。

表1-1　红海、蓝海、黑海战略的比较

维度	红海战略	蓝海战略	黑海战略
战略目的	关注公司战略行动，打败竞争对手，塑造产品品牌	关注公司战略行动，甩脱竞争对手，塑造产品品牌	关注公司整体战略，构建商业生态系统，塑造产品品牌、场景品牌和生态品牌
战略本质	聚焦于价值竞争，在现有产品市场空间竞争，在差异化价值与成本之间权衡	聚焦于价值创新，开创产品的新市场空间，打破差异化价值与成本之间的权衡取舍	聚焦于价值共生，基于用户场景提供体验价值，构建价值共创网络
战略能力	塑造价值实现能力，基于成本领先或差异化领先战略，匹配公司内部相应的战略行动和资源	塑造价值实现能力，平衡成本领先和差异化领先战略，匹配公司内部相应的战略行动和资源	塑造平台赋能能力，连接生态伙伴和生态资源，赋能小微企业创造价值

可以看出，黑海战略的侧重点与其他两战略的不同，它超越了“产品品牌”的竞争层次，核心目的是塑造“生态品牌”，构建商业生态系统。从战略本质上来看，黑海战略在本质上聚焦于“价值共生”，这是一种“生态战略”思维，用户的场景体验迭代可以驱动生态品牌的自我进化和价值共生。同时，黑海战略关注的是“平台赋能”能力，即生态企业利用各种平台帮助小微企业进行价值创新的能力。

二、战略管理理论发展趋势

1. 企业战略管理呈现动态化趋势

随着互联网以及移动互联网技术的发展和广泛应用，信息的传播速度加快，市场瞬息万变，各种不确定性因素急剧增加，像过去一样对长期进行预测已经不可能。在这种情况下，企业要想取得更好的竞争优势、盈利更多，必须更努力地研究适应全球经济变化的战略管理理论以及企业组织、人事、治理结构、生产流程等环节的动态变化。

2. 战略制定需要全员的参与

传统战略管理理论中，由企业高层管理者制定战略，首先依次确定企业的总体战略、职能层和业务层的战略，然后负责战略的实施。然而在快速变化的环境中，传统战略模式将会失效，因为面对动态变化的复杂的社会经济环境，再优秀的管理者也可能会受认知和信息的约束，制订出滞后的战略方案。现在的战略制定需要全员参与，特别是能最早感受到环境变化、最快捕捉到市场机会的一线员工。因此，目前形成了一种模式，高层管理者重新设计组织结构和再造业务流程，提供畅通的信息通道，实现全员参与战略制定和方案实施过程。

3. 多种研究方法的有效融合

企业应广泛借鉴战略理论的研究方法，去其糟粕，取其精华，形成具有自己企业特色的体系，这些方法包括产业组织经济学方法、博弈论方法、企业经济学方法、系统论方法等。面对不确定性日益增强的竞争环境，要适应环境的不断变化，企业要提出应对各种状态的具有博弈色彩的对策和规则，寻求方法上的突破：将其他相关学科理论知识有机地结合，用博弈分析各种状态。

［章后案例］

全产业链模式分析

全产业链是中粮集团提出来的一种发展模式，是在中国居民食品消费升级、农产品产业升级、食品安全形势严峻的大背景下应运而生的。全产业链是以消费者为导向，从产业链源头做起，经过种植与采购、贸易及物流、食品原料和饲料原料的加工、养殖屠宰、食品加工、分销及物流、品牌推广、食品销售等每一个环节，实现食品安全可追溯，形成安全、营养、健康的食品供应全过程。

全产业链模式是以“研、产、销”高度一体化经营理念为主导的商业模式，将传统的上游原材料供应、中游生产加工、下游的市场营销全部纳入企业高度掌控之中，也被外界称为“一条龙”经营模式。同时，农业全产业链是一种纵向多元化和横向一体化有机结合的农业产业化经营模式。因此，从提出全产业链概念的中粮集团来看，能“玩”得起全产业链的企业，必须符合两个条件：一是自身供应链完善。产业链必须建立在供应链基础上，因此企业入局产业链模式必须要在供应链上拥有很强的把控能力或者自身就具有强大的产业资源。二是资金雄厚。全产业链的每一个环节都需要大量资金。而从全产业链的企业来看，也有两类——政府主导型、企业主导型。

1. “良田”到“餐桌”全产业链模式：D 农业

黑龙江 D 农业开发有限公司以肉鸡养殖为核心，以肉鸡屠宰加工销售为龙头，带动上游、延伸下游，形成了从“良田”到“餐桌”的现代农业循环经济全产业链模式。

核心点：以肉鸡养殖为核心，以屠宰加工销售为龙头。

产销点：带动上游优质绿色玉米种植，绿色饲料生产，延伸下游以生产生物有机肥，种植绿色（有机）玉米、水稻，进行粮食精深加工，生产有机大米、优质油料系列为延伸，打造上下游相互依托、相互联动的创新引领绿色食品生产加工销售基地。为自建种鸡繁育、肉鸡养殖提供安全可溯体系保证，现已形成集种植、养殖、食品深加工为一体的生产经营模式，形成了从“良田”到“餐桌”的现代农业循环经济全产业链。

2. 有机农业全产业链：J集团

综合性企业J集团在粮食、蔬菜的种植上采用有机农业模式从模式、技术、销售全县发力。

核心点：种植与养殖相结合的“稻鸭共生”模式是金诚农业一大特色，在水稻秧苗移植10天以后，农场挑选30只鸭子投入稻田。鸭子以田里的草籽、虫子和野草为食，它们的固体粪便会被输送到有机肥加工中心，发酵成上好的有机肥，再用来培肥土壤增加有机质。

技术点：J农业特地从日本请来专家，在越光米的种植上提供技术支持。基地里另一种好吃蔬菜——“婴儿菜”，同样也是严格按照日本JAS有机农业标准进行栽培的。引入先机技术的同时，J农业基地加入科技元素，与某科技合作，完成21个蔬菜大棚智能化项目。

销售点：J集团拥有地产、酒店、特色小镇、金融等多元化产业，拥有10多万会员，其有机农产品基本上都可以给会员提供增长服务。

3. 全产业链运营者：S农业

成都本土“互联网+农业”龙头企业——成都S有机与联想集团控股的A农业正式签订战略合作协议，未来，双方将整合优势资源，围绕“互联网+农业”发展新模式，打造行业的标杆和典范，并以安全有机稻米的研发与种植为首要突破口，向四川输出安全放心的有机稻米。

S农业的全产业链质量管理体系，能从源头开始管控作物生长，严格遵循业内的质量标准，可以覆盖生产、加工、分拣、配送、销售及客户服务的全过程。

4. “农业秸秆”全产业链：Y生物

山东Y生物科技有限公司是一家以农业秸秆为原料进行能源化综合利用的省级高科技企业，目前年处理农业秸秆20万吨，通过不同产业相互跨界、有机融合的新产业模式，形成了从农业生产综合服务到工业综合利用，再到能源阶梯利用，最后服务农民、增加收入、改善生活质量、残料生产有机肥回归土地环环相扣的“绿色”循环链条，创新性地提出了“农作物收贮、秸秆综合利用、热电联产”三产融合发展的全产业链发展新模式。

该模式凸显4个点：农作物收贮体系新模式；秸秆综合利用新模式；资源循环利用新模式；废水、残渣处理利用新模式。这4个模式将秸秆收加工利用完美结合，做到秸秆全产业链。

5. 畜牧业全产业链模式：C农牧

全产业模式成为养殖企业产业扩张的助推器。

在单一规格的产业上，C农牧集团全产业链体系走的是“从食材到餐桌”的一体化道路，产业链布局上至原料收储，下至终端销售，将产、供、销集于一身。

从养殖端布局线下门店，比如成立CM品牌。该产品是C农牧集团面向广大消费者提供的绿色健康终端产品，产品从冷鲜肉到卤制品涉及多个系列，而主打产品生态冷鲜肉全都来自C农牧集团特有的三门峡黑猪。

资料来源：笔者根据相关资料整理。

本章小结

本章主要从战略与战略管理、战略管理的流派、战略管理的层次、战略管理的过程以及战略管理发展历程对战略管理进行分析。首先，从“战略”和“管理”的角度看，“战略”和“管理”概念从产生，到后来的发展、演变，乃至战略思想和管理思想的形成，都不局限于企业范畴，而是人类生产斗争实践和社会活动实践的必然产物。其次，战略管理虽然是在企业管理实践过程中，为了有效应对企业所面临外部机遇与威胁，并结合企业自身情况而发展出的一套管理理念和管理工具，但是战略管理理论研究涉及产业经济学、心理学、社会学、政治学、人类学、伦理学等众多学科，有学者曾经指出，所有与组织有关的文献都对战略管理研究有所贡献。再其次，战略管理是管理者对涉及全局性、长远性实践活动进行战略性管理的过程。最后，战略管理是重大的、具有战略意义的管理行为。

战略管理的流派分为产业分析竞争战略理论流派、企业基础资源理论流派、核心能力理论流派以及动态能力理论流派。战略管理的层次分为公司战略、业务战略和职能战略三个层面理解战略管理的层次结构。战略管理的过程包括战略制定、战略实施和战略评价三个阶段。

复习思考题

1. 对战略管理的概念进行简要分析。
2. 战略管理的流派分为哪几类?
3. 战略管理的过程主要分为哪几项?
4. 简要分析战略管理理论的发展趋势。
5. 战略管理过程的模型如何进行构建?

第二章　环境演进与战略管理

战略管理是企业对外部环境做出的反应，即如何在变化的外部环境中找准自身的战略定位并实施相应的战略实践，从而获取竞争优势的过程。在相对静态的经营环境中，企业通过外部环境分析、五力模型分析、SWOT 分析、价值链分析等，找到匹配自身资源和条件的战略类型，构建自身的竞争优势。然而，随着互联网、信息技术的发展，企业的经营边界发生了巨大变化，传统的战略思想似乎受到了挑战。尤其在 VUCA 时代、数字经济时代，经典的战略分析理论与工具是否能够解释企业的战略选择、业务组合、发展路径？毋庸置疑，随着企业经营环境的演变，战略管理的理论与实践必须进行适时的调整，以保证企业可持续发展。

[学习目标]

◇ 理解和掌握战略管理的基本问题
◇ 掌握企业竞争优势的内涵与特征
◇ 了解环境特征与战略管理的关系
◇ 掌握相对静态环境下战略管理的特征
◇ 了解 VUCA 时代战略管理的特征
◇ 把握数字经济时代战略管理的特征

[引例]

苏宁电器的战略演进

1990 年，苏宁电器还只是南京市宁海路上一家叫苏宁交家电的小店，专营家用电器产品批发与零售。经过 30 年的发展，苏宁电器已经是在深交所上市的电器公司，在行业内具有一定的竞争优势。30 多年来，苏宁电器的经营战略随着外部环境的不断变化而进行调整。

1. 20 世纪 90 年代的专业化经营

自 1990 年创业起，创始人张近东就思考如何进行转型赢得市场。他逐渐选择空调行业作为主业，向专业空调经销商转型。借助这种专业化的战略，苏宁抓住了国内空调市场高速增长的机遇，借助专注于空调批发与零售业务所建立的竞争优势，连续六年（1993 ~

1998 年）摘得中国最大空调经销商的桂冠。在此期间，中国空调行业出现了阶段性的供过于求，“价格战”时有发生。苏宁电器于 1996 年 2 月起调整战略，率先在空调销售行业实施从大规模批发向连锁零售经营的转型。

2. 2000～2006 年的大规模扩张

家用空调的季节性销售波动，会给企业带来淡季流动资金不足的问题。为了应对这种变化，苏宁电器于2000 年左右开始向综合家电卖场转型。2000 年，苏宁电器大规模综合家电连锁网络扩张正式拉开序幕。2000～2006 年，苏宁电器创造了平均每40 天开一家新实体店的速度、2006 年“十一”当天 52 家新店同时开业的业内神话。利用自身的连锁网络效应，苏宁电器薄利多销的模式日趋成熟，物流、服务、人才等系统与店面建设的配套服务日趋完善。

3. 2006～2011 年的线上扩张

2006 年之后，随着电子商务、移动互联网和网上购物的迅速发展，传统线下零售业态面临越来越大的威胁。苏宁电器的高管做出重要战略选择，充分利用自己线下形成的优势，主动迎接新的挑战才有可能保持竞争优势。2011 年 6 月，苏宁电器发布了“2010—2020 年发展战略”，提出未来 10 年苏宁的发展目标是努力成为国际化的世界级企业。在这一战略定位的引导下，在市场网络建设方面，苏宁电器着力构建线下（实体）与线上（电子商务）两个网络。线下部分，在一线市场升级打造“Expo 超级旗舰店”，在二三线市场布局1000 家地区旗舰店。线上部分，正式推出苏宁易购的线上购物平台，争取在 10 年后达到与线下相等的销售规模。苏宁电器同时在信息技术和现代物流方面进行大规模投资，支持自身线上线下平台的发展。

4. 2015 年后的战略合作

在实施线上线下新战略的过程中，苏宁电器发现外部环境的变化始料未及。线下实体店的发展受到了线上购物迅速发展的冲击，而线上购物平台受线下现代物流设施短期内未能呈现规模效应的制约。2015 年 8 月，苏宁电器与阿里巴巴达成战略合作协议，阿里巴巴集团投资 283 亿元人民币参与苏宁云商的非公开发行，成为苏宁云商的第二大股东。同时，苏宁电器利用自己线下实体店和物流设施的优势，与万达开展战略合作，力求扩大双方在国内三四线城市的网点开拓，并通过多种手段夯实自有物流配送网络。除此之外，2016 年 12 月，苏宁云商旗下子公司苏宁物流以现金方式收购了天天快递 70% 的股份，进一步巩固自身的物流体系。

资料来源：蓝海林等．企业战略管理［M］．2 版．北京：中国人民大学出版社，2018：6.

第一节　战略管理的基本问题

战略管理要解决的基本问题是什么？不同的学派、不同的学者、不同的企业家都会有不同的观点。例如，有人认为战略是少数对未来有洞察力的精英的前瞻判断；有人认为战略就是确定目标；也有人认为战略是百川归海。战略管理的基本问题不仅需要回答三个关键问题，还应遵循核心理念，并持续寻找和保持竞争优势。

一、战略管理的基本问题

任何一种管理活动都有其背后的基本逻辑，这些不同的逻辑构成了战略所要解决的基本问题。战略管理要解决的问题可以简单地概括为："你的目标是什么?""你如何达成你的目标?"从企业存在的本质来看，企业根本上要回答清楚为什么存在，即企业存在的理由是什么，这是企业战略要回答的核心问题。要回答清楚这个问题，我们引用组织经济学的一个基本问题：企业为什么能够从外部得到回报并生存下去？把这个问题的内涵分解为三个基本问题：企业为什么能存在？企业做什么而存在？企业如何持续存在下去？用企业能理解的通俗的语言来表示就是："企业为什么活着""企业做什么而活着""企业如何活得更好"，这是战略管理体系要回答的三个基本问题，三者之间的关系如图 2－1 所示。

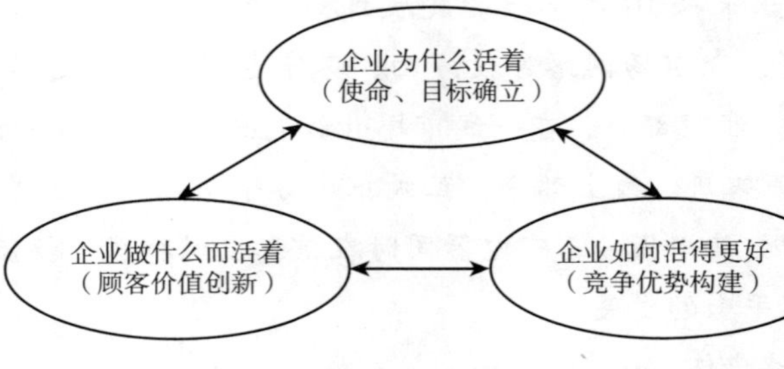

图 2－1　战略管理的三个基本问题

1. 企业为什么活着

企业为什么活着，正如人为什么活着一样，这是一个哲学问题。不同的人对此有不同的观点，有的认为企业活着是因为能够为股东创造利润，有的认为企业活着是因为能够为客户创造有价值的产品或服务，有的认为企业活着是为了创造就业机会和保持社会稳定，有的认为企业活着是企业家实现自身价值的一种工具。以上回答都有道理，每家企业只要活着就有其理由，这就是寻找企业的使命。企业使命从根本上说就是"为谁创造价值"，包括为客户创造价值、为员工创造价值，为其他利益相关者（如股东、社会、政府）创造价值。

按照战略管理领域内制度理论的解释，企业之所以存在，是因为满足外部环境对该企业的合法性要求。企业要做到商道、人道和天道的"三道合一"。"三道合一"即对企业合法性的概括，遵守商道能获得投资方的合法性认可，遵守人道能获得员工、客户的合法性认可，遵守天道能获得社会的合法性认可。例如，破坏环境、排放污染、坑蒙拐骗不符合天道，就为制度所不容。但长期以来，一些企业往往只从股东一方来看企业存在的理由，所以就会做那些没有人道和天道的事情。讨论企业为什么活着，是为了帮助企业明确什么是它存在的使命和愿景。

2. 企业做什么而活着

简单的逻辑就是“做什么而活着”，也就是如何为顾客提供产品或服务，使企业的使命得以实现。但这个逻辑背后很复杂，企业为了实现使命和目标，需要对产品或者服务做很多选择，比如，企业可以做什么？企业决定做什么？企业未来准备做什么？……这些问题总体围绕着企业业务发展而展开，当企业规模较小的时候，业务会比较明确，但随着企业规模的扩大，产品或服务的组合就会很复杂，因此，就需要回答清楚公司战略与业务战略之间的关系、集团公司战略与事业部战略之间的关系，以及不同事业部战略之间的关系。

这些问题都很不好回答，我们看到那么多企业好不容易活了下来，但盲目扩张、盲目进行多元化，资源被无序配置，结果是不但新业务做不好，原有业务也陷入困境。最近10多年来，大批企业把巨额资金投入赚钱快的互联网金融行业，或者投入赚大钱的房地产行业，结果因市场失控、政策调控、管理失控、能力缺失等轰然倒下。为什么那么多企业会盲目投资，就是企业难以把持好“做什么”这个基本命题。正如波特的观点，战略的关键不是决定做什么，而是决定不做什么。没有取舍，就没有制定战略的必要。

所以，制定战略时必须明确“企业做什么而活着”，明确企业业务定位和组织活动范围，并在相当长的时间内坚持下去。对于从事长生命周期产业的企业，往往着眼于10年或者更加长久的时间，持续培育业务的核心竞争力，先做强，再做大，然后实现做久。企业如果频繁地变换业务定位或者快速扩张业务范围，最终是要付出沉重代价的，因为业务组合的改变，需要企业重新设计生产活动或者改变整体生产活动的组合。频繁改变“做什么”使企业无法选择业务定位，或者使业务活动之间不匹配，无法形成独特的战略，企业发展不具备可持续性。

3. 企业如何活得更好

企业要活得更好，就要形成自身独特的竞争优势并进行战略推进。按照波特的理论，企业要做到最好，就要创造持续竞争优势。但从根本上来讲，企业是否做到了最好，最终还是看顾客是否能对产品和服务产生忠诚。

因此，企业要活得更好，根本上需要持续为顾客创新价值。顾客所需要的价值，不外乎三个方面：一是产品或服务中内含的价值更大；二是创造出的价值与竞争对手相同但成本更低；三是两者兼备。为了实现这三个目标，企业需要从差异性、低成本、聚焦三个方面来规划具体的经营活动，通过研发、生产、销售、服务等活动，来创造成本领先优势、产品差异化优势，或者为利基市场创造独特的产品或服务。那么，企业依赖什么条件才能够创造出差异化、低成本等竞争优势，以实现持续的绩效回报呢？战略管理理论一直在寻找其内在的逻辑。产业组织理论基于“结构—行为—绩效”分析，提出竞争力分析框架，试图根据市场进入和退出障碍确定相应的市场定位，寻求持续竞争优势。资源基础观则试图通过提示具有企业特性的战略性资产，分析持续竞争优势产生之源。能力观则认为，企业要获取持续的竞争优势，关键在于能够构建独特的、难以模仿的能力基础，其中的动态能力理论从定位、过程和路径三个层面分析了能力的动态性问题，并认为应根据环境的不同而采取不同的策略，以培育持续竞争能力。

二、战略管理的核心理念

在理解清楚“企业为什么活着”“企业做什么而活着”“企业如何活得更好”这三个战略管理体系的基本问题之后，就需要进一步明确战略管理的理念。这三个基本问题不是在固定不变的外部环境下做出的，而是需要根据外部环境的变化做出相应的调整。

企业的战略管理必须基于这样的一种理念：企业应该持续地检测内外部各种事件和趋势，以便在必要时做出及时调整。影响企业的各种因素其变化速率和大小日益显著，例如，从全球经济危机、新冠肺炎疫情出乎意料地影响到众多公司中就可见一斑。公司如同人体器官，必须“适应变化”，否则难以存活。为了生存，所有企业都必须迅速地识别和适应变化。战略管理正是为了使组织在长期内适应和驾驭变化。换句话说，如今的商业环境，唯一不变的就是变化，这一点比以往更加明显。成功的组织能有效地管理变化，不断地调整其科层机构、战略、系统、产品和文化，确保企业在残酷的竞争中能经受住剧烈变化的考验，以谋求生存和发展。

数字经济时代已经来临，数字化改变着当今商业和社会的外部因素。信息技术的发展，打破了原有的国与国之间的边界，全世界可以无障碍地进行沟通和工作。我们已经处于一个没有边界的世界：全球公民、全球竞争者、全球顾客、全球供应商，甚至全球分销商。

适应变化是战略管理的核心理念。组织需要思考战略管理的若干关键问题。例如“我们应该成为怎样的企业?”“我们需要在多大程度上进行数字化转型?”“我们在正确的领域吗?”“我们要不要对企业进行重组?”“我们这些产业进入了哪些新竞争者?”“我们应该寻求怎样的战略?”“我们的顾客发生了什么样的变化?”“我们是否可能被淘汰出局?”

三、竞争优势

从根本上讲，战略管理就是要获得和保持竞争优势（competitive advantage）。

1. 竞争优势的内涵

竞争优势可以定义为“相比竞争对手做得更好的任何事情”。当一家公司能够做到竞争对手做不到的事情，或者拥有竞争对手想要却得不到的东西时，这家公司就具备了竞争优势。例如，新冠肺炎疫情使得全球经济下滑，公司资产负债表中显示有充足资金的公司肯定拥有竞争优势。获取和保持竞争优势，对于一家企业的长期成功至关重要，产业组织理论和资源基础观给出了如何战略性地管理企业，即以最佳的方式获取并保持竞争优势的不同观点。

通常情况下，由于竞争对手能够模仿从而削弱乃至破坏企业的竞争优势，企业只能在一段时期内保持竞争优势，因此仅仅获得竞争优势远远不够，企业必须保持可持续的竞争优势。一是通过不断适应外部趋势及重大事件变化，充分发挥内部优势，充分发挥和挖掘资源能力。二是根据内外部诸多因素有效地制定、实施和评价战略，以获得可持续的竞争优势。

2. 竞争优势的基本构成要素

创建和保持竞争优势包括四个方面的构成要素：卓越的效率、卓越的品质、卓越的创新、卓越的客户响应，如图 2－2 所示。这四大要素是独特的企业竞争力的产物，它们创造条件让企业可以实现两个方面：一是产品差异化，创造更多的顾客价值；二是低成本结构。这些要素是竞争优势的基本构成要素，任何企业不论处于什么样的行业，提供什么样的产品和服务，都可以将其作为追求目标。这些要素之间具有很高的相关性，我们必须注意他们相互影响的方式，比如说卓越的品质有助于形成卓越的效率，卓越的创新会提高效率、品质和客户响应。

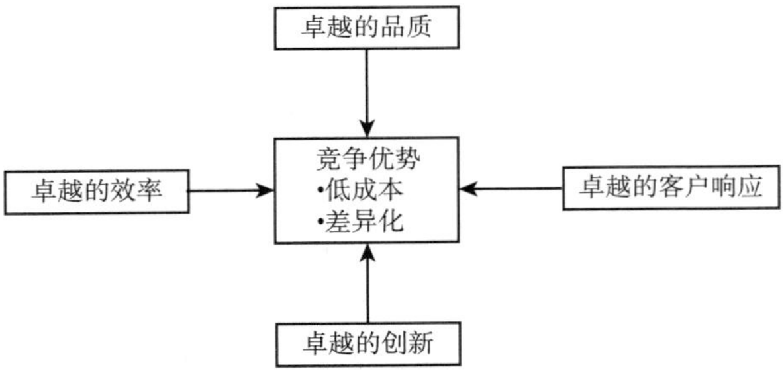

图 2－2 竞争优势的基本构成要素

第一，效率。在某种意义上，企业只不过是将投入转化为产出的中间组织。投入是最基本的生产要素，包括劳动力、土地、资本、管理和技术诀窍。产出是企业所生产的产品和提供的服务。最简单的衡量效率的方法是生产一份产出所需要的投入量，即效率 = 产出/投入。公司效率越高，生产一份产出所需要的投入越少。例如，如果 A 汽车公司装配一辆车所需要的时间为 30 小时，而 B 汽车公司只需要 25 小时，那么，我们就说 B 公司的效率高于 A 公司。通过实现更低的成本结构效率，为公司创造了竞争优势。

第二，品质。品质即卓越与可靠性。我们可以将产品设想为一系列属性的组合。例如，实物产品的属性包括形态、特征、效应、持久性、可靠性、风格和产品设计。如果顾客认为相对于竞争对手的产品，一种产品的属性具有更大的价值，则这种产品具有卓越的品质。当顾客评估产品的品质时，他们通常关心两种属性：产品的卓越性和产品的可靠性。从卓越的角度来看，重要的属性包括产品的设计与风格、审美吸引力、特性与功能、产品交付的服务等。从可靠的角度来看，如果一种产品持续按设计要求完成工作、工作状态良好并且几乎不出错，则这种产品是可靠的。可靠性提高了消费者从产品中得到的效用。

第三，创新。创新是创造新产品和新流程的活动。创新主要有两种形式：产品创新和流程创新。产品创新指的是设计出前所未有的或具有显著优质属性的产品。流程创新指的是产品制造或交送到顾客手中的方法的创新。产品创新创造价值的形式是创造新产品、提高现有产品的版本，由于这些都是顾客所期望的，因此能够加强企业的定价选择。流程创新使企业有机会通过降低成本创造出更多的价值。长期来看，产品和流程的创新，可能是竞争优势最重要的构成要素，竞争本身是由创新驱动的。

第四，客户响应。为了实现卓越的客户响应，企业必须比竞争对手更善于识别和满足顾客的需求。顾客将因此赋予产品更高的价值，从而创造出基于竞争优势的差异化企业。产品品质的提高同实现顾客响应是一致的，同样，开发具有新性能的产品也是顾客响应的一部分。换句话说，卓越的品质和创新是实现卓越的顾客响应的内在组成部分。需要注意的是，在提高顾客响应的实践中，客户响应时间的概念越来越受到重视。其他有利于改善客户响应的要素包括卓越的设计、卓越的服务、卓越的售后服务和支持等。

3. 竞争优势的可持续性

在以上内容的基础上，我们需要进一步讨论竞争优势的可持续性。换句话说，当其他企业也在努力发展各自独特的企业竞争力的时候，企业的竞争优势能够保持多久？答案取决于三个重要要素：模仿壁垒、竞争对手的能力、产业环境的动态性。

第一，模仿壁垒。企业的竞争优势会被其他企业模仿，竞争对手在多长的时间内模仿成功是一个重要的因素，它决定了企业竞争优势的可持续性。在其他条件不变的情况下，竞争者模仿独特企业竞争力的速度越快，竞争优势的持续时间越短。所以，企业必须建立起模仿壁垒。模仿壁垒是指阻止竞争者复制独特企业竞争力的因素。壁垒越高，则竞争优势的可持续性越强。模仿壁垒分为资源壁垒和能力壁垒。

第二，竞争对手的能力。竞争对手能否成功地快速模仿竞争优势的主要决定因素是竞争者之前的战略承诺。所谓战略承诺，是指企业对某一特定经营方式的承诺并发展出一系列特定的资源和能力。如果企业已经长期建立了对特定经营方式的承诺，那么模仿创新企业的竞争优势将非常缓慢。在这种情况下，创新企业的竞争优势相对来说将会持久。竞争对手能否针对企业竞争优势做出快速反应的另外一个决定因素是吸收能力。吸收能力指的是企业识别、评估、吸收和运用新知识的能力。

综合而论，现有的战略承诺和吸收能力不足以限制现有企业模仿竞争对手的能力，尤其是在竞争优势以创新产品或创新流程为基础的时候。这也是为什么当创新者重塑产业的竞争规则时，价值会流出现有企业转向按照新商业模式运作的企业的原因。

第三，产业环境的动态性。动态的产业环境是指变动剧烈的产业环境。动态最强的产业通常是产品创新效率最高的企业，例如消费电器产业和个人计算机产业。在动态的产业中，高速创新意味着产品生命周期缩短，竞争优势随时处于瓦解之中。今天拥有竞争优势的企业的市场地位，也许明天就会被竞争对手的创新夺走。

公司竞争优势的持续性取决于模仿壁垒的高度、竞争者模仿创新的能力和产业环境的动态机制。模仿壁垒如果较低，竞争对手将蜂拥而至，产业环境动荡不已，创新随时随地都在发生，竞争优势也很容易转移。即使在这样的产业中，只要能够建立起模仿壁垒，企业仍然可以获得更为持久的竞争优势。

第二节 环境特征与战略管理

企业组织总是嵌入在特定的经营环境中，环境特征某种程度上决定了企业的战略选择和战略实现，甚至影响到企业的竞争优势。不同的环境特征，企业根据自身的资源和能力做出的战略管理侧重点会有所不同。

一、环境与战略管理

所有的实践和研究都证明，外部环境影响企业超越竞争对手和获取超额利润所采取的竞争行动和反应。一个企业的竞争行动和竞争反应受到其所在外部环境状况以及对外部环境了解程度的影响，外部环境可以包括三个层次：总体环境、行业环境和竞争者环境。当企业选择了与外部环境相适应的竞争行为时，其做出的战略选择是合理正确的，可以带来超额利润；相反，当企业选择了与外部环境不相适应的竞争行为时，其做出的战略选择可能是错误的，无法获取超额利润。所以，企业需要时刻关注外部环境的变化，以及这种变化所带来的机会或威胁，动态地调整和安排自己的竞争行为，才可以在竞争中立于不败之地，环境与战略管理的关系如图 2 –3 所示。

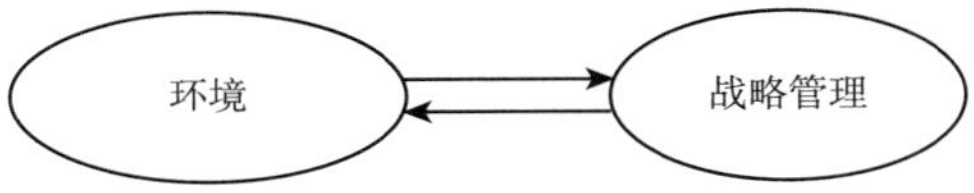

图 2 –3 环境与战略管理的关系

1. 环境对战略管理的影响

任何企业都是在一定环境中从事其经营活动的，环境的特点及其变化必然会影响组织活动的方向、内容以及方式的选择。外部环境是企业生存发展的土壤，它既为企业的生产经营活动提供必要条件，同时也对其生产经营活动起到制约作用，所有间接或直接影响企业经营的外部因素都构成企业的外部环境。外部环境的种种变化可以给企业带来两种性质不同的影响：一是为企业的生存和发展提供新的机会，二是可能会对企业生存造成威胁。

2. 战略管理对环境的影响

当企业发展成长到一定程度，成为行业内的龙头企业或者是领军企业时，企业的竞争行为或反应会导致行业结构的变化，这种行业结构的变化重新形成行业内现有企业所面临的外部环境。或者当企业是以创新者的身份进入原行业中竞争并改变了行业竞争格局时，行业内现有企业所面临的环境也会发生变化。所以，企业的战略管理不仅仅是被动地受到外部环境的影响，企业自身战略行为也会改变外部环境，至少是改变企业的行业环境和竞争环境。

外部环境不是一成不变的，不同企业的外部环境只有变化大小的差异，没有不变的情况。随着信息技术的发展和数字经济时代的到来，企业的外部环境与以往大不相同。企业需要全面扫描自身经营所处的外部环境，具体可以通过获取竞争者、顾客和其他利益相关者的信息来了解外部环境，形成自己的知识和能力。在这些信息的基础上，企业可以采取行动培育新的能力和核心竞争力，远离战略环境的消极影响，寻求机会以作为更好地满足利益相关者需求的基础。

二、静态环境及战略管理

企业实践和理论研究普遍认为，企业战略管理的流程是“战略分析—战略选择—战略实施”，其中战略分析与环境密切相关，因为战略分析本身包括外部环境分析。从这种意义上来分析，不同环境特征下企业的战略分析肯定会有所不同，静态环境、VUCA 环境、数字经济环境下企业的战略管理重点也会有所不同。

当企业所处的经营环境相对静态时，企业进行环境分析时重点分析三个方面：宏观环境、行业环境、竞争者环境，如图 2－4 所示。通过这三个方面的环境分析，企业就可以做出相应的战略选择。

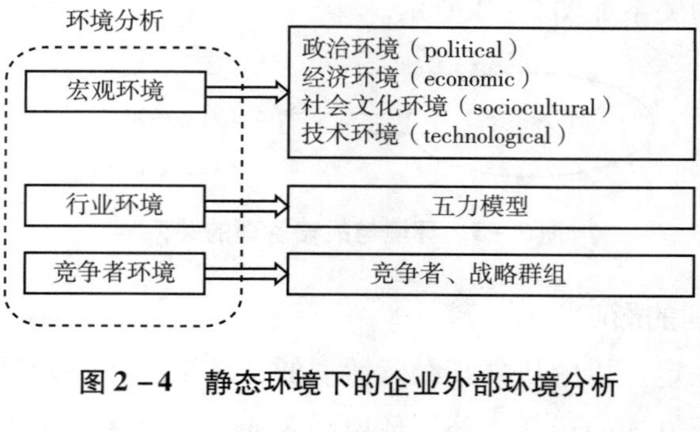

图 2－4　静态环境下的企业外部环境分析

静态环境下企业战略管理的重点是“战略分析”，只要战略分析科学合理，企业便会做出合理的战略决策选择，战略实施也会顺利进行。

1. 静态环境下企业战略决策的特征

在内容上主要是指企业重大、长期和整体性的决策；在性质上属于事前、主动和理性的决策；决策科学的主要依据是认知逻辑；战略决策与策略决策区别清晰，战略决策一旦做出，必须得以实现；目标，尤其是量化目标，在战略决策中具有重要意义。

2. 静态环境下企业战略的内容

企业战略就是一种中长期计划，竞争策略基本不在企业战略的范畴之内。这个计划所包括的内容由远及近、由高到低、由整体到局部，存在着一致性和连续性；这种内在逻辑就是由各种形式的计划（意图、宗旨、目标、战略、中间计划、行动方案、程序、预算、应急计划等）及相互关系构成的。在静态环境特征下，企业的战略与长期计划是同义词。

3. 静态环境下企业战略选择的观点

战略选择即基本战略组合，包括公司层战略中的基本战略定位、增长战略、行业多元化战略、国际化战略、国际化组合战略、并购战略、战略联盟、重组战略等，也包括业务层战略中的低成本战略、差异化战略、聚焦战略等。职能层战略不是企业战略的核心内容，但需要与前面所说的战略组合动态匹配。

三、VUCA 环境及战略管理

企业经营环境的特征总是会发生变化，这些变化将不断影响和改变企业战略管理的特征和内容。进入 21 世纪以来，中国企业面临的环境特征可以归纳为四个方面：volatility（易变性）、uncertainty（不确定性）、complexity（复杂性）、ambiguity（模糊性），即 VUCA 环境。

1. 易变性和不确定性对战略管理的挑战

易变性和不确定性表现为：宏观、行业、市场和竞争环境变化的速度越来越快；竞争对手之间动态互动的范围越来越广，速度也越来越快；速度和创新代替规模经济成为企业竞争优势的主要来源；环境变化的方向经常转换和难以推测。

易变性和不确定性对静态环境下的传统战略管理理论提出了以下挑战：一是传统理论关于环境可预测和竞争优势可保持的假设；战略必须预定企业未来所有的战略行动的假设；战略决策是事前、主动和理性决策的判断；战略是一种计划的定义；战略和策略的边界；目标，尤其是定量目标体系的重要性；战略实施以严格性为目的；战略制定、实施、评价和控制的边界等。环境的易变性和不确定性需要战略管理者重新思考以下四个关键问题：什么是企业战略？企业战略有用吗？如何在环境易变性和不确定性的条件下构建、发挥和强化企业的竞争优势？企业战略管理应该管理些什么？

2. 复杂性和模糊性对战略管理的挑战

环境复杂化主要是指企业外部环境中包括的因素越来越多，结构、性质和机制越来越复杂。中国企业经营环境的复杂化表现在：国内和国际环境的叠加；计划经济和市场经济并存；政府的强管制与定位的模糊；多重制度安排与差异化的执行。环境模糊性是指企业外部环境因素的边界越来越模糊，包括国内与国外市场边界的模糊；政府角色的模糊；区域市场边界的模糊；行业或业务边界的模糊；竞争者与合作者边界的模糊。

环境复杂性和模糊性的相互作用对企业战略管理理论的以下观点提出了挑战：企业经营的目的是股东财富最大化；政府对企业的影响就是守法经营和照章纳税；企业战略决策都是理性决策；正确的战略决策需要通过优化治理结构、决策程序正确、决策方法有效来排除非理性因素的影响；国家特定优势模型应包括四个基本要素。环境的复杂性和模糊性需要战略管理者重新思考以下三个关键问题：制度基础理论能否作为一种独立的战略思维模式？企业战略是企业家的价值选择还是理性选择？是否需要重新评价跨行业经营？

四、数字经济环境及战略管理

随着信息技术的发展，数字经济时代已经到来，某些行业数字化、数智化已经成为常态。在这种新变化下，数字和数据已经成为主要的生产要素，直接影响和改变着企业的经营模式和商业模式。

数字经济环境对企业的战略管理也提出了新的挑战，企业需要重新思考以下问题：一个好行业或者好市场是不是分析出来的？商业模式能否代替业务层战略？平台化或者生态链是一种战略还是一种组织？资本运营能否作为一种企业战略？为什么所有的企业都想整合全产业链？大规模定制和个性化生产、“互联网 +”是一种经营方式还是经营战略？制造与服务结合是不是一种新型战略？数字经济环境下企业战略管理的特征是重新设计、构建和选择战略类型。

1. 跨界经营战略

跨界经营战略是企业战略思维的转变，是一种开放、平等、协作、共享的互联网精神，体现了虚拟实体打通、时空约束打破、用户本位主义等互联网理念，已经成为企业普遍欢迎的战略模式。

一般意义上理解，跨界经营战略即企业为寻求新市场机会跨越地理边界、产品边界和产业边界，以进入者的身份进入新业务领域，创造出新产品，从而对新领域中的在位企业产生颠覆的战略行为。也有学者认为，跨界经营战略实质是一种商业模式。这种观点是基于开放视角下的组织理论，强调跨界经营是企业与外部环境的互动过程，认为跨界经营是一种商业模式，更倾向于用“跨界协同”“跨界合作”来表达跨界。但从实体与虚拟网络的关系来看，跨界经营战略是由“跨界合作”演变而来，强调跨界经营实质是实体经济价值链环节在结构分解后与互联网虚拟经济再融合的“跨链”重组。

跨界经营战略的类型特别多，按照跨界经营的层次，将跨界经营战略划分为业内跨界、业间跨界两种类型：业内跨界是企业的经营范围超出了原有的经营边界，但没有超出原有的行业范围；业间跨界是企业的经营范围超出了原有的经营边界，同时也超出了原有的行业范围，最终形成一种产业生态系统。第七章内容将会对跨界经营战略进行详细阐述。

2. 平台化战略

新经济形态正在改变企业的生产方式和创新模式，平台正式成为一种普遍存在的市场形式和组织形式，拥有成功的平台逐渐成为企业获得竞争优势的重要途径。平台具有一定的经济性，能够创造较高价值。平台化战略是一个生态系统，是以组织和个人（商业世界中的有机体）相互作用为基础的经济联合体，具体是指供应商、生产商、销售商、市场中介、投资者、政府、消费者等以生产商品和提供服务为中心组成的群体。

平台化战略最终会形成一种良性生态圈，在一定的互动机制和开放性机制的前提下，满足平台中所有个体的需求，并通过此模式为所有个体带来盈利，在资源共享提升效率的条件下，促进实现多方共赢。按照功能类型，平台化战略可以分为市场制造者平台化战略、用户制造者平台化战略、需求协调者平台化战略，这部分内容将在第七章进行阐述。

第三节　相对静态环境下的战略管理

当前，我们学习战略管理的相关理论大多都是西方管理学思想。纵观西方管理学思想演进的一个多世纪的历程，可以看出这样一个基本规律：每一个时期管理思想的产生是由各自时期企业面临的环境特点决定的，因而在不同历史时期出现了不同的适合企业发展的相关理论。西方理性主义学派所倡导的战略管理观念为中国企业的管理与发展提供了极大的帮助，在较长的一段时间中，我国大部分企业的管理都呈现出正规与高效的状态。

一、企业传统战略管理中的静态模式

企业外部环境本质上是动态的，但其变化的速度受技术、经济全球化、体制改革等因素的影响，相对变化速度较慢的外部环境称为静态环境，反之称为动态环境。所谓静态模式即企业战略管理期间，基于企业所处的相对静态环境和发展现状，调整企业的发展模式，并把这一发展模式落实到实际管理中，对企业的发展通过战略设计落实和把控，从而实现战略管理的有效实施。20 世纪 80 年代中期至 90 年代中期，针对当时市场机会多而竞争不激烈的经营环境，所引进的主要是西方企业战略领域中理性主义流派的理论和方法，这种以理性主义为基础并且适用于相对静态环境的战略管理模式称为静态模式。

1. 静态模式的起源

企业战略管理产生于理性主义对经验主义的克服和超越。20 世纪 30 年代以后，管理学者们就开始注意到经营与决策、常规决策与非常规决策、战略决策与经营决策的差异，其目的就是让管理者使用更多的时间和更科学的方法去做出战略性决策。50 年代末期，企业战略管理学者就一直在努力为企业战略制定者提供制定战略的概念模型、过程模型、科学分析方法，而学术界后来把做过这些努力的学者统称为企业战略管理中的理性主义流派，其中包括设计学派、计划学派与定位学派。

（1）设计学派。设计学派代表了有关战略制定过程最具影响力的观点，他们认为制定战略是一个循序渐进的过程，需要根据企业内外环境的特征，考虑各种因素，找出两者之间的最佳匹配计划。他们对企业战略管理模式展开了分析，提出了战略制定的过程模型、产生战略选择的SWOT模型，并将一致性、协调性、优势和可行性等作为战略评价的依据。此外，设计学派最早提出理论假设，并划定了企业战略管理的范畴，对企业战略管理进行了阐述，认为企业战略管理发展需要经过战略计划、战略实施、战略评价三个阶段。

（2）计划学派。在设计学派的前提假设与理论观念基础上，计划学派对战略的制定进行了具体分析，其中包含了方案制订、实行和控制。他们对企业战略管理理论进行创新，把战略管理过程细分为制定、实施、评价与控制四个阶段；把原来比较简单、非正式的战略制定模型转变成为一个非常精密的过程模型，并确定了企业战略管理逻辑，包括确定战略管理目标、进行企业内外部环境分析、评价战略管理优劣等；战略内容体系则包括目标体系、预算体系等，囊括了战略管理的大目标以及各项预算程序等。可以说，计划学派在设计学派的大致模型基础上进行了模型的精密延伸。

（3）定位学派。随着时代的不断更迭，企业战略管理工作推陈出新，定位学派走上了历史舞台。与前两个学派过分关注战略决策的过程和方法不同，定位学派极为重视企业战略管理内容，他们认为战略制定仍然应该是个受控、有意识的过程，只是选择合适的定位战略需要更加理性的方法和科学的计算，强调企业战略管理内容的重要性，认为企业可以选择的关键战略很少，从而致力于寻找企业的通用战略，并提出通过数学计算定位企业发展战略的方法。

2. 静态模式的特征

由于这个时期西方企业的经营环境相对比较稳定，市场机会比较多，而各个行业内部竞争不太激烈，因此后来对理性主义流派的批评高度集中于这些理论与方法提出的三个基本前提上：企业的内部与外部环境较为稳定且可以预测，没有较多的变化，因此企业战略是可以预定的；管理者具有充足的时间整理信息并制定战略；战略信息的决策制定完全可由个体执行，过程相对简单，最高管理者可根据突发情况处理战略决策信息，可全面负责战略制定工作。在这样的假设条件下，基于理性主义学派理论提出的企业战略管理静态模式有着其自身的显著特点：

第一，战略决策有提前点。决策是在某一事件发生前给出的对策，我们可以把它定义为提前点。在静态模式中，企业处在某个稳定的运营周期之中，企业战略决策是一个“特定时间点上的决策”，企业战略管理者需要对这一周期的与企业今后发展有关的重大、长期和整体性的问题进行研究，制定尽可能正确、全面和详尽的战略，明确生产步骤、经营方法等，这就是企业战略管理中的战略制定阶段需要完成的核心任务。企业提前做出的战略决策关乎未来发展，因此要对工作任务等进行定量分析，尽可能降低企业承担的风险。

第二，企业需要制定决策路线。静态模式强调企业发展的阶段性，企业需要布置阶段性任务，按照决策路线开展生产运营。在确定战略指导以后，企业战略管理者会根据已经设定的路线逐一实施，在实际操作中不会发生较大的失误，以有效实现每个阶段的目标，最终完成目标。根据理性主义流派的观点，企业在战略制定阶段所需要做出的决策不仅包括宗旨、目标、战略与政策，而且还应该包括中间计划、行动方案、重大行动的程序以及各种计划、方案的预算。

第三，企业战略决策的核心是制定目标。由于是在经营周期最初做出的决策，因而企业对于其要达成的目标、完成的任务更趋向于做出定量的分析，而非定性的分析，企业试图通过这种做法尽可能减少在战略实施过程中的不确定性，向目标的精确度不断靠拢。根据理性主义流派的观点，为了提高企业战略实施的有效性与效率，非常强调目标的全面性、数量化和可测性，因此这个时期的企业特别偏好以下行为：为所有重要的经营活动制定目标；高度关注目标的定量化；喜欢将数量化目标逐一分解、细化。

第四，企业战略决策是理性决策。静态模式以理性主义理论作为基础，理性主义流派针对经验主义存在的局限，对静态模式进行了论证，强调科学思维、理性思维的应用，认为在仅有一个提前点、具体化、数量化的战略决策限制下，企业必须做出理性的决策。他们提出企业战略选择的正确性依赖于战略制定者的思维过程的理性化程度与决策方法的科学性。其中，设计学派强调的是战略思维模式的重要性，计划学派主要强调的是战略制定过程和方法的科学性，而定位学派主要是战略选择的科学性。正是因为这些贡献，建立了企业战略管理的过程模型和层次模型，只要依据这些模型和方法进行分析和推理，战略决策的科学性就能够得到保证。

第五，企业战略实施与控制的关键是按时、按质和按量完成计划。由于决策是在经营前制定的，而且企业的主要战略行为都应该是事先计划好的，那么企业在进入战略实施阶段以后，主要的任务就是有效率地执行战略计划，实现战略目标。虽然企业在战略实施阶段中需要适时地评价与调整自己的战略行为，但是在理性主义流派看来，无论调整是因为环境变化还是执行不力，都说明战略制定工作没有做好，否则就不需要调整；战略实施过程中的主动或者被动调整都应该是按照计划进行的调整，因此，需要事先就制订好应急计划或者重新开始新一轮的战略管理过程。

二、相对静态环境的传统战略管理模式的局限性

在静态环境下，传统战略管理模式对企业科学管理水平提升发挥了重要作用。但是这种线性模式在复杂动态环境下，不仅无法有效灵活应对企业面临的机会和威胁，更因战略刚性束缚而成为企业转型变革的掣肘。具体而言，相对静态环境下的传统战略管理模式主要呈现出以下几方面局限。

1. 企业战略行为过于呆板，缺乏应变

在静态模式的战略管理过程中，其主要任务是高效率执行战略规划与实现战略目标。

企业在制定好战略决策计划后，执行过程中存在战略调整的可能，但是无论是主动或是被动的调整都是围绕原有规划微调，在战略评价阶段也以完成原定目标为考核导向，整体过程呈现简单化、机械化特征。事实上，战略行为不可能完全被囊括在计划之内，计划之外的战略行为也时有发生，这就体现出了静态模式将企业战略行为限制在计划内的不恰当性。当外部环境与既定战略规划出现尖锐冲突时，企业发展很可能陷入困境。

2. 战略管理各环节交互性不足

传统战略管理模式是围绕分段式经营周期开展的战略管理活动。其战略分析与决策起始于某一特定时间点，并以此时间点为基准，制定企业中长期发展战略规划；中长期发展战略规划由经营层审批通过后，即顺次进入战略执行与评价阶段。战略管理各环节边界清晰，虽相互连接，但缺乏互相融通，各自为政现象较为严重。在环境动态性对企业战略快速调整提出更高要求的条件下，这种战略制定与战略执行相分离的模式愈显力不从心。

3. 战略决策具体化、数量化实操难度大

在竞争对手越来越强劲的情况下，企业起初制定的具体化的战略决策不可能完全吻合制定时期的预想情况，因为竞争对手会对企业发出的决策做出相应的回应，不会被动地等待对方崛起，如果此时企业仍旧一意孤行、机械地进行既定的具体化决策，其对市场的应对速度必然会大大下降。而数量化的战略决策则很有可能导致企业的短视行为，背离其自身的长期利益和战略定位。企业的战略行为中，事前计划的行为越来越少，事中反应或者创新性行为越来越多，优秀的战略往往不是计划出来的，而是总结出来的。

4. 战略管理三个阶段的划分过于严格

越来越多的战略决策不是在战略制定阶段，而是在战略实施阶段做出的。理性主义流派对战略管理三个阶段——战略制定、战略实施、战略评价与控制的划分是始于时间顺序的逻辑，但这三个阶段并不可能完全分离。在战略制定之后、战略实施之时，战略评价与控制程序已经可以开始运行了，这三个过程实践运行中是有交叉重叠部分的，而静态模式并未考虑到这一方面，因此从这个角度分析，它只存在理论上的意义，而不存在实践操作上的参照可能。

除了上述的四个局限性之外，还可以看出静态模式对外界变化的应变能力有明显不足，执着于对已有计划的忠诚，忽视了市场、对手、内部可能产生的不可控因素，而正是这些因素，需要在企业运营中实时关注和调整，以适应内外部对企业的速变要求。如今，在经济全球化与经济转型两大因素的影响下，企业所面临的经营环境表现出了很强的动态化趋势，例如经营环境复杂多变，互动越来越快，竞争优势越来越难以保持。企业的战略管理模式也越来越呈现出多样性，在相对稳定的环境条件下形成的传统战略管理模式“战略分析—战略制定—战略执行—战略评价”的线性推进路径将得到完全颠覆。鉴于环境的高度不确定性，企业家要有对环境的高度敏感性，企业才能以快制快、以变制变。

第四节 VUCA 时代的战略管理

在 VUCA 时代，学习和运用战略成为一个战略思想家、一个商业领袖或者一个企业的成功管理者必须面对的课题。因为在多变的市场环境中，战略不仅仅意味着未来 5～10 年的企业发展方向；在迅速多变的市场环境中，日常的经营决策都要用到战略。需要在路径不清、资源有限的情况下做出决策时，必须快速洞察和分析外部环境、审视自身能力，结合对大势的判断权衡利弊。

一、VUCA 时代下企业的管理困境

在充满变数的不确定时代，企业存在的最大问题就是增长停滞，失去活力。突破增长瓶颈、培育新的增长引擎已经成为大多数企业面临的最紧迫挑战。确保企业重回高增长的轨道是核心高管层面临的共性挑战。广东倍智人才科技股份有限公司下属的倍智人才研究院在一份中国企业高绩效领导力报告中，总结出 VUCA 时代下管理者可能遇到的一些核心挑战：

1. 把握客户需求和外部市场分析的挑战

在经济全球化的巨大浪潮以及世界政治经济环境动荡等多重因素作用下，企业所处的宏观环境的变化越来越剧烈。随着互联网、信息化和大数据的广泛应用，无论是企业自身、上下游伙伴、竞争对手，还是企业客户，获得信息的成本被大大降低。这就使得企业身处越来越透明的竞争环境中，客户的选择机会增多，伙伴间的合作会更加不牢固，而对手之间的竞争则更直接。同时，科技的不断创新使得产品迭代加速；商业模式的创新使得业态越来越丰富。这些因素也会造成某些领域的产品技术和商业模式的颠覆。

2. 洞察业务的挑战

VUCA 时代下外部环境是动荡、不确定、复杂和模糊的，企业需要寻找新业务机会，培育新的增长引擎，实现可持续发展。尤其数字时代，数据已成为影响企业业务成功的核心要素，但出于各种各样的原因，比如工具过于复杂、技术迭代快、数据增长快等，企业很难从数据中获取到价值。企业要想实现业务转型，必须借助智能应用和数据分析解决方案来实时收集、处理和分析大量不同的数据。然而，从掌握的海量多样化数据中获取价值仍是当今许多公司面临的难题。一些极具想象空间的新兴业务增长缓慢，远远没有达到投资者、企业家、员工等利益相关者的初始预期。

3. 提升团队效能的挑战

现在的商业竞争不再是个人之间的竞争，而是团队与团队的竞争。管理者们对人才的招聘与培养已经轻车熟路了，如今的难题是如何管理团队、提升团队效能，实现“1 + 1 > 2”

的效率，这就要求管理者从以往强调个人作战的思维中转变过来，思考如何团队作战并获得最大的胜利。

4. 快速学习的挑战

如果企业的发展以机会为导向，缺乏逻辑性战略思维，不能够与时俱进地学习，将难以持续生存。一方面，企业短线经营，缺乏系统战略管理框架，方向与路径不能清晰落实，将难以持续发展。另一方面，企业粗放式管理，缺乏以战略驱动的管理模式，快速成长时掩盖的问题在低成长期就完全暴露，导致无法运营，难以生存。

二、VUCA 时代战略管理的本质变化

1. VUCA 时代带来了企业底层商业逻辑的质变

类似于安防、车联网，数字化时代的大多数行业都呈现出动荡性、不确定性、复杂性、模糊性的特征，正呈“爆炸性”增长态势，行业成长生命周期正在加速缩短，背后的“强心针”是技术，其带来的不仅仅是行业加速度的量变，更是企业底层商业和战略逻辑的质变。

2. 管理者角色将被“赋能者”角色所替代

在传统管理学看来，管理实际上是管理者对企业资源有效控制的一系列行为，企业资源包括了生产资源、财务资源、人力资源等。传统管理学更强调管理的控制和规范作用。在 VUCA 时代，一个以客户为中心，以数字化为手段的组织形态，更加强调的是组织的敏捷性，决策层次的扁平化，是多业务分布式并行运转的网络化架构，是一个强调个性、激发创新、尊重个体的企业文化特征，“人”已不仅仅是企业的核心资源，更成为企业可以直接产生价值创造的资本形态，企业资源已逐步由实体化变为虚拟化，由整体化变为碎片化，由确定化变为非确定化，由可量化变为不可量化。由此，传统管理的效度将快速递减，传统管理的内卷化程度将快速提升，管理和控制将逐步趋向无效化。因此，VUCA 时代的管理者角色将被“赋能者”角色所替代，管理者需要做的是由“管资源”变为“赋能人力资源”，激活人力资源。

3. 企业管理范式更加倾向于人本管理

整个社会和商业环境均已进入典型的 VUCA 时代，不同行业应当充分考虑市场环境的可预见性和可塑性特征，选择合适的战略战术组合。经济全球化潮流已经势不可当，不仅是资金、产品和信息的全球化，更是人才竞争的全球化，企业在全球环境的竞争能力是否变强越来越依赖于跨文化背景的人才、跨国界学习系统等因素。企业在进行人才管理时，需要考虑不同文化习俗、生活习惯、管理特色及法律法规；人才的文化背景和价值取向对企业的竞争力和人才管理来说是巨大挑战，也是决定企业战略成败的关键所在。所以企业在人才的整合尤其是文化整合上，需要用心运营。在企业管理经营遭遇困境时，企业文化和价值观同时也会遭到挑战，此时更要梳理“以人为本”的理念，把“客户价值”的概

念融入企业管理中，植入每一个员工心中，以此激励员工的创新行为，增强员工的责任心，把员工的切身利益与企业的利益、客户的利益紧密地结合起来，企业就会充满活力，就会越来越体现出“以人为本”的企业文化的价值。

4. 寻求共同发展空间，实现科技和人性平衡

随着“互联网+”、AI、5G等技术的高速发展，为实现科技和人性的平衡，未来科技最关键的发展方向是走人性化之路，科技给生活带来便利，提高人类活动效率，但当人性个性被忽略和遮蔽时，企业会陷入单向技术目标误区，追求更高、更快、更强。在共生的互联网生态中，企业需要寻求共同的发展空间，将顾客和合作伙伴放在平等位置，寻求共生共赢，整体获利。因此，企业的价值体现在“客户体验”，科技产品要为人服务，给生活带来积极变化。科技发展方向是人性化，可预见的是未来闪烁着“人性”之光的产品将会越来越多，高科技产品进一步被赋予灵动的生命，在科技和人性之间搭建桥梁。

第五节 数字经济时代的战略管理

数字经济时代带来的冲击不仅仅是加速度，而且是非连续性的断点，随之要求整个商业逻辑的改变，而商业逻辑的改变需要更新底层的认知框架——从“求赢”的竞争逻辑转变为“寻找生长空间”的共生逻辑。因此，企业必须准确把握时代脉搏，理性分析数字经济下战略管理的创新趋势，不断创新战略管理模式，提升企业战略管理水平，不失时机地促进企业持续发展。

一、数字经济的内涵

数字经济是指以数字化信息为核心生产要素，以信息技术为支撑，以现代信息网络为主要载体，以数字化技术提供产品或服务，是技术融合、产业融合、生产者与消费者融合的新型经济形态。作为一种新的经济形态，数字经济已成为经济增长的主要动力源泉和转型升级的重要驱动力，同时也是全球新一轮产业竞争的制高点。与传统经济相比，数字经济具有四大主要特征。一是数字化。数字技术渗透到生产、分配、交换和消费等社会再生产全部环节，数字技术的发展不仅促使传统产业改造升级，也不断催生出新产业、新技术、新产品、新业态。二是效率性。数字技术通过降低信息获取成本使经济社会发展中的交易成本大大降低，经济活动更少受到时间和空间因素制约，技术创新、技术扩散、产品开发和价值创造快速迭代。三是普惠性。与传统经济相比，数字技术使经济增长、就业和公共服务水平大幅提高，平台成为数字经济惠及企业及个人用户的重要方式，无论是公共部门还是私人部门均从中受益。四是融合性。数字化导致产业融合、产消融合。在供给侧，数字技术在产业间高度渗透，信息技术产业与三次产业的细分行业日益融合，新兴产业和新业态不断涌现，产业边界越来越模糊。在需求侧，数字经济下的商业模式以消费者为中心，消费者广泛参与产品价值链中的研发、制造和营销等环节，消费者变为“产消者”。

数字经济与信息经济、网络经济并不相同。从三种经济形态的广度来看，信息经济涉及与生产、分配信息商品及服务相关的经济活动，强调信息要素在作为经济活动的重要投入和产出的同时，又作用于生产过程；网络经济与互联网的兴起密切相关，多指生产方式的变化，强调计算机网络的作用，并将基于国际互联网的电子商务作为核心内容；数字经济则突出了整个经济领域的数字化，数字经济更加关注数字化的信息在经济中的作用，属于信息经济的一部分。在概念的广度上，信息经济大于数字经济，数字经济又大于网络经济。从三种经济形态出现的顺序看，数字经济只是当科技进步和经济发展达到一个更高级的阶段时，对即将或者已经出现的新的经济形态的称谓。信息经济形成于 20 世纪 70 年代，而网络经济在 20 世纪 90 年代出现并加速了人类向数字经济时代的过渡，数字经济是在之前的网络经济和信息经济基础上发展起来的，并非对信息经济和网络经济的否定。

二、数字经济时代商业环境的变化

数字化技术将深刻改变我们的经济和社会，也会颠覆我们对企业经营管理的认知。数字经济时代商业环境将会不同于工业经济时代，具体而言将呈现出以下几种特征。

1. 垄断经济越发明显

数字经济时代企业战略管理的重点是增长速度，到产业互联网时代，以技术创新见长的“巨无霸”企业集团将会诞生，未来一个产业将仅仅有 1 ~ 3 家企业存在，有可能以资本为纽带的大型生态化技术巨头企业将主导整个产业，规模是企业生存的必要条件，市场地位攸关企业存亡。

2. 满足需求转向管理需求

传统工业经济时代企业战略核心是销售和产品，数字经济时代企业将更强调场景战略。有企业家曾表示，谁能找到或设计出解决客户显在或潜在痛点的、让用户使用价值最大化或者效用最大化的应用场景，谁就能获得竞争优势。这是因为在产品技术专业知识方面，客户与企业一直存在明显的信息不对称，产品实现的技术路径或许有多种，客户不同的使用行为（场景）也会带来不同的效用结果。企业战略管理的一个重要维度就是企业技术产品对客户行为可塑性影响度评估，场景战略的核心是管理需求。

3. “跨界打劫”现象频现

科技巨头纷纷进军传统产业，传统产业的格局正在被打乱，残留在人们脑海中的产业壁垒被轻易打破，一时间让人目不暇接。这种现象未来一段时间会常态化，直到新的产业格局形成。例如：没有工程技术背景的马斯克在造电动车、造火箭；白色家电巨头格力开始造机床；手机业务起家的小米涉足黑色家电行业；阿里巴巴要做服装。

4. 从产品营销到技术营销

传统工业经济时代，企业营销的焦点是产品营销，因为不同企业在系统性工艺制造技术方面，或者说在生产性供应链技术方面存在差异，从而衍生了不同的产品营销模式。但随着智能制造的普及，硬件产品质量和制造成本逐渐趋同，产品定义也会随之改变，价值型产品将会取代功能型产品，企业之间的竞争将转为技术竞争，因此技术营销将成为主流。

总结而言，以实体制造为特征的产业互联网时代即将来临，数字经济不仅在改变着我们的生活，也在颠覆企业传统的战略管理思想。

三、数字经济时代企业战略管理的难题

1. 未来难以预测

传统的商业战略理论来源于工业时代诸多成功企业的管理实践，并由诸如迈克尔·波特、加里·哈默、克里斯·祖克等战略大师总结、提炼和升华为战略管理模型、方法论，并指导企业家、职业经理及管理顾问认知世界、管理和变革企业。但是，上述这些理论模型与方法论的共同特征基于“未来是可预测的，或者变化是缓慢的”。然而，随着数字经济时代的快速来临，未来越来越变得不可预测，或者变化越来越快，一份5年战略规划也许几个月过后，很多假设就已经过时，或被新技术和新竞争所颠覆。“不可预测的”部分正在成为整个商业世界的主流，因此，需要增加一套“全新的战略理论模型与方法论”，以帮助企业家、职业经理人和管理顾问应对数字经济时代的各种不确定性。

2. 企业的资源基础结构发生变化

传统企业战略管理理论崇尚“资源基础观”，资源基础观强调企业建立竞争优势的基础是企业内部的各种资源和能力，而数字经济时代企业的战略管理思维是连通的思维，即整合各种资源的思维，需要依靠外部资源整合来构建自身的核心竞争力，比如中国三大互联网公司的核心竞争力是“数据”，而数据的源头却在企业外部，并不是企业自己产生的。

3. 产品或市场的虚拟化

战略定位是传统战略管理理论指导企业战略实践的一个关键环节，定位精准，且企业坚持定位，专注于所定位的行业以及产业链环节是传统企业战略理论认知下建立持续竞争优势的关键。但是数字经济时代企业很少遵循“点上深挖”的战略原则，更多地实施多元化战略，包括产品多元化，也包括行业多元化。尤其对于互联网企业来说，其产品或服务具有虚拟化和数字化的特点，故在互联网空间中，产品甚至行业的多元化界限也许并没有现实中的界限那么明显，因此，数字经济时代企业需要重新思考战略定位的方法和工具。

4. 企业信息化建设受阻

对于传统企业来说，信息化之路并非一帆风顺，企业多年来形成的固有的组织架构和

信息处理方式等问题在企业信息化、数字化的路上设置了重重阻碍：

（1）信息孤岛：企业信息化受制于历史局限性，先后实施的系统顶层设计不足，各系统间相互游离，形成大量信息孤岛。

（2）数据碎片化：各渠道以及供应链各环节数据碎片化严重，数据整合困难，难以发挥数据优势。

（3）信息滞后：数据收集滞后，时效性差，运营决策及对市场的反应滞后。

（4）多系统间协作效率低：企业多系统间协作大多以分析为主，多系统间协同控制无顶层设计。

（5）全渠道协同管理难：各渠道管理分离，渠道间商品、价格、库存、订单、配送等管理工作难以协同并进行合理调配，容易出现抢库存等情况，并导致库存高企、销售率低等问题。

（6）内部协同难：各分公司/系统基础数据口径不一致；资源调拨难，缺乏统一管控；资源浪费严重。

（7）供销分离：企业内运营管理大多以计划生产为主，销售、库存、供应链分离，各组织间无法连接，数据紊乱，核算困难。

（8）ERP 支撑全渠道难：ERP 以财务为核心，业财一体化的管理模式，支撑日益快速变化的市场存在困难，无法满足前端业务对系统快速变化的诉求。

（9）大数据产业的支撑水平和应用能力不足。在核心元器件、高端芯片、集成电路、基础软件、大数据分析处理、可视化呈现等方面与国外仍然存在着较大差距。

传统信息架构已成为瓶颈，而数字经济在消费端市场爆发的巨大潜能已经开始不断向流通端和制造端垂直渗透，传统企业面临的是一个不跟进则被抛弃的大势。企业要避免眼睁睁地看着自己与数字经济时代渐行渐远，要寻求新的业务增长只能另辟蹊径。

四、数字经济时代企业战略管理的方向

数字经济时代，顾客是解开战略选择谜题的唯一钥匙。因此，无论借助何种技术力量，企业制定战略时都应该从顾客的需求出发。数字经济时代的战略逻辑即为顾客主义。在这套逻辑中，顾客是考虑所有问题的出发点，而并不是行业变量或企业资源。而当顾客成为共创的主体、改变了价值创造和获取的方式后，可能导致爆发式（而不仅仅是线性）的增长。

顾客主义的战略逻辑需要从两个维度理解。第一个维度是“洞见/远见”（insight/foresight）。我们是满足顾客已有的需求，还是创造和引领顾客潜在的需求？我们把这个维度称为“需求态”（demand dynamism），说明我们要区分两种动态变化的顾客需求——已有的和潜在的。对前者的洞察相对更依赖数字和事实，而对后者的洞察则相对更依赖直觉与灵感。第二个维度是“渐进/激进”（incremental/radical）。我们是沿着一贯的技术轨迹

进行升级优化，还是试图实现技术的全新突破？我们把这个维度称为“技术态”（technology dynamism），代表企业要在两种技术导向——升级与突破中进行权衡。其中，前者更强调技术的应用和优化能力，后者则更强调技术的原创能力。将这两个维度进行交叉组合，就得到了“顾客主义”的 RIIF 战略模型，如图 2－5 所示。

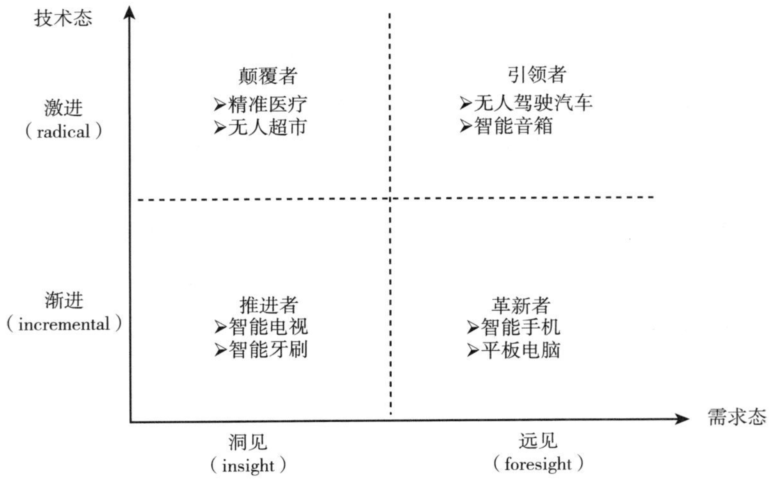

图 2－5　顾客主义的 RIIF 战略模型

1. II 代表用渐进技术满足顾客已有的需求，即“推进者”

如智能电视、智能牙刷等都属于这一类。在商业现实中，存在数量众多的“推进者”（promotor）。这是因为，随着技术的不断迭代，越来越多的顾客需求可以得到满足。而“推进者”成功的关键因素在于：识别真实的需求和痛点，避免因为想当然而击中伪需求，导致无法获得市场的青睐。

2. RI 代表用激进技术满足顾客已有的需求，即“颠覆者”

典型的例子有：精准医疗——用基因技术来实现病人们一直以来“对症下药”的需求；以及无人超市——用自助收银台等门店科技来满足消费者对购物便利和速度的期望。相对于“推进者”，“颠覆者”（disruptor）的数量会少很多。这是因为突破性技术本身的数量并不多。对于“颠覆者”来说，成功的关键在于：降低激进技术的成本，在经济可行的范围内推出产品。

3. IF 代表用渐进技术创造和引领潜在的需求，即“革新者”

“革新者”（renovator）中最典型的例子是智能手机和平板电脑。这两款产品本身都没有采用“前无来者”的技术，而是通过对一系列渐进技术（触摸屏、操作系统、指纹识别等）的组合，革新了我们对于手机和电脑的认知。“革新者”的数量很少，因为能够用渐进技术来引领需求的机会并不多，这要求企业必须对顾客内心的渴望和期待有极其精准的理解，因此，“革新者”成功的关键因素是对顾客有独一无二的理解力和号召力。

4. RF 代表用激进技术创造和引领潜在的需求，即“引领者”

“引领者”（pioneer）的例子包括无人驾驶汽车和智能音箱。前者是用无人驾驶技术重新定义出行；后者是用智能语音交互技术重新定义信息、内容与零售服务。成为“引领者”要求企业执着于突破性技术的研发，同时对未来充满想象力，勇于引领全新的生活方式。

围绕顾客的不同需求，借助不同的技术力量，我们发展了“推进者（II）”“颠覆者（RI）”“革新者（IF）”“引领者（RF）”四种不同的战略选择。企业在进行战略选择时，需要考虑几个问题：你知道顾客的期待是什么？你能给顾客带来想象吗？未来有哪些技术进步能够对我们的领域产生影响？你有突破常规、应用激进技术的决心和能力吗？但是顾客主义的战略逻辑并不意味着只有一条路径，企业仍然可以根据自己对于顾客需求的理解，以及技术应用的倾向，选择成为推动者、颠覆者、革新者或引领者。无论是哪条（或哪几条）路径，战略思考的起点都是从顾客的需求出发，再通过技术的应用创造性地加以实现，这就是顾客主义的共性规律。

[章后案例]

海尔的黑海生态战略

黑海生态战略，是海尔最新提出的一种适应物联网时代 VACU 环境的战略思维。海尔为此创造的人单合一模式，以及与之相匹配的管理工具和实现路径，有望使其成为物联网时代的引领者，实现自创性、同进化。

1. 人单合一模式

在物联网背景下，“产品会被场景替代，行业将被生态覆盖”。海尔提出了以“三库”为基础的智慧家庭的新基建重要组成。“三库”指的是形成网络场景的三个库：组件库、场景库、体验库。

组件库包括宝洁、双立人、迪卡侬等国内外知名品牌，这些品牌的所有产品成为网络场景中的一个组件，共同打造场景。场景库里是许多品牌打造出来智慧家庭的场景。智慧家庭的市场非常大，需要所有的品牌联合起来。当这些品牌打造了场景后，用户会满意吗？答案是：永远不会满意。用户的需求永远在不断变化，这就需要实现用户的体验迭代，而不是一次性的交易服务。在海尔体验库，没有完美的产品，只有不断迭代的产品。海尔体验库会根据用户的体验不断迭代、不断进化。为了应对持续的用户体验迭代，海尔的组织结构也进行了调整。海尔把科层制组织、金字塔组织砸掉，去掉了 1.2 万多名中层管理者，全公司 8 万多人变成了 4000 个小微，小微拥有决策权、用人权、分配权。海尔的“三库”依靠 1 + N 体系来满足，即一个人对着用户，后面有一群品牌，这个 N 就代表生态。

海尔墨盒洗衣机的案例能够很好地体现创造用户体验迭代升级的全流程，说明海尔具体如何来实践生态品牌的黑海战略。第一步是体验云众播：1 + N 自组织创造用户体验迭代。通过体验云众播链群，发现用户希望衣服洗得更干净的需求。于是将这种需求无缝转到灯塔工厂。第二步是灯塔工厂：无缝体验。灯塔工厂是互联工厂。灯塔工厂因为连接到用户的需求，才进行大规模定制，所以不入库率（海尔衡量大规模定制模式实现程度的指标，即不进仓库直接送到用户手中的产品占比）达到了75%，很多都是直接给用户送去。第三步是物联网支付：生态价值创造终身。用户产品送到用户手中后，交互刚刚开始。墨盒洗衣机可以实现物联网支付，这种支付方式优于现在的移动支付，实现了无感支付。第四步是链群合约：共同进化，新物种持续自涌现。通过上面这几步再涌现新物种。洗衣机变成衣联网，所有的服装行业、洗涤剂行业等都加入进行共创，因为可以实现增值。现在全国洗衣店都可以加入进来，形成洗衣店的生态。

2. 一卡一表

与人单合一模式相匹配的管理工具和实现路径就是一卡一表，即人单合一计分卡和共赢增值表。

人单合一计分卡有三大块。第一是引领目标。没有人下达目标，人们自己在市场上发现，实现引领；第二就是链群合约。小微变成生态链上的小微群，组合起来之后实现引领目标；第三是结果的增值分享，增值之后就可以分享。人单合一实现了创造价值和分享价值的合一。

以生态品牌“海尔生物医疗”为例，来说明人单合一的模式。海尔以前给医院做储存血液的超低温冷柜，卖出产品以后就结束了。但是慢慢地发现医院有一个非常大的问题，血液的采集非常困难，但是血液浪费非常巨大。为什么呢？因为手术室领的血液不知道到底该用多少，可能多领一些，但是用完以后剩下的不管是多少都要扔掉。后来，海尔把电器变成网器，打通了很多的环节，包括国家卫生部门，也包括像301医院这些知名的医院共同协商解决这些痛点，结果变成一个血联网，理论上实现了零浪费。现在孵化出血联网的海尔生物医疗已经上市了。上市后，投资方并不把它当成一个做医疗设备的企业看待，而是把它当成一个物联网科技生态看待。它最高的时候PE值达到140多倍，现在还是在100倍左右。

共赢增值表，即体现用户价值主张。海尔的共赢增值表体现的是价值流。也就是说，根据用户的需求不断调整、不断创造，共赢增值表能够实现动态平衡。共赢增值表的六大核心要素，其中有四项都是传统报表没有的，比如用户资源，用户资源只能是动态平衡，使企业拥有更多的终生用户。

海尔的生态品牌具有“三无”特征：第一是无缝体验；第二是无界生态；第三是无感支付。但是，海尔也一直在自我更新，因为每一个商业生态系统都有四个不同的发展阶段：诞生、扩张、领导和自我更新。

资料来源：张瑞敏．黑海生态——物联网时代的新战略思维及管理工具［J］．清华管理评论，2020（9）：10－17.

本章小结

战略管理本身即是环境与企业决策者博弈的过程。本章重点介绍了环境对战略管理的影响作用，主要包括战略管理的基本问题、环境特征与战略管理、相对静态环境下的战略管理、VUCA 时代的战略管理和数字经济时代的战略管理。战略管理的基本问题，即研究企业如何在经营环境中获取竞争优势；环境特征与战略管理旨在阐述环境变化与战略管理的动态性的关系；相对静态环境下的战略管理主要是传承传统战略管理的精华内容；VUCA 时代的战略管理重点是突出 VUCA 时代的特征，以及其对战略管理的变革影响；数字经济时代的战略管理，涉及数字经济内涵、数字经济时代商业环境的变化、数字经济时代企业战略管理的困境和发展方向等内容，旨在突出数字经济下企业战略管理的颠覆性变革。

复习思考题

一、简答题

1. 战略管理的三个基本问题是什么？
2. 如何理解竞争优势？
3. 环境与战略管理的相互作用是什么？
4. 相对静态环境下传统战略管理的难题是什么？
5. 数字经济时代企业战略管理的内涵和特征是什么？

二、论述题

1. 请举例说明环境与战略管理的动态关系，分别论述静态环境、VUCA 环境、数字经济环境下企业战略管理的特征和特点。
2. 请阐述相对静态环境下传统战略管理的变革方向。
3. 请具体分析 VUCA 时代和数字经济时代企业战略管理的挑战和趋势。

第三章　外部环境分析

任何企业的经营和生长都是嵌入在特定的环境中，企业外部环境分析是企业制定发展战略的立足点和根本前提。企业的外部环境既复杂多样，又动荡多变，时刻发生着变化。除了政治、经济、社会文化、技术、生态和法律等宏观环境的剧烈变化外，各个行业的生态环境正在发生深刻变化，“互联网＋”背景下的生产组织平台化正在颠覆产业组织形式。如何在这种复杂多变的外部环境中生存并持续地发展下去，是战略管理的任务和目的。本章突出战略环境分析的内涵，重点对宏观环境、行业环境、竞争者环境、利益相关者、数字环境和跨界经营的外部条件等多层次外部环境进行介绍和分析，提供了 PESTEL、波特“五力模型”、战略群组等多种外部环境分析的经典框架和工具。

［学习目标］

◇ 了解企业所处的外部环境的内容、目的及分析思路

◇ 领会宏观及行业环境分析的主要内容

◇ 鉴别五种竞争力量，明确其对企业盈利潜力的影响

◇ 正确分析企业利益相关者的期望

◇ 了解数字环境的特点及企业数字化转型的内容

［引例］

美的集团实施“智能家居＋智能制造”战略

2015 年 8 月，美的集团宣布与日本安川电机合作成立两家机器人合资公司，分别生产和销售服务机器人和产业机器人。随着与安川的合作，美的正式开启“智慧家居＋智能制造”的“双智”战略。在移动互联的新时代，人工智能、智能硬件、智能制造是美的做出的战略选择。根据美的提出的整体战略和行动规划，美的集团在智能家居领域将实施“1＋1＋1”战略（即，一个智慧管家系统＋一个 M-Smart 互动社区＋一个 M-BOX 管理中心），依托物联网、云计算等技术，由传统家电制造商转变为智慧家居创造商。

智能场景化是当前智慧家居落地急需解决的重点。2016 年 9 月 8 日下午，美的集团与阿里巴巴集团在北京召开“一触即发·拥抱万物互联网”战略合作发布会，宣布在物联网领域达成战略合作，同时发布了首款基于 YunOS 智能操作系统打造的美的智能冰箱“OS

集智”，标志着美的集团与阿里巴巴集团共建全新智能家庭生活方式的深度合作已全面启动。未来厨房是美的智慧家居落地的重要成果，升级用户生活方式的同时，也可能重塑厨电产业的生态链和商业模式。而智能工厂并不等同于无人工厂，而是以数据为核心，将产品从销售到采购到物流配送连接起来。美的智能制造的精髓，包括设备自动化、生产透明化、物流智能化、管理移动化、决策数据化等5个维度。美的空调智能工厂全程采用智能化设备、智能化物流，管理人员在屏幕前就能实现对整个工厂的监控，而智能化设备也能提高产品质量，譬如产品上若有一条细微头发，以往需要人力检测发现，而如今智能化设备能自动检测出来，以确保精品输出。此外，在C2M（consumer to manufacturer）即反向定制的制造模式下，客户从下订单到收货，12天完成，并可全程订单跟踪。

在“双智战略”牵引下，美的空调连年斩获“智能制造示范单位”“中国机械工业科学技术奖”等，美的智能王柜机更荣获IFA“产品创新”大奖等多项权威奖项。回顾近50年的发展历程，美的始终将制造业，尤其是家电制造业，作为立身之本。跨过家电产业增长红利后，美的谋求战略转型。除了寻找业绩增长“第二跑道”外，仍以科技创新为转型驱动力，致力于研发制造智能化家电设备和推动生产线的工业自动化升级。新跑道、新产业，也必将成为美的转型升级强大的内驱动力，反哺双智战略，助力美的智能工厂效率和成本的双重优化，以及打造更多智能家居产品，保证“双智”引擎高速运转。

资料来源：蓝海林等．企业战略管理［M］．2版．北京：科学出版社，2018：30.

第一节　宏观环境分析

宏观环境又称一般环境，是指影响一切行业和企业的各种宏观力量。企业外部环境中涉及范围最广的因素是宏观环境因素，构成企业战略外部环境的要素包括那些不直接影响企业短期行为，但对长期决策有影响的一般社会环境变量。分析外部环境的一个常用工具是PESTEL分析模型，即将企业所处的外部环境划分为政治环境（political）、经济环境（economic）、社会文化环境（sociocultural）、技术环境（technological）、生态环境（environmental）和法律环境（legal）六个领域，分析每个领域中与企业密切相关的因素。通过分析企业这六大环境因素，能对企业面临的情况有一个比较整体、宏观的认识。需要注意的是，不同行业和企业根据自身特点和经营需要，对宏观环境因素分析的具体内容会有差异，在宏观环境各因素中，同一特定因素对不同组织所产生的影响，在范围、程度、作用上都可能不同，有时甚或大相径庭。例如，一项新出台的某一产业的政策，可能对某些组织发挥促进作用，或许催生一批行业和企业；对其他一些组织却可能构成威胁甚至造成灭顶之灾。因此，企业的宏观环境分析就是要对以上因素进行分析，运用各种指标，准确地分析外部环境对企业的影响，从而使其战略与经济环境的变化相匹配。图3－1为PESTEL模型分析结构。

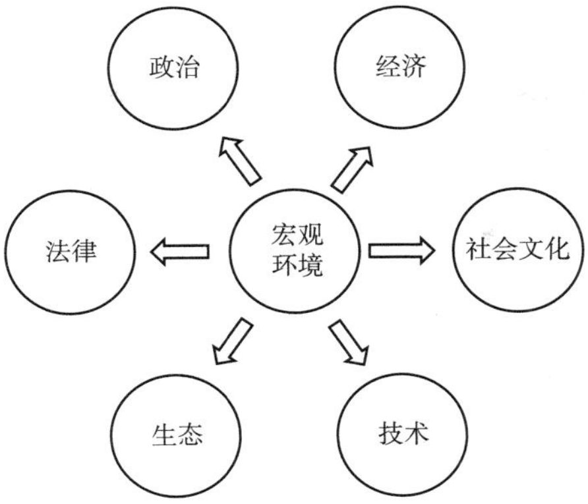

图 3-1 PESTEL 模型分析结构

一、企业政治环境分析

企业的政治环境是指制约和影响企业的各种政治要素及其运行所形成的环境系统，具体内容包括企业经营所在地的政治制度与体制、政治气氛、政治性团体、执政党的方针与政策，以及所在国家与地区的法律、法规等。其中，构成政治环境的关键战略因素包括：政府的管制和管制解除；财政和货币政策的变化；特殊的地方及行业规定；世界原油、货币及劳动力市场；进出口限制；他国的政治条件；政府的预算规模等。这些因素往往直接影响着企业的经营状况，制约和影响企业的经营行为，尤其是影响企业较长期的投资行为。对于企业来讲，有时难以预测国家政治环境的变化趋势，而且政治环境因素一旦涉及企业，就会使企业发生十分迅速和明显的变化，而这一变化是企业驾驭不了的。

企业所在地区和国家的政局稳定状况，执政党所要推行的基本政策以及这些政策的连续性和稳定性，国际政治形势及其变化，这些都将对企业的领导制度、生产经营和管理产生深远的影响和制约作用，正确充分地利用、适应企业所面临的政治环境，无疑是使企业生存和健康发展、实现其战略的重要前提。

二、企业经济环境分析

企业的经济环境是指构成企业生存和发展的社会经济状况及国家经济政策。社会经济状况包括企业外部的经济结构、产业布局、资源状况、经济发展水平以及未来的经济走势等，涉及国家、社会、市场及企业等多个领域。国家经济政策是国家履行经济管理职能、调控宏观经济水平和结构、实施国家经济发展战略的指导方针，对企业经济环境有着重要影响。其中，关键的经济指标涉及国民生产总值变化趋势、进出口限制、汇率升降情况、货币市场利率水平、通货膨胀率水平、失业率水平、居民可支配收入水平、财政货币政策的松紧、市场机制的完善程度、市场需求情况。这些因素往往直接影响着企业的经营。例如，利率上升会提高企业的利息支出，究其原因，随着贷款额度的增加，企业贷款利息支出占财务费用的比重呈上升趋势，企业盈利能力有所下降。随着我国对外开放深化和世界经济全球化加速，国际经济环境因素对我国宏观经济运行稳定性的影响越来越大，如国际市场石油价格、粮食和食用油的价格上涨导致国内市场相关商品价格上涨，且随着我国对国外石油等重要资源性商品依赖程度的上升，这种影响程度变得越来越大，甚至可能成为推动价格上涨的长期因素。

三、企业社会文化环境分析

企业的社会文化环境是指企业所处国家或地区的社会结构、价值观念、宗教信仰、行为规范、生活方式、文化传统、消费偏好以及其他会影响需求的生活、人口等因素的形成与变动。相关因素具体包括教育水平、就业状况、城乡差别、社会保障、人口数量、人口地理分布、人口迁移、出生率、死亡率等。这些变化中的社会文化因素会改变社会对企业产品及劳务的需求，企业的战略决策和经营实践也会随之发生变化。例如，出生率较高的国家，针对幼儿早期教育和托管的服务行业可能就会有较大的发展机会；国家的人口老龄化日渐严重，老年人服务、养老等相关行业的前景就会相对乐观；世界各地消费习惯和理念存在差异，企业及时掌握不同客人的消费需求，比如餐饮业会针对不同年龄层次消费者的不同消费习惯推荐不同餐品；中国正处在城市化进程的发展快速期，基础设施领域与房地产业及建筑行业的发展日趋向上。

四、企业技术环境分析

企业的技术环境是指企业所在国家或地区的社会科技水平、社会科技力量、国家科技体制、国家科技政策和科技立法及与这些要素直接相关的各种社会现象的集合，具体表现为企业所处社会环境中的技术水平、技术体制、技术政策、技术变迁与技术突破对企业的影响及其与政治、经济、社会环境之间的相互作用等。技术因素包括具有划时代意义的发明创造和与企业生产有关的新技术、新工艺、新设备和新产品的发展趋势及应用前景两个方面。前者如 18 世纪出现的蒸汽机、19 世纪出现的电气技术以及 20 世纪出现的数字技术等，后者如生物技术、新材料技术、新能源技术、空间技术及海洋开发技术等新兴领域产业相关的新技术。此外，随着先进管理软件、互联网提速以及通信软件的快速发展，企业的生产效率、管理效率和用户服务体验也有了质的飞跃。

五、企业生态环境分析

企业的生态环境指影响企业生存与发展的各种资源的集合，主要包括绿色环保和气候变化等因素，直接关系到企业的生产运营成本、社会责任、品牌形象、地区工业布局和厂址选择等。如塑料包装行业在生产过程需要严格按照政府环保标准，优化流程减少能耗和污染物排放，对环保要求的提高无疑将增加行业内企业的相关成本；一些污染较大的工业如冶金、化工、造纸要远离城市中心；大工业企业与生活区间要有适当的隔离带以减少环境污染的影响等；环境法律法规的深入推进对生态环境领域的相关企业特别是排污企业有着直接影响，若违反则会被追究相应的法律责任；消费者群体对绿色产品、工艺和服务的需求刺激企业制定以绿色发展模式为主的环境管理战略，创造具有竞争力的新工艺、新技术、新系统以及新产品。

随着世界工业经济的飞速发展以及经济全球化的不断深入，人口激增和粗放式的生产生活方式导致全球环境状况日渐严峻，全球性的生态破坏、环境污染、能源过度消耗和资源短缺等世界气候问题层出不穷，特别是全球气候变暖、臭氧层耗竭、酸雨、水资源状况恶化、土壤资源退化、全球森林危机和生物多样性减少这七大生态难题，气候变化成为世界新的焦点，积极应对生态环境问题也成为全球共识。

六、企业法律环境分析

企业的法律环境指与企业相关的法制法律体系及其运行情况，包括国家和地方法律法规、司法和行政执法机关等因素，这些因素对企业发展起到保障和监督限制作用。就我国来说，与企业相关的法律法规有我国的《公司法》《劳动法》《劳动合同法》《消费者权益法》《保险法》《商标法》《专利法》《票据法》《民法典》等，某些特殊行业例如银行、保险等行业，还需要获得特许才能开立、营运，并受特定部门监管。此外，还涉及国际法律规定的国际法律环境和目标国的国内法律环境，如国际条约、两国或多国之间的相关协定或协议等。

近年来，中国政府在保护企业、劳动者等方面的立法不断完善。如 2019 年 4 月 23 日，第十三届全国人大常委会通过《中华人民共和国商标法》修正案，修订后的《中华人民共和国商标法》旨在打击恶意商标申请并加强商标保护，其主要的修订内容为增加了使用为目的申请商标的要求以及提高了商标侵权的赔偿标准，这很大程度上完善了企业对商标权利的保护，尤其是处于科技创新前沿的科技型企业。又如，2019 年 1 月 1 日起，基本养老保险、基本医疗保险、失业保险、工伤保险、生育保险等各项社会保险费将由税务部门统一征收，企业员工享受到了健全的社会福利保障，更愿意发挥主观能动性，这对企业的可持续发展十分有利。

第二节 行业环境分析

行业（industry）由生产相近产品或提供类似服务且能够相互替代的企业组成，与宏观环境相比，行业环境分析的内容主要聚焦于某个行业内所有企业共同面临的外部环境因素，这些因素往往是宏观环境的诸多因素对特定行业影响的综合作用结果。在宏观环境变化的情况下，企业战略管理者需要关注行业及与行业有关的其他因素对企业盈利和战略选择的影响，行业环境对企业获取成功所采用的竞争行动和反应有更直接的影响。在竞争中，这些企业相互影响。一般来说，当企业在某一特定的行业中竞争时，通常会采用不同的竞争战略组合来获取高额利润。一个行业的结构特征将会影响一个企业的战略选择。

迈克尔·波特于《竞争战略》一书中提出，企业所处的行业环境是企业外部环境的关键因素，行业结构对竞争规则的确定和竞争战略的选择影响极大，行业结构分析是制定企业经营战略的基石，该书在此基础上创立了行业竞争结构分析模型，或称为行业吸引力分析模型，或称为五要素竞争力模型，简称“五力模型”（five forces framework），该模型被当作是研究行业竞争环境最有影响力的分析工具，它认为在给定的一个行业中，通常会考察五种力量，这五种力量会影响行业中所有企业获得利润的能力。这五种力量分别是：潜在进入者的威胁（threat of new entrants）、供应商讨价还价的能力（bargaining power of suppliers）、顾客讨价还价的能力（bargaining power of buyers）、替代品的威胁（threat of substitutes）以及行业内部现有企业间的竞争（rivalry）。整个行业的竞争态势和获利能力取决于这五种力量的现状、消长趋势及其相互作用关系，如图 3－2 所示。

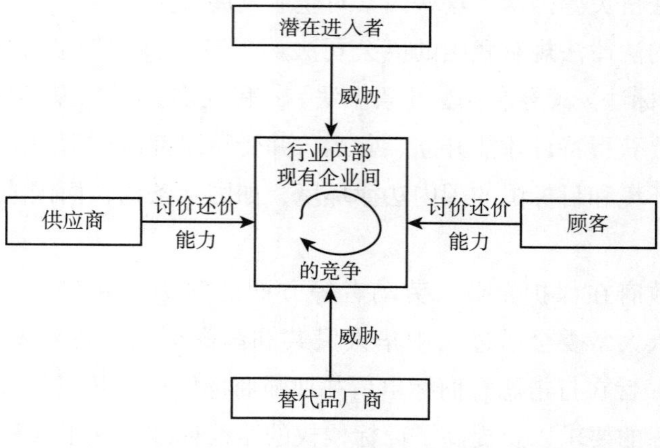

图 3－2 波特的五力竞争模型

资料来源：徐飞．战略管理［M］．3 版．北京：中国人民大学出版社，2016.

在波特的分析框架中，竞争力量强被视为威胁，因为它挤压利润，该情形下一般不会出现某个企业获得非常高的收益的状况；而竞争力量弱则被视为机会，因为公司可以获得更多的盈利，该情形下会出现相当多的企业都可获得较高的收益。五种基本竞争力量的作用是不同的，可能会随时间和产业状况的变化而变化，问题的关键是在该行业中的企业应当找到能较好地防御这五种竞争力量的位置，识别每个竞争因素的关键组成部分，评价每个要素对企业的作用和重要性，确定这些要素的综合作用是否值得企业进入或继续留在某个行业。因此，企业在制定经营战略时，有必要对这五种基本竞争力量逐一加以分析，甚至对这五种基本竞争力量施加影响，使它们朝着有利于本企业的方向发展。基于这个现实意义，企业战略管理者有必要熟知波特的“五力模型”，以便更好地分析企业参与竞争的行业和可能选择竞争的行业的潜在盈利能力。

一、潜在进入者的威胁

潜在进入者的威胁是指带有新增生产能力的新进入者进入行业竞争市场，要求分享市场份额和主要资源，形成新的市场竞争格局和利益版图，以致对现有企业构成威胁。这种威胁的大小取决于行业的进入壁垒及行业内现有企业对新进入者的抵制强度。一方面，行业中的现有企业（尤其是获得超额利润的企业）会设法增加进入壁垒来阻挠潜在的进入者。具体而言，高进入壁垒增加了行业中现有竞争者的利润，也使一些企业能够垄断整个行业。因此，在行业竞争中获得成功的企业都希望能维持高进入壁垒，以打消潜在进入者的进入企图。另一方面，新进入者会面对该行业原有企业强烈的阻挡和报复行为，例如，进攻型的降价竞销、扩大生产能力、增加广告费用、促销或者诉讼等行为，这些针锋相对的行为会使新进入者在该行业的市场竞争环境中处境艰难，甚至在进入该行业之前退出该行业。

企业战略管理者在考察一个行业的环境时，需要衡量该行业的市场进入壁垒，以确定识别出行业中具有吸引力的竞争位置的可能性，从而判断自己是否应该进入或退出这个行业。而对于那些已经在某个特定行业中开展竞争的企业，同样会对这些壁垒进行研究，以确定它们的竞争位置在多大程度上能够降低新竞争者进入行业并与之竞争的可能性。

二、供应商讨价还价的能力

供应商讨价还价的能力是指一个行业上游的供应商通过提高投入要素价格和降低所提供产品或服务的单位价值质量的能力，对该行业中现有企业的盈利水平与产品竞争能力施加影响。具体来说，在买卖双方的关系中，供应商总是力图提高供应品的价格，尤其是在提高产品性能和质量时，更是导致价格的提高；而买方总是希望所购商品在不断提高质量的同时，还能够保持价格适度甚至下降。

供应商讨价还价的能力主要取决于下列要素：

（1）供应商所在行业的集中度。与产品销售市场相比，供方市场只由少数几个大公司控制，这时供应商与买方相比，就拥有较高的市场集中度。供应商通常会在价格、质量和供应条件上对购买者施加较大压力。

（2）产品的差异化优势。如果供应商供应的产品几乎没有替代产品，拥有独具特色的产品和服务，那么供应商讨价还价能力就相对较高，会对本行业施加较大的压力。

（3）买方的转移成本。如果供应商通过密切联系顾客与顾客建立了长期合作关系，这时购买者的转移成本就会大大提高，供应商就会拥有较高的议价能力。

（4）前向整合能力。如果供应商向前发展进入购买者所在的行业，拥有和控制其分销系统实行产销一体化，这时供应商就有能力不依赖于购买者，从而在与购买者的讨价还价中占据主导地位。

（5）供应商掌握信息的多少。如果供应商掌握着更多的市场供求信息及其他有用的买卖信息，则相对于顾客而言，它就拥有了更强的讨价还价能力。

三、顾客讨价还价的能力

顾客讨价还价的能力是指顾客以相对低廉的价格购买到质量上乘的物品的能力。在这个过程中，顾客通过利用各企业间的竞争来增加本行业的竞争压力。所谓供应商与购买者的议价能力，是指讨价还价的能力。企业不论作为供方还是需方，其讨价还价的能力都与企业利润正相关。

顾客讨价还价的能力主要取决于下列要素：

（1）顾客所在行业的集中度。如果本行业产品集中供应给少数几个顾客，或者该产品在购买者的成本中占较大比重，则这少数几个用户会对本行业形成较大压力，这就意味着与供应商相比，顾客具有控制和压低价格的主动权。

（2）顾客所购买产品的差异化优势。如果顾客所购买的产品差别不大或者是标准化产品，那么他们就不用依赖特定的供应商，此时就具有更高的选择权和讨价还价能力。

（3）顾客的转移成本。如果顾客选择其他行业的产品时有很大余地，且在转换供应商的过程中不会损失更多成本，那么顾客很容易挑选或更换供应商，从这个意义上讲，顾客有可能压低供应商的价格。

（4）后向整合能力。顾客能够向后实行联合，自己生产部分或全部本来需要向供应商采购的原材料，进入销售方的市场而对供应商的增长和生存带来实在的威胁。

（5）顾客掌握的信息。如果顾客拥有更多的有关供应商的生产和供货信息，就可以在讨价还价时拥有较强的议价能力。

四、替代品的威胁

替代品是指那些在功能上能够部分或全部替代本行业产品或服务的产品，如牛肉和猪肉在作为食材时可以作为替代品。替代品的威胁会影响现有企业的竞争状况，这种威胁的大小主要取决于替代品的盈利能力、生产替代品的企业所采取的经营战略和用户的转移成本三个方面。第一，若一个行业完全没有替代产品，那么生产替代品的企业很大可能会在供需严重失衡的情况下获得暴利，或者生产替代品的企业低成本或差异化优势显著，盈利能力更强，那么替代品的替代能力也就更强；第二，生产替代品的企业以积极扩大生产规模和拓展市场的进攻型战略为主，那么就会给行业内现有企业带来较高的威胁；第三，如果潜在进入者的产品或服务给顾客带来的利益超过了顾客的转换成本，或者替代品的价格更低而质量或功能却等同于甚至超过竞争产品，那么替代品就会给行业内现有企业带来很大的威胁。

五、行业内部现有企业间的竞争

一个行业平均盈利水平最重要的因素主要取决于行业内部现有企业的竞争态势。行业中企业相互之间的利益都是紧密联系在一起的，各企业竞争战略都在于增强自身的经营能力以获得高于对手的竞争优势，故在实施中一般会产生冲突与对抗，具体表现在价格、广告、产品功能、售后服务等方面。与此同时，在对抗潜在进入者和替代品的威胁时，行业内部企业又往往表现出合作的行为。因此，行业内部现有企业间存在竞合关系。

行业内企业的竞争程度主要取决于下列因素：

（1）竞争者的数量。当市场中竞争者的数量较多，并且其规模与实力大致接近时，此时市场竞争的规则相对公平，每个竞争者都必须经过实力的较量来获取胜利，意味着市场竞争相当激烈。

（2）行业增长率。行业增长缓慢意味着企业间的竞争将基于对现有市场的瓜分而不是扩张，为争夺既有市场份额，现有企业间的竞争会很激烈。

（3）行业固定成本。若行业固定成本处于较高水平时，企业只能通过降低单位产品的固定成本或增加产量来提高自身的竞争优势，从而加剧了企业间在价格上的竞争力度。

（4）产品转换成本。差异性小或标准化的产品所在行业更容易受价格战影响，购买商可依据价格高低轻易转换供应商，这无疑会引发供应商之间的竞争。

（5）退出壁垒。当企业从行业中撤出所需的成本高于继续在行业内经营的成本时，即使这些企业所获的利润较低甚至亏本，也倾向于参与积极竞争。

（6）进入壁垒。行业进入障碍较低时，行业内势均力敌的竞争对手数量众多且范围广泛。

第三节　竞争者环境分析

宏观环境是企业战略环境的第一层次外部环境因素，包括政治环境、经济环境、社会文化环境、技术环境、生态环境和法律环境等；行业环境是企业战略环境分析的一大重点，包括供应商、顾客或用户等行业相关因素。这些环境因素是企业经营和发展的重要因素。然而，在波特的“五力模型”中，企业最主要、最激烈的竞争来自企业的同行，企业与竞争对手的相对实力会对企业发展和绩效产生最直接的影响，且决定了企业的盈利水平与发展空间。因此，企业有必要密切关注竞争者环境的变化，了解自己的竞争地位及彼此的优劣势，只有知己知彼，方能百战不殆。

一、竞争者分析

竞争者一般是指那些与本企业提供的产品或服务相似，并且所服务的目标顾客也相似的其他企业。对竞争者进行分析是确定组织在行业中战略地位的重要方法。竞争者分析的目的是为了准确判断竞争对手的战略定位和发展方向，并在此基础上预测竞争对手未来的战略，准确评价竞争对手对本组织的战略行为的反应，估计竞争对手在实现可持续竞争优势方面的能力。通过对这些竞争者开展充分的情报分析，战略管理者才能将资源配置到真正产生竞争优势的领域，并据此制定出具有针对性的竞争战略。

从所处竞争地位的角度看，竞争者可分为四类：

（1）领导者（leader）：在某一行业的产品或服务市场上市场占有率最高的一家或少数几家企业。它们在价格调整、新品开发、标准制定和营销渠道等方面处于主导地位，既是市场竞争的导向者，也是竞争者挑战、效仿或回避的对象。例如，沃尔玛是零售业的领导者，宝洁是家用及个人护理产品市场的领导者等。

（2）挑战者（challenger）：在行业中处于次要地位（仅次于行业引领者，第二、第三甚至更低地位）的若干企业。它们主要通过扩大市场份额，向行业领导者或其他竞争者发动进攻。例如，家乐福是零售市场的挑战者，华为是通信设备领域的挑战者等。

（3）追随者（follower）：在行业中处于中间地位，并安于中间地位，采用追随领导者策略的一般企业。这类企业数量众多，它们安于现状，不愿扰乱市场形势，以营利为目的而不是抢占市场份额，希望在“和平共处”的状态下求得尽可能多的收益。

（4）补缺者（nicher）：多是行业中相对较弱小且难以引起大企业关注的小企业。这类企业集中力量来专心致力于市场中大企业忽略或放弃的某些细分市场，通过提供专业化的服务，成为拾遗补阙者，并以此为经营战略。

二、战略群组

战略群组（strategic group）又称战略集群、行业内战略群，是指一个行业内拥有相同或相似资源及战略导向和行为的一组企业。它是解释和识别竞争者的重要概念与分析工具。一般来说，由于目标市场、商业模式和互动情况等的差异，一个行业内部的企业通常被划分为几个企业群组，它们采用特征完全不同的战略。处于同一战略群的企业往往因资源和战略过于相似而产生直接竞争，它们之间是最直接的竞争者。

战略群组的概念对于分析行业竞争结构是非常有用的。这种分析可以帮助企业判断竞争状况、定位以及行业内公司的盈利情况。高流动性壁垒、竞争的激烈性和资源的不足限制了战略群组的形成。然而，战略群组一旦形成，战略群组内企业的关系在一段时间内会比较稳定。利用战略群组理解行业的组织结构时，要求企业根据战略的维度，如价格策略、产品质量、分销渠道等，预先计划竞争行动和竞争反应。这种类型的分析表明企业是如何在相似的战略维度中进行相似的竞争的。

战略群组间竞争强度的影响因素主要包括四个方面：

（1）战略群组间的市场交错程度。即各战略群组对同一顾客进行争夺的程度，或者说是它们为争取不同细分市场中的顾客进行竞争的程度。当战略群组间的市场牵连很多时，战略集团间将导致剧烈的竞争。

（2）战略群组数量以及它们的相对规模。一个行业内部战略群组数量越多且各个战略群组的市场份额越相近时，则战略群组间的竞争越激烈。战略群组中企业数量多就意味着群组离散，某一群组采取削价或其他战术攻击其他群组的机会就多，从而激发群组间的竞争。

（3）战略群组产品的差异化程度。若各个战略群组按照顾客不同偏好各自采取不同的经营战略销售差异化产品，那么战略群组间的竞争程度就会小于群组所销售的产品为可替代产品时的竞争程度。

（4）战略群组间战略的差异。即不同战略群组在关键战略方向上的离散程度，战略方向包括商标信誉、销售渠道、产品质量和价格、技术领先程度、成本状况和服务质量等。若其他条件相同，群组间的战略差异越大，群组间的竞争强度越小。不同的战略导向使得群组间难以互相理解，也就很难产生竞争活动。

三、竞争者环境分析的关键问题

在通过战略群组等方法识别出竞争者的基础上，为了较全面地检视竞争者的总体状况，还需要重点分析竞争者环境分析的主要内容。借鉴迈克尔·A. 希特等（Michael A. Hit et al.，2012），对竞争者环境分析的主要内容包括以下四个方面①：

一是战略目标。战略目标是一种宏观的、长期的目标，是对企业战略经营活动预期取得的主要成果的期望值。它是企业对企业发展的一种总体设想，它所提出的是企业整体发展的总任务和总要求，它所拟定的是企业整体发展的根本方向——其决定着战略重点的选

① 迈克尔·A. 希特，R. 杜安·爱尔兰，罗伯特·E. 霍斯基森. 战略管理：竞争与全球化（概念）［M］. 焦豪，等译. 北京：机械工业出版社，2012.

择、战略阶段的划分和战略对策的制定。通过分析竞争者的目标导向以及本企业与竞争者在战略目标上的相似性和差异性，企业可以及时调整战略目标来配置相关资源和采取应对措施。

二是当前战略。当前战略最能体现企业落实战略目标的具体表现，故有必要分析竞争者当前的战略行为，具体做法为了解当前的竞争态势和竞争格局，以及观摩竞争者的当前战略是否会因其变化而发生改变。

三是战略假设。鉴于企业经营环境的动态性和不可预知性，企业很难预测未来风险事件的可能性。企业通过分析竞争者的战略假设，会直接影响自身战略目标和战略行为的制定。例如，竞争者的优势和劣势是什么？竞争者投资的方向和规模如何？竞争者的核心能力与拥有的特殊资源有哪些？

四是企业能力。企业间竞争优势的关键在于企业能力，通过把握竞争者的资源和能力状况，与自身能力做对比，从比较中找差距，从差距中抓重点，才能在放大自身优势的同时，规避弱点。

第四节　利益相关者分析

利益相关者（stakeholder）是指在企业发展过程中，与企业生产经营行为和后果具有利害关系的群体或个人。根据企业战略资源学说，企业的利益相关者都是企业的资源，一个企业的发展离不开各种利益相关者的投入或参与。利益相关者能够影响企业，并且对企业的发展有着强大的影响力，因为任何一个企业都不可能作为一个个体脱离于整个社会或者是周围的环境，故企业在决策时需要重点考虑利益相关者的意见，而利益相关者常常存在意见不一致的情况，如何平衡各方利益成为战略制定考虑的关键问题。企业不仅要为股东利益服务，同时也要保护其他利益相关者的利益，企业的目标就是如何将利益相关者的损失最小化。利益相关者分析（stakeholder analysis）的目的就是找出与企业利益相关的所有群体或个人，帮助企业在战略制定时分清重大利益相关者对于战略的影响。

一、企业主要的利益相关者及其利益期望

企业主要利益相关者可分为内部利益相关者和外部利益相关者。界定和识别出企业的各类利益相关者之后，企业的关键任务是如何更好地满足利益相关者的利益诉求，否则，利益相关者会对企业的行为和绩效形成压力。所以，理解不同利益相关者的预期特点对于满足其诉求至关重要。

1. 内部利益相关者及其利益期望

（1）向企业投资的利益相关者，包括股东与机构投资者。投资者对企业主要的利益期望就是资本收益——股息、红利。股东希望公司能使自己拥有的财富保值和增值。预期收益与风险往往是成正比的（即低风险带来低收益，高风险带来高收益）。股东可以通过其他方式来表达他们的不满，如抛售股票。机构投资者（养老金、共同基金）则更倾向于抛售股票，或者可能通过向高层管理者和董事会成员施加压力来改善企业的战略决策和管理。管理者面对的一个难题是，一些掌握企业主要股权的机构往往对应采取的行动存在意见分歧，因为有些机构希望获取短期收益，另一些则更希望建立长期竞争优势。因此，管理者必须在不同股东间进行协调，或者根据不同的目标对这些机构的重要性进行排序。

（2）管理层。一般指负责企业经营的中高层管理人员。管理层对企业的主要利益期望是销售额最大化。

（3）企业员工。一般包括企业基本劳动操作者、专业技术人员、基层管理人员以及基层职员。员工主要期望企业能够为他们提供充满活力的、激励性强的、报酬高的工作环境。一般而言，员工更倾向于为不断成长的企业工作，并且在这样的企业中，员工能够开发自己的技能，尤其是那些成为有效的团队成员所必需的技能，以及超出国际标准的技能，则员工对企业的满意度会大大提高。那些懂得如何有效利用新知识的员工，对企业的成功是至关重要的。总体而言，企业员工的受教育程度和工作技能是影响企业的战略执行和业绩表现的竞争性武器。

2. 外部利益相关者及其利益期望

（1）政府。其中最直接的利益期望是政府对企业税收和提供就业的期望。政府希望企业能长期雇用本地劳动力，积极纳税。企业必须应对那些在国家层面和地区政府层面制定和实施的法律法规（这种影响是多中心的、多层次的影响）。

（2）购买者和供应商。购买者与供应商对企业的期望是在他们各自的阶段增加更多的价值。作为利益相关者，顾客要求得到物美价廉的产品，供应商则希望获得愿意一直支付高价格的忠诚顾客。尽管所有的产品市场利益相关者都是重要的，但是如果没有顾客，其他利益相关者的价值就会大打折扣，因此，公司必须分析和掌握现有的以及潜在的顾客。

（3）贷款人。贷款人期望企业有理想的现金流量管理状况，以及较高的偿付贷款和利息的能力。如果贷款人的收益要求得不到满足，他们会对以后的借贷更加苛刻。

（4）社会公众。企业是社会的细胞，是社会经济生活的有机组成部分，其行为会给社会公众带来各种影响。社会公众期望企业能够承担一系列的社会责任，包括拒绝腐败和贿赂，淳化社会风气，救助灾害、救济贫困、扶助残疾人等困难的社会群体和个人，保护自然环境等，成为有责任感的企业公民。值得一提的是，对于上市公司来说，社会公众中还有相当一批企业的股民，这是企业内部利益相关者与外部利益相关者的交集部分。这些股民对企业的期望除了利润最大化，还要求企业对广大股民负责，遵循正确的会计制度，提供公司财务绩效的适当信息，制止包括内幕交易、非法操纵股票和隐瞒财务数据等在内的不道德行为。

（5）社区。任何企业都生存在社区中，企业无法脱离社区。当企业对社区有所贡献时，社区会欢迎企业并提供协助。反之，若企业对社区有所伤害（例如污染或噪声），则社区会抵制企业（例如抗争或围厂）。社区对企业的期望是，企业应成为一位良好的社区居民，并尽可能从事力所能及的社区服务性工作。

（6）竞争者。每个企业都必须面临形形色色的竞争者，企业不能疏忽竞争者这一角色。由于竞争者往往是和企业竞争同样的客户，竞争者的一举一动无不影响企业的营运。企业要树立共生共荣的意识，注重竞争中的合作。竞争者的期望是公平竞争。

二、企业利益相关者的利益矛盾与均衡

利益相关者的利益矛盾和冲突主要表现在以下几方面：投资者与管理者的利益矛盾与均衡；企业员工与企业（股东或管理者）之间的利益矛盾与均衡；企业利益与社会效益的矛盾与均衡。

1. 投资者与管理者的利益矛盾与均衡

对于古典式企业制度来说，厂商的目标是追求利润最大化。但是，在“经理革命”的背景下，对现代公司制企业目标模式的分析，导致一些西方经济学家企图推翻古典经济学利润最大化的假说：

（1）鲍莫尔的销售最大化模型①。鲍莫尔把在某种利润约束条件下追求销售收入最大化看作是企业的典型目标。这里的利润约束是指企业股东认可的最低利润水平。

（2）马里斯的增长最大化模型（平衡状态模型）②。马里斯提出“增长最大化假说”，认为如果经理人认为企业的增长和自己的利益有关，就会将企业规模的追求作为其个人利益最大化的目标。

（3）威廉森的经理效用最大化模型（管理权限理论）③。威廉森提出经理效用模型。他假定经理不寻求使得股东效用最大化的最大利润政策，而是执行使他自己的效用最大化的政策。在执行政策时，经理有自行决断的权力。所谓经理效用，是指经理从某种方式的支出中得到的满足。在威廉森的模型中，经理的效用函数包括薪金、津贴、自行支配的投资基金、安全、权力、地位、威望和职业的优越条件等变量在内。

---

① Baumol William J. On the theory of the expansion of firms [J]. American Economic Review, 1962, 52 (5): 1078 - 1087.

② Marris R L. The Economic Theory of Managerial Capitalism [M]. London: Macmillan, 1964.

③ Williamson O E. The Economics of Discretionary Behavior: Managerial Objectives in a Theory of the Firm, Englewood Cliffs [D]. NJ: Prentice Hall, 1964.

这三个模型的共同点是以管理者（经理）主导企业为前提。在此前提下各自的主要特征在于有关管理者行为目标及股东约束条件的不同假设。

2. 企业员工与企业（股东或管理者）之间的利益矛盾与均衡

员工追求工资收入最大化与工作稳定，企业追求利润最大化，二者的矛盾与均衡可以通过里昂惕夫模型进行描述。

3. 企业利益与社会效益的矛盾与均衡

“社会效益”代表所有企业外部利益相关者的共同利益。企业外部利益者对企业的共同期望是企业应承担一系列社会责任。这些社会责任包括三个方面：一是保证企业利益相关者的基本利益要求；二是保护自然环境；三是赞助和支持社会公益事业。企业的社会效益与企业利润最大化原则往往是不一致的。企业如何对待社会效益，被称为“商业伦理”问题。强调企业自身经济利益绝不意味着企业在追求利润最大化时，可以不负相应的社会责任。

三、企业利益相关者的权力来源

权力是指个人或利益相关者能够采取（或者说服其他有关方面采取）某些行动的能力。企业利益相关者的权力来源于五个方面：

（1）对资源的控制与交换的权力。资源以稀缺为贵，资源的稀缺程度越高，控制者的影响力就越大，权力就会越大，而依赖这种资源的一方在讨价还价的力量就显得比较弱。

（2）在管理层次中的地位。企业管理层次的不同地位使得处在层次高的位置上的人比处于层次低的位置上的人拥有更多的正式权力，这种权力被称为职权。主要有三个基础：法定权、奖励权和强制权。

（3）个人的素质和影响。个人的素质、专业水平和技术水平等的不同，会使其拥有不一样的影响力。这种影响力不由法定，也不一定与所处的层次相关。

（4）参与或影响企业的战略决策与实施过程。如果能进入企业的董事会或担任重要部门的负责人等，有机会参与战略决策与实施过程，则拥有更大的影响力。

（5）利益相关者集中或联合的程度。不管是供应商、购买者还是企业职工，联合程度越高、越集中，对企业的影响力越大，其权力当然也就越大。

四、企业利益相关者的政治性策略

权力本身是战略管理过程的重要基础，制定战略和有效地实施战略需要权力和影响力。政治性策略代表了企业各方利益相关者在企业战略决策与实施过程中权利的应用。如果用合作性和坚定性两维坐标来描述企业某一利益相关者在企业战略决策与实施过程行为模式，可以将政治性策略分为五种类型（见图3－3）。

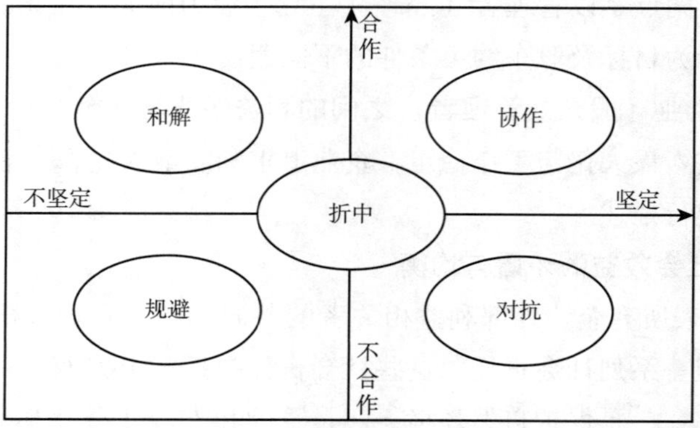

图 3-3　企业利益相关者的政治性策略

（1）对抗。对抗是坚定行为和不合作行为的组合。企业利益相关者坚持自己的要求，并想方设法使企业彻底就范，但与此同时，企业绝不妥协，根本不考虑利益相关者的要求，于是形成针尖对麦芒的对抗局面。

（2）和解。和解是不坚定行为与合作行为的组合。利益相关者面对利益矛盾与冲突时，不坚持己见，即不仅考虑自身利益，也考虑对方的利益，其行为模式通常表现为默认或让步。同时，企业也呈现出合作的姿态，旨在寻求相互利益的最佳结合点，使双方的利益都得到满足，实现双赢。

（3）协作。协作是坚定行为与合作行为的组合。在对待利益矛盾和冲突时，利益相关者咄咄逼人，说一不二，力图通过强势来主张自身的权利，获得自身利益。在企业方面，或有求于对方，或着眼于长远和大局，总之不计较当前一时一事的得失，对利益相关者相对大度、宽容，迁就他们的利益诉求，息事宁人，以保持或改进现存的关系。

（4）折中。折中是中等程度的坚定行为和中等程度的合作行为的组合。通过利益相关者与企业之间的讨价还价，双方相互做出让步，达成彼此都能接受的协议。折中模式既可以采取积极的方式，也可以采取消极的方式。前者是指对冲突的另一方做出承诺，给予一定的补偿，以求得对方的让步；后者则以威胁、惩罚等要挟对方做出让步。多数场合可能会双管齐下。

（5）规避。规避模式是不坚定行为与不合作行为的组合。以时机选择的早晚来区分，这种模式可分为两种情况：一种情况是当预期将要发生矛盾与冲突时，通过调整来躲避冲突，例如，改革方案由于考虑到可能导致的各种利益矛盾暂停执行的情况；另一种情况是当矛盾与冲突实际发生时主动撤出。

第五节　数字环境分析

工业化时代的企业战略思维更多是“站在现在看未来”，属于线性思维或指数思维，是抱持经验主义的战略思维；数字化时代企业的战略思维应该是“站在未来看现在”，要有产品与服务的场景思维和指数型的增长思维，客户需求才是企业增长的根源和动力。也就是说，工业化时代的企业战略往往是市场细分、差异化等传统战略管理模式，依托于企业内部的资源能力，而数字化时代，客户需求才是企业增长的根本来源。数字化时代不是简单的自动化、虚拟化和信息化，而是整个商业和战略逻辑的变化，更强调企业“聚集要素”的能力，其背后是企业对“商业环境和客户需求”的理解能力。

一、数字环境及数字经济概述

数字环境是指运用全球定位系统（GPS）、遥感（RS）、地理信息系统（GIS）、宽带网络、多媒体及虚拟现实等技术，实现对生态环境信息的动态监测和决策支持与管理及互联网络信息共享的技术体系。

数字经济是指通过数字化的知识与信息，实现资源的快速优化配置与再生、实现经济高质量发展的经济形态。通过不断升级的网络基础设施与智能手机等信息工具，同时结合互联网、云计算、大数据、区块链等先进技术，推动经济形态由工业经济向智慧经济形态转化，从而极大地降低交易成本、信任成本、提高资源优化配置，推动社会生产力的快速发展。

21 世纪，全球科技创新进入空前活跃期。互联网、大数据、云计算三者的深度融合及协同效应，推动人类社会走入智能时代。数字经济作为智能时代的核心经济形态，成为全球及中国创新增长的驱动力与新动能。伴随“互联网 +”“智慧城市”“2025 战略”等的深入推进，制造业、零售业等传统行业重塑进程加速，实体经济开始释放数字化红利。要想在红利收割中拥有战略、价值、创新优势，“数字化转型”是企业发展的立身之本及制胜战略。

二、数字经济时代外部环境的变化

从 2012 年移动互联网的普及开始，一个最大的外部环境变化因素就是技术，引领我们走向了数字时代。第一，决定数字时代跟以往大不相同的是时间轴的概念。一方面，技术创新的速度很快，快到超过想象；另一方面，技术创新的普及速度更快。这两个速度叠加起来，就引出了时间轴的概念。第二，多维度。数字时代中，既不是升维也不是降维，而是必须多维度来展开策略。多维度的状态下，你才可以知道机会在哪里。以往我们关注的是，只要企业有核心能力、在某一处能独占资源，就有机会在市场中获得优势，但现在你会发现没有这个可能性了。第三，复杂性。所有变化叠加在一起，再加上时间轴，复杂性超过以往任何一次技术革命带来的变化。

从微观出发，外部环境的变化可以用下面三个特征来表达，一是所有东西都在不断迭代升级，即生存空间一直面临调整。比如，从微信到抖音，这是文字升级图像、图像升级声音、声音升级视频的一个过程。二是一切都正在转换为数据。“数据—信息—知识—智慧”是一个递进的过程，数据是起点。这是一个独特的变化。拿服装业来讲，从前最厉害的是裁缝，接下来是设备，再来是设计，接着是品牌。现在就不是这样。现在的核心变为：你拥有多少客户的数据、版型数据库，把数据库匹配起来，就可以为一个人做定制，并可以承诺送达时间。整个行业的基础逻辑改变了。这意味着，当一切转化为数据的时候，就有了两个方向的创新机会。三是数字时代大多数的创新都是现有事物的重组。如苹果、支付宝、微信等把现有事物做了重新组合而获得新机会。成功的关键在于你能否改变固有的思维习惯——即运用现有的资源去做一些重组创新。

三、数字化时代的商业逻辑变化点

（1）产品层面：从“交易价值”走向“使用价值”，这就回归到德鲁克提出的“使用价值”，在数字化时代，产品的使用才是价值创造和获取的开始。类似于安防行业，客户更强调集成和运营，小米的销售也打破了过去的离散型销售，转向连续型销售。

（2）市场层面：从“大众市场”走向“人人市场”，即数据和算法可以实现产品标准化和体验个性化的完美组合，所以对于企业而言，平台开发很重要，要注重实现产品及应用的标准化。

（3）客户层面：从“个体价值”走向“群体价值”。以智慧交通为例，车联网可以使某区域内车辆位置及其行驶数据聚合在一起，使驾驶者能够对交通状况了如指掌，设计最优交通方案，通过叠加客户关系，企业得以实现客户运营的新价值。

（4）行业层面：从“边界约束”转向“跨界协同”，即数据和智能技术像“黏合剂”，通过场景触点、数字网络的协同和智能算法的调度，将散落的资源串联起来，共同发挥作用，边界的约束正在滑落，这就是数字经济的特点，大疆无人机的成功也说明了这点，又如百度在做无人电动车，小米做了电视，华为也要做电视了。

四、企业数字化转型

1. 企业数字化转型过程

数字化转型是数字经济时代企业生存立身之本与发展制胜战略。企业数字化是以现代信息网络作为重要载体，通过数字化技术优化现有业务或调整经营战略与商业模式，进而创造新的商业机会，提升企业效益的过程①。斯隆管理评论《2016 年全球数字化企业高管

① Majchrzak A. Designing for digital transformation: Lessons for information systems research for the study of ICT and societal challenges [J]. Mis Quarterly, 2016, 40 (2): 267 - 277.

和研究项目》显示：约80%企业认为，数字化转型不仅是关于技术的，关键在于为客户创造新的体验和价值，重构组织、流程、文化①。相比注重优化业务流程再造的信息数字化和业务数字化，数字化转型更加注重以客户需求为导向，融合技术、政策、资本、战略、业务、人力等多元要素驱动企业运营模式转变②。因此，重构组织、流程、文化的人力、物力、财力是企业数字化转型过程的基础支撑，重塑商业模式和经营战略是数字化转型的主要任务。数字化转型过程中，先前的企业战略与商业模式逐渐被重塑或取代，绩效不断增长。企业数字化转型分为多个数字化转型子过程，依托多个数字化转型子过程，可将企业数字化转型路径归纳为三个阶段：建立数字化转型阶段（初步创新）、扩展数字化转型阶段（企业内全面协作和建立专项数字化转型团队）和数字化转型加速阶段（将数字化转型视为新常态）。

2. 数字化转型与企业战略

战略思维升级、组织文化变革、业务模式创新是企业数字化转型成功的三大关键。数字化转型对于企业而言，是从适应依赖技术到升级数字化思维的过程。不仅是技术革命，更是一场生态系统进化与组织文化变革，无疑对管理者提出更高要求和挑战。企业管理者需具备数字化领导力，从全局高度制定数字化愿景与价值主张，制定战略决策及推动文化变革；数字化运营力，从业务模式、产品研发、营销、客户体验等商业价值链各个环节提升系统运营效率，实现数据与业务的真正融合；以及处理数字化转型带来的安全隐私、知识产权保护等新问题。

3. 企业数字化转型的主要内容

分析数字化经济体的主要驱动因素，以协助企业做出转型；分辨不同利益相关者在企业数字化过程中的关注点；深入分析在顾客与供应商管理中涉及的数字化过程，以提升合作成效；根据不同新兴数字化工具的技术原理，在企业的数字化过程中选取适当工具以做出有效决策；应用数字化工具，提高企业决策过程中的效率；评估数字化转型在企业发展战略中的作用和成效，并提出更新建议；利用商业前沿知识，建立与不同商业伙伴及社会的良好对内及对外关系。

4. 企业数字化转型的方向

大数据、人工智能、云办公等数字化技术近阶段的突出表现，让各界更加坚定了发展数字经济的决心，特别是将企业数字化转型作为推动数字经济发展的重点。加快推进数字化转型可以从以下几个方面发力：

（1）推进以5G网络等为代表的新基建。5G网络、大数据中心、物联网等新一代信息技术是数字经济发展的“铁公基”，是支撑企业数字化的新型基础设施。与4G比较，5G

---

① Singh A, Hess T. How chief digital officers promote the digital transformation of their companies [J]. Mis Quarterly Executive, 2017, 16 (1): 1-17.

② Hinings B, Gegenhuber T, Greenwood R. Digital innovation and transformation: An institutional perspective [J]. Information and Organization, 2018, 28 (1): 52-61.

网络具有高带宽、低时延等优势，能够更好地适应企业数字化转型的要求，能够帮助企业在应对突发公共事件时，更加灵活高效地做出有针对性的响应。仅从5G基站数量来看，截至2020年2月，全国拥有5G基站达16.4万个①。

（2）提升数字化公共服务平台能力。通过为企业提供普惠性数字化公共平台服务，能够较好地帮助企业解决转型能力不够、成本偏高等问题。比如，为企业提供云平台服务支持政策，强化区域型、行业型、企业型数字化转型促进中心等公共服务能力建设等。江苏、浙江两省分别较早成立了省级数字经济商会、数字经济企业协会，通过行业组织这一平台来举办数字化峰会、开展相关业务培训等工作，能够更好地打造企业数字化转型生态，带动本土企业数字化的发展。

（3）支持引导数字化应用新场景。数字化转型的挑战之一，是如何找到适合的应用场景。建议出台鼓励举措，支持5G通信、人工智能在不同产业的场景应用，加快培育数据要素市场，提高产品附加值。通过开展试点或示范工程培育标杆数字化企业，带动传统企业开展数字化转型。政府主导开发教育、医疗等重要公共基础性服务场景，为企业提供更多的参与机会。

（4）构建数字化发展安全环境。在数字化时代，数据已成为企业创新与发展的核心，保障企业数据的安全已成为影响数字化转型重要因素。一方面，需要加大数据安全有关法律的制定与执行力度，在推动数据资源共享的同时，保障企业数据、商业秘密、个人隐私等合法权益不受侵犯；另一方面，需要加大数字安全技术研究，特别是要保障工业互联网、物联网、大数据云等领域的数据安全，构建安全可靠的企业数据防火墙。

（5）增强数字化转型的紧迫性。企业要进一步增强数字化转型的意识，树立以消费者运营为核心的理念，树立全渠道营销、线上线下融合、数字驱动等新理念。数字化转型不可逆转，对企业而言，不是选择题，而是必做题，越早做就会越主动。目前一些企业虽然在营销、销售环节进行了数字化布局，但在其他运营及支撑环节还没有完成数字化转型。

（6）寻求企业数字化最优路径。进行数字化转型应遵循量力而行、适度超前的原则，根据资金、人才、行业等情况选择适合企业的最优路径。数字化转型路径选择应扬长避短，追求价值链全局最优，而非局部最优。可以从马上利用的红利开始，好桃子先吃，顺水推舟，这样数字化转型受到的阻力相对较小。对于政策导向特别是技术细节，应结合企业与行业实际的前提下加以利用，而不是盲目跟从。

（7）构建数字化组织模式。企业数字化不仅包括业务、管理等流程的数字化，组织层面也需要进行数字化甚至重构。要加速构建与互联网技术相适应的开放、扁平、灵活的组织体系。数字化的组织边界要从封闭走向开放；组织方式要构建起自组织涌现机制；合作机制要从串联走向并联再到网络，构建生态化的协作网络；组织架构要构建“小前台＋大

---

① 陈平．创意信息：5G产业价值聚合者［J］．中国商界，2020，330（5）：78－81.

中台”的新体系。数字化企业组织，最重要的是看其对外部环境变化的响应能力，需要实现组织在线、协同在线，需要营造自组织涌现的机制，从而更好地适应数字经济的发展趋势。

第六节 企业跨界经营的外部条件分析

伴随“互联网 +”“人工智能 +”概念逐步深入全产业，跨界经营成为传统行业面对产业升级行之有效的转型途径。在动态复杂不确定的商业环境下，跨界经营逐渐成为企业实现可持续发展的重要战略选择，也是当下企业追求的一种流行趋势和多元化经营的新形式。在这种背景下，企业有必要把握自身多元化尝试的外部条件，在做好自己的核心业务的基础上，发展相关领域的业务，以期能从附加服务中获得新的盈利点。

一、企业跨界经营概述

1. 企业跨界经营的内涵及方式

跨界经营又可称为混业经营，即单一企业跨越行业边界，以科学的组织方式将有限的资源分散于不同的行业市场，并实现多业务、多品种、多方式的交叉经营服务。这是企业在互联网的技术普及、思维融入和价值创造方式渗透到企业价值创造过程之后，顺应互联网时代趋势发展所形成的特有的经营方式，是实体经济与互联网虚拟经济的跨界融合，这种虚实产业间的互动共生会创造性地破坏传统产业和市场基础，其最终形成的新商业模式会对传统行业实施“跨界打劫”，由此产生“竞争蓝海”。

2. 企业跨界经营的方式

（1）大跨界。大跨界就是去做一个完全不相干的行业。比如：养猪业吸引了资本巨鳄高盛①；互联网达人丁磊跨界养猪、与明星和设计师跨界探讨云服务、与民族品牌三枪联合推出“乐系列”内衣裤等②；马云跨界投资养奶牛③；IT 教父柳传志开卖农产品猕猴桃、卖水的宗庆后进军白酒、超市以及房地产④；海尔 300 亿元携手恒大、美的与京东签署战略合作协议⑤。

（2）关联性行业跨界。企业联系较为紧密的管控领域发挥自身优势，跨界经营新业务。比如从食品加工转做电商、电器公司推出手机等。而地产公司成为最喜欢跨界的公司

① 欧志葵，黄应来，陈生，等．资本养猪利弊分析［J］．农村养殖技术，2012（7）：50 – 51.
② 任尚坤．丁磊：网易 CEO 跨界“劈叉”［J］．时代邮刊，2019（21）：54 – 55.
③ 林超．马云跨界投资养奶牛为钱生钱［J］．食品界，2014（8）：67 – 69.
④ 林学勤．跨界经营重点不在跨界，而在经营［J］．销售与管理，2014（4）：3.
⑤ 姜中介．跨界的价值［J］．二十一世纪商业评论，2015（3）：30 – 31.

之一，万达是这个领域的先驱，先后开辟了文化产业、旅游产业。企业在原有业务领域的资源调配能力将会成为新业务开展的重要资源，所面临的风险将会大大降低。这种联系是企业跨界经营新业务的资源，因为通过联系可以从企业获得相关的支持和帮助；从另一个角度来看，这种联系也是企业对于跨界经营新业务的一种管控驾驭切入点。

跨界的投资往往存在太多不确定的风险，进入关联度不高的行业，管理、人才、技术、知识等将成为企业发展的短板，实际经营的问题或许会比预想的要多，一旦出现黑天鹅事件“中弹”的可能性就越高。

二、企业跨界经营的内部联系

企业进行跨界经营的项目各异、方式不同，但一定会与原有业务在管控上产生联系。

（1）团队联系。新业务团队是企业跨界实施经营的直接执行人，是企业跨界经营过程中最为直接的联系纽带。企业团队联系紧密程度主要是由新业务团队的组建方式决定。新业务团队的组建通常有三种方式：第一是企业从内部选拔组建新团队；第二是从外部并购团队来跨界进入新业务领域；第三是外部招聘与组织内部选拔相结合。第一种团队组建方式是各种方式中与企业联系最为紧密的，第二种方式联系最弱，第三种方式介于两者之间。

（2）技术联系。企业跨界经营所选择的产业不同，技术层的联系强弱各异。当企业跨界较为相似的领域时，技术联系较强，企业对于新业务的技术支持管控能力表现越强。当企业跨界经营较为不同的领域时，技术联系较弱。

（3）资金联系。资金是一个企业生存发展的血液，是跨界经营过程中与新业务单元之间的天然联系。资金联系的强弱，也成为企业跨界经营是否顺利的重要指标。

（4）品牌联系。品牌是企业跨界经营新业务的外在形象联系。当新产品同企业原有的市场联系较为紧密时，一般会使用企业已有的品牌；当跨界经营新领域同已有经营领域之间的关联不是非常紧密时，企业会选择使用新品牌。

（5）组织文化联系。企业选择从内部组建团队开展跨界经营，企业内的组织文化联系较为紧密；而选择外部并购团队开展跨界经营，组织文化联系较弱。

三、企业跨界经营的外部诱因

“互联网＋”背景下，品牌单打独斗的时代已经结束，跨界经营成为企业开展融合创新的必然选择。例如，马云“打劫”了实体店，又悄悄联手飞亚达，再次跨界“打劫”，冲击智能手表这一方兴未艾的领域。掌握数字技术的企业可以穿越既有的产业分工体系，以覆盖更广的业务面，产业间界限不再明晰。随着社会信息化的快速发展，跨界经营的趋势愈演愈烈，但并非所有的跨界企业都能够实现提质增效的转型升级。跨界企业经营成败的关键在于企业基于何种动因跨越组织边界，进而识别出企业战略决策与资源能力的匹配度。企业跨界经营的外部诱因主要包括四个方面：

1. 智能化和信息化的需求

新一代信息产业的发展速度每年都以惊人的速度攀升，在全球范围内，信息技术的快速发展正在改变这个世界，从产业模式和运营模式，到消费结构和思维方式，信息技术对城市地区甚至对国家的发展进程的影响程度将会越来越深。而它自身的发展趋势也会根据“科研技术进展”和“市场热度”不断变化，如今，“数字经济”“人工智能”“跨界融合”“大工程、大平台模式”已成为新一代信息产业发展的新趋势。科技的快速发展、环境的复杂多变消灭了传统的竞争壁垒，行业边界和竞争壁垒的消失也成为这个时代中最大的机会。最具有弹性的企业将会在新时代的竞争中胜出。与此同时，当外部因素变得越来越同质化，越来越没有行业边界的时候，顾客最终面临着供大于求的各类选择，以往曾经不断提出的竞争力、品牌因素、市场规律等，已经无法培育和维持企业长期和远期发展的能力。在这种情况下，企业想要获得生存发展的机会，就必须进行跨界经营。例如，苹果、亚马逊、谷歌和三星等利用智能家居将自己的核心业务和顾客基础延伸到家庭中。海尔着力打造“U＋智慧平台”的一套完整的智能家居体系。

2. 产业政策支持

产业政策的出台往往会引发投资热点出现，受政策支持的企业大为受益。为了搭上“政策快车”，一些企业会跨界进入政策支持行业，其目的不是促进自身发展，而是为了政策寻租。例如，我国是全球第一大生猪生产国及猪肉消费国，国家已把生猪产业提升到了前所未有的重要位置，国家对于生猪养殖的重视使得相关行业享受到了一定福利。万科、碧桂园、恒大等地产企业以及阿里巴巴、京东、网易等互联网企业都曾以不同方式跨界入局生猪养殖[①]。阿里巴巴、京东等则利用技术优势，结合“ET大脑”“神农系统”等黑科技实现智能养猪。网易则凭借跨界早，从2011年起就开始布局，被外界赋予“猪厂”昵称[②]。

3. 消费升级

跨界业态急剧增加并非经营者脑洞大开的结果，而是消费者升级时代的必然趋势。一方面，消费者购物行为呈现碎片化态势，传统业态无法满足消费者的新需求，而跨界业态有望填补这一空白，诸如超级物种、盒马鲜生等“超市＋餐饮”模式的推陈出新，跨界经营已经深入传统零售经营者的内心。在人民生活水平不断提高的背景下，以往电商便捷、低价等优点已经逐渐不能满足人民群众日益增长的消费服务需求，消费体验在购物过程中占有越来越重要的地位。消费不再只是简单的买东西，新需求推动供给侧创新，在大数

---

① 周琦．“猪周期”又来？万科也宣布进入养猪业，恒大、碧桂园早已布局［J］．中国经济周刊，2020，782（9）：82－83.

② 王瑞年．养猪从业者如何看待人工智能养猪？［J］．猪业科学，2019，286（4）：46－48.

据、人工智能、物联网等技术推动下，刷脸支付、电子标签、智能云货架、AR 试衣/试妆等新科技给消费者带来了多功能化的全新消费体验。另一方面，传统业态的生命力逼近大限，业态的生命周期越来越短。在未来，业态生命周期越来越短，一个新业态或许也就是三五年的生命周期。最早呈现这一趋势的是餐饮企业，品牌的生命期短暂，因此很多餐饮企业不断推出“副牌”，即进行跨界经营。

4. 核心资源和竞争力优势

资源是一个宽泛性的概念，但要产业跨界，又需要一些核心性的资源匹配。资源基础理论认为，资源是企业建立和保持竞争优势的重要构成因素，但资源并不总是顺畅地流向创新，特别是在企业主导力量支持正常业务活动的地方。企业要转型成功，必须以其既有的核心资源为基本依托，否则很容易招致以沙垒城、毁于一旦的败局。企业核心资源，也可以称为战略资源，是支撑企业运行、构筑企业对外壁垒和护城河的基石。企业的核心资源通常主要体现为特殊的资本、人力、技术、品牌、渠道、客户、终端等。企业的转型战略，必须以其一种或多种为牵引，形成保障。例如，顺丰敢开“嘿店”，那是因为其配送网络丰富、品牌形象良好①。相反，如果企业选择往远离其核心资源支撑的方向转型，则转型风险必将大增。例如，娃哈哈的白酒生产业绩也出现负增长②。究其原因，娃哈哈饮料的客户群主要为儿童、女性，而酱香酒的消费者定位为中年男性，这些群体的消费观念、消费习惯都不相同。此外，饮料的销售渠道为便利店、超市等，而酒的销售渠道为酒店、餐厅，两者的营销模式也不同。当前消费者对品牌要求较高，若跨界者未能打造出异于同行产品的特色，很难进一步生存和发展。企业跨界多元化经营的关键，在于其进入全新领域时生产出的产品，能否与现有的同行产品形成差异，并具备核心竞争力。

[章后案例]

5G 产业的发展趋势

当前，网络信息技术成为全球科技竞争的制高点，而 5G 又是制高点上的必争之地，世界各国竞相超前部署、加快发展。2013 年 2 月，欧盟宣布将拨款 5000 万欧元推动 5G 移动技术的发展，计划到 2020 年推出成熟的标准。2013 年 11 月，欧盟就已启动总投资达 2700 万欧元的大型科研项目 METIS，研发 5G 技术。该项目组研发阵容强大，现阶段 29 个成员中包括阿尔卡特朗讯、爱立信、华为、诺基亚、西门子 5 家设备厂商，德国电信、DoCoMo、法国电信、意大利电信、西班牙电信五家运营商，以及欧洲众多的学术机构和宝马集团，还有大约 80 名专家全职参与该项目。2013 年 5 月 13 日，韩国三星电子有限公司宣布，已成功开发第五代移动通信（5G）的核心技术，这一技术预计将于 2020 年开始

① 宋滟泓．顺丰开“嘿店”谋差异化　O2O 萌芽期面临成长烦恼［J］．IT 时代周刊，2014（11）：45－46.

② 罗建幸．娃哈哈：业绩下滑，新常态还是偶然？［J］．销售与市场（评论版），2015（2）：30－31.

推向商业化。该技术可在28GHz超高频段以每秒1Gbps以上的速度传送数据，且最长传送距离可达2公里。相比之下，当前的第四代长期演进（4GLTE）服务的传输速率仅为75Mbps。而此前这一传输瓶颈被业界普遍认为是一个技术难题，而三星电子则利用64个天线单元的自适应阵列传输技术破解了这一难题。与韩国目前4G技术的传送速度相比，5G技术预计可提供比4G长期演进（LTE）快100倍的速度。利用这一技术，下载一部高画质（HD）电影只需10秒钟。2014年5月8日，日本电信营运商NTTDoCoMo正式宣布将与Ericsson、Nokia、Samsung等6家厂商共同合作，开始测试凌驾现有4G网络1000倍网络承载能力的高速5G网络，传输速度可望提升至10Gbps。2015年3月1日，英国《每日邮报》报道，英国已成功研制5G网络，并进行100米内的传送数据测试，每秒数据传输高达125GB，是4G网络的6.5万倍，理论上1秒钟可下载30部电影，并称于2018年投入公众测试，2020年正式投入商用。2015年3月3日，欧盟数字经济和社会委员古泽·奥廷格正式公布了欧盟的5G公司合作愿景，力求确保欧洲在下一代移动技术全球标准中的话语权。奥廷格表示，5G公私合作愿景不仅涉及光纤、无线甚至卫星通信网络相互整合，还将利用软件定义网络（SDN）、网络功能虚拟化（NFV）、移动边缘计算（MEC）和雾计算（fog computing）等技术。在频谱领域，欧盟的5G公私合作愿景还将划定数百兆赫用于提升网络性能，60GHz及更高频率的频段也将被纳入考虑。欧盟的5G网络将在2020～2025年投入运营。2015年9月7日，美国移动运营商Verizon无线公司宣布，将从2016年开始试用5G网络，2017年在美国部分城市全面商用。2016年11月，举办于乌镇的第三届世界互联网大会，美国高通公司带来的可以实现“万物互联”的5G技术原型入选15项“黑科技”——世界互联网领先成果·高通5G向千兆移动网络和人工智能迈进。2017年2月9日，国际通信标准组织3GPP宣布了“5G”的官方Logo。

中国在5G方面的发展起步较早。早在2009年，华为就已经展开了相关技术的早期研究，并在之后的几年里向外界展示了5G原型机基站。华为在2013年11月6日宣布将在2018年前投资6亿美元对5G的技术进行研发与创新，并预言在2020年用户会享受到20Gbps的商用5G移动网络。当前，5G已被置于我国的国家战略。国务院于2016年12月15日发布的《“十三五”国家信息化规划》中，十六次提到了“5G”。高层有志于在5G网络技术上，走在全球前列；2017年3月“两会”期间，李克强总理在《政府工作报告》中专门提及“第五代移动通信技术（5G）”对于国家未来发展的重要性；2019年6月6日，工信部正式发放5G商用牌照，这标志着中国率先开启了第五代移动通信时代。

除了各国系统性地展开技术研发外，行业主流公司也已在5G领域发力。手机芯片制造商高通就表示，正在加快5G芯片的研发，高通已经完成了各类技术测试，将根据最终的5G国际标准，正式推出量产的5G手机芯片。2019年6月28日，在2019夏季达沃斯之夜暨智享+科技高峰论坛上，小米集团中国区运营商战略部总经理项飞以《5G+AIoT拥抱超级互联网》为主题，提出小米今后的战略是AI+IoT，未来五年将投入100亿元。此外，华为、中兴、诺基亚、爱立信等电信设备制造商也透露，正在加快5G关键技术的研发，并已和电信运营商展开相关合作。

资料来源：5G基本概念及其发展概况［EB/OL］. http：//www.21csp.com.cn/zhanti/5G/article/article_15430.html；关郇．中关村迎接“5G”时代实现“三极跳”［J］．中关村，2019，188（1）：69；刁兴玲，沈磊．2019年成5G元年、高通加速5G商用步伐［J］．通信世界，2019，806（14）：41；左敏．拥抱5G网聚未来［J］．宁波经济（财经视点），2019，501（8）：16－17.

讨论题：

1. 中国5G行业发展的前景如何？
2. 你认为5G的发展会对中国的制造业产生哪些影响？
3. 在经济全球化背景下，中国5G产业会面对哪些机会和挑战？

本章小结

企业是一个开放系统，所处的外部环境纷繁复杂，本章对企业外部环境进行了深入分析。外部环境分析包括宏观环境分析、行业环境分析、竞争者环境分析、利益相关者分析、数字环境分析和企业跨界经营的外部条件分析。其中，宏观环境是企业的间接环境；与宏观环境相比，行业竞争环境对企业的竞争原则和战略行动有更为直接的影响，是企业所处的直接环境；竞争者环境由与企业直接构成竞争关系的外部企业形成；利益相关者是能够影响企业绩效或受企业绩效影响，是与企业生产经营行为和后果具有利害关系的群体或个人；数字环境下，客户需求才是企业增长的根源和动力。企业跨界经营是指单一企业跨越行业边界，以科学的组织方式将有限的资源分散于不同的行业市场上实现的多业务、多品种、多方式的交叉经营服务。

复习思考题

一、简答题

1. 外部环境由哪些内容构成？它们之间有何关系？
2. 竞争者分析的内容和目的是什么？
3. 什么是战略群组？
4. 企业的利益相关者主要包括哪些？他们各自对企业的期望如何？
5. 企业跨界经营的原因和战略条件是什么？

二、论述题

1. 为什么公司研究和了解外部环境是非常重要的？
2. 不同利益相关者的诉求不仅存在差异，还很可能互相产生冲突。企业应该如何平衡不同利益相关者的需求？
3. 试谈一下数字环境下企业如何转型发展。

第四章　内部环境分析

内部环境分析是战略管理的重要内容，内部环境分析能帮助企业掌握历史和当前的状况，识别目前生产运作的优势和劣势，查清造成劣势的原因，找出内部的潜力，为进一步的战略制定奠定基础。内部环境分析既是企业经营的基础，也是制定战略的出发点、依据和条件，是竞争取胜的根本。内部环境分析面临着复杂性、不确定性和利益冲突性。本章通过对企业的价值链、资源与能力、数据资源和知识资源、核心专长和内部条件等多方面进行考察，分析企业的战略资源和能力，并介绍上述各分析框架和工具的特点与理论基础，从而为企业正确地制定经营战略、编制经营计划，提供科学的理论依据。

［学习目标］

◇ 了解内部环境分析的目的及重要性

◇ 掌握企业内部环境分析的方法

◇ 区分资源与能力的概念及内容

◇ 领会企业的 SWOT 分析方法

［引例］

海尔集团向“平台＋生态”范式转型

海尔集团创立于1984年，是全球大型家电第一品牌，目前已从传统家电产品制造企业转型为开放的创业平台。面对物联网时代的机遇和挑战，海尔集团按照“物联网时代智慧家庭生态平台”的定位，推进从电器到网器再到平台化的转型，即从制造产品到孵化创客转变，通过人单合一模式持续驱动全球转型落地，建立以小微为基本单元的全球保障体系，打造以社群经济为中心，以用户价值交互为基础、以诚信为核心竞争力的后电商时代共创共赢生态圈，成为物联网时代的引领者。

1. 平台化：探索独一无二的共享模式

随着物联网时代的到来，海尔力推家电行业转型——利用互联网、物联网的优势搭造平台，既准确了解用户需求，又通过互联工厂提高生产效率。而为了做到这一点，在组织架构上进行小微化转型，是国内外企业独一无二的模式探索。

海尔将财务、人力、法务、信息管理等传统职能部门进行了彻底颠覆，将各部门壁垒取消，整合成一个共享平台。目前，海尔大共享平台涵盖了财务共享、人力共享、商务法务、资金税务、信息化、海尔大学等9个子平台，在加速创客小微孵化的同时，也保障了职能部门整体“活而不乱”。

在产业创新方面，海尔聚焦于白电转型平台、投资孵化平台、金融控股平台、地产产业平台和文化产业平台五大平台。五大平台为创客提供包括制造体系、物流体系、创投孵化体系、人力资本体系等一系列创业资源，让创客在开放的平台上利用海尔的生态圈资源实现创新成长。

在企业管理方面，海尔集团探索实施“人单合一”模式，激发企业创新创业活力。“人单合一”模式中，“人”指员工，“单”指用户需求，“人单合一”就是每个员工都直接面对用户需求，创造用户价值。在这种模式下，海尔实现了“企业平台化、员工创客化、用户个性化”，引领企业开启全新的时代。

2. 生态资源：建成全球最强生态圈

传统时代，在市场获利的往往只是品牌方；互联网时代，“价格战”让电商平台、入驻平台与用户三方存在博弈状态；到了物联网时代，海尔通过交互获取的“需求网络图谱”为生态各方服务，因此海尔平台上聚集了来自全球的生态资源，围绕用户共同建设生态品牌。

一是智能家电背后的生态资源网络，以衣联网为例，海尔智慧洗护的生态资源——全球数千家资源上平台。海尔社区洗小微通过打造高校物联洗衣平台，在国内链接了高校、公寓和酒店等1265个生态资源方，超965万大学生同时借助海尔全球化的平台网络，日本2017年的入驻店铺达到1776家，服务超635万社区用户，并已复制到东南亚、美国等海外区域。

二是开放平台背后的生态资源网络，以COSMOPlat为例，除了联合各资源方实现用户大规模的定制增值，COSMOPlat还推进跨行业、跨区域复制，赋能企业转型升级。据悉，目前海尔拥有9家互联工厂、产品不入库率高达69%，平台服务12个行业、11个区域。这些生态资源覆盖全球20个国家，包括全球3.2亿用户和390万家企业。

资料来源：董兴荣，李菲．海尔集团：物联网时代的共享平台与生态金融探索［R］. https://www.treasurychina.com/post/3495.html.

第一节　价值链分析

早期的价值链思想率先由美国麦肯锡咨询公司提出，后经迈克尔·波特教授开发，成为用于确认具有潜在价值创造作用的商业活动的战略分析工具。价值链分析（value chain analysis，VCA）指企业确定全成本的过程，这里的全成本涉及从购买原材料到加工生产制造，再到销售产品等所有相关活动发生的成本。价值链分析的目的是从企业内部条件出发，沿着价值链从原材料到客户服务活动中，将企业经营活动的价值创造和成本构成同自身的竞争能力相结合，再与竞争对手的经营活动进行比较，从而挖掘企业任何显在的与潜在的低成本优劣势。与此同时，企业也要了解自身的相对成本地位，即分析本企业所开展的各项活动的总成本与竞争对手所开展的各项活动的总成本相比的相对地位。也就是说，以同一行业中表现最优秀的企业或者竞争对手作为比较对象，聚焦于价值链各环节，如上游的供应商、企业内部生产制造经营部分和下游市场营销，分析本企业与其在价值链管理方面的差距，找出造成重大成本差异的动因，由此采用不同的战略行动。因此，波特的价值链分析不仅是企业内部环境分析中的一个有用工具，也是指导企业选择和制定战略的有力工具，可以帮助企业更好地认清自身的优劣势。

一、价值活动的确定

每一种最终产品从其最初的原材料投入到最终到达消费者手中，都要经过无数个相互联系的作业环节，这就是价值链。波特在 1985 年出版的《竞争优势》一书中提出了“价值链”概念，每一家企业在设计、生产、销售、物流配送和辅助其产品的过程中会进行种种活动。企业价值创造是通过这一系列活动来形成的，这些活动互不相同，但又相互关联，构成了一个创造价值的动态过程，即企业价值链（见图 4－1）。波特在对企业各项作业进行审查、分析和分类的基础上，从创造顾客价值和管理操作的角度，将企业的所有经营管理活动分为基本活动和辅助活动两大部分。

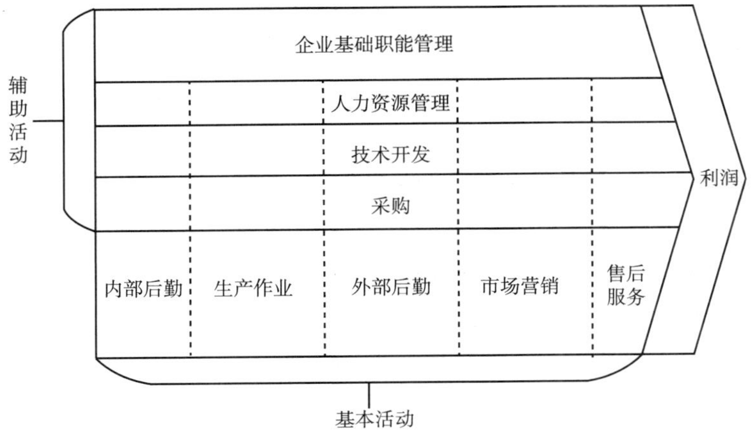

图 4－1　价值链分析框架

1. 基本活动

基本活动涉及产品的物质创造及其销售、转移和售后服务等活动。每一种基本活动对于形成和维持某一行业的竞争优势都可能是至关重要的。在任何企业中，基本活动都可以划分为五种基本类型，即：

（1）内部后勤：指与资源接收、储存以及向生产部门分配投入品相关的活动，如收货、原材料搬运和整理、仓储、库存控制、运输工具调度和向供应商退货等。

（2）生产作业：指生产运营时将生产要素投入转变成最终产品的活动，如机器加工制造、检测、装配、包装、设备维护、产品检验、打印清单、厂房设施管理和员工调动等。

（3）外部后勤：指与信息收集、存储和向用户进行实物分送有关的活动，如产成品的仓储、材料搬运、交货时运输工具的使用、订货的进度安排等。

（4）市场营销：指产品市场定位、营销方式确定及购买渠道疏通的各种活动，如市场调研、产品策划、广告促销、销售队伍、定价、销售渠道等。

（5）售后服务：指在售后提供维持与加强产品价值的活动，如安装、修理、培训、零部件供应和产品调整等。

2. 辅助活动

辅助活动是通过提供采购投入、技术、人力资源以及其他各种公司职能支持基本活动。辅助活动是辅助基本活动的活动，一般可以划分为四种类型，即：

（1）采购：指在企业整个价值链各项活动中的投入，而不仅是内部后勤的采购活动，包括各项活动所需原材料、易耗品、机器设备、办公设备及建筑物等。其中，外购投入品包括原材料、其他在生产过程中所使用的物品以及如办公设备、实验设备、机器设备和建筑物之类的固定资产。尽管外购投入品通常与基本活动相联系，但包括辅助活动在内的每种价值活动都存在着外购投入品，采购有扩展到整个企业范围内的倾向。

（2）技术开发：技术开发（不仅是指研究与开发中的技术开发）发生在企业许多部门，这里的技术包括技术诀窍、技术方式方法，或体现在关键设备中的技术。任何价值活动都包含着技术，技术开发由许多活动组成，通过这些活动的开展，有利于改进产品和工艺过程。一个企业的技术水平直接关系到企业产品的功能、质量、资源利用效率及企业运行效率。

（3）人力资源管理：人力资源管理包括各种涉及所有类型人员的招聘、雇用、培训、开发和激励等各种活动。人力资源管理活动同其他的辅助活动一样，存在于一个企业的不同部门里，对单项的基本活动、辅助活动和整个价值链都有着重要作用。在任何一个企业里，均可通过实施合理的雇员选拔、聘用和培训等人力资源政策来提高竞争优势。

（4）企业基础职能管理：包括企业总体管理、计划、财务、质量、企业管理信息系统、法律及其他各项管理活动。与其他辅助价值活动不同的是，通常企业基础职能支撑的是整个价值链而不是单项活动。企业基础职能的形式取决于企业是否实行多样化经营。

3. 活动类型的确定

在每类基本活动和辅助活动中，都有三种不同类型：

（1）直接活动：涉及直接为购买方创造价值的各种活动，例如零部件加工、安装、产品设计、销售、人员招聘等。

（2）间接活动：指那些使直接活动持续进行成为可能的各种活动，如设备维修与管理、工具制造、原材料供应与储存和新产品开发等。

（3）质量保证：指确实证明与其他活动质量有关的各种活动，例如监督、视察、检测、核对、调整和返工等。

这些活动有着完全不同的经济效果，对竞争优势的确立起着不同的作用，应该加以区分，权衡取舍，以确定核心和非核心活动。

二、价值链分析方法

价值链分析法由波特首先提出，它将基本的原材料到最终用户之间的价值链分解成与战略相关的活动，以便理解成本的性质和差异产生的原因，是确定竞争对手成本的工具，也是制定企业竞争策略的基础，大致可以分为内部价值链分析、纵向价值链分析和横向价值链分析三种类型。

1. 内部价值链分析

内部价值链分析是企业进行价值链分析的起点。企业内部可分解为许多单元价值链，商品在企业内部价值链上的转移完成了价值的逐步积累与转移。每个单元链上都要消耗成本并产生价值，而且它们有着广泛的联系，如生产作业和内部后勤的联系、质量控制与售后服务的联系、基本生产与维修活动的联系等。深入分析这些联系可减少那些不增加价值的作业，并通过协调和最优化两种策略的融洽配合，提高运作效率、降低成本，同时也为纵向和横向价值链分析奠定基础。

2. 纵向价值链分析

纵向价值链是指将企业作为一个整体考虑，从最基本的原材料投入到最终用户产品形成之间的所有价值形成和转移环节所构成的一种连锁链条。在这个连锁链条上，企业、供应商和顾客都分别被视作一个整体，这种链条关系可以向上延伸至最初原材料的最初生产者（或供应商），也可以向下延伸到达最终产品的最终用户，所以最终产品可以看作是一系列作业的集合体，企业是整个作业链中的一环或几环，企业可以从最基本原材料的取得到最终产品使用后废弃这一整体价值链的层次上分析产品的成本和收益，从合理分享利润的角度进行战略规划。

纵向价值链分析的关键在于优化甚至重新构造价值链体系，以帮助企业建立更持久的核心竞争能力。企业通过分析上游企业的产品或服务特点及其与本企业价值链的其他连接点，协调与上游供货商和下游销售渠道的关系，使企业与其上下游共同降低成本，最终可以提高这些相关企业的整体竞争优势。

3. 横向价值链分析

横向价值链是指同一产业内部具有相同或相近功能的各个企业之间相互作用形成的价值链条。在这个连锁链条上，企业被视作一个整体，横向价值链是所有在一组互相平行的纵向价值链中处于同等地位的企业之间相互作用所构成的具有潜在关系的链条。横向价值链上的企业关系首先表现为竞争关系。企业只有通过提供独特的、无法被替代的产品或服务才能在激烈的竞争中胜出。其次，企业之间的关系表现为合作关系。各企业的比较优势不同，强强联合或者取长补短，才能更有效地配置资源。横向价值链分析主要包括决策、预算和分析三个方面，企业要面临现实和潜在的竞争者，就不得不为了获得竞争优势而形成产品差异，努力降低成本。此外，企业要想方设法对竞争对手的产品特别是成本信息进行分析，从而提高产品成本方面的竞争力。

横向价值链分析是企业确定竞争对手成本的基本工具，也是公司进行战略定位的基础。它可以帮助企业明确业务流程、市场营销、客户服务等方面存在的优势、劣势以及外部存在的和潜在的机会与威胁，为确定竞争战略和发展方向奠定基础。它主要反映同类产品在不同的生产者之间的价值运动过程，分析时要充分考虑企业目前和潜在的竞争对手，争取获取竞争优势。

企业内部价值链分析是纵向价值链分析和横向价值链分析的交叉点。纵向价值链分析的结果确定企业应该生产什么；横向价值链分析指出企业生产该种产品的竞争优势所在，同时明确与外部竞争者有关的因素有哪些，从而确定企业进行生产的限制条件，即确定企业应如何进行生产。这两种分析的落脚点都在企业内部价值链分析的结果之上。

三、价值链分析的过程

价值链分析主要包括三个基本内容，即：认识和界定价值活动；确认每项活动的价值贡献和成本；确认价值链结构性因素。

1. 认识和界定价值活动

为了清晰地认识竞争优势的来源和增强优势的有效途径，往往需要对创造价值的过程进行细化分解，比如把销售活动分解为促销、广告、销售队伍管理、货品管理等活动。众所周知，不同产业具有不同的价值链；同一产业不同企业的价值链也不同；即使对同一企业，在不同的时期其价值链亦不相同。价值链的不同反映了企业各自历史、战略以及实施战略的途径等方面的不同，同时也代表着企业竞争优势的一种潜在来源。需要指出的是，价值链的异质性不仅是指企业价值链的构成不同，还意味着每一类价值活动的重要性也不相同。因此，在识别和界定价值活动时，要注意区分、分离不同属性的活动，选取主要环节，在分解过程中做到详略得当。具体而言，应特别注意以下活动：

（1）对产品价值有重要贡献或对确立企业竞争优势有关键价值的活动。这些活动的改进在整个战略中占有特殊位置，是关注和改造的重点。

（2）占成本比重较大或费用正在迅速上升的活动。如何控制、降低乃至从源头上去除这类活动的成本，也是整个战略管理中的一项重要内容。

（3）具有不同结构性驱动因素的活动。通过确认这类活动，可以在结构性驱动因素和活动之间建立清晰的对应关系，有利于认清对哪些结构因素进行调整可以改变哪些活动，从而使战略方案更具可操作性。

2. 确认每项活动的价值贡献和成本

（1）确认每项活动的价值贡献。一项活动存在于价值链中的意义就在于它能够创造价值。其中，有些活动直接创造价值，如产品设计、零部件加工、销售等；另一些活动则间接创造价值，如科研管理、设备维护、进度安排等，它们支持保障直接创造价值活动的持续进行。分析每项活动价值贡献的目的是识别重要的活动、低价值的活动以及不能创造价值的活动。

（2）确认每项活动的成本。企业展开经营活动的主要目的就是获取利润，而利润与成本之间存在此消彼长的关系。企业在识别和界定价值活动之后，不仅要确认这些活动的产出（价值贡献），还要分析为获得这些产出所付出的代价，即从事该项活动的成本。对于实施低成本战略并希望获得成本优势的企业，这项分析的意义尤其重要。

3. 确认价值链结构性因素

所谓结构性因素，是指影响价值活动的成本状况或差异化程度的关联因素。确认价值链的结构性因素，主要是确认各项价值活动之间，以及企业价值系统中各价值链之间的联系。从根本上讲，正是这些联系（即价值链的结构）为增强企业的竞争优势提供了机会，并最终决定了产品价值的大小。如果这些联系合理、结构优化，不仅可以为企业提供独特的成本优势，还可以将企业的产品或服务与其竞争者区分开来，即实现差异化。通常，竞争者虽然可以模仿甚至径直照搬先进企业的某项活动或某种做法，却很难抄袭价值链各环节之间的微妙联系和精致结构。

价值链分析旨在认识和了解企业资源增值过程。通过上述分析可知，价值链各项活动之间是紧密联系的，恰恰是这种联系才形成了企业的竞争优势。各项活动对企业竞争优势的形成所起的作用是不同的，要站在最终用户的角度来评价企业的价值链。要使企业整个价值体系做到整体最优，企业内部条件分析就是要抓住企业价值增值链中的关键环节仔细进行分析，找到企业存在的优势及劣势。同一产业中的所有企业有相似的价值链，包括：获取原材料、产品设计、建筑活动、生产设施、开发合作协议及提供客户服务等。企业不仅应熟悉自身价值链的运作，而且要了解其竞争对手、供应商及分销商的价值链。

第二节 资源与能力

企业竞争环境呈现日益动荡、激烈、难以预测的趋势，促使经营者把企业战略定位的关键要素归结为外部环境因素。但是，这一定位原理过于强调外部环境，忽略了企业内部资源或能力的差异性，给企业战略制定带来了一定程度的偏差。资源理论（resource based view，RBV）认为，为取得并维持竞争优势，企业的内部资源比外部因素更加重要。在一个客户偏好易变的世界中，客户特征在不断变化，为满足客户需求所需要的技术也在不断发展。以外部因素为中心并不能为制定长期战略奠定牢固基础。当外部环境复杂多变时，企业本身的资源和能力将成为决定企业特征更加稳定的基础。资源整合在一起可以创造企业能力，能力又是核心专长的源泉，核心专长是建立竞争优势的基础。因此，根据企业自身能够做什么来界定企业，与根据其满足的外部需求来界定企业相比，可为战略制定提供更坚实的基础。目前，对内部环境分析最典型的思路是从企业内部资源条件与能力状况两个方面对其做概括分析。

一、企业资源

企业资源是指企业生产和运营过程中的各种投入要素，如资金、设备、员工技能、市场关系、专利以及管理者的才能等。其中，企业资源中有些是有形的，有些是无形的，仅靠企业的财务报表或库存记录并不能完全反映企业资源。企业资源通常也被划分为有形资源（tangible resources）和无形资源（intangible resources）两类。随着市场竞争的日益激烈，企业构建持续经营优势的重点逐步从有形资源的获得转向无形资源的获得。

1. 有形资源

有形资源是指那些可被看见和量化的资产，如生产设备、生产器械、分销中心以及正式的生产流程报告系统等。有形资源通常包括四种主要类型：财务资源、组织资源、实物资源和技术资源（见表4－1）。

表4－1　有形资源的分类与评估

资源类型	主要内容	主要指标
财务资源	企业的融资能力	资产负债率、资金周转率、各项开支、使用制度
	企业通过内部运营获得资金的能力	
	企业资金使用的弹性	
组织资源	正式的报告系统	企业流程的运行效率
	正式的计划、控制和协调系统	
实物资源	企业先进的工厂、设备和优越的地理位置	固定资产的现值、固定资产的折旧率、厂房的规模、固定资产的灵活性
	土地、建筑物及其替代用途	
	企业拥有的原材料	
技术资源	以专有技术（专利、版权、商业秘密）形式拥有的技术储备和专业知识与方法	专利数量和价值、专利产出

作为有形资源，企业的借款能力和物质设备的状况都是可见的。许多有形资源的价值可以在财务报表中反映出来，但是这些报表并不能反映公司所有资产的价值，因为它遗漏

了一些无形资源。有形资源的价值也是有限的，因为它们很难进行更多的综合利用，也就是说，公司很难从有形资源中获得额外的业务或价值。

尽管生产性资产是有形的，但对这些资产的许多使用流程却是无形的。因此，与制造设备等有形资源相关的学习过程和潜在的专有流程，具有独特的无形资源的特征，例如质量控制流程、独特的生产流程以及随时间不断发展的技术等。

2. 无形资源

无形资源是指那些不易被看见和察觉的，同时也很难被竞争对手发现和模仿的，但深深地根植于公司的历史之中且随着时间的流逝不断积累的资产，也就是在财务报表上并不反映的资源，如知识、品牌、管理模式、组织制度、良好的声誉、与人们（如员工、顾客和供应商）的良好关系和科技能力等。无形资源通常包括三种主要类型：人力资源、创新资源和声誉资源（见表4－2）。

表4－2　　无形资源的分类与评估

<table>
<tr><th>资源类型</th><th>主要内容</th><th>主要指标</th></tr>
<tr><td rowspan="3">人力资源</td><td>员工培训与员工专业知识</td><td rowspan="3">员工在教育、技术与职业方面的合格证、相对于同行业的失业赔偿水平、员工的生产率与工作生活质量、关于劳动争端的记录、员工流失率</td></tr>
<tr><td>员工对环境和变化的适应性</td></tr>
<tr><td>员工的投入与忠诚</td></tr>
<tr><td rowspan="2">创新资源</td><td>研究设备</td><td rowspan="2">创意、科研能力、研究设备投入资金、科技人员数量占总员工的比例</td></tr>
<tr><td>科技人员</td></tr>
<tr><td rowspan="3">声誉资源</td><td>品牌名称</td><td rowspan="3">品牌识别、与竞争品牌的差距、顾客的重复购买率</td></tr>
<tr><td>对产品质量、耐用性和可靠性的认识</td></tr>
<tr><td>企业在供应商、金融机构、政府、员工、合作伙伴和社区中的声誉</td></tr>
</table>

与有形资源相比，无形资源是能力和核心竞争力的更高级别的来源。由于无形资源不可见，很难被竞争对手了解、购买、模仿或替代，因此，公司更倾向于以无形资源而非有形资源作为能力的基础。实际上，资源越难以观察（如无形资源），它创造的能力越有价值。无形资源的另一个好处是，无形资源可以得到更大程度的综合利用。例如，员工间的知识共享不会减少其中任何人的价值，恰恰相反，如果两个人共享各自独有的知识，那么可以创造出更多的知识，这些知识对双方来说都是全新的，可能改善公司的经营业绩。

作为能力的来源，有形和无形的资源是发展企业竞争优势的关键因素。资源在被整合或者组合的时候，它的战略价值就会增加。企业如果想让一系列的资源同时产生效应，就需要将独特的有形资源和无形资源做独特的组合，以产生能力。

二、企业能力

企业能力是指企业配置资源，发挥其生产和竞争作用，以完成预期任务和目标的作用力。企业能力的思想最早源于亚当·斯密的劳动分工理论。乔治·理查德森（G. Richardson）于1972年指出能力能够反映企业的知识、技能和经验积累，并体现在生产、营销、研发等各项活动环节中。直到20世纪80年代初期，尼尔森（R. Nelson）和温特（S. Winter）明确提出了企业经营战略中的能力观。从广义上讲，资源涵盖了一系列个人、社会和组织现象。资源本身并不能让公司为顾客创造价值，并以此为基础获得超额利润。事实上，资源整合在一起才能形成能力。企业要根据自身的实际情况，对其能力进行分类，便于系统地掌握企业的能力状况。在分类的基础上，通过对企业能力进行评价，明确企业的优势和劣势。参考徐飞教授的《战略管理》对企业能力的研究，企业能力主要包括职能领域的能力和跨职能领域的综合能力两大类。基于此，下面进一步展开总结分析。

1. 职能领域的能力

企业职能领域的能力主要由研发能力、生产管理能力、营销能力、财务能力和组织管理能力等组成，详见表4－3。

表4－3　企业基础能力的构成

能力区域	能力构成
研发能力	研发计划、研发组织、研发过程、研发效果
生产管理能力	生产过程、生产能力、库存管理、人力管理、质量管理
营销能力	产品竞争能力、销售活动能力、市场决策能力
财务能力	筹集资金的能力以及使用、管理所筹资金的能力
组织管理能力	任务分配、岗位责任、集权和分权情况、组织结构、管理层次、管理范围的匹配

（1）研发能力。研发能力是指企业在掌握现有科学技术知识的基础上，把握市场需求，找到问题，确定选题，并组织人力物力解决问题的能力。它是创新资源投入积累的结果。对于引进技术而言，可以把消化吸收后的创新活动视为研究开发活动，相应地把消化吸收后的再创新能力作为研究开发能力的衡量指标之一。从研究方向看，研发能力包括基础研究能力、应用研究能力和开发研究能力。能够为企业创造持续竞争优势的研发能力能够为企业创造更多的价值，进而提升企业核心竞争力。

（2）生产管理能力。生产管理能力是指企业建立必需的生产设施和员工队伍，将新产品投入大规模的生产，包括建立必要的质量保障体系和原料采购体系的能力。美国管理学者罗杰·施罗德（Roger Schroeder）认为，生产管理主要包括五种功能或决策领域：生产过程、生产能力、库存、劳动力和质量①。企业的生产功能包括将投入品转变为产品或服务的所有活动。在绝大多数行业，企业生产经营的大部分成本发生于生产过程中，因此，生产管理能力的高低将决定公司战略的成败。

（3）营销能力。营销能力是指企业通过统筹、利用内外资源满足目标市场消费者的需求以实现自身生存和持续发展的一种能力，也是企业有效开展市场营销活动的能力，旨在改善企业市场营销状况。一方面，这种能力必须保证企业市场营销活动开展的有效性，即对于企业市场营销目标的实现、对于企业的生存和发展有实质意义；另一方面，这种能力体现为企业在市场活动中所表现出来的营销竞争力大小，这种能力的大小进而决定了企业能否在市场上长期生存和发展。

（4）财务能力。企业财务能力是企业施加于财务可控资源的作用力，指企业所拥有的财务资源和所积累的财务学识的有机组合体，是企业综合实力的反映和企业活力的价值体现，主要由财务管理能力、财务活动能力、财务关系能力和财务表现能力构成。财务能力的强弱很大程度上决定了企业竞争优势的持久性、企业的规模和边界以及企业多角化战略和跨国经营战略的广度与深度。

（5）组织管理能力。组织管理能力是指企业开展组织工作的能力，指企业在与竞争对手投入相同的情况下，具有以更高的生产效率或更高质量，将其各种要素投入转化为产品或服务的能力。组织能力包括企业所拥有的一组反映效率和效果的能力，这些能力可以体现在公司从产品开发到营销再到生产的任何活动中。精心培养的组织能力可以成为竞争优势的一个来源。

2. 跨职能领域的能力

企业跨职能领域的能力主要包括战略谋划能力、创新能力、学习能力和整合能力。

（1）战略谋划能力。战略谋划能力是企业实现内部资源同外部环境匹配的能力。它的特征是全局性、方向性、基础性和系统性，其关键在于“选择”“协调”“综合”。在战略决策的过程中，战略谋划能力是非常重要的，它是企业创造持续竞争优势的必要条件。企业可能通过自身拥有的资源和能力，在一时一事上获得竞争优势，但要不断获得竞争优势，实现可持续的有质量的稳健发展，必须拥有战略谋划能力，包括对形势、局势、趋势、态势、大势的精准判断力、战略思考能力和审时度势的决断力。

（2）创新能力。企业创新能力就是企业能够系统地完成与创新有关的各项活动的能力。它主要包括四个方面的内容：一是创新资源投入能力。创新资源投入是指获取稀缺生产要素并在创新活动中的投入，而创新资源投入能力则指投入创新资源的数量和质量。二是创新管理能力，表现为企业发展和评价创新机会、组织管理创新活动的能力，即企业是否能有效地管理这一过程，并获得一定的财务回报。三是创新激励能力，即：促使员工具有创新主动性和前瞻性，产生创新愿望，并鼓励员工将愿望变成现实的能力。没有创新愿

---

① 刘平．企业战略管理：规划理论、流程、方法与实践［M］．北京：清华大学出版社，2015.

望，一切创新活动都不会产生。四是创新实现能力。创新实现能力是相对创新过程而言的。具体表现为，在技术上，企业能否将科学的概念转化成为用户开发的产品，并且生产、制造和提供给消费者。

（3）学习能力。学习能力是指企业吸收内部和外部的知识后整合形成自身综合性内部实力的能力。科学技术是竞争的核心要素，而竞争的实质是学习能力的竞争。20 世纪 80 年代以来，随着信息革命和知识经济时代进程的加快，全球经济瞬息万变，一体化进程不断加快，企业面临着前所未有的国内外市场竞争环境的动态变化，传统的组织模式和管理理念已越来越不适应当前的市场环境，在这个时代背景下，为适应新形势、应对新常态，企业必须要拥有自我学习能力。

（4）整合能力。整合能力包括资源整合能力和信息整合能力两个方面。企业的资源整合能力就是企业根据自身的发展战略和市场需求对有关的资源进行重新配置，以凸显企业的核心竞争力，并寻求资源配置与客户需求的最佳结合点，目的是要通过组织制度安排和管理运作协调来增强企业的竞争优势，提高客户服务水平，包括渠道共享、联合品牌和业务外包等。企业的信息整合能力是指企业将顾客需求信息、产品或服务信息、成本结构信息等各种信息进行筛选分析、优化组合、综合利用、加工创新和创造的一种能力，主要包括信息获取能力、信息加工能力和信息利用能力三大类。信息获取能力是指管理创新主体带着强烈的创新意向和愿望去洞察信息所含情报的能力，它是信息整合能力的基础，是信息产品的原料，没有信息获取能力，就不可能有信息的加工能力和利用能力；信息加工能力是指管理创新主体对信息的处理能力，主要包括对信息的理解能力、分析能力、评价能力和综合能力；信息利用能力是管理创新主体通过对信息的获取、鉴别、筛选，与自身的信息和选定的信息相结合，经过分析、综合、加工而转换成新的信息的能力。它是信息整合能力的核心，因为信息获取、加工的目的就是为了利用信息，信息的价值也只有通过利用才能反映出来。

第三节　数据资源和知识资源分析

数据无处不在，聚合集成转化为信息，结构化变成知识。数据和知识都是社会生产活动中的一种基础性资源，都可以采用数字、文字、符号、图形、声音、影视等多媒体来表示。而且，它们都同时具有客观性、真实性、正确性、价值性、共享性、结构性等特点。把数据看成一种资源，但如何把数据资源变成真正的数据资产，其实很复杂。从数据到知识，涉及不同的处理方法，涉及机器学习处理技术，直接导致了后期的数据的应用场景和使用价值。随着信息技术的高速发展，如果企业想要在竞争中得到长期的生存发展，就必须用好数据，从而保障企业信息化建设为企业提供重要的发展战略。

一、数据资源

数据是企业重要的组织资源，它同企业其他资源——劳动力、原材料、资金和设备一样，应该处在同等重要的位置上进行管理。进入大数据时代，数据已经成为企业的财富，数据资源建设成为企业信息化建设的基础和核心，也是衡量企业信息化整体水平的一个重要标准。以数据为依托，在企业管理中通过对数据资源的应用，能够对企业的管理起到极大的促进作用。对于企业来说，企业内部，以及企业与供应商、客户、合作伙伴和员工数字化共享所有形式的数据资源，已越来越重要。许多组织由于缺乏关于企业内部运作和外部环境的高质量的信息，因而在竞争中失败。

1. 企业数据资源类型

（1）按照数据格式划分，企业数据资源包括以下三种：

①结构化数据。结构化数据指具有固定格式或有限长度的数据，如数据库、元数据等。结合到典型场景中更容易理解，比如：企业 ERP、财务系统；医疗 HIS 数据库；教育一卡通；政府行政审批；其他核心数据库等。

②半结构化数据。半结构化数据有相对明确的含义说明，但是结构并不严谨，格式相对比较宽泛。大多数半结构化数据的格式为 XML、JSON。半结构化数据多用于日志记录、多类型信息传递等。

③非结构化数据。非结构化数据没有明确的数据格式，或者数据格式的类型非常粗犷，不方便用数据库二维逻辑表来表现。非结构化数据的数据格式有文本、图片、HTML、各类报表、图像和音频/视频信息等。

（2）按照存储形式划分，企业数据资源包括以下四种：

①存储在数据库中的数据。例如，存储在 Oracle、SQL Server、MySQL 等数据库中的数据。

②存储在文件中的数据。半结构化数据通常存储在一个文件中，如果数据量大，就存储在一个文件夹下。对于非结构化数据来说，通常一条数据存储在一个文件中，一般也存储在一个统一的文件夹下。

③流存储数据。用于信息传递的数据流，由于数据量大或者无存储意义，仅仅在流过之后就结束了生命周期。

④数据服务中的数据。依托于 HTTP、SOAP、REST 等网络协议为展现形式而提供的数据服务，有明确的请求格式和响应内容。

（3）按照数据描述内容划分，企业数据资源包括以下四种：

①实体数据。实体数据是指描述一个客观的实体和与实体相关的属性的数据。关于业务实体的数据，描述组织内的“物”，如人、地点、客户、产品等。在数据库中，实体数据是枚举数据、参照数据。在数据仓库中，实体数据是维度数据。

②交易数据。交易数据（事务数据、业务数据）描述组织业务运营过程中的内部或外部事件或交易记录。交易数据是指描述一个行为，并且是相对很重要的一个行为的数据，一般涉及财权、物权或者责任的转移。交易数据记录的内容要严谨，如销售订单、通话记录等。

③参考数据。参考数据是用于将其他数据进行分类或目录整编的数据，规定参考数据值是几个允许值之一，如客户等级分为 A、B、C 三级。

④统计结果数据。统计结果数据是对企业业务活动进行统计分析的数值型数据，即指标，如客户到达数、数据接入率等。

（4）按照数据归属地划分，企业数据资源有两种：

①内部数据。内部数据是指企业内部的业务流程和运营过程中生成的数据。这些业务流程可以生成特定于该组织运营的大量数据。这些数据可以是订单记录，如向客户销售的产品、新客户的获取，也可以是员工流动率、生产单位、原材料成本以及更多时间序列或交易信息的形式。

②外部数据。外部数据就是在企业运营范围之外生成的数据。外部数据一般是企业所处的外部环境相关的数据，包括诸如全球经济指数、人口普查信息和行业价格之类的信息等。所有这些数据均一直存在，与任何特定组织无关。

2. 企业数据资源建设中存在的主要问题

由于受根深蒂固的重硬件、轻软件的观念影响，数据资源建设意识还比较薄弱，在一定程度上存在着“有系统缺数据、有数据难共享、数据维护无机制”的现象，严重制约了信息系统效能的发挥。企业在数据资源建设中主要存在以下几个方面的问题。

（1）数据格式不一致。较大规模的企业中存在很多专业门类，业务处理也不尽相同，已有的各业务系统虽然积累了大量的业务数据资源，但出自不同部门，信息标准不一致，数据格式不统一，软、硬件及传输等方面的建设标准也不相同，数据库之间难兼容，无法进行自动化处理，给实现跨业务领域的数据充分共享制造了障碍，各类数据难以在信息系统中顺畅运行，进而影响最优决策。比如，市场部门搜集的市场信息数据需要进行格式转换才能进入相关研制部门数据库，下级部门的数据接入上级业务系统时，出现数据丢失、信息乱码等现象。

（2）数据质量无保证。目前，有的企业数据采集机制不完善，采集手段和方式落后，信息源数量不足，自动化程度不高，多为人工作业方式，所以误差较大，存在重复录入、数值不一、相互矛盾的现象，分散和多头的数据采集、传输、处理和存储，也无法保证信息的唯一性；另外，基础数据库数据采集不规范，部分数据未根据变化及时、自动更新，数据保鲜度不够，存在滞后性错误，某些数据重复记录并且格式不规范，部分数据库字段定义不全或记录缺失等；各个部门各自为政，造成数据资源重复建设，已有数据缺乏特色，互操作性差，动态数据库少，数据质量不高，信息的可信度差，导致业务应用人员不想用、不敢用、不会用。

（3）数据共享不通畅。企业数据资源建设总体上缺乏统筹规划、统一设计，数据管理分散，各业务部门间没有建立起有效的共享机制，少数单位和部门缺乏大局观念，一个部门的数据往往局限于本部门使用，被人为封存起来，缺乏相互间的交流和沟通，没有形成面向全局的数据共享，形成信息孤岛，信息系统难以协同工作。

（4）数据效能不高。数据缺乏有效地整合，一体化程度不高，数据运用不广泛，数据来源渠道少，数据加工能力弱，实时获取能力较差，有价值的可用信息比较少，一般性的常识数据多，有针对性的实用数据少，传统领域的数据多，新知识、新领域的数据少，定性描述的数据多，定量分析的数据少，某些重要的数据尚未建库，很大程度上还限于资料性的基础数据，数据管理难以做到常态化，数据的保鲜度不够，资料性基础数据使用率不高、效益低，还未能真正成为系统的支撑。

3. 数字经济时代企业数据资源的管理方向

（1）统一信息资源模式，强化数据标准建设。以业务为导向，建立统一的企业数据架构。依托企业主数据管理（MDM）和数据资源规划（IRP），强化数据标准化建设，实现信息资源模式的统一。企业主数据管理，就是将企业多个业务系统中最核心的、最需要共享的数据（主数据）进入整合，集中进行数据的清洗和丰富，并且以服务的方式把统一的、完整的、准确的、具有权威性的主数据分发给企业内需要使用这些数据的各种应用。围绕流程再造，从业务到数据，构建企业数据架构基线，建立数据架构管理机制。

（2）推进结构化和非结构化数据的融合发展。推进结构化和非结构化数据的融合式发展，将超文本、超媒体数据模型和面向对象数据模型进行融合，构建适合结构化和非结构化数据统一组织和管理的数据模型。

（3）积极部署大数据应用，驱动信息资源的有效利用。加大大数据技术的应用部署力度，综合运用云计算、分布式计算、数据交换、数据仓库、数据挖掘以及非结构化的数据处理等多层次的大数据技术搭建大数据平台。

（4）重视数据安全管理，确保大数据生态圈信息安全。在信息资源整合过程中以数据安全管理为前提，与上下游企业以及安全管理机构、评测机构等第三方机构开展广泛合作，从企业管理制度、流程和技术手段等多方面协作确保大数据生态圈的数据信息安全。

企业在运行过程中产生的数据资源主要指企业各部门，如生产部、销售部、管理部、财务部，在履行日常业务工作中积累的数据信息，这些部门占有80%左右的数据信息资源，是最大的数据信息拥有者。首先，如果企业能够及时有效地收集管理各项业务产生的数据资源，通过对这些数据资源进行分析可以及时跟进企业工作进度状态，了解产品进销存的发展进度，检验计划生产执行情况，并从数据分析中发现各项管理中潜在的问题和风险，对企业针对有关事项做出精准的判断和分析并拿出有效措施极为有利。其次，对企业发展中产生的海量数据资源进行科学的分类管理，并对其进行有效的信息处理，可以帮助企业管理者对未来发展做出准确的市场预测、规划，促进企业更好地发展经营。比如，业务部门根据销售过程中产生的客户信息进行统计分析，可以准确把握客户的消费偏好，为其提供个性化的服务和产品，提升销售量。最后，对企业庞大的数据资源进行有效的收集、分析、整理，有利于社会数据资源的统计管理，实现社会资讯的有效利用。

因而一个企业若想提高其核心竞争力和抢占市场先机，有效地管理企业发展中产生的海量数据资源，那么，对其进行信息化管理至关重要，因为信息化管理可以协助管理者做出改进企业营销、生产等环节的正确决策，提升企业竞争力。

二、知识资源分析

知识在信息时代是最主要的资源。管理大师德鲁克在其《管理的实践》一书中提出，在21世纪，知识工作者及其生产力是组织内最有价值的资产①。企业知识资源是指企业拥有的可以反复利用的，建立在知识和信息技术基础上的，能给企业带来财富增长的一类资源。

1. 企业知识资源的构成

企业知识资源通常包括三个方面。

（1）企业创造和拥有的无形资产。具体包括：

①市场方面的无形资产，包括企业文化、品牌、信誉、渠道等。

②知识产权，包括专利、版权、技术诀窍、商业秘密等。

③组织管理方面的无形资产，包括技术流程、管理流程、管理模式与方法、信息网络等。

（2）信息资源。企业在信息活动中积累起来的以信息为核心的各类信息活动要素，如信息技术、设备、信息生产者等。

（3）智力资源。企业可以利用的、存在于企业人力资源中的各种知识和创造性地运用知识的能力，具体包括知识、管理、脑力、创意以及人力资本等要素。智力资源是一种由无形资源和有形资源组成的特殊社会资源，它既包括作为各种能力的人的智力本身这一无形资源，又包括智力成果和智力载体等有形资源。

2. 企业知识资源的特点

企业的知识资源具有以下几个特点：

（1）独特性。企业知识资源是赋予并表现企业个性的资源。不同的企业拥有不同的知识资源，不同企业的知识资源形成各自独有的文化氛围，表现出不同的企业个性和特征。

（2）动态性。知识资源是可以在企业成长的同时不断地再生产出来，并与原有的知识资源重新组合，增殖出新的成长能力的资源。知识资源是活的、动态的。

（3）市场交换可能性低。因为知识资源经常是某个企业所独有的，是企业的个性，所以知识资源以整体形式进入市场进行交换的可能性比较小。这包括存在于企业内部的显性

① Drucker P F. The Practice of management [M]. New York : Harper & Row Press , 1954.

知识、隐性知识以及企业的信誉、经营方式和习惯、员工的素质等。

（4）具有价值和使用价值。知识资源不像其他资源那样等着被开发利用，它会能动地刺激企业去扩张，去发现和利用那些未知的、未被利用的资源。

3. 企业知识资源的分类

经过与物质结合，知识资源可以转化为物质财产，人们可以拥有知识资源的财产权。也就是说知识资源具有资本的属性，可以用于经济领域，作为投资进入社会生产环节。知识的价值只有与实物结合才具有使用价值。企业要有效地组织和管理自己的资源，首先应该在了解自己所拥有的知识资源的基础上进行有针对性和策略性的重点管理，也就是说无论企业拥有多么复杂的知识资源，只要我们抓住知识的各种特性，将分布于企业内部和外部的知识收集起来进行科学的组织，就能发挥积极的作用。

根据特点划分，企业的知识资源可以划分为科学知识资源、技术知识资源和信息知识资源。

按照属性来划分，企业的知识资源可以分为隐性知识资源（程序性知识）和显性知识资源（陈述性知识）。其中，显性知识是显而易见的，通常由书面性的文字（如文档、数据、规章制度、设计图、编码和模型等）构成，可以通过规范化和系统化的语言、文本方式向他人明确传达的知识；隐性知识是模糊、难以描绘的、基于长期经验积累的知识，通常包含个人的技能、思维模式、直觉、经验和诀窍等，植根于个体行为，难以向他人表述清楚。

按照内容来划分，企业的知识资源可以分为信誉资源（包括商标、公司品牌和企业形象等无形资产）、技术资源（包括产品的研制、工艺、专利等）、信息资源、客户资源（关系资源）、人力资源（企业的人力资源指的是企业中所有那些体现在企业员工身上的才能，包括企业员工的专业技能、创造力、解决问题的能力、管理者的管理能力。在某些情况下，甚至还包括企业员工的心理能力，因为企业员工的心理素质在很大程度上将影响其才能的发挥）、基础结构资源（企业的基础结构主要指企业的管理哲学、企业文化、企业内部的基本管理制度以及企业同外界力量所形成的各种协议安排和制度安排）等。

企业知识资源的发现是一个动态过程，企业在经营过程中不断地在创造新知识、接受新知识。在企业中，知识源于讨论，并通过员工的独立思考、收集相关信息、分析和对现实中的实践和方案的综合得到补充。知识会不断自我孵化和增长。企业知识资源是一个活的体系，我们需要不断地发现新产生的知识。

第四节 企业的核心专长分析

随着市场竞争的日益激烈，核心专长在企业发展中发挥着越来越重要的作用。因为核心专长是企业战胜竞争对手并获得长期竞争优势的根本来源，可以保证企业在激烈竞争中获得和保持有利的市场定位，能够凸显企业的竞争力和反映企业的独特个性。企业的资源和能力分析是界定企业发展的内部基础条件，但企业有了资源和能力并不代表拥有竞争优势。企业需要对各种资源进行整合，发挥其生产和竞争作用，才能形成核心专长。

一、企业核心专长的内涵

核心专长又称核心竞争力或核心能力，美国著名战略学家普拉哈拉德教授和哈梅尔教授于1990年在《哈佛商业评论》发表的文章中首次提出了企业核心专长的概念。他们认为企业的核心专长是“使得企业能够迅速适应变化着的环境的技术和生产技能”，是“组织中的累积性学识，特别是关于如何协调不同生产技能和有机结合多种技术流派的学识”。同时他们指出，核心专长既是组织资本又是社会资本，组织资本指的是企业内部各种资源的整合，社会资本指的是企业内部资源与外部资源的整合。这也是关于企业核心专长最原始、最古典的定义。迈克尔·希特在《战略管理：概念与案例》中界定核心竞争力是可以作为战胜竞争对手的竞争优势的来源的一系列资源和能力。美国麦肯锡咨询公司认为，企业核心专长是某一组织内部一系列互补的技能和知识的组合，它具有使一项或多项关键业务达到行业一流水平的能力①。在此基础上，结合研究内容，本书将核心专长定义为企业通过获取战略性资源、开发独特技术或产品和发明独特营销手段等途径为企业带来比较优势，进而能形成竞争优势的能力或资源。它以企业的技术能力为核心，通过市场预测、战略决策、技术开发、市场营销、内部组织协调管理的交互作用，获得使企业保持持续竞争优势的综合能力。

二、企业核心专长的基本特征

有关企业核心专长的内涵，学界基于不同的角度有不同的解读，但对核心专长能力特征的理解却大同小异。企业核心专长的特征实质上是企业能力理论的一般逻辑推理，它表明核心专长是企业持续竞争优势的源泉。核心专长大体包含四个方面的特征：

1. 价值性

核心专长需要具有战略价值。从客户角度来讲，核心专长必须对客户看重的价值起重要作用，能够在为客户创造长期关键性价值的过程中做出显著贡献。也就是说，它能为客户创造独特的价值，只有那些与生产过程结合并生产出客户所需要的产品或服务的资源和技能才是核心专长，反过来讲，不能为客户做出显著的价值贡献的就不是企业核心专长。从企业角度来讲，核心专长能够帮助企业在创造价值和降低成本等一系列行为中做得比竞争对手更优秀，使企业获得持续竞争优势。而那些对企业来说不能获益或获益很小的资源或能力，无法成为企业的核心专长，所以对企业而言的价值性就是这种资源或能力必须最

① 郭玉梅．企业核心能力浅析［J］．上海企业，2002（9）：58－60.

终能够使企业获利。

2. 独特性

企业的一种资源或一项能力应该是独特的、稀缺的和独有的，即当前和潜在的同行竞争对手不会拥有相同或相似的，且很难被竞争对手模仿的，能够助力企业在产业中的某种技术上或管理方面处于领先地位，才能成为企业核心专长。例如，企业拥有得天独厚的地理位置、稀缺的自然资源或与众不同的某种技术。若竞争对手也广泛拥有相同的资源或能力，那么这种资源或能力就不是核心专长。这种独特性可以表现在技术、财务、人力资源、组织管理等某个方面，也可以是研发能力、生产管理能力、营销能力、财务能力和组织管理能力的组合状态与水平。核心专长的独特性决定了企业之间的异质性和效率差异性。独特性往往建立在企业的专有技术、自身的学习积累之上，是竞争对手难以逾越的进入障碍。

3. 难以替代性

企业的一种资源或一项能力不能用其他资源和能力代替才能称为核心专长。例如，企业特有的知识以及管理者与非管理者之间建立的相互信任的工作关系，就像美国西南航空公司的员工关系一样，都是一些很难被识别和替代的能力。若企业内在的独特资源和技能具有价值性和独特性，但能够较为容易地被其他企业复制或模仿，企业的竞争优势就难以持续。随着高新技术的快速发展，对新技术、稀缺资源和资源替代品的研究与开发，已经取得越来越多的成绩。因此，靠技术取得竞争优势的企业被新技术或新资源所取代的可能性也越来越大。提高技术创新能力，实施技术或资源上的自我替代，避免被竞争者捷足先登，成为了企业保持竞争优势的重要策略。

4. 可延展性

纵观企业发展全局，企业核心专长必须是整个公司业务的基础，企业不仅仅是局限于企业某一种产品或服务，而是能够推陈出新，不断推衍出一系列其他产品和服务，即要最大限度地在创新和多元化战略中实现范围经济效应，从而为企业带来更大的竞争优势。例如，日本本田公司利用其在发动机和电动火车技术方面的核心专长，在摩托车、汽车、发电机、割草机等方面比较容易地获得了一席之地。再如，日本佳能公司拥有强大的光学与图像技术，可以为客户提供复印机、照相机、激光打印机等多种类型的产品。需要注意的是，如果企业该项能力不能衍生出新产品或服务就不是企业核心专长。在某一业务部门看来可能算得上是核心专长技术，但是该项专长不能衍生出一系列新产品或新服务，那也不算是企业的核心专长。

三、企业核心专长的来源

上述四项基本特征是判别企业是否具有核心专长的四项基本测试标准，即企业核心专长必须同时具备以上四项特征，否则就不是企业核心专长，或者说，企业核心专长还需要不断地加以培育。因此，辨识和评价企业的核心专长是提升企业竞争优势的重要任务。企业核心专长主要有以下四个来源：

（1）企业全体员工的知识和技能水平。它包括企业所有员工的知识与技能水平和结构。企业核心专长不仅源于企业大方向上的战略决策，也与企业日常相关的无数小决策息息相关，而这些小决策基本上都依靠企业全体员工来实现，如是否专注于提升产品质量、是否自我检查工作细节等，这些难以引人关注的小决策很可能是竞争对手竞相模仿却模仿不了的能力，最后只能无条件接受无数小决策带来的决策结果。

（2）企业科学的技术体系。它包括企业技术的硬件体系和软件体系两个方面。企业成功塑造顾客价值和竞争优势的原因往往与企业的特定先进技术相联系，比如一项技术诀窍和发明，且竞争对手很难在很短的时间内掌握这些技术。

（3）企业的管理体系。它包括企业的管理思想、管理理念、企业管理的方式、方法及手段，企业战略管理、企业各职能部门管理特色及企业文化等。核心专长不仅仅是一个可以有意培养和发展的过程，其自身也是一个知识积累和创造的过程，与组织的特定文化和发展历程紧密相连，意味着企业拥有特定领域方面的先进知识和经验。由于这个过程中特定领域的模糊性、特定的历史轨迹和事件特性，其他竞争者是难以清楚知晓和模仿的。

（4）整合集成。核心专长不仅仅是依赖于一项单一的技术和知识元素，而是由多种知识元素特定组合而成。整合集成是企业将这些知识元素综合、融合、整合成为整体、一体化的创造性融合过程，它以最合理的结构形式将最适宜的要素结合成有机体，通过优化这些组合关系成倍地提升核心专长的整体效果，为企业创造竞争优势。

第五节　企业的 SWOT 分析和战略评价

SWOT 分析法（也称 TOWS 分析法、道斯矩阵）即态势分析法，是通过对企业内外部竞争环境进行综合和概括，从而找出两者最佳可靠战略组合的一种分析工具，经常被用于企业战略制定、竞争对手分析等场合。该方法是由美国旧金山大学的管理学教授海因茨·韦里克（Heinz Weihrich）于 20 世纪 80 年代初提出的。企业的 SWOT 分析包括企业的优势（strengths）分析、劣势（weaknesses）分析、机会（opportunities）分析和威胁（threats）分析。它将与研究对象密切相关的各种主要内部优势、劣势、机会和威胁等，通过调查列举出来，并依照矩阵形式排列，然后运用系统分析的思想，把各种因素相互匹配起来加以分析，从中得出一系列相应的结论，而结论通常带有一定的决策性。决策准则是选择能够发挥企业优势、弥补劣势、抓住机遇、规避威胁的战略。

一、SWOT 分析的内容

从整体上看，SWOT 可以分为两部分：第一部分为 SW，主要用来分析内部条件；第二部分为 OT，主要用来分析外部条件。SWOT 分析就是通过对企业内外部竞争环境进行调查、分析和总结，罗列出企业内部环境的 S（优势）和 W（劣势）以及企业所面临的外部环境的 O（机会）和 T（威胁），然后依照矩阵形式排列，把各种要素匹配起来加以系统分析，通过对四个维度的分析，从中找出对自己有利的、值得发扬的因素，以及对自己不利的、要避开的东西，发现存在的问题，找出解决办法，并明确以后的发展方向。SWOT 分析法能够利用系统的思想将看似独立的因素结合起来，进行综合分析，使得企业战略计划的制定更加全面而科学。SWOT 分析的具体内容如下：

1. 优势

优势（S）：指一个企业在向消费者提供具有某种价值的产品或服务的过程中，所表现出来的超越或胜过其他竞争对手的，并且能够在一定时期之内创造超额利润或获取高于所在行业平均盈利率水平的属性或能力，主要是指企业内部有利于促进生产经营发展的或提高企业生产力的或竞争制胜的因素或资源。这些因素或资源包括：科研力量雄厚、人才储备充分、充足的财政来源、良好的企业形象、生产设备先进、管理机制科学合理、领导有远见和活力、广告攻势强、技术力量强、管理效率高、员工队伍整体素质较高、成本优势、企业文化先进、具备大批高质量的人才等。

2. 劣势

劣势（W）：与优势相反，劣势指企业拥有的综合能力比竞争对手弱，创造的顾客价值和利润率比竞争对手少的竞争状况，主要涉及企业在生产经营过程中所形成的制约自身经营发展的因素，如企业领导缺乏远见、员工思想陈旧、生产设备落后、管理制度不健全、技术创新不足、成本管理粗放、员工素质较低度、企业文化滞后、研发力量不足、人才断层、缺乏高质量人才、产品积压等。

3. 机会

机会（O）：指企业在发展中可能会产生超额利润和高速发展的机会，例如：新产品和新业务带来的潜在客户需求；市场壁垒降低或解除；竞争对手失误；获得并购竞争对手的能力；市场需求增长强劲；客户群的扩大趋势；市场区域拓宽；前向或后向整合等。

4. 威胁

威胁（T）：指企业外部环境中存在的对企业发展过程中的利益增长有不利影响的因素，例如：行业政策导向发生变化；新的竞争对手进入市场；替代产品增多，并且抢占市场销售额；市场紧缩，需求减少；经济衰退；客户偏好改变；客户或供应商的谈判能力提高；汇率和外贸政策的不利变动；突发高风险事件；人口特征、社会消费方式的不利变动；主要产品市场增长率下降等。

二、SWOT 分析的步骤

SWOT 分析的基本步骤如下：

1. 企业环境因素分析

分析出企业所处的各种环境因素，即外部环境因素和内部环境因素，并在矩阵中罗列出企业的优势与劣势，可能的机会与威胁。

2. 构造 SWOT 矩阵

将调查得出的各种因素根据轻重缓急或影响程度等排序方式，将优势、劣势与机会、威胁相组合，由此形成四种可能的应对策略，分别是增长型战略（SO 战略）、扭转型战略（WO 战略）、多种经营战略（ST 战略）和防御型战略（WT 战略），如图 4－2 所示。

内部环境因素 / 外部环境因素	优势S	劣势W
机会O	SO战略（增长型战略） 发挥优势，利用机会	WO战略（扭转型战略） 利用机会，弥补劣势
威胁T	ST战略（多种经营战略） 利用优势，降低威胁	WT战略（防御型战略） 减少劣势，回避威胁

图 4－2　SWOT 矩阵分析

（1）SO 战略：依靠内部优势，利用外部机会。内部优势与外部机会相互一致和适应时，企业可以用自身内部优势撬起外部机会，使机会与优势充分结合发挥出来。然而，机会往往是稍纵即逝的，因此企业必须敏锐地捕捉机会，把握时机，以寻求更大的发展。

（2）WO 战略：利用外部机会，弥补内部劣势。当环境提供的机会与企业内部资源优势不相适合，或者不能相互重叠时，企业的优势再大也将得不到发挥。在这种情形下，企业就需要提供和追加某种资源，以促进内部资源劣势向优势方面转化，从而迎合或适应外部机会。

（3）ST 战略：利用内部优势，规避外部威胁。当环境状况对企业优势构成威胁时，优势得不到充分发挥，出现优势不优的脆弱局面。在这种情形下，企业必须克服威胁，以发挥优势。

（4）WT 战略：减少内部劣势，规避外部威胁。当企业内部劣势与企业外部威胁相遇时，企业就面临着严峻挑战，如果处理不当，可能直接威胁到企业的生死存亡。

3. 制订行动计划

在完成环境因素分析和 SWOT 矩阵的构造后，对以上四种战略进行甄别和选择，接下来便可以确定企业目前应该采取的具体战略与策略。基本思路是：发挥优势因素，克服弱点因素，利用机会因素，化解威胁因素。运用系统分析的综合分析方法，将排列与考虑的各种环境因素相互匹配起来加以组合，得出一系列公司未来发展的可选择对策。

三、企业的战略评价

企业的战略评价是企业以战略实施过程及其结果为核心，通过对影响并反映战略管理的各要素进行总结和分析，判断战略是否能够实现预期目标。战略评价包括三项基本活动：考察企业战略的内在基础；将预期结果与实际结果进行比较；采取纠正措施以保证行动与计划的一致。战略评价是一个能够确定各个战略方案的有效性、风险性和效果的分析判断过程。

1. 企业战略评价的内容

（1）各战略方案是否与企业的内外部环境相一致，包括国际环境、宏观环境及行业环境未来发展趋势等。

（2）预估各种战略方案对企业资源的要求，从利用资源的角度分析战略是否恰当。

（3）预估在企业战略实施中将会遇到的困难和阻力，评估战略涉及的风险程度是否可以接受。

（4）战略实施的时间和进度是否恰当，即保持企业现有的经营战略，能否达到企业战略的目标。

（5）战略是否可行，即与企业战略目标相比，各种战略方案的有效性如何，存在何种差距，研究可缩小差距的其他战略方案。

（6）分析企业现有的经营状况及其发展趋势。

（7）每种战略方案中各战略阶段划分是否恰当。

（8）各种战略方案对企业组织与管理等方面的要求。

（9）比较各种战略方案的优缺点、风险及效果。

2. 企业战略评价的标准

建立战略评价标准是战略管理过程中一个关键环节，它是制定、实施战略管理的目标和依据，也是解决评价企业战略问题的关键。战略学大师理查德·鲁梅特（Richard Rumelt）提出了可用于企业战略评价的四个标准：一致性、协调性、优越性和可行性。协调性（consonance）与优越性（advantage）主要用于对公司的外部评估，一致性（consistency）与可行性（feasibility）则主要用于内部评估。

（1）一致性。战略必须与企业目标和政策相一致。判断企业内部问题是否源于战略间的不一致具有三条准则：一是企业通过更换员工也无法解决管理问题的继续出现，且该问题发生的原因在于事而不是人；二是企业一个部门的成功是由另一个部门的失败换来的；三是频频出现的政策问题只能交由最高领导层来解决。若企业存在以上三种情形，那么可以判定企业可能存在战略不一致性。

（2）协调性。战略必须要适合外部环境及环境的关键性变化。协调是指在战略评价时要同时考察单个趋势和组合趋势，因为绝大多数变化趋势都是与其他多种趋势相互作用的结果，这也是在战略制定过程中将企业内部因素与外部因素相匹配的困难之一，因此必须对其进行综合考察。

(3) 优越性。战略必须能为企业在所选择的领域创造或维持竞争优势。竞争优势通常来自以下三个方面的卓越性：资源、技能、位置。它们能使公司从某种经营策略中获得优势，而不处于该位置的公司则不能类似地受益于同样的策略。

(4) 可行性。对战略的最终的和主要的检验标准是其可行性。即依靠自身的物力、人力及财力资源能否实施这一战略。其中，企业的财力资源是最容易定量考察的，通常也是确定采用何种战略的第一制约因素。人员及组织能力对于战略选择在实际上更严格，却难以定量考察，因此，在评价战略时，通常需要评估企业以往是否已经展示了实行既定战略所需要的能力、技术及人才。

整体上看，战略评价是一个循环过程，贯穿于战略管理的整个过程。

[章后案例]

光明乳业"乐在新鲜"品牌战略

光明乳业股份有限公司是由外资、国资和民营资本组成的多元化的上市公司，主要从事乳制品的生产销售、奶牛的饲养培育。光明公司拥有先进的乳品加工设备及工艺、有出色的乳品研究中心，其系列产品包括保鲜奶、酸奶、超高温灭菌奶、奶粉、果汁饮料等，是仅随伊利和蒙牛的第三大乳制品生产销售企业。光明拥有优良的牛种，致力于奶牛的培育及改良工作，能够提供丰富营养的奶源。该公司在饲料方面进行深入研究，根据牛的成长科学选用配料，选用青贮饲料，建立可靠的营养数据库。学习引进国外先进的流水线和设备，建立了ISO9001和关键控制点HACCP体系，最大限度地保障了乳制品的安全卫生。在运输的过程中，光明乳业在国内首先采用了冷链保鲜技术，运用于牛奶的储存、运输销售过程，形成了"新鲜"的竞争优势。

乳制品工业系国家鼓励类产业，属于我国较为核心的民生工业之一。随着社会与经济的不断进步，社会公众的收入水平与生活水平都有所提升，消费水平也随之上涨，与此同时消费者更加关注奶制品的营养，为低温鲜奶市场提供了契机。2008年的"三聚氰胺"事件，给乳制品行业以重创。事件发生后，国家再次对乳制品行业加大监管力度，保证乳制品行业健康平稳发展。在这样的行业背景下，2014年，光明乳业根据市场消费需求以及市场调研，推出的莫斯利安产品占据了市场销售大额比重，莫斯利安的营业额比上年增加了85%；鲜奶中的明星产品营业额达到12.5亿元，比上期增加了30%，"畅优"一直是光明的明星产品，在市场竞争激烈的情况下销售收入也比上年增长了19%，年销售额达到200亿元。从营业额中各产品销售额占比中发现，明星创新型产品营业额，带动了光明乳业营业收入的增长。

2016年，光明乳业正式提出"乐在新鲜"品牌战略，并通过产品研发和产品结构布局、广告投入、冷链物流等方面实施该品牌战略。在产品研发方面，重点打造光明优倍、光明致优等核心低温产品，建立起了以低温产品为重心的产品结构布局。最先在光明优倍鲜奶包装上标注免疫球蛋白、乳铁蛋白、乳过氧化物酶等核心活性指标含量，引领全行业鲜奶品质升级。2019 年，光明乳业将来自泽西岛的娟姗牛种作为奶源，其品种珍贵，奶源优质，加以引进的新工艺、新技术，光明乳业推出了高端鲜奶品牌——光明致优娟姗鲜牛奶。

1. 优质鲜奶

近年来，光明乳业一直积极践行优质乳工程，最先在光明优倍鲜奶包装上标注免疫球蛋白、乳铁蛋白、乳过氧化物酶等核心活性指标含量，引领全行业鲜奶品质升级。光明优倍鲜牛奶，突破传统巴氏杀菌温度 85℃，将杀菌温度降低到 75℃，保留了 180mg/L 免疫球蛋白、45mg/L 乳铁蛋白、1500U/L 乳过氧化物酶等活性物质，为行业带来全新而严苛的巴氏杀菌乳内控标准。2019 年，光明乳业将来自泽西岛的娟姗牛种作为奶源，其品种珍贵，奶源优质，加以引进的新工艺、新技术，光明乳业推出了高端鲜奶品牌——光明致优娟姗鲜牛奶，这使得国内乳企核心竞争力不断提高。

2. 完整冷链

上海领鲜物流有限公司成立于 2003 年，是光明乳业股份有限公司的全资子公司，是一家具有雄厚实力和丰富物流管理经验的冷链物流企业。领鲜物流通过对冷链的精准控制、第三方量化考核、对标国际物流标准等手段不断强化管理，保证了鲜奶的高品质运输。2020 年 3 月 6 日，光明乳业领鲜物流收到一面来自丹麦皇冠的锦旗，其高品质、高标准的配送服务获得国际认可。正是有如此强大的运输体系支撑，才能保证光明乳业的鲜奶在运输过程中保持营养活性，为消费者提供最新鲜的鲜奶。

资料来源：李蒙．光明乳业战略分析［J］．财讯，2019（10）：154；张溶窈等．光明乳业“乐在新鲜”品牌战略及其效果探析［J］．中国市场，2021（17）：116－118.

讨论题：

1. 光明乳业存在怎样的机遇和挑战？

2. 光明乳业的核心竞争力是什么？

本章小结

企业的外部环境分析帮助企业发掘未来发展的机会和威胁，对企业内部环境进行深入的分析，就是要识别企业内部那些有潜力建立竞争优势和持续竞争优势的资源和能力。本章重点介绍了多种重要和前沿的内部环境分析框架与工具，主要包括企业价值链分析、资源与能力、数据资源和知识资源分析、企业的核心专长分析和企业的 SWOT 分析与战略评价。价值链分析指企业确定全成本的过程，涉及从购买原材料到加工生产制造，再到销售产品等所有相关活动发生的成本；资源整合在一起可以创造企业能力，能力又是核心专长的源泉，核心专长是建立竞争优势的基础；数据和知识都是社会生产活动中的一种基础性资源；核心专长是指企业通过获取战略性资源、开发独特技术或产品和发明独特营销手段等途径为企业带来比较优势进而能形成竞争优势的能力或资源；SWOT分析法是通过对企业内外部竞争环境进行综合和概括，从而找出两者最佳可靠战略组合的一种分析工具。

复习思考题

一、简答题

1. 怎样理解企业内部环境分析的重要性？
2. 什么是价值链分析？价值链分析的作用有哪些？
3. 资源与能力的概念与内容有何区别？
4. 什么是核心专长？核心专长的主要来源是什么？
5. 简述企业SWOT分析的内容和步骤。

二、论述题

1. 试述企业内部环境分析的主要内容。
2. 数据资源和知识资源是战略资源吗？为什么？
3. 你认为企业应如何培育和管理核心专长？

第五章　愿景、使命和战略目标

企业制定战略时必须明确企业的愿景、使命问题，回答“为什么要创办企业？企业为谁服务？企业要提供什么服务？”的问题，这是企业存在的最基本宗旨。企业在设定战略目标时，也需要将商业伦理、社会责任、战略导向、价值取向问题考虑在内，以厘清企业价值是如何实现的。在此基础上，高层管理者需要明确企业战略目标的性质和作用，以更好地制定企业的战略目标。本章主要解决涉及以下几个问题的内容：企业愿景、企业使命、商业伦理与社会责任、战略导向和价值取向、战略目标。

［学习目标］

◇ 掌握企业愿景的含义、作用和表述原则

◇ 掌握企业使命的含义、作用和内容

◇ 理解商业伦理和社会责任与企业愿景、使命的关系

◇ 理解战略导向和价值取向与企业战略目标的关系

◇ 掌握战略目标的性质、作用、类型和内容

［引例］

腾讯“科技向善”的愿景与使命

我们希望科技向善成为未来腾讯的愿景和使命的一部分，希望我们能和业界一起思考探索，构建数字时代正确的价值理念、社会责任和行为规范，共建一个健康、包容、可信赖、可持续的智慧社会。腾讯从“通过互联网服务提升人类生活品质”的使命、“最受尊敬的互联网企业”的愿景中，提出了全新的“科技向善”理念，把愿景与使命合二为一。

“科技向善”的愿景和使命，可以从几个方面做出诠释。第一，它高度概括了企业的核心竞争力。用最短的一两句话，把企业最大的定位及优势说明清楚。“科技向善”中的“科技”二字，充分突出腾讯以科技企业定位，及以科技引领企业未来的战略布局方向。第二，它突出了决策指导性。愿景及使命应该为企业各类决策提供方向及基本依据，好的商业模式都是能让生活更美好的模式。“科技向善”中的“善”，指明了未来腾讯所有科技研发的方向都是向善，都是朝着让人们生活更美好的方向来努力。科技是把“双刃剑”，科技伦理方向显得尤为重要。第三，它显示了企业可持续发展的协调能力。好的愿景和使

命是协同内外部、产业上下游、全社会各方面利益达到平衡点，实现共赢，从而达到持续发展。腾讯集团下设企业发展事业群、互动娱乐事业群、技术工程事业群、微信事业群、平台与内容事业群、云与智慧产业事业群等，拥有极其强大的纵深生态网络并实现了可持续发展的利益共赢点。第四，它呈现出企业的定期升级、提升思路。一个企业的成长周期，如同一个人成长，马斯洛需求原理同样能应用于企业不同周期内在需求的变化，如从基础的生存需求到社交需求到最高的自我实现需求，腾讯已经从游戏、社交工具、网络资讯等2C模式，拓展到为政府、企业、社会公共基础设施服务等更多维度的2B领域，更广泛地与社会各领域产生关联。更重要的是，它体现出了腾讯从以科技满足用户个人需求，到努力以科技提升社会效益的使命驱动的提升。

"科技向善"的愿景与使命，也体现了时代特征。从科技领域再看其他行业，向善的初衷同样重要，如传媒行业等，善意的内容往往得以留存更久，予人玫瑰，手留余香。向善既有利于获得更多的忠实顾客，也有利于提升团队凝聚力和战斗力，从而实现企业的可持续发展。"科技向善"的提出，是腾讯致力于从成熟企业向卓越企业迈进的愿景及雄心，未来腾讯会把"科技向善"从说到、做到，发展到做好。此外，向善、向上也是人们精神生活的向往、更是社会长治久安的基础，期待越来越多的行业以"向善"引领行业发展，做到科技向善、内容向善、服务向善。

资料来源：笔者根据腾讯相关官网资料整理。

第一节　企业愿景

企业的战略制定者，必须识别和明确提出企业的愿景，从而凝聚力量，指挥行动，充分激励员工，推动企业做出出色的业绩。企业愿景在初创期比较容易理解，并能帮助企业树立良好的企业形象，随着企业的不断发展壮大，企业愿景会不断地进行修正，以实现长期目标。

一、企业愿景的内涵

1. 企业愿景的概念界定

企业愿景（corporate vision）这一概念是由西方战略管理理论引入的，国内战略管理领域内也将企业愿景称为企业宗旨。企业愿景对企业战略管理的重要性是在20世纪90年代之后才受到重视的，并出现了"愿景驱动式管理"。一些著名的管理学者和战略学家都提出过愿景相关的概念：哈默尔和普拉哈拉德（Hamel & Prehalad，1989）提出了"战略意图"（strategic intent）的概念，彼得·圣吉（P. Senge，1990）提出过"共同愿景"（shared vision），柯林斯和波拉斯（Collins & Porras，1996）提出了"愿景型企业"（visionary company)。战略管理领域越来越强调和重视愿景对企业长期发展的激励作用，这是20世纪90年代之后企业战略管理的一个主流趋势。数字经济时代，管理者应该认识到企业愿景可以成为企业成功的重要推动力量，支撑企业获取持续竞争优势，也是企业战略变革的重要内生变量。

理解和把握企业愿景的内涵，可以从德鲁克的经典论述来展开①。德鲁克认为企业需要思考三个问题：第一，我们的企业是什么？第二，我们的企业将是什么？第三，我们的企业应该是什么？这也是思考企业战略问题的出发点。这三个问题本质上体现了企业的愿景，即企业愿景可以回答这三个问题：我们要到哪里去？我们的未来是什么样的？目标是什么？其核心问题是解决“我们想成为什么样的企业”的问题。

对企业而言，愿景是企业对未来的期待、展望、追求和梦想。企业愿景的概念表述有广义和狭义之分，广义的愿景概念包括使命，狭义的愿景概念不包括使命（见表5-1）。

表5-1　企业或组织愿景表述的实例

企业或组织名称	愿景表述
麦肯锡	帮我们的客户成为最杰出的公司
微软	致力于提供使工作、学习和生活更加方便、丰富的个人电脑软件
蚂蚁金服	为世界带来微小而美好的改变
腾讯	通过互联网服务提升人类生活品质
浙江大学管理学院	培养引领中国未来发展的健康力量
中欧国际工商学院	成为全球最受尊敬的国际商学院
万科	成为中国房地产行业的持续领跑者
华为	聚焦客户关注的挑战和压力，提供有竞争力的通信解决方案和服务，持续为客户创造最大的价值

资料来源：魏江，邬爱其，等. 战略管理［M］. 北京：机械工业出版社，2018.

国外学者大多采用广义的概念，而国内的学者大多采用狭义的概念。国外学者对企业愿景的表述主要有②：加里·胡佛（Gary E. Hoover）认为，愿景最关键的是，一个愿景所定义的事物必须是那些不随市场的反复无常而不断变化的事物，必须是那些应对竞争但并不发生改变的事物，必须是那些不随着当前流行的趋势变化的事物。在企业愿景的描述中，必须突出企业发展的愿景目标，突出自己长期形成的经营风格和经营核心理念，语言文字应该鲜明、简练、易懂。法米萨诺（Roger A. Formisano）认为，强有力的企业愿景包含三个要素，即目标、使命、价值。目标指聚集企业每位员工力量的长期目标，使命指驱使企业存在和经营的理由，价值指指导企业朝向目标前进的原则。汤普森（Leigh

① 魏江，邬爱其，等. 战略管理［M］. 北京：机械工业出版社，2018.

② 肖智润. 企业战略管理：方法、案例与实践［M］. 2版. 北京：机械工业出版社，2018.

Thompson）认为，战略愿景是企业未来的线路图，它描绘了一幅企业未来的图画并提供了一条合理的实现路径；战略愿景描绘了企业未来的经营范围——我们要去哪里？企业宗旨概括性地描述了企业目前的经营活动范围和经营意图——我们做什么？为什么我们在这里？现在我们在哪里？柯林斯和波勒斯（Jim Collins & Jerry I. Porras）认为，一个构思良好的愿景规划包括两个主要部分：核心经营理念和生动的未来前景。核心经营理念，即使命的概念；生动的未来前景包括 10～30 年的大胆目标和对实现目标后将会呈现的状态的生动描述。希尔和琼斯（Charles W. L. Hill & Gareth R. Jones）认为，愿景或使命是企业正式发布的关于企业在中长期希望实现目标的宣言。典型的愿景陈述包含三个部分：企业存在的理由、核心价值与行为标准、主要目标和目的。

国内学者关于愿景的描述多数采用的是狭义的概念[①]。魏江等学者认为，企业愿景是企业对未来的一种憧憬和期望，是对内外部利益相关者的长期承诺和价值驱动，其核心内容是表述企业希望长期恪守的经营范围和追求的目标。项保华认为，愿景是对使命所做的生动解说，它通过在大脑中形成或供想象的意境，从具象情形角度，描绘企业演化的生动意境。徐二明认为，愿景实际上是为企业描述未来的发展方向，回答企业要成为一个什么类型的企业，要占领什么样的市场位置，具有什么样的发展能力等问题。黄旭认为，企业愿景是企业未来的一幅前景蓝图，是企业前进的方向、意欲占领的业务位置和计划发展的能力，它具有塑造战略框架、指导管理决策的作用。肖海林认为，愿景是企业期望经过长期的努力所要实现的未来发展状况，典型的愿景宣言由大胆的长期目标及对实现目标后企业将会呈现的状态的生动描述构成，即“愿景 = 愿望 + 景象 = 大胆的长期目标 + 预期状态”的生动描述。

综上所述，本书采用狭义的愿景概念，对企业愿景的内涵做如下表述：

企业愿景是企业根据目前所处的状况确立的未来发展目标而描述的理想蓝图。它是综合企业使命、发展规划、实现目标途径的认识结果，是一个企业的管理者用来统一企业成员思想和行动的宣言，也是管理者回答“我们代表什么”“我们希望成为什么样的组织”的承诺。

通常情况下，企业愿景的核心内容包括两个部分：一是核心经营理念，二是生动的未来前景。核心经营理念界定了我们的主张是什么以及我们为什么存在；生动的愿景，是企业渴望变成、渴望实现、渴望创造的东西——是那些需要经过明显的改变和发展才能达到的东西，其作用是激发变革与进步。

2. 企业愿景的特征

对企业愿景的特征的认识和理解，可以帮助我们更好地理解企业愿景的内涵。企业愿景具有以下四个方面的特征。

第一，企业愿景是企业股东、董事会、经营层就不同利益相关者期望达成的单个或诸

① 肖智润．企业战略管理：方法、案例与实践［M］．2 版．北京：机械工业出版社，2018.

多目标而进行的综合设想。企业是由不同的股东、不同的经营者、不同的业务组成的，这些所有者和经营者往往有不同的期望，企业内部自然会出现多元利益的交织和冲突，这就需要形成大家能够达成“我们希望成为怎样的企业”的共识，并转化为企业对内外部的一种承诺。

第二，企业愿景是介于理想与现实之间的梦想。企业愿景是企业长期的愿望及未来的蓝图，愿景往往处于可实现而又难实现的模糊状态，具有“可实现性”，可以驱使内外部成员努力追求，又具有“难以实现性”，可以激发内外部人员的想象力。例如 100 多年前，亨利·福特说其企业的愿景是“使每一个人都拥有一辆汽车”，在当时这个愿景具有较高的“难以实现性”，但在今天这个愿景已经实现了。这正是企业愿景的特征，同时具备“可实现性”和“难以实现性”，如果企业提出的愿景很轻易就能实现，那么该愿景就不是愿景，变成企业战略目标了。

第三，企业愿景是检验战略责任主体的行为是否符合长远发展的基本准则，企业愿景是检查日常运作是否符合企业发展方向和要求的抽象标准。随着外部环境的变化，企业的利益相关者对企业的预期也会发生变化，不同经营者的行为指针也会发生变化。这些变化是否偏离了企业原先的承诺和初衷？企业内外部的利益相关方都可以对标企业的愿景，对股东和经营者的行为与运作情况进行审计。

第四，企业愿景应该在相当长的时期内保持相对稳定。这个时期可以是十年、二十年，甚至是一百年。企业愿景不可以经常改变，因为它规定了企业的基本价值观和存在理由，是企业长期不变的信条，它的形成是企业自我认识和员工达成共识的结果。例如日本和韩国一些企业的百年战略计划，它所指的战略就是企业愿景中的核心内容——基本价值观和核心信仰。

二、企业愿景的作用

尽管现有的研究关于企业愿景的重要性的描述不尽相同，但是相关文献中对企业愿景对于有效战略管理的重要性已取得充分共识。企业愿景的作用主要体现在以下几个方面。

第一，塑造和强化企业的存在价值。企业愿景的最终目标就是将企业的存在价值提升到极限。企业的存在价值是企业本质的存在理由和信念。企业愿景有三个不同的层次：企业对社会的价值（最高层）、企业的经营领域和目标（中层）、员工的行为准则或指南（下层）。企业愿景设立时强调的是最高层的愿景，即企业对社会的价值，企业对人类社会的贡献和价值是企业赖以存在的根本理由，是企业奋斗的方向，具有最高的影响力和激励作用。所以，企业愿景尤其是最高层的愿景可以塑造和强化企业的存在价值。

第二，明确和规范企业的发展方向。企业没有愿景，就会分散力量，也会导致经营上出现问题，即使在短期内取得不错的业绩，也会因为和长期目标不够一致，各种力量会互相抵消。当企业有明确的愿景时，企业的运营就可以一直朝相同的方向前进，在追求短期目标的同时，也可以为中长期目标的实现奠定基础。在动态竞争的环境中，竞争环境较为复杂，拥有愿景的企业可以在竞争对手还没有发现、尚无感觉的时候，就开始对未来做规划和准备，占据竞争主动地位。

第三，协调和梳理各种利益相关者的关系。企业与各种利益相关者的关系是一种互动共生的关系。企业在制定愿景时必须要考虑各种利益相关者的类型、利益诉求及相应的策略。有效地识别各种利益相关者，并通过企业愿景加以反映和协调，是企业高层管理者的主要任务。如果利益相关者的利益在企业愿景中没有得到尊重和体现，就无法使他们对企业的经营目标产生认同，也不会对企业经营行为施加有效的影响力。因此，有效的企业愿景可以协调和梳理各种利益相关者的关系，并帮助实现企业的长期目标。

第四，激励人们高效地工作。有效的企业愿景可以凝聚人心，并给人们希望、激励人们高效地开展工作。企业愿景是对企业未来的美好憧憬，是对未来的生动描述，可以帮助人们克服内在的惰性，激励人们采取行动，以实现战略的成功。好的愿景总是能够燃起火热的希望，给人们一个有吸引力的理由，使人们为之奋斗并坚信美好蓝图一定能够实现。

三、建立企业愿景的原则

战略管理学家约翰·科特（John P. Kotter）认为，有效的企业愿景至少应该具备以下特点：可想象性、鼓舞人心、可行性、聚集性、灵活性、可沟通性。约翰·甘布尔（John E. Gamble）和小阿瑟·汤普森（Arthur A. Thompson Jr.）给出了有效的企业愿景的七大特征①：①形象性。有效的企业愿景应形象地描述战略管理者力图创造的企业类型和公司力争占据的市场地位。②指导性。愿景应描述战略管理者为企业所制定的战略方针以及“产品—顾客—市场—技术”方面的变化。③聚焦性。愿景应足够具体且有针对性，以便为战略管理者的决策制定和资源配置提供指导。④灵活性。愿景也不能过度聚焦，否则对于市场、顾客偏好和技术的不断变化会缺乏适应性。⑤可行性。愿景应在企业能够实现的合理范围内。⑥合意性。愿景所展示的企业发展战略路径能够体现出良好的商业意识。⑦易于传达。能够在5~10分钟内阐述清楚，最理想的是能够浓缩成一句简单、易记的口号。

根据以上有效愿景的特征，企业在建立企业愿景时，企业的管理者需要明确企业未来发展的目标、任务和事业，企业愿景必须清晰明了、形象实际，具有振奋人心的作用，以便企业员工能够通过努力实现。建立企业愿景的原则如下：

（1）清晰明了。企业愿景需要描述组织渴望创造和实现的前景。有效的企业愿景需要有两个方面的特征：未来要实现的终极目标、对目标的生动描述。企业愿景应该是有形的、易于理解的。简单、积极并充满感情的企业愿景使人们能够很快地领会其含义，并引领自身的行动。

---

① 约翰·甘布尔，小阿瑟·汤普森．跟大师学战略管理［M］．刘学元译．北京：人民邮电出版社，2012.

（2）形象实际。愿景不是单纯为了激发想象力，而是激发坚定的信念，愿景如果不是可实现的就不可能产生坚定的信念。企业愿景是介于理想与现实之间的梦想，同时具有可实现性、难以实现性的特点。通过找到愿景与现实之间的差距，为企业制定改革决策提供参照。愿景制定出来之后，不仅能够激发想象力，而且还要通过持续努力能够实现。

（3）宏伟振奋。企业愿景是企业未来的发展蓝图。企业愿景要能够激动人心，描述愿景的语言必须能够感染人、鼓舞人，使人们愿意为之努力奋斗。愿景要足以给人鼓励，使人们愿意为之努力工作、终能实现。企业愿景需要让企业全体员工接受，可以激励员工的工作热情和团队协作，使之能够更好地实现企业的整体目标。

詹姆斯·贝拉斯科（James Belasco，1994）为有效的愿景描述也提出了五条标准原则：一个简短的叙述；某些增值和市场优势；明确地识别你的企业；给所有与公司有交往的人（顾客、雇员、供应商）留下印象；提出明晰而鼓舞人心的决策制定标准。

第二节　企业使命

如上文所述，企业愿景的概念表述有广义和狭义之分，广义的愿景概念包括使命，狭义的愿景概念不包括使命。使命和愿景共同为企业选择和实施一种战略或战略组合提供了坚实的基础。

一、企业使命的含义

使命（mission）是组织或个体基于其价值观对社会利益相关者应承担的责任，它揭示组织或个体存在的根本理由。例如①：

医院的使命是“救死扶伤”。

政府的使命是“成为老百姓的守夜人”。

教师的使命是“传道、授业、解惑”。

大学的使命是“人才培养、科学研究、服务社会，传承文明”。

腾讯的使命是“为人们带来便捷和愉悦，给不同对象提供差异化的产品和服务，打造开放共赢平台，营造健康的互联网生态环境”。

麦当劳的使命是“成为世界上最好的雇主并为顾客提供优质的服务”。

企业组织的使命应是企业存在理由的宣言，可以是“提供某种产品或服务”，还可以是“满足某种需要”，或者是“承担某个不可或缺的责任”。

企业使命是在界定了企业愿景的基础上回答企业生存和发展的理由。企业在确定经营

① 徐飞．战略管理［M］．3版．北京：中国人民大学出版社，2019.

战略选择依据的时候，应该明确企业的价值基准、从事的业务及在社会活动中所扮演的角色，即确定企业的使命。每一个组织客观上都应该有一个特别的、不同于其他组织的存在理由，即企业的特殊使命，把各利益相关者与企业的目标联结在一起，并明确指出组织通向成功的道路。著名管理学家彼得·德鲁克（Peter Drucker）将“我们的业务是什么?”作为一个企业区别于其他类似企业对经营目标的陈述。使命是对企业存在理由的解答，有助于企业树立目标和制定战略。

与愿景相比，企业使命陈述是企业长期承诺和价值驱动的另一种更正式、更专业、更全面和相对具体的表述和传播方式，内容包括企业的经营范围、经营方式、企业对关键成功因素的认知、企业对关键利益相关者的承诺等。企业使命代表企业的目的、方向和责任，为企业目标的确定和战略的制定提供依据。管理就是界定企业的使命，并激励和组织人力资源去实现这个使命。界定使命就是企业家的任务，而激励与组织人力资源是领导力的范畴，二者的结合就是管理。实际中，与那些没有正式使命陈述的公司相比，拥有正式使命陈述的公司的绩效更好，它们给股东的回报要更高。

企业使命有狭义和广义之分。狭义的企业使命是以产品为导向。例如，一家准备进入互联网领域的公司可以将其使命定义为提供二手产品交易平台。广义的企业使命是从本企业的实际条件出发，以市场为导向来定义的，着眼于满足市场的某种需求。显然，企业使命的市场定义比产品定义更为重要。

好的企业使命要能够反映各利益相关者的期望。企业管理理论中，把企业的利益相关者归纳为顾客、股东、社会、员工，所以企业使命必须使上述四类利益相关者满意，即“四满意”。因此，好的企业使命应该强调以下几点：清楚企业的关键目标，弄清楚企业为什么而存在；阐明企业的关键价值观；描述企业的主要活动和希望获得的行业地位；富有想象力，并且可以持续很长的时间；挑战性和可达性实现有机结合；兼顾各利益相关者的要求。

二、企业使命的性质与作用

1. 企业使命的性质

虽然使命和愿景都是对企业未来发展方向和目标的构想和设想。但是，使命和愿景还是存在一定的差别的，企业愿景回答的是“我们希望成为什么?”，企业使命需要回答的问题是“我们的业务是什么?”。另外，企业使命更倾向于界定公司现实的经营范围，即：我们是谁？我们做什么？可以看出，企业使命强调的是企业现实的经营范畴，描述的时间相对较近，更加具体。

（1）企业使命的利益相关性。企业使命的界定主要为了满足利益相关者的需要。一是针对那些基于利益关心而关注本企业的外部利益相关者，企业需要采取这种更正式、更专业、更全面和相对具体的方式去陈述企业的长期承诺和价值驱动，目的是为了赢得外部利益相关者的认同、理解、支持和监督。二是针对企业内部员工，尤其是战略管理者，企业使命界定是为了确保企业内部利益相关者就企业的目的达成共识，为有效地使用企业的资源提供基础，为合理地配置企业的资源提供依据或标准，为企业建立和谐一致的内部环境，为企业战略管理者明确企业目标、选择企业战略、制定企业战略提供方向，为企业全体成员理解和监督企业的战略决策提供依据。

（2）企业使命的统筹兼顾性。企业使命需要全面考虑各种需求和需要，做到以下几个方面的兼顾。第一，既能够体现行业特点，又可以表现出自己的个性，也就是让企业的利益相关者知道自己是一个既懂行又具有独特性特点的企业；第二，既需要具有综合性，又能够突出重点，就是要满足主要利益团体的需要，否则就不能体现宗旨陈述具有的沟通作用，也无法为制定目标和战略提供有效的指导；第三，既要表现出取舍清晰，又能够留有余地，既要方便各利益相关者的理解和监督，又要给自己未来的发展和调整留下足够的空间和弹性。

2. 企业使命的作用

企业使命给企业的所有管理者和员工阐明了目标、提供了方向，使得企业内部同心协力、组织有序，取得更好的业绩。

第一，明确企业的核心业务和发展方向。企业使命回答了“我们的业务是什么?”这一基本问题。好的企业使命指明了企业的发展方向，明确企业经营的核心业务。确定企业使命，能够为企业确立一个始终贯穿各项业务活动的共同主线，建立一个相对稳定的经营主题，为企业的资源配置、目标开发及其他管理活动指明方向。

第二，协调企业各利益相关者的分歧。不同的利益相关者关注的利益点是不同的，如股东关心投资回报率、员工关心福利待遇、公众关注企业社会责任等。良好的企业使命应能说明企业致力于满足这些不同利益相关者需要的相对关心与努力程度，注意协调好这些相互矛盾冲突目标之间的关系，起到调和作用。

第三，帮助企业树立用户导向思想。好的企业使命体现了对用户的正确预期。企业经营的出发点应是确认用户的需要，并提供产品或服务满足这一需要，而不是首先生产产品，然后投向市场。理想的企业使命应认定企业产品对用户的功效。

第四，表明企业的社会责任。企业使命不仅要考虑企业对股东的责任，还要考虑企业对用户、环境、社区等所有的责任。企业使命必然要涉及社会责任问题，因为社会政策会直接影响企业的用户、产品、服务、市场、技术、公众形象等。

第五，为战略和目标实现打下基础。所有能持续发展并走向辉煌的企业，关键是有一个全体员工共同高擎的战略旗帜——企业使命。企业必须在思考使命定位时多下功夫，它是企业长远发展的行动纲领和灵魂，是战略和目标得以实现的前提基础。

三、企业使命的核心内容

企业使命陈述的内容包括顾客、产品或服务、市场、技术、对企业生存发展和盈利的关注、哲学、自我意识、对公众影响的关注、利益协调的有效性、激励程度等几个方面。

1. 经营目的

企业的经营目的会因企业的性质不同而不同。很多在竞争性行业中经营的企业，包括民营企业和上市公司，在自己的使命陈述中将股东财富最大化作为自己唯一的经营目的是不合适的。这样的使命陈述没有突出企业的个性和境界，即独特的价值追求。因此，绝大多数企业从满足顾客需求的角度来陈述经营目的。企业所要达到的目的应该是多元化的，除了经济目的，还有社会目的、公益目的。在激烈的市场竞争中，只有拥有超越经济目的的更崇高目的，才能够获得更强大、持久的发展动力，才能保证企业的生存和持续发展。企业使命应对企业的经营目的予以明确界定，对企业的生存发展发挥导向作用。

2. 经营理念

经营理念是企业对经营活动的目标、目的、原则等问题的思考，是企业基本哲理、信念、价值观和抱负以及行动准则的集中体现，是评价现实及将来企业各种活动的基准体系，对企业的各种行为具有指导、控制和约束作用。经营理念和企业发展密切相关，是任何一个规模企业都必须解决的问题。一个企业要想取得辉煌的业绩，就一刻也不能忘记经营理念。企业经营理念为企业树立发展方向，提供激励，树立形象、基调及宗旨。企业使命通过阐明企业经营理念，明确说明企业的目标，界定如何促进企业成长，体现企业的差异化特点，宏观指导企业的经营实践。

3. 经营范围

企业的经营范围是指国家允许企业法人生产和经营的商品类别、品种及服务项目，反映企业法人业务活动的内容和生产经营方向，是企业法人业务范围的法律界限，体现企业法人民事权利能力和行为能力的核心内容。一是行业或业务范围。企业使命应该说明企业所选择的是单一行业还是多个行业，以及所进入的行业间的相关性。二是市场经营范围。企业使命应该说明自己所选择的市场经营范围，包括目标市场、目标顾客、市场定位等。企业的利益相关者可以根据企业的经营范围判断企业的战略性质和战略目标。

4. 企业定位

企业使命一般是指企业满足社会某种需要和如何满足这种需要的说明。社会对企业的需要是多方面的，且都是以满足消费者的需要为基础，社会生产、生活需要都直接表现为消费者的需要。企业如果不能满足消费者的需要，那么其他的需要也不可能得到满足。所以在确定企业使命时，要深入调查研究消费者的需要，以市场需求导向为依据来确定企业使命，其中定位问题至关重要。企业的资源是相对有限的，定位就是要回答“满足社会某种需要”中的“某种”问题。企业在竞争中，要根据自己拥有的资源，尤其是技术资源以及所提供产品和服务的市场，客观地评价自身优劣条件，进行准确的定位，包括产业定位、市场定位、竞争定位等，这些都是企业确定竞争原则和策略的前提。

5. 公众形象

企业的公众形象是社会对企业的整体印象和评价，也是企业的表现与特征在公众心目中的反映，它取决于公众对企业的满意程度和企业实现社会责任的程度。因此，企业要想在公众中树立起良好的企业形象，就应在使命中规定如何满足公众对企业的期望，如何尽到自己的社会责任。企业管理者应该努力满足公众期望，维护良好的企业形象，实现自身的社会责任。企业使命不仅要反映企业员工的长远憧憬，还应该反映利益相关者的共同追求，使之能够唤起公众对企业的好感和热情，并提供支持和合作，从而使企业的发展处于一个良好的生态环境和生态群落中。

6. 利益群体

企业的存在和发展需要得到利益相关团体的持续支持，所以企业使命的陈述也应关注利益相关者的诉求。企业的利益相关团体一般包括三类：资本市场的利益相关团体，主要包括企业股东和其他主要的资金供应者；产品市场的利益相关团体，包括顾客、供应商、所在社区、工会等；组织利益相关团体，包括企业所有的员工。企业需要在使命陈述中表明非常了解这些利益相关团体的利益要求和价值取向。企业的管理者必须充分重视利益相关团体的合理要求，建立稳定的客户群体和利益价值链，以有利于企业的长远发展。

第三节 商业伦理和社会责任

随着经营环境的复杂性和动态性，企业间的竞争越来越激烈，商业伦理和社会责任也成为企业相互竞争的关键要素，管理者进行战略决策时需要充分考虑商业伦理和社会责任问题。

一、商业伦理

1. 商业伦理的内涵

伦理（ethics）一词指的是规范个人、职业群体和组织行为的公认的是非准则。商业伦理是规定商业人士行为的公认的是非准则。伦理的决策是符合公认是非准则的决策，非伦理决策则恰好相反。商业伦理显得越来越重要，早在 20 世纪 90 代中期，《财富》500 强企业中，95% 以上的企业有成文的伦理守则来规范员工的行为。美国约有 3/5 的大企业设有专门的企业伦理机构，欧洲约有一半的大型企业有负责有关企业伦理工作的机构。①

商业伦理（business ethics）也称企业伦理，是指蕴含在企业生产、经营、管理及生活中的伦理关系、伦理意识、伦理准则与伦理活动的总和。伦理关系包括企业与投资者（股东）、员工、消费者、上下游合作者（供应商、分销商、零售商）、竞争者、媒体等的关系；伦理意识包括企业的道德风气、道德传统、道德心理、道德信念等；伦理准则包括营

① 基于企业伦理的公司财务信息质量研究［EB/OL］. https://www.exam8.com/lunwen/caiwu/qita/200903/1029342.html.

销准则、分配准则、生产准则、信息准则等。

商业伦理是企业文化的核心。企业文化是企业成员共享的价值观念和共同遵守的行为准则，以及由此而体现出来的企业整体的价值取向。企业文化的精髓是企业价值观，它反映企业的基本观念及信念。商业伦理反映的是企业"善与恶"的是非准则，是企业价值观的核心。

商业伦理不同于企业法规，两者相互统一、互为补充，共同发挥作用。商业伦理依靠内在的信念起作用，具有自觉性和内在性；企业法规体现的是社会对企业的要求以及对企业管理者的约束，具有强制性和外在性。商业伦理要求就低不就高，企业法规就高不就低。

2. 非伦理行为

非伦理行为包括以下几种：

（1）自利交易行为。自利交易是管理者想方设法将公司的财产据为己有。

（2）操纵信息行为。操纵信息是管理者控制公司数据、扭曲或隐瞒信息以夸大财务状况或竞争地位的行为。

（3）反竞争行为。反竞争行为是各种旨在伤害实际的或潜在竞争对手的行为，最常见的就是利用垄断权力加强企业的长期竞争地位。

（4）价值链上的机会主义行为。价值链上的机会主义行为也是一种非伦理行为。这种行为的通常表现是：管理者单方面修订同供应商、购买者或互补品生产者之间所签订的合同以获得有利于公司的结果，在此过程中往往利用自己的权力强迫对方接受。

（5）低于标准的工作环境。这种非伦理行为指企业为了降低生产成本而对工作环境投资不够或支付低于市场水平的报酬。

（6）破坏环境。这种非伦理行为指企业的行为直接或间接地导致污染或其他环境破坏。破坏环境侵害了当地社区和普通大众享受清洁空气、水、土地不受污染的权利以及森林保护的权利。

（7）腐败行为。腐败行为是管理者为了获得利润优厚的商业合同而行贿的行为。

3. 企业的商业伦理行为

企业管理者需要将商业伦理列入战略决策时考虑的因素，至少应当做到 7 件事情来保证符合最基本的伦理原则以及在商业决策中总是考虑到伦理因素：①在招聘和晋升时考虑伦理因素；②建立一种强调伦理行为的组织文化；③确保企业领导不仅在口头上宣扬伦理行为而且身体力行；④在决策程度中要求人们考虑伦理因素；⑤设立企业的伦理专员；⑥建立强大的治理机制；⑦发挥道德勇气。

招聘和晋升。企业应当注重招聘富于个人伦理感、不会卷入非伦理或非法行为的员工。对于不符合公认伦理标准的员工，企业应当不予晋升甚至应当解雇这些员工。

组织文化的领导。为了鼓励伦理行为，企业需要建立一种强调伦理行为的组织文化。企业必须明确说明伦理行为的重要性，发布伦理准则，将伦理准则融入企业价值观或使命陈述中。

企业领导的商业伦理引领作用。企业领导必须反复强调商业伦理的重要性，赋予其具体的含义，并且要身体力行。

决策程序。除了在组织中建立正确的伦理氛围之外，经理们还必须能够系统地思考战略决策的伦理含义。权利理论和正义论给企业的商业伦理和战略决策提供了伦理指南，给出了确定决策和行为是否合乎伦理的实际指导原则。

伦理专员。为了保证企业的行为符合伦理，许多企业设立了伦理专员。这些专员的责任是保证所有的员工得到适当的培训以培养伦理意识，在企业决策过程中考虑伦理因素以及企业的伦理守则得到贯彻。

建立强大的治理机制。为了防止高层管理者卷入自利交易或信息操纵，企业需要建立强大的治理机制。强大的治理机制需要设立独立董事会、董事长和 CEO 不应由同一个人担任，由外部人员担任薪酬委员会、审计委员会成员，聘用外部审计师等。

道德勇气。道德勇气促使管理者放弃一些有利但却非伦理的决策，道德勇气令员工有胆量向要求他们做出非伦理的主管说不。加强员工道德勇气的方法包括承诺不惩罚表现道德勇气的员工、不惩罚拒绝上司指令的员工或不惩罚举报非伦理行为的员工。

4. 商业伦理建设

为了避免自利交易、操纵信息、反竞争行为、价值链上的机会主义行为、低于标准的工作环境、破坏环境和腐败等非伦理行为的出现，企业有必要在企业内部进行商业伦理建设。

第一，思想上高度重视。企业间的竞争可以呈现为以伦理文明为主旨的软实力竞争，价值理念和商业伦理可以形成企业的可持续竞争力。企业要高度重视商业伦理建设。在员工中树立道德高尚标准，在追求个人目标时要以合法合规为前提，以确保过程和程度的正义。在组织内部营造高尚道德行为的环境，不仅依赖员工个人的觉悟，更要通过制度使企业对规则保持起码的敬畏。实证表明，关注伦理道德建设的企业要比忽视伦理的企业具有更好的经营业绩。

第二，伦理取向中要突出社会责任。商业伦理建设过程中，企业要树立“义利相融”“义利统一”的经营理念，在价值取向和伦理取向中，把承担社会责任放在更加突出的位置。企业积极承担社会责任，有助于企业员工树立正确的人生观和价值观；有助于员工增强归属感、自豪感和荣誉感，增强企业的凝聚力和向心力。勇于承担社会责任的企业，更容易获得社会的信任，赢得更多的资源和发展机会，增强企业的竞争力。

第三，重视管理者的表率作用。企业管理者是战略决策的主体，对战略环境、使命、能力做出假设时，都会自觉不自觉地受到主观价值观的影响。管理者对企业文化和伦理建设具有特殊的影响力，要发挥正向引导作用。管理者要树立强烈的伦理建设意识；管理者需要对伦理建设有明确的思考，对伦理责任有明晰的定位；管理者要健全企业内部管理机制，完善伦理守则，持续进行强化；管理者也要加强对自身的约束，率先垂范，言行一致，表里如一，模范地遵守商业伦理规范。

第四，求同存异，加强沟通。伦理建设要注意宏观总体的一致性和微观具体的差异性的有机统一。在微观层面和深层次上，伦理准则因人而异是常态。同时，伦理准则具有鲜明的时代特征，有许多起初看起来是背经离道并受到当政者惩处的观念和做法，后来却被社会公众广为接受，甚至成为通行的价值准则或行为典范。因此，在企业伦理建设过程中，不能够武断地用某种伦理准则来断定一件事或行为的对错。企业需要注意加强决策者内部意见的沟通，以便在充分交流与相互理解的基础上达成共识。

二、企业社会责任

1. 企业社会责任的定义

企业社会责任的概念是20世纪20年代提出的，当时资本急剧扩张，诸如贫富分化、劳工问题、劳资冲突等社会矛盾频频发生，企业社会责任这一概念应运而生。企业的社会责任运动是于20世纪90年代兴起的，如1997年美国的社会责任国际组织发起并联合欧美跨国公司和其他国际组织，制定了社会责任国际标准，并建立认证制度；1999年英国社会责任和伦理责任协会制定了AA1000标准；2002年经济合作与发展组织（OECD）发布了修订后的《跨国企业准则》；2003年，德国企业伦理研究中心制定了价值观管理系统标准。

企业社会责任的学术研究也逐渐变为热点问题，但是正式定义还没有统一。欧盟国家的学者们认为，企业社会责任为企业基于资源把社会和环境密切整合到它们的经营运作中以及与其利益相关者的互动。美国的学者们认为，企业社会责任为通过尊崇伦理价值以及对人、社区和自然环境的尊重，从而实现商业成功的行为。目前，国际上普遍认同的企业社会责任理念是：企业在创造利润对股东利益负责的同时，还要承担对员工、对社会和对环境的社会责任，包括遵守商业道德、生产安全、职业健康、保护劳动者的合法权益、节约资源等，以获得在经济、社会、环境等多个领域的可持续发展能力。所以，企业社会责任要求企业不仅为社会创造更多的经济财富，为物质文明做贡献，还要尽可能尽社会责任，为精神文明、生态文明建设做出贡献。

本书对企业社会责任的定义是：企业社会责任（corporate social responsibility，CSR）是指在市场经济体制下，企业除了为股东尽追求利润的责任外，也应该考虑利益相关者各方的利益。其中，雇员利益是企业社会责任中最直接和最主要的内容。企业社会责任是企业基于自身形象考虑而对社会利益相关者的友好回应，是企业为改善利益相关者的生活质量而做出的一种战略承诺。

2. 企业社会责任的四个层次

企业社会责任可以分为四个层次，这是由美国佐治亚大学教授卡罗尔（Archie B. Carroll）提出的。卡罗尔教授跟踪研究企业社会责任长达20多年，是企业社会责任领域内的著名学者，他于1979首先提出了企业社会责任的四个层次，即“企业社会责任金字塔”理论①。

---

① Carroll A. A three-dimensional conceptual model of corporate social perfomance [J]. The Academy of Management Review, 1979 (4): 17-25.

第一层（底层）：经济责任。经济责任是指以能使投资者满意并维持企业运行的价格，按社会需求生产产品和提供服务。企业经济责任处于金字塔的底层，是其他更高层次社会责任实现的基础。企业应尽力做强做大，使自己有实力和能力承担更大的经济责任。

第二层：法律责任。法律责任是指企业的一切活动都必须遵守法律条款，依法经营，并承担法律所规定的法定责任。法律责任要求企业在法律框架内从事企业的经济活动，遵守当地的和相关的现存规则以及国际标准在内的各项规定，拒绝腐败和贿赂。

第三层：伦理责任。伦理责任指那些为社会所期望或禁止的、尚未形成法律条文的活动和做法，包括公平、公正、道德、规范等。伦理责任正是企业的商业伦理标准，它要求企业员工和行为必须符合公平、公正、正义的基本伦理道德，不出现非伦理行为。

第四层（顶层）：美德责任。美德责任是指企业基于自身的价值观和社会的希望而采取的额外行动，如救助灾难、救济贫困以及扶助残疾人等困难社会群体和个人，赞助教育、科学、文化、卫生、体育、环保、社会公共设施建设，或其他促进社会发展进步的福利事业和慈善事业。企业作为社会中的一员，应该为社会进步、人类生活水平的提高做出贡献。

企业社会责任的四个层次并不矛盾，也不相互排斥，这四个层次的排列只是强调社会责任的层次性和演化顺序。经济责任和法律责任是对企业的最基本要求，而伦理责任和美德责任是社会对企业的期望和向往。对企业而言，企业社会责任可以理解为重经济、遵法律、尚伦理、行公益。

第四节 战略导向和价值取向

企业的战略导向、价值观取向与企业的愿景、使命、商业伦理、社会责任等都影响到企业的经营战略、经营行为和经营效果。这些因素都会影响到企业的战略目标，并对战略决策产生影响。

一、战略导向

1. 战略导向的内涵

战略导向是指导企业运营和发展的价值观和信仰，是企业价值实现过程中的核心理念和构想，在不同的战略导向下企业所拥有的竞争优势存在差异。战略导向是指导并影响企业活动的行为准则。

学术界的研究认为，战略导向是企业在特定的经营环境中为了提高自身经营绩效、获取或维持自身市场竞争优势等所采取的一种响应模式（Hambrick ，1983），同时也是企业对自身未来的发展定位与态势选择（王德胜等，2016）。或者说，战略导向是企业为了实施持续获取卓越绩效的战略行为而采取的战略方向和导向性原则，可以帮助企业更好地适应、回应、重塑环境，并通过合理的资源配置提高组织效率，从而促进企业绩效提升。

企业的战略导向是企业为创造能够获得持续高绩效的行为而实施的战略方向，它主要描述一个组织在给定情景下战略的整体特点。战略导向可以呈现出多种特征，如顾客导向、竞争者导向、成本导向、创业导向、市场导向、技术导向等。

战略导向强调企业必须拥有明确的高屋建瓴的战略思想，企业在战略目标制定、实施、反馈的过程中必须融入并体现战略思想，进而形成以战略管理为主调的经营理念和发展策略。战略导向不同于一般的机会导向、利益导向等，战略导向在主观上有更高远的追求，客观上也将获得更广阔的发展空间，使企业能够更健康、更均衡、更协调、更全面和更可持续地发展。

2. 战略导向的分类

不同的学者出于不同研究的需要，将战略导向进行了不同分类。

（1）探索型战略导向、防御型战略导向、分析型战略导向、反应型战略导向。迈尔斯（Miles，1978）将战略导向划分为以上四种类型，这四种战略导向类型构成了一条战略连续体，探索型战略导向和防御型战略导向分居于两端。由于战略连续体的两端更能显著地反映出不同战略导向之间的差异，而中间战略类型在一定程度上是两端战略类型的变种，因此这种战略导向分类也可以简化地分为探索型战略导向和防御型战略导向。

（2）顾客导向、竞争者导向、成本导向。格拉韦（Grawe，2009）将战略导向分为顾客导向、竞争者导向、成本导向。顾客导向认为企业竞争优势来源于对顾客需求的有效满足，因此企业通过不断调查顾客需求，持续为顾客创造价值。竞争者导向是指企业通过持续针对企业现有和潜在的竞争对手的短期优势和劣势，以及长期能力和战略来制定战略，并获得竞争优势。成本导向是指企业通过提高价值链的各个环节的工作效率来降低成本获得竞争优势。

（3）市场导向和技术导向。市场导向的企业认为竞争优势主要来源于为顾客创造卓越价值的能力，企业会密切关注市场的变化，不断满足顾客的需求，以实现企业价值。市场导向属于外向型焦点，反映了“市场拉动”理念，强调企业通过获取、扩散和响应市场信息并构建新的交易方式来满足潜在市场需求，进而开发和设计以提升效率为核心的经营模式。技术导向的企业不断地追求新知识、新技术，通过变革和创新来实现企业价值。技术导向属于内向型焦点，强调“技术推动”逻辑，即能够促使企业倾向于通过革新产业技术构建高效率交易网络，创造用户价值，并进一步优化与拓展产业生态系统，从而推动企业创新。

（4）市场导向和创业导向。这种分类源于战略营销领域，将战略导向认为是企业为获取持续高绩效所奉行的一种集体性行为和策略选择，决定了企业的做事风格和未来发展方向。市场导向倾向于通过满足现有的市场需求来获取竞争优势，创业导向倾向于创新性、实验性和研发活动。基于市场导向的企业倾向于快速吸收市场信息，从而有效感知市场环境变化和理解顾客偏好，有针对性地优化现有的产品、服务和信息组合，以获得竞争优势。创业导向也被描述为“企业家导向”，是企业追求创业活动的重要驱动力。创业导向是一种追求冒险、超前、先动、创新的战略导向，能够促进企业的创新意愿和行为。

3. 战略导向的意义

无论何种类型的战略导向，都是指导企业并影响企业活动的行为准则。战略导向对企业的制定战略目标、实施战略目标都具有重要影响作用。

企业的战略导向确定后，企业会充分考虑企业外部环境的危险和机会，以及企业内部的优势和劣势，并将两者进行匹配，制定出能够改善企业自身条件、充分利用外部机会的战略方案，并通过采用更系统、更合乎逻辑和理性的战略选择方法，制定更适用的战略。战略导向指明了企业的发展方向和经营原则，可以使企业更主动地而不是被动地塑造自己的未来，使企业更勇于创新，而不是被动地对环境做出反应。战略导向的管理理念，可以引领企业决策者和管理者对企业外部环境的变化随时做出快速响应，在充分把握机会的同时，有效地避免经营风险、增加企业在不确定的经营环境下的灵活性和战略柔性。

二、价值取向

价值取向（value orientation）是价值哲学的重要范畴，它指的是一定主体基于自己的价值观在面对或处理各种矛盾、冲突、关系时所持的基本价值立场、价值态度以及所表现出来的基本价值取向。对于个体而言，价值取向是个人把某种价值作为行动的准则和追求的目标，它是个体的活动或意识中所渗透的价值指向，是人们实际生活中追求价值的方向。由于个体所处的地域环境、文化环境和社会习俗、道德环境不同，会形成自己独特的价值取向。

企业的战略选择也会受到企业的价值取向的影响。企业价值取向的理论来源是企业战略管理的文化学派，文化学派认为战略制定过程是集体观念形成和采取共同行为的过程，是建立在组织成员共同拥有的信仰和价值观之上的。企业价值观是企业文化的核心，是企业对生产经营活动和人的行为是否有价值及价值大小的总看法和根本观点。因此，企业的价值观决定企业的个性，指引企业前进的方向、提供评价工作好坏的标准。

企业的价值取向即企业的价值观，对“价值取向”的解构可以围绕三个方面展开。

第一，经济目标的价值取向。经济目标是企业战略管理的出发点和归宿点，是企业存在的最基本理由。企业以经济目标为价值取向，需要从企业市场势力、产品技术创新、企业内部控制优化等方面来实现。企业以经济目标为价值取向时，更倾向于技术创新和品牌塑造。

第二，社会目标的价值取向。企业的社会目标价值取向，指企业注重自身的社会责任问题。企业以社会目标为价值取向，需要承担对员工、社会等利益相关者的社会责任，从保障员工的合法权益、遵守各种正式制度规范出发，对各种利益相关者负责。企业以社会目标为价值取向时，强调不仅为物质文明做贡献，还要为精神文明建设做出贡献。

第三，环境目标的价值取向。不同于经济目标、社会目标的价值取向，环境目标的价值取向更加突出企业的公民意识。企业实现环境目标的价值取向，无法获取由此所带来的全部利润。很多企业会忽略环境目标的价值取向，只有将环境目标引入价值取向，才能使企业战略管理体系更加完善。

除此之外，财务管理领域内对企业的价值取向进行了更加具体的分类，即股东价值取向、利益相关者价值取向。股东价值取向的基本观点是，公司由股东所有，董事是股东的委托代理人，其主要任务是为股东创造价值，确保股东利益最大化。股东价值取向并没有得到广泛的认同，但却是英、美、法国家企业的主流价值观念。利益相关者价值取向强调的是利益相关者在公司的利益，认为公司是一个有自己个性的、拥有社会责任、公共利益的社会组织。如果把包括股东在内的所有公司利害关系人都视为董事的委托人，那么，公司就要对所有公司利害关系人负责，而不仅仅是向股东负责。

第五节 战略目标

在确定了企业愿景和使命之后，就要考虑规划企业的战略目标了。企业的战略目标是选择战略方案的基础，在制定战略之前要明确组织的战略目标，才能更大程度地实现目标，并最终达到实现企业使命和愿景。

一、战略目标的性质与作用

1. 战略目标的性质

战略目标是一定时期内综合内外部环境和资源后，设定的一个预期要达到的成果，是组织愿景的具体化和明确化。企业的战略目标是一个富有弹性的体系，它的基本构成不是固定不变的。

对战略目标的准确理解是：战略目标是对企业需要努力的未来的一种精确、可测量的描述，或者说是对企业战略经营活动取得的主要成果的期望值，也是企业在实践战略承诺过程中希望达到的阶段性的结果。这些结果一般具有一定的可测性，无论是定量的还是定性的目标。概括而言，企业战略目标是指企业在实现其使命过程中所追求的阶段性结果，是在一些最重要领域对企业使命的进一步具体化，具体反映了企业在一定时期内经营活动的方向和所要达到的水平。

2. 战略目标的作用

战略目标对企业战略管理有何作用呢？企业的战略目标在充分考虑了平衡性、可行性、定量化、权变的原则后，最终将起到“三力”作用，即推动力、向心力和激励力。

第一，推动力的作用。企业战略目标的建立为企业未来的道路指明了前进方向，让内部员工看到企业的发展前景，推动企业向战略目标前进，起到推动力的作用。

第二，向心力的作用。企业的战略目标一旦建立，企业的总体目标、中间目标以及具体目标都会朝着同一个方向奋斗，各方的资源都会充分调动起来，并起到协同效果，整个企业的向心力也随之增强。

第三，激励力作用。可实现的目标具有积极的激励作用。企业如果建立了完整的目标体系，就会减少管理者的工作，战略目标可以在每个阶段起到调动员工积极性和创造性的作用，让员工为完成企业目标而努力工作。

3. 战略目标的特点

企业的战略目标秉承了企业战略全局性、长远性、纲领性、抗争性、风险性等特征，具有以下特点。

（1）宏观性。战略目标是一种宏观目标，是对企业全局的一种总体设想，它的着眼点是企业整体。

（2）长期性。战略目标一般是一种长期目标，描绘的是企业的未来前景，需要企业员工长期的努力才能够实现。

（3）相对稳定性。战略目标既然是一种长期目标，那么其在所规定的时间内应该是相对稳定的，并且有利于在企业内树立坚定的信念。

（4）全面性。战略目标是一种整体性要求，虽然着眼于未来，但不抛弃现在；虽然着眼于全局，但是排斥局部。战略目标是对现实利益与长远利益、局部利益与整体利益的综合反映。

（5）可分性。战略目标作为一种对企业发展的总要求，总是可以分解为某些具体目标、具体任务和具体要求的。

（6）可接受性。企业战略目标的实施和评价主要是通过企业内外部相关利益者来实现的，因此战略目标必须被他们理解且符合他们的利益，易于被他们接受。

（7）可检验性。战略目标应该是具体的和可以检验的，可以采取定量方法、定性方法来检验目标的可达到程度。

（8）挑战性。战略目标不是轻易可以实现的，需要通过全体员工努力工作和协作才能实现。

二、战略目标的类型

为了全面和具体地“细化”企业的愿景和使命，企业战略管理者需要制定各种不同层次、不同性质的战略目标，战略目标是一个复杂的系统。

（1）按照目标预期实现的时间，企业战略目标可以分为长期目标、中期目标和短期目标。这些目标所包括的内容并没有根本性区别，只是长期目标更多地体现综合性和战略性，短期目标重点关注近期内取得的成就和应完成的具体任务，中期目标处于二者之间。

（2）按照制定目标主体的层次，企业战略目标可以分为公司层战略目标、业务层战略目标、职能层战略目标。这些不同层次的战略目标紧密联系，其中职能层战略目标需要为业务层战略目标提供充分支撑，而业务层战略目标需要为公司层战略目标提供充分支撑。

（3）按照目标的业务性质，企业战略目标可以分为顾客服务目标、盈利目标、员工福利目标、社会责任目标等。对于不同的企业来说，上述战略目标的侧重点也会存在差异。

（4）按照目标的因果关系，企业战略目标可以分为战略行动目标、财务结果目标。战略行动目标强化公司的核心专长，巩固公司的市场地位；财务结果目标指战略管理者为公司制定并努力达到的财务方面的绩效。一个公司的战略绩效应当同时采用战略行动目标和财务结果目标来衡量。

企业的战略目标体系是由各种不同的战略目标组成的，不同的企业会根据各自的使命制定不同的战略目标，而企业内部各子部门的子目标也从不同侧面反映了企业的自我定位和发展方向。因此，企业的战略目标是多元化的，既包括经济目标，也包括非经济目标；既包括定量目标，也包括定性目标。德鲁克在《管理实践》中提到，每个企业都制定目标，并形成一定的目标体系，所有企业的存在取决于以下一些相同的因素：市场目标、技术改进和发展的目标、提高生产力的目标、物资和金融资源的目标、利润目标、人力资源目标、挖掘员工积极性的目标以及社会责任目标，如表5－2所示。

表5－2　　企业战略目标体系

分类	目标项目	目标项目构成
业绩目标	收益性	资本利润率、销售利润率、资本周转率
	成长性	销售额成长率、市场占用率、利润增长率
	稳定性	自有资本比率、附加价值增长率、盈亏平衡点
能力目标	研究开发能力	新产品比率、技术创新能力、专利数量
	生产制造	生产能力、质量水平、合同执行率、成本降低率
	市场营销	推销能力、市场开发能力、服务水平
	人事组织	职工安定率、职务安排合理性、直接间接人员比率
	财务能力	资金筹集能力、资金运用效率
社会贡献目标	顾客	提高产品质量、降低产品价格、提高服务水平
	股东	分红率、股票价格、股票收益性
	员工	工资水平、员工福利、能力开发、士气
	社区	公害防制程度、利益返还率、就业机会、企业形象

资料来源：彼得·F. 德鲁克. 管理实践［M］. 上海：上海译文出版社，1999.

三、战略目标的内容

企业的战略目标实际上是一个目标体系，由众多的子目标和各种类型的目标组成。战略目标体系所呈现的内容，即企业战略目标的内容。

（1）市场地位方面的目标：应表明本企业希望达到的市场占有率或在竞争中达到的市场地位。

（2）技术改进和发展方面的目标：对改进和发展新产品，提供新型服务内容的认识和措施。

（3）生产力方面的目标：有效地衡量原材料的利用，最大限度地提高产品的数量和质量。

（4）物资和财力资源方面的目标：获得物资和财力资源的渠道并有效地利用。

（5）利润方面的目标：用一个或几个经济目标表明希望达到的利润率。

（6）人力资源方面的目标：人力资源的获得、培训和发展，管理人员的培养及其个人才能的发挥。

（7）社会责任方面的目标：注意公司对社会生产的影响。

以上关键领域的目标和绩效会直接影响企业的兴衰与存亡。对于这些关键成果领域，企业都应该分别制定相关的战略目标。所以，企业战略目标的内容也可以呈现为盈利能力、市场能力、客户关系、生产率、产品、资金、生产、研发、组织、社会责任等诸多方面。需要注意的是，一个企业并不一定在上述关键领域都制定战略目标，并且战略目标也不完全局限于以上各个方面。企业可根据自身商业伦理、价值取向和基本战略选择的特点，对上述领域进行适当的取值和增减，从而形成适合自身发展的战略目标体系。企业的战略目标体系可以分解为如图 5 –1 所示。

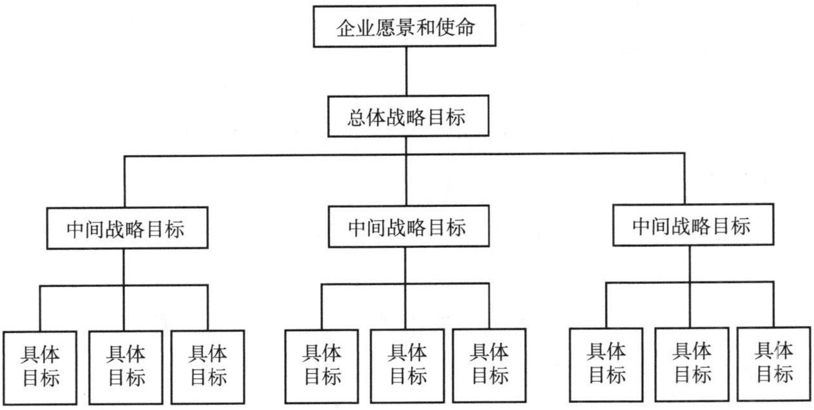

图 5 –1　企业战略目标体系

四、有效战略目标的基本要求

企业战略目标的有效性将直接与战略承诺的实现密切相关。有效的战略目标必须具备以下三个要求。

1. 目标体系的依据合理

目标是企业在兑现战略承诺过程中期望达到的一些阶段性结果，因此企业战略管理者必须基于对企业愿景、使命、商业伦理、价值取向、社会责任的理解，在相应的领域内设立相应的目标。企业愿景、使命等内容越全面，企业的战略目标体系的依据就越具体。例如，阿里巴巴在其企业愿景中提出“构建未来的商业基础设施，让客户相会、工作和生活在阿里巴巴，并持续发展最少 102 年”，并在其使命中强调要“让天下没有难做的生意”①。那么，阿里巴巴的战略管理者必须考虑如下问题：商务生态系统具体包括哪些活动？阿里巴巴的客户是谁？客户为什么要相会、工作和生活在阿里巴巴？所构建的商务生态系统如何持续 102 年？需要满足什么条件？通过哪些活动以及采取何种方式让天下没有难做的生意？战略管理者必须在充分考虑这些问题的基础上，确立自己的战略目标。

2. 目标体系的结构合理

虽然企业选择在什么领域建立什么样的目标主要以企业的愿景及使命的内容和要求为依据，但是也要考虑目标体系本身结构的合理性，以保证战略行为的合理性以及企业长期稳定、持续和健康发展。一是目标体系的内容结构要合理。需要在若干领域建立相互匹配的目标，包括规模指标、财务指标、创新目标、社会责任目标等。二是目标体系的层次结构要合理。例如，在高度多元化发展的企业中，企业总部的战略目标是投资收益率，各个事业部的战略目标是市场占有率和利润，职能部门的战略目标是职能活动的有效性和速度。三是目标体系的时间序列。企业的目标体系包括长期（5 年或 5 年以上）、中期（1 年以上 5 年以下）和短期（1 年以下）目标。

3. 目标体系的方法合理

企业战略管理者在构建目标体系的过程中还必须注意方法或策略的合理性，正确处理以下几个突出矛盾。一是结果与手段的关系。构建目标体系时不能过于强调结果导向，需要兼顾过程中的手段，才能使企业长期稳定、持续和健康发展。二是定量目标与定性目标的关系。战略管理者偏好采用数量化的指标或定量化的指标构建目标体系，这样容易分解、测定和控制，但是也需要注意一些目标是难以定量化的，但又很重要，也需将这些定性目标纳入目标体系。三是可能性和挑战性的关系。企业的战略管理者喜欢将战略目标定得高一些，富有挑战性，以起到激励作用。但是，战略目标定得过高反而会产生消极影响，有可能导致企业管理者在实施战略的过程中采取一些不利于企业长远利益的行为。四

---

① https：//www.alibabagroup.com/cn/global/home.

是坚持目标和动态调整的关系。因为企业环境存在动态性和复杂性，所以企业需要调整自己的目标以动态适应环境与竞争态势。

［章后案例］

西子联合控股有限公司的企业社会责任管理

作为我国首部民营企业社会责任报告的发布者，西子联合控股有限公司是一家总部位于浙江杭州的集团公司，它发布的西子联合企业社会责任报告，引起了政府、学界及主流媒体的广泛关注。西子联合是一家业务涵盖电梯、建筑钢结构、立体车库、锅炉、房产、百货等多个领域的大型民营企业集团，旗下拥有西子奥的斯电梯有限公司、杭州锅炉集团有限公司、杭州起重机械有限公司等多家行业领先企业。

1. 西子联合企业社会责任的内生动机

西子联合在其发布的《企业社会责任报告》中明确地提出："企业自身的发展是企业社会责任的第一要务"。承担社会责任的直接动机来源于自身发展的内在要求。西子联合旗下的电梯、建筑钢结构、立体车库、锅炉、房产、百货等业务，任何一个业务的发展，或是出于风险规避，或者是出于道德规范，或者是为了开发节能环保产品、实施差异化战略，但都是有意识或无意识地体现了社会责任的理念。这些业务发展的动机都不是来自外界强加的压力，更不是利他主义的产物，而是内生的主动选择，核心目的都在于谋求企业的竞争优势和持续发展。

2. 西子联合的企业社会责任管理体系

西子联合的企业社会责任管理体系具体包括"关注环境""关心公共事务""善待顾客""关爱员工""携手合作伙伴""回馈社会"六个方面（见图5－2），较全面地涵盖了企业各类利益相关者。

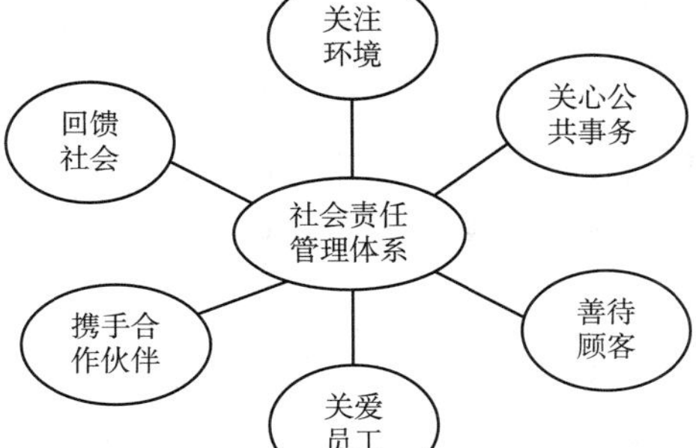

图5－2 西子联合的社会责任管理体系构架

（1）环境。西子联合定位于独特的利基市场，不断开发、制造和推广无齿轮和能源再生电梯、余热锅炉、垃圾焚烧锅炉、烟气脱硫设备等节能环保产品，从而将社会与环境利益与企业自身利益有机融合，这也是西子联合企业社会责任实践最突出的特色。此外，西子联合还注重降低自身经营活动造成的环境负荷。例如，西子奥的斯新厂房的建设过程中考虑了诸多的节能环保设计，以尽可能降低对周边环境、员工健康的负面影响及能源的消耗。正在建造中的西子联合大厦，拟集成高层建筑钢结构框架技术、经济实用高性能墙体和门窗隔热密封技术、智能化呼吸系统技术、太阳能辅助能源系统等节能环保技术，节能效率可达65%以上，年运行费用比同类建筑低50%以上。

（2）公共事务。西子联合重视与政府的沟通，积极为浙江省政府技术创新奖励政策等公共决策提供参考意见。在与政府的合作中，西子联合也不忘围绕企业的业务发展。例如，西子联合早在1995年就针对我国城市用地紧张的状况引进日本技术推出立体停车库产品，并在此后积极与政府协同举办停车产业化论坛会等公共活动，从而在推广自身产品的同时也为政府解决停车难问题提供了一种新的政策选择。

西子联合的主导产品如电梯、锅炉、起重机等都属于特种设备，其质量对于客户的生命财产可能造成重大的影响。为了提供让客户满意、放心、安全的产品和服务，西子联合采取了多种管理创新和技术创新手段。例如，西子奥的斯从美国奥的斯引进了包括新5S、质量诊断流程图、价值流管理等10项工具在内的ACE质量管理模式。

（3）产品服务。西子联合创建了服务站的工作模式，按辖区分为若干个服务站，由每个服务站负责所辖区域内的各个用户的维保管理和应急维修，为客户提供贴近式的服务，并进行定期的用户安全乘梯培训。服务站模式扁平化的组织构成和优化的路线结构，不但使内部沟通更为高效，满足客户需求也更加及时，保养路线效率提升了30%。西子奥的斯还与浙江大学合作开通了嵌入式电梯远程监测系统，可以远距离、全天候监测网络运行情况，保障电梯安全运行，防故障于未然。

（4）员工培训与发展。西子联合建立了由三个层次构成的人才培养体系，为员工职业发展创造条件。对高层管理人员的培养，采取的是“送出去”策略，把高管送到全国各地高校学习；对基层技工的培养主要依托由杭锅集团创办的国家高技能培训基地——杭州西子机电技术学校；而对中层管理骨干的培养则主要依托内部培训机构西子联合大学。在西子联合大学，学员们学习生产管理、营销管理、工地安全管理、工程服务绩效管理和财务管理等课程，并完成一线部门提出的团队项目。此外，对于外部深造的员工，西子也提供了如带薪学习时间、报销学习费用、学习的专业种类不限、无须签订任何约束条款等便利条件。

（5）合作伙伴。西子联合不仅注重自身的社会责任工作，而且关注合作伙伴的社会责任表现，主动地向其传播社会责任的理念和方法。例如，出于对环保的考虑，西子奥的斯要求供应商逐渐淘汰在镀锌过程中添加重金属的工艺，并使用对工人伤害较小的喷涂技术。此外，西子联合还考虑到分包商及其员工的安全，对之进行培训和技术支持。例如，西子奥的斯为安装工程商提供了轿顶坠落保护等全面的防护设备，尽可能避免安全事故的发生。

（6）回馈社会。回馈社会行动仍然与自身业务有着紧密的联系。例如，西子奥的斯与杭州市技术监督局合作建立了杭州市电梯应急救援中心，为所有品牌电梯的用户提供24

小时救援服务。西子奥的斯电梯还每年举办西子奥的斯先生活动日，向公众普及“安全乘梯”尤其是防范儿童乘梯意外事故的知识。

西子联合以上种种社会责任活动基本上都可以归纳在企业职能管理的范畴之内，涉及人力资源管理、安全生产管理、质量管理、服务管理、采购管理、基建管理等内容，西子联合学习了国外知名企业社会责任管理的制度体系，采用了对各类利益相关者负责的视角，将这些原本分散在各个职能部门的工作进行了系统的梳理，从而形成了有自身特色的社会责任管理体系和向社会公开发布的社会责任报告。社会责任管理并不是一项额外的工作，而应与各项职能活动相结合，也完全可以灵活运用各种技术创新、管理创新策略和方法。

资料来源：项益鸣，鲁婕．企业社会责任的内生动机与管理体系构建——以西子联合控股有限公司为例［J］．西安电子科技大学学报（社会科学版），2019（1）：1－7.

本章小结

本章介绍了企业愿景的内涵和作用，并给出了建立企业愿景的原则。企业使命是企业愿景的细化，本章给出了企业使命的含义、性质与作用，并阐述了企业使命的核心内容。商业伦理和社会责任也是企业相互竞争的关键要素，管理者进行战略决策时需要充分考虑这两个关键因素，本章给出了商业伦理和社会责任的内涵，并给出了企业商业伦理问题的范畴和社会责任建设内容。本章还介绍了战略导向和价值取向，给出了企业不同类型的战略导向和价值取向。战略目标是企业战略决策的重要内容，本章给出了战略目标的性质与作用、战略目标的类型、战略目标的内容、有效战略目标的基本要求等。

复习思考题

一、简答题

1. 如何理解企业愿景的内涵？企业愿景的作用是什么？
2. 企业使命的含义是什么？企业使命的核心内容包括哪些？
3. 如何理解企业的商业伦理？
4. 企业价值取向的类型包括哪些？
5. 企业战略目标的类型和内容包括哪些？

二、论述题

1. 请利用使命的内涵、性质和内容的相关理论，为你所在高校的管理学院或单位设计一个100字左右的使命表述，并由此列出3～5个战略目标。

2. 根据商业伦理和社会责任的相关内容，举例并分析某一个自媒体的商业伦理和社会责任问题。

3. 有些企业制定战略目标时，喜欢用“成为行业的领军企业”“2020年增加25%的利润率”这样的提法，请用有效战略目标的基本要求的内容与其进行对比分析。

第六章　战略层次及基本战略

战略是对全局的筹划和谋略，是基于实现企业崇高使命和愿景的航标图。战略选择的前提是搞清楚自己是谁？也就是要"认识自己"。实际上认识自己最难，对自身了解的程度决定我们对外在世界研究的深度。"想做什么？能做什么？市场有需求吗？"这是任何企业在进行战略选择时都首先必须要考虑的。随着企业的发展和市场的变化，企业在不同阶段都需要进行"战略反思"，并根据情况进行产业升级和新的战略选择。战略选择是企业经营思想的集中体现，是实现企业使命和目标的重要途径。战略选择是一个系统工程，是企业经营的起点，也是"IBF 战略星图"的第一个基点。战略选择包括产业发展战略（定位）、市场发展战略、企业要素发展战略、资本经营战略和国际化战略等。

［学习目标］

◇ 了解企业总体战略的分类

◇ 理解企业成长路径与成长方式选择

◇ 区别企业战略的不同逻辑层次

［引例］

美的集团：百亿投入推动转型　打造智造标杆工厂

2020 年 11 月 10 日，位于佛山顺德的美的集团（下称"美的"）宣布一则重磅消息：将投资 30 亿元在顺德杏坛建设全球领先的机电产品生产基地，打造全国工业 4.0 智能制造示范基地，预计全面达产后产值可达 150 亿元。

距离美的南沙工厂入选全球"灯塔工厂"仅过去两个月，美的决心建设又一个世界级的"灯塔工厂"。通过智能制造颠覆传统生产模式，并创造新的商业模式，这已经成为美的业绩增长的重要支撑。作为美的智能制造对外输出服务载体的美云智数，已服务超过 200 个行业领头企业。

从一台电风扇起家，在成为全球白电龙头企业之后，如今，美的已成长为全球科技创新领域的新巨头。就在一个月前，英国品牌评估机构"品牌金融"（Brand Finance）发布"2020 全球最有价值的 100 大科技品牌"榜单，美的位列第 29 位，排名中国家电企业第一。

1. "灯塔工厂"照亮智造之路

所谓"灯塔工厂"，是全球先进制造领域最具影响力的评选之一，由世界经济论坛和麦肯锡咨询公司共同举办，旨在遴选出全球制造业范围内应用第四次工业革命尖端技术的先进制造基地，并让这些领先者的经验成为制造业优化生产模式的指路明灯。

截至目前，全世界范围内的“灯塔工厂”仅50余家。2020年9月，世界经济论坛宣布最新入选的10家“灯塔工厂”，其中有4家位于中国境内，包括美的南沙智能工厂。这也是美的首次入选“灯塔工厂”。

作为中国家电行业的领军者之一，美的坚持创新生产模式，以期从传统制造的窠臼中走出，迈向科技型企业。自2012年起，美的开始进行数字化统筹与建设，并开展工业互联网平台构建与研究。至2020年，美的集团已经在数字化转型方面投入超过100亿元。

位于广州南沙的智能工厂是美的首个全智能化的制造基地，也是智能制造探索的“集大成者”。美的南沙工厂负责人介绍，该工厂经过不断改造，人员从最高峰时的6000人减少至3000人，但工厂的净利润却比改造前增长了近20%。

通过自主研发的工业互联网平台M. IoT，美的不仅打通了自身产业链流程，并且开始为其他企业定制智能化方案。与此同时，美的积极寻找新跑道，开启从家电业跨界进入科技界的全面变革。通过收购德国机器人巨头库卡，入股高创，与日本安川电机合作，美的逐渐在世界机器人产业竞争中占据一席之地。

美的在数字化和机器人方面的探索将在新的“灯塔工厂”中得到进一步的体现。杏坛工业园将利用美的自主研发的工业互联网、机器人自动化等软硬件产品技术能力，结合5G、AI、AR、大数据、SCADA、云平台等创新技术，进行一次全新的设计和规划。

2. 全球“大脑”助力科创研发

科技创新离不开人才支撑。2020年11月，福布斯中国推出最新的30岁以下精英榜，美的流体力学研究所所长胡斯特赫然在列。

2017年，胡斯特北京大学博士毕业后加入美的，仅两年后，他便成为美的流体力学研究所所长，也是美的目前最年轻的所长。正是因为“胡斯特们”的加入，使得美的成功从传统迈向科技。目前，美的研发体系中，博士超过500人，硕士3000余人。

美的创始人何享健曾说：“美的（20世纪）60年代用北滘人，70年代用顺德人，80年代用广东人，90年代用中国人，21世纪用全世界的人才。”过去数年，美的在拓展全球市场的同时，也树立起国际人才观，将研发体系延伸至世界各地，借全球“大脑”实现技术跨越。

数据显示，目前，美的研发人员已超过10000人，外籍资深专家超过500人，并在包括中国在内的11个国家设有28个研究中心。同时，美的的研发投入也屡创新高：2015年以来研发投入累计接近400亿元，2019年研发投入突破100亿元。

2020年9月30日，在顺德召开的人才工作大会上，美的集团表示，美的在人才引入方面进一步加大了力度，企业在人工智能、机器人、大数据等领域，引进了一批具有非常高专业水平的专家，并通过他们进一步加大在这些领域的人才招聘力度，并在内部设立了专门的团队负责专家的搜寻、引进和服务工作。近年来，美的集团每年都要完成2000多人的校园招聘工作，其中硕博占比超过50%，覆盖国内所有“双一流”院校以及海外知名院校。2021年，美的计划在全球引入1900名硕士人才，160名博士人才，重点聚焦在噪声、材料、仿真、电控、变频技术、算法、人工智能等方向。

3. 没有传统的企业，只有传统的思维

五十年前起步于佛山顺德街道工厂，美的一直沿着市场化道路，不断创新变革，稳步发展，一路“闯进”世界500强。到今天，美的已经摆脱传统制造这一标签，取而代之的是科技集团。

回首来时路，美的是敢于自我革命的，2011年，在美的产值突破千亿元大关之际，企业没有选择盲目扩张，而是主动“踩刹车”，确立了“产品领先、效率驱动、全球经营”战略变革。美的也是勇于跨界的，从家电制造商到机器人设备制造商再到数字化方案提供者，美的既坚守制造业，又不囿于传统制造的思维桎梏，紧跟趋势不断转型升级。

在美的，唯一不变的就是变。这就是美的对创新变革的探索与追求。美的的创新变革之路值得传统制造企业参考，没有传统的企业，只有传统的思维，美的的发展历程正是对这句话的极佳诠释。

资料来源：林东云，叶洁纯．美的集团：百亿投入推动转型——打造智造标杆工厂［N］．南方日报，2020－11－12（A08）．

第一节　公司层战略

公司层战略是战略开发的最高层面，也叫企业层面战略、公司层面战略或企业发展战略。公司层战略是以企业整体为对象，是企业的战略总纲，也是企业最高层领导指导和控制企业的行动纲领。企业是维持原状、收缩还是扩张，需要在整个公司层面做出决策和布局。公司层战略关注两个关键问题：公司应该参与哪些产品市场和业务的竞争？公司总部应如何管理这些业务？对多元化企业来说，它们必须要确定参与竞争的业务，制定一个业务层面的战略。如何管理这些业务，公司层战略需要在一体化发展还是多元化发展、业务之间如何有效组合等问题上做出决策。本节重点阐释增长型战略、维持型战略、紧缩型战略，为公司层战略的制定提供分析工具。

一、增长型战略

1. 增长型战略的概念和特征

增长型战略是指一种使企业在现有的战略水平上向更高一级目标发展的战略。它以发展作为自己的核心向导，引导企业不断开发新产品，开拓新市场，采用新的管理方式、生产方式，扩大企业的产销规模，增强企业竞争实力。在实践中，增长型战略分为集约化增长战略、一体化战略、多元化战略等多种类型。

从企业发展的角度来看，任何成功的企业都应当经历长短不一的增长型战略实施期，因为从本质上说只有增长型战略才能不断地扩大企业规模，使企业从竞争力弱小的小企业发展成为实力雄厚的大企业。

与其他类型的战略态势相比，增长型战略具有五个特征：一是公司有较快的业绩增长记录；二是公司能获得高于行业平均水平的利润率；三是公司定期开发新产品、新市场、新工艺及老产品的新用途；四是公司内部也富于创新；五是需要引导或创造合适的环境。

2. 集约化增长战略

集约化增长战略又称密集型增长战略，也可称为加强型增长战略，是指企业充分利用现有产品或服务的潜力，强化现有产品或服务竞争地位的战略。密集型成长战略主要包括三种类型：市场渗透战略、市场开发战略和产品开发战略。

（1）市场渗透战略是指实现市场逐步扩张的拓展战略，该战略可以通过扩大生产规模、提高生产能力、增加产品功能、改进产品用途、拓宽销售渠道、开发新市场、降低产品成本、集中资源优势等单一策略或组合策略来开展，其战略核心体现在两个方面：利用现有产品开辟新市场实现渗透；向现有市场提供新产品实现渗透。

（2）市场开发战略又称市场发展战略，是由现有产品和新市场组合而产生的战略，即企业用现有的产品开辟新的市场领域的战略。它是发展现有产品的新顾客群，从而扩大产品销售量的战略。通过这一战略，它可以使企业得到新的、可靠的、经济的和高质量的销售渠道，对于企业的生存发展具有重要的意义。早期的日本松下公司曾将国内已饱和的黑白电视机和老型号彩色电视机推向国外市场，维持其增长速度，就是市场开发战略的一例。市场开发战略的优点是提高市场份额、扩大企业知名度；缺点是增加销售费用，增加了渠道管理的难度，加大了企业的销售风险。

（3）产品开发战略是指考虑在现有市场上通过改良现有产品或开发新产品来扩大销售量的战略。例如，原来只生产化妆品，现在增加生产洗涤用品。产品开发战略是建立在市场观念和社会观念的基础上，企业向现有市场提供新产品，以满足顾客需要，增加销售的一种战略。这种战略的核心内容是激发顾客新的需求，以高质量的新品种引导消费潮流。

3. 一体化增长战略

一体化增长战略是指企业（或其他组织）出于自我发展的需要，根据自身实力，向深度和广度扩大规模的一种战略。该战略重点是企业（或其他组织）利用生产链中的上下游直接关系来扩大经营范围和经营规模，在供产、产销方面实行纵向或横向联合的战略。它包括垂直一体化（生产企业同供应商、销售商串联）和横向一体化（同行业企业之间的联合）这两种典型类型以及同时两个都进行的混合一体化。一体化增长战略的详细阐述见第七章内容。

销售联合在一起的战略形式，是企业在两个可能的方向上扩展现有经营业务的一种发展战略，是将公司的经营活动向后扩展到原材料供应或向前扩展到销售终端的一种战略体系。它包括后向一体化战略和前向一体化战略，也就是将经营领域向深度发展的战略。

4. 多元化增长战略

多元化增长战略又称多角化战略，是企业同时经营两种以上基本经济用途不同的产品或服务的一种发展战略。多元化战略是相对企业专业化经营而言的，其内容包括：产品的多元化、市场的多元化、投资区域的多元化和资本的多元化。多元化增长战略的详细阐述见第七章内容。

二、维持型战略

1. 维持型战略的概念和类型

维持型战略又称为稳定型战略。在企业内外部环境约束下，企业基本保持目前的资源分配和经营业绩水平的战略。按照该战略，企业目前的经营方向、核心能力、产品及市场领域、企业规模及市场地位等都大致不变或以较小的幅度增长或减少。它在现实应用中有的类型如表 6－1 所示。

表 6－1　维持型战略类型

战略类型	特点	适用情境
暂停战略	在一段时期内降低成长速度、巩固现有资源	主要适用于在未来不确定性产业中迅速成长的企业
无变战略	不实行任何新举动	适用于外部环境没有任何重大变化、本身具有合理盈利和稳定市场地位的企业
维持利润战略	为了维持目前的利润水平而牺牲企业未来成长	适用于企业面临不利的外部环境时

2. 维持型战略的特征

从企业经营风险的角度来说，维持型战略的风险是相对较小的，对于那些曾经成功的在一个处于上升趋势的行业和一个不大变化的环境中活动的企业会很有效。由于维持型战略从本质上追求的是在过去经营状况基础上的稳定，因此它具有如下三点特征：一是企业对过去的经营业绩表示满意，决定追求既定的或与过去相似的经营目标；二是企业战略期内所追求的绩效按大体的比例递增；三是企业准备以过去相同的或基本相同的产品或劳务服务于社会，这意味着企业在产品上的创新很少。

3. 企业采用维持型战略的原因

企业为什么会执行维持型战略呢？深入分析维持型战略就容易发现，企业执行这一战略的主要原因总的来说如下：

（1）企业高层领导者对过去的经营业绩感到满意，希望保持和追求与过去大体相同的业绩和目标，希望在市场占有率、产销规模、总体利润等方面保持现状后略有增加，从而稳定和巩固企业现有的竞争地位。

（2）企业不愿意承担改变现行战略而带来的风险，因为企业如果采用新的发展战略会使企业经营者感到对新的产品或市场缺乏足够的认识和必要的准备。对于新上任不久的领导者来说，采用维持型战略会使他感到更加保险。

（3）企业外部环境相对稳定，无论企业资源充足或相对比较紧缺，都应采用维持型战略。例如，企业宏观经济环境保持低速增长；或所在行业发展速度较低，行业技术相对较成熟，技术进步速度较慢，消费者需求增长较慢，消费者偏好较为稳定；或产品生命周期处于成熟，市场规模变化不大。当然，若企业资源充足，则可以在较宽的市场领域进行经营；若企业资源相对比较紧缺，则可以在较窄的市场领域内经营。

（4）根据企业内部实力状况决定采用维持型战略。例如，当外部环境较好，行业内部或相关行业市场需求增长，为企业提供了有利的发展机会，但这不意味着所有的企业都适于采用增长型战略。如果企业资源不充分，如资金不足，研发力量较差或人力资源有缺陷无法满足增长型战略的要求时，就无法采用扩大市场占有率的战略。在这种情况下，企业可以采取以局部市场为目标的维持型战略，以使企业有限的资源能集中在自己有优势的细分市场，维护竞争地位。

（5）寡头垄断行业内竞争格局已经形成，一般要采用维持型战略。某个行业被少数几家厂商所垄断，控制了这一行业的供给，这就是寡头垄断行业。寡头垄断行业在国民经济中占有十分重要的地位，例如，在美国钢铁、汽车、炼铝、石油、飞机制造、香烟等重要行业都是寡头垄断行业，这些行业中大多是几家公司的产量占全行业产量的70%以上。这种寡头垄断行业最重要的特征是规模经济效应十分显著，而其市场结构的重要特征是几家寡头企业之间相互依存性很大，即每家厂商在做出价格和产量决策时，不仅要考虑自身的成本和效益，而且还要考虑该决策对行业市场的影响，以及其他厂商可能做出的反应。

三、紧缩型战略

1. 紧缩型战略的概念和类型

紧缩型战略指企业从目前的战略经营领域收缩或撤退，是偏离原战略起点较大的一种战略，是相对比较消极的战略。一般来说，企业实行紧缩型战略是短期的，其根本目的是从某一经营领域撤出后，再进入其他对企业发展更为有利的领域中去，是以退为进的战略。它在现实应用中的类型如表 6－2 所示。

表 6-2 紧缩型战略类型

具体的战略	简要说明	适用情况	举例
扭转战略	缩小产销规模、削减成本费用、重组等	销售和盈利呈现下降趋势	金融危机之后，很多企业陷入亏损状态纷纷裁员，关闭部分工厂，例如美国的三大汽车企业、日本的日立等
剥离战略	企业出售或停止经营其下属经营单位	企业已经采取了扭转战略而未见成效；某下属经营单位维持现有竞争地位所需投入的资源超出企业现有能力；某下属单位经营失败，从而影响了整个企业的业绩；企业急需资金；该业务在管理、市场、客户、价值观等方面与企业其他业务难以融合	通用汽车只保留四大主要品牌，而出售旗下剩余一些品牌
清算战略	将全部资产出售	实行其他战略全部无效	

2. 紧缩型战略的特征

（1）对企业现有的产品和市场领域实行收缩、调整和撤退战略，比如放弃某些市场和某些产品线系列。因而，从企业的规模来看是在缩小的，同时一些效益指标，比如利润率和市场占有率等，都会有较为明显的下降。

（2）对企业资源的运用采取较为严格的控制和尽量削减各项费用支出，往往只投入最低限度的经管资源，因而紧缩型战略的实施过程往往会伴随着大量的裁员、一些奢侈品和大额资产的暂停购买等。

（3）紧缩型战略具有明显的短期性。与维持和增长两种战略相比，紧缩型战略具有明显的过渡性，其根本目的并不在于长期节约开支，停止发展，而是为了今后发展积蓄力量。

3. 企业采用紧缩型战略的原因

紧缩型战略是企业总体战略的重要内容。任何企业的发展都不是直线成长的，而是螺旋式上升、波浪式前进的。应根据市场变化、企业自身实力以及竞争对手情况采取不同的战略，有进攻、有撤退、有扩展、有收缩，经常地、自觉地调整自身的产业结构和产品结构，以保证企业内部资源配置的最优化，所以企业的退出与企业进入一样也是构成企业发展战略的重要组成部分。

（1）国际或国内宏观经济衰退，银根收紧，或宏观经济存在潜在危机，企业的制造成本和销售成本均面临日益增高的通货膨胀压力，企业处境困难，不得不采用紧缩型战略。

（2）企业产品处于衰退期，市场竞争过度，产品不盈利，甚至产生亏损，企业又没有新产品上市，被迫采用紧缩型战略。

（3）企业重大投资失败，企业在战略决策上有重大失误，财务上遇到严重困难、企业处于危难之中，不得不采用紧缩型战略。

（4）企业为谋求更大的发展，主动调整战略。企业主动从某些经营领域撤出，企业要将有限的资源投入更有市场前景、收益更高的业务领域，这时企业要在某些经营领域采用紧缩型战略。

第二节　业务层战略

业务层战略体现在事业部（分公司、子公司）层面，一般是以产品领域、市场领域或产业领域来划分的。业务层战略有时也被称为竞争战略，是在公司层战略的统领下制定的，服务于公司层战略。波特所提出的低成本战略、差异化战略和聚焦战略都属于业务层战略，用于解决企业经营领域的竞争力和发展问题。本节在明晰业务层战略内涵和目的的基础上，阐述顾客在业务层战略中的重要角色，明确为顾客创造价值是业务层战略的根本目的。强调竞争优势的来源在于企业自身独特的、能为顾客创造价值的资源和能力，而且能较竞争对手更快、更好地满足顾客的价值需要。

一、业务层战略的概述

业务层战略（business-level strategy）也称竞争战略、事业部战略，属于第二层次的战略，与企业在行业竞争中的地位相关。它是在总体战略指导下，经营管理某一个特定的战略经营单位的战略计划，是总体战略之下的子战略。它的重点是怎样在市场上获得可持续的竞争优势，或者是改进一个战略经营单位在其所从事的行业中的竞争地位，也可以说是改进战略经营单位在某一特定的细分市场中所提供的产品和服务的竞争地位。

业务层战略指出了公司必须做出的关于打算如何在单一产品市场上竞争的选择。这些选择非常重要，因为与公司的长期业绩、公司层战略息息相关，但由于全球竞争环境的复杂性、客户价值需求的多样性、产业技术的动态性，要做出选择又是非常困难的。

差异定位是业务层战略的目的。业务层战略的出发点是使公司构建起与竞争对手的差异性。为了实现与竞争对手不同的定位，一家公司必须决定是否打算采取与众不同的行动，或者与众不同地采取行动。战略决定组织领导采取行动方向的路径，因此，公司业务层战略是一项谨慎的选择，关乎如何体现价值链的优势以及支持产生独特价值的活动。事实上，在复杂的竞争环境中，业务层战略的成功运用只有在公司弄明白“为什么样的客户创造价值”“创造什么样的价值”之后，才可能对促进企业竞争优势的产生发挥作用。

顾客价值分析是业务层战略成功的基石。企业应把顾客价值分析作为业务层战略的起点和核心。当公司选择一个业务层战略时，就需要确定：第一，为谁服务？第二，满足目标顾客的哪些需求？第三，如何满足这些需求？选定顾客、决定满足他们的需求以及如何满足，是具有挑战性的工作。全球化的竞争为顾客创造了很多极具吸引力的选择，因此确定一个可以很好地为他们服务的战略变得非常困难。有效的全球竞争者能够识别出处在不同文化背景下、不同地域的顾客的需求，并且能够很快学会改变公司的产品或服务的功能以适应这些需求。

二、顾客价值导向的创新

1. 顾客价值分析

企业竞争优势的实现，归根结底取决于产品或服务被顾客接受的程度。企业即使具备了独特的、有价值的、不可模仿的资源和能力，如果这样的资源和能力不能转化为顾客所需要的价值，实际上也是对资源和能力的浪费。如果说资源和能力为企业创造竞争优势提供了内在基础，那么顾客价值导向就是业务层战略的出发点，是企业创造竞争优势的根本落脚点。企业通过把资源和能力运用于内部活动中，创造出能满足顾客价值需要的产品或服务，进而为企业构筑出竞争优势。

顾客价值导向就是企业一切生产经营活动应围绕顾客的价值需求展开，不断向目标顾客提供能满足其价值需求的产品或服务。为此，企业在设计开发产品或服务之前，要研究顾客真正需要什么。在现实操作中，了解顾客价值需求较常用的方法是市场调查，比如通过问卷调查、随机采访、德尔菲专家调查等方式了解顾客价值需求。在调查顾客价值需求时，经常会因为方法运用不恰当而给企业提供错误信息。

在进行顾客价值分析时，有时会出现顾客价值认知偏差。一般而言，导致顾客价值认知偏差的原因主要有三个。一是缺乏与终端顾客的直接沟通，不能得到真正的顾客价值需求特征。尤其是在渠道分销策略中，产品或服务往往要通过中间商销售到终端顾客，如果仅仅通过中间商来获取顾客价值需求特征，真实信息往往会被过滤掉，生产企业难以掌握最终顾客的真实需求。二是企业只根据专业群体（如产品设计师、工程师、咨询专家）的建议来判断顾客价值，结果同样不能识别顾客的真实需求，导致决策的南辕北辙。三是没有认识到顾客价值需求的动态变化。由于顾客在重复购买行为中积累的经验，或由于竞争者提供了具有更大价值的产品，导致顾客价值需求产生变化，如果企业不能及时了解顾客需求的变化，就会掉入墨守成规的陷阱。

2. 顾客市场细分

确定谁是公司打算用业务层战略服务的顾客是一项非常重要的决定。根据需求（后面将对需求做进一步讨论）的不同，顾客可被划分为不同的群体。按照需求将顾客划分为不同群体的过程就是所谓的市场细分。在这一过程中，按照相似的需求把顾客分成独特的但是可识别的组群。几乎所有的可识别的人类或组织特征都可以用来细分市场，使其在某一特性上与众不同（见表6－3）。

表6－3　　顾客市场细分基础

消费品市场	工业品市场
➢ 人口统计因素（年龄、收入、性别） ➢ 社会经济因素（社会阶层、家庭生命周期阶段） ➢ 地理因素（文化、地域及国家间差异） ➢ 心理因素（生活方式、个性特征） ➢ 消费模式（高用量、适度和低用量使用者） ➢ 感觉因素（利益细分、感觉定位）	➢ 终端用户细分（根据 SIC 编码分类） ➢ 产品细分（以技术差别和产品经济学为基础） ➢ 地理细分（以国与国或地区与地区的界限来划分） ➢ 共同购买要素细分（融合产品细分与地理细分） ➢ 顾客规模细分

3. 增加顾客认知价值

在确定了要服务的对象之后，公司应识别出其产品或者服务能满足的目标顾客群的需求，增加其认知价值，成功的公司知道如何在恰当的时候将顾客所需要的价值传递给他。从战略的视角看，顾客的基本需求是购买能为其创造价值的产品。大多数产品或服务提供价值的方式是，以低成本提供可接受的特性或以可接受的价格提供高度差异性的特性。最有效的公司通过不断努力以期可以预测顾客需求的变化，增加其顾客认知价值。如果不能做到这一点，企业将会因竞争对手为顾客提供更多的产品特性和功能方面的价值而失去顾客。

三、业务层战略类型

创造特色是企业获取竞争优势的根本途径。前面已经提出，低成本和差异性属于产品的基本特色。从这样的思路出发，现在讨论三种基本竞争战略（见图6－1）。图6－1中的横坐标根据两个基本特色——差异性和低成本，把竞争优势类型分为差异性和低成本两类；纵坐标根据产品或服务的目标市场大小，分为全产业范围、特定范围细分市场两种类型。由此，构建了三种创造特色的基本竞争战略。

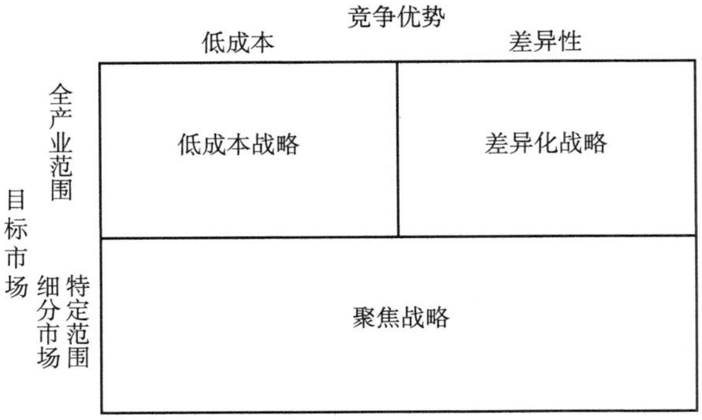

图6－1　三种基本竞争战略

低成本战略（cost leadership strategy）是指向全部顾客（如全行业）提供低成本的产品或服务。产品或服务的低价格本身就是一种特色，企业需要以低价格向顾客提供能满足他们基本价值需求的“可接受的”产品或服务，同样需要以其产品或服务比竞争者有更大性（能）价（格）比为基础。一家企业市场地位高低的最重要标志之一就是看它所提供产品的成本和价格是否比同行业竞争对手更有竞争力。即使在产品具有差异性的产业中，竞争企业还是要设法把成本和价格维持在较低水平，以保证顾客在购买企业产品时，在价值认知上超过你的竞争对手。

差异化战略（differentiation strategy）是指向全部顾客提供与现有竞争者的产品或服务具有顾客认知差异性的特色产品或服务。当顾客的价值需求和偏好具有多样性，而且不能从标准化产品中得到满足时，差异化战略成为创造竞争优势的有效选择。为成功实施全面成本差异化战略，企业需要深入细致地研究顾客的价值需求特征和购买行为，根据顾客的价值需求特征，提供相应的产品特征和价值，而且这样的产品特征应该是顾客能显著感知的。一般来说，产品差异性可以体现在产品品味、特殊功能、超值服务、备用件供应、产品声誉、产品可靠性、技术领先等各个方面。

聚焦战略（focus strategy）可以分为基于低成本的聚焦战略和基于差异性的聚焦战略。具体而言，基于低成本的聚焦战略，瞄准有限的特定市场面，向顾客提供比竞争对手更低价格的产品或服务。基于差异性的聚焦战略则向目标市场顾客提供能满足其特别价值需要的产品或服务。这两类战略可以统称为聚焦战略。聚焦战略把目标顾客定位在有限的特定市场面上，这种特定市场面可以从地理独特性、需求特性和产品特性等层面来界定。其目标在于向有限的目标顾客提供较竞争者更优的产品或服务。

表6－4总结了这些基本战略的一般性特征。为简化起见，表6－4将基于差异性的聚焦战略和基于低成本的聚焦战略合并为聚焦战略，与前两种战略做比较。

表6－4　　三种基本竞争战略的特征比较

特征	低成本战略	差异化战略	聚焦战略
战略目标	全部顾客	全部顾客	顾客需求偏好与其他市场相比有显著差异的特定市场面
竞争优势获取依据	提供较竞争对手更低的成本	向顾客提供与竞争对手产品或服务有差异的产品	向特定市场提供低成本产品，或满足顾客特别需求和偏好的产品
产品种类	提供可接受质量和有限种类的基本产品或服务	强调多种产品之间的顾客可感知性差异，为顾客提供较大的产品选择范围	满足特定目标市场专门性需求的产品或服务

续表

特征	低成本战略	差异化战略	聚焦战略
生产重心	在不牺牲可接受质量的标准下寻求成本的持续下降	寻求为顾客创造差异性价值的途径，追求产品优质	适应特定市场需求特点
营销重心	设法避免那些可能会增加成本的产品特性	提供顾客需要的每一个产品特性，同时通过价格差向顾客收取提供这些差异性特征的成本	向特定市场的顾客传递企业能满足他们特殊需要的产品或服务的能力

第三节　职能层战略

职能层战略是指企业各个职能竞争，包括生产、研发、物流、营销、财务、人力资源管理、组织设计与规划等方面的战略性思考。这一方面的战略个性化很强，并没有一个固定的战略类型，企业应根据具体的情况和战略意图的要求，制定相应的职能层战略。

一、职能层战略的含义

职能层战略是指管理者为特定的职能活动、业务流程或业务领域内的重要（职能）部门所制定的策略规划。职能层战略描述了在执行总体战略和竞争战略的过程中，企业职能部门的责任和要求，以及所应采用的方法和手段，旨在将企业的总体战略和竞争战略转化为职能部门的具体行动计划。根据这些计划，职能部门的管理人员可以更清楚地认识到本部门应该发挥什么作用和如何发挥这些作用。企业的各项职能层战略不仅决定着企业的执行能力和效率，也是保证企业战略目标得以实现的关键。因此，制定一个完善高效的职能层战略体系，对于企业的发展至关重要。

相对于研发、采购、生产、营销、财务、人事、公关等企业的主要职能部门，相应的职能层战略分别为研发战略、采购战略、生产运营战略、市场营销战略、财务投资战略、人力资源战略和公关战略等。职能层战略的内容丰富而具体，各职能部门的主要任务也不同，难以归纳出通用、普适的职能层战略。此外，各职能部门的关键变量亦不相同，即使在同一部门里，关键变量的重要性也会因为经营条件的变化而改变，因此，职能部门的策略必须分别加以制定。

企业总体战略、竞争战略和职能层战略的关系是：总体战略和竞争战略指导、规范、约束职能层战略，职能层战略服从、体现、支撑总体战略和竞争战略。实际上，职能层战略是企业总体战略、竞争战略与实际达成预期战略目标之间的一座桥梁，总体战略和竞争战略若不能最终在职能层级上加以体现和贯彻，战略目标的实现就会落空。制定实施职能层战略的目的，就是要充分发挥各职能部门的作用，最大限度地挖掘各部门的潜能，最有效地利用企业的资源，使总体战略和竞争战略落到实处。

从战略管理的角度看，职能层战略的侧重点在于：

（1）贯彻总体战略和竞争战略的整体目标和一致性。

（2）细分职能目标。

（3）确定职能层战略的战略重点、战略阶段和主要战略措施。

（4）加强职能部门之间的合作与协调。

（5）分析职能层战略实施中的风险和应变能力。

二、职能层战略的特点

职能层战略比竞争战略涉及的范围要窄一些，但它可以为整体业务战略提供一些细节，为管理某一具体职能部门、业务流程和关键活动提出行动方案、运作策略和实际操作指南。职能层战略的特点为：

1. 支持性

公司的每一个与竞争有关的业务活动和组织单元都需要研发、生产、市场营销、客户服务、财务、人力资源、信息技术等职能层战略的配合和支持。职能层战略不是消极、被动地服从总体战略和竞争战略，而是要积极主动地支撑、体现总体战略和竞争战略，执行得力的职能层战略能够为公司带来具有支持竞争价值的能力和资源优势。

2. 具体性

企业总体战略和竞争战略是为企业的生存和发展确定目标和指明方向的，因此，一般比较宏观、原则和笼统。职能层战略则要求切实和明确，较之公司战略（含总体战略和竞争战略），它更具体、精确和专门化，且具有行动导向性。职能层战略为负责完成年度目标的管理人员提供具体的指导，使他们知道应该做什么以及怎么做。另外，职能层战略还着力于增强职能部门管理人员实施战略的能力，提升和加强特异能力及竞争能力，进而提高公司的市场地位和在顾客中的形象。

3. 时效性

职能层战略的时间跨度要比公司战略短得多。职能层战略用于确定和协调短期的经营活动，一般在一年左右。职能层战略时限较短的原因有两方面。一是职能部门管理人员根据总体战略的要求，需要把注意力集中于当前进行的工作上。从时态上讲，公司战略属“未来时态”，而职能层战略则属“现在时态”。二是企业的外部环境因素是不断发生变化的，职能部门管理人员身处一线，可以更好地认识到职能部门当前的经营条件，及时地适应已经变化的条件，做出相应的调整。

4. 参与性

企业高层管理人员负责制定企业长期经营目标和总体战略，职能部门的管理人员在总部的授权下参与制定年度经营目标和部门策略。尽管这些策略最后要得到总部的核准，但由于职能部门管理人员参与制定战略，其明显的好处是，使他们更加自觉地实现自己的年度经营目标，更主动地做好职能层战略所需要的工作，进而增强他们实施战略的责任心。事实上，在制定阶段吸收职能层管理人员的意见，对成功实施职能层战略非常重要。

5. 弱一致性

企业战略管理是一项涉及企业所有部门以及所有相关因素的管理活动，而不单纯是市场营销、研发、财务、生产、人力资源等职能层战略。职能层战略虽然有益于对业务领域中的局部问题进行深入、细致和专业化的思考和运作，但由于各职能部门执行不同功能，很容易出现职能经理或业务活动经理只顾独立地制定自己范围内的战略，而不顾及其他相关部门或领域活动的情况，从而导致各自为政、互不协调或彼此冲突的问题。

三、职能层战略的类型

企业职能战略一般可分为市场营销战略、财务战略、生产战略、研究与开发战略、人力资源战略、品牌战略等。

1. 市场营销战略

市场营销战略是涉及市场营销活动过程整体（市场调研，预测、分析市场需求，确定目标市场，制定营销战略，实施和控制具体营销战略）的方案或谋划。它决定市场营销的主要活动和主要方向。有效的市场营销战略是企业成功的基础。市场营销战略是一个完整的体系，其基本内容包括：市场细分战略；市场选择战略；市场进入战略；市场营销竞争战略和市场营销组合战略。

2. 财务战略

财务战略就是根据公司战略、竞争战略和其他职能战略的要求，对企业资金进行筹集、运用、分配以取得最大经济效益的方略。财务战略的基本目的，就是最有效地利用企业各种资金，在企业内部、外部各种条件制约下，确保实现企业战略计划所规定的战略目标。财务战略的任务包括：

（1）以企业战略目标为基础，利用最佳方式筹集企业所需资金，实现资金筹集的合理化。

（2）根据企业战略计划的要求，有效分配和调度资金，确定合理的资金结构，确保资金调度的合理化和财务结构的健全化。

（3）在企业战略经营过程中，采取各种必要措施，利用适当的财务计划和控制方法，配合各个职能部门，充分有效地利用各种资金，加速资金周转，讲求资金运用的效率化，促进企业的成长。

（4）制定和实施财务战略计划，确定长期和短期财务目标，在合理筹集、分配和运用资金的同时，力求实现资金收益的最大化。

3. 生产战略

生产战略就是企业在生产的成本、质量流程等方面建立和发展相对竞争优势的基本途径，它规定企业在生产制造和采购部门的工作方向，为实现企业总体战略服务。企业生产战略不能仅根据企业内部生产条件来确定，还应考虑市场需求和企业整体战略的要求。

4. 研究与开发战略

研究与开发包括科学技术基础研究和应用研究，以及新产品、新工艺的设计和开发。对于企业来讲，研究与开发涉及市场、技术、产品、生产、组织等各方面，其中主要是技术、产品和生产方面的研究与开发。研究与开发战略的选择常常受企业总体战略和经营战略的影响，处于不同的环境条件下，企业可采取三种不同的研究与开发战略。第一种是在进攻与防守之间进行选择的基本型研究与开发战略；第二种是以新技术作为进入新市场主要手段的渗透型研究与开发战略；第三种是竞争对手和技术自身产生技术威胁时的反应型研究与开发战略。

5. 人力资源战略

人力资源战略是指根据企业总体战略的要求，为适应企业生存和发展的需要，对企业人力资源进行开发，提高职工队伍的整体素质，从中发现和培养出一大批优秀人才，所进行的长远性的谋划和方略。必须以企业总体战略的要求来确定人力资源战略的目标。为实现人力资源战略的目标，企业人力资源战略可分为人力资源开发战略、人才结构优化战略、人才使用战略三个方面。人力资源开发战略就是指有效发掘企业和社会上的人力资源，积极地提高员工的智慧和能力，所进行的长远性的谋划和方略。可供选择的人力资源开发战略方案有：引进人才战略；借用人才战略；招聘人才战略；自主培养人才战略；定向培养人才战略；鼓励自学成才战略。

6. 品牌战略

品牌战略是公司将品牌作为核心竞争力，以获取差别利润与价值的企业经营战略。品牌战略是企业实现快速发展的必要条件，品牌战略的定位是在品牌战略与战略管理的协同中彰显企业文化，把握目标受众，充分传递自身的产品与品牌文化的关联识别。品牌战略有四种典型类型：

（1）以需求为中心，例如宝洁就是其中典型代表。

（2）以产品为中心，例如苹果电脑就是其中典型代表。

（3）以品类为中心，例如加多宝红罐就具有这种特点。

（4）以市场为中心，例如娃哈哈就具有这种特点。

第四节　低成本战略

一、低成本战略的概述

低成本战略也称成本领先战略（over all cost leadership），是指企业通过在内部加强成本控制，在较长时间内保持企业产品成本处于同行业的领先水平，并以低成本作为向价格敏感的客户提供产品和服务的主要竞争手段，使自己在激烈的市场竞争中保持优势，获取高于平均利润水平的战略。

对低成本战略的理解要注意以下六个方面：

（1）该战略有两层含义。第一，它是指企业通过在内部加强成本控制，在研发、生产、销售、服务和广告等领域内把成本降到最低限度，成为行业中的成本领先者。第二，其强调以低价格向价格敏感型的用户提供标准化产品，企业凭借其成本优势，可以在激烈的市场竞争中获得有利的竞争优势。在企业所在的市场上，如果购买者对价格敏感，那么努力成为行业中总成本最低的供应商就是一个明智的选择；否则，成本再低也未必有意义。

（2）低成本供应商战略的战略目标是获取比竞争对手相对低的成本，而不是获取绝对的低成本。在寻求成本领先地位时，公司的管理者必须认真考虑那些购买者认为至关重要的特色产品和服务。

（3）低成本战略一般要求企业成为整个行业内的（唯一）成本领先者，而不仅是争夺这个位置的众多企业中的一员。如果在实行该战略时未能认识到这一点，那么在战略上将会铸成大错。渴望成为成本领先的企业绝不止一家，一旦几个企业同时拥有了这样的地位，竞争将会更激烈，因为每一个百分点的市场占有率都被企业认为是至关重要的。

（4）小幅度的、一时的成本领先很难使成本领先战略成为企业的主要竞争战略，真正的成本领先应是持续的、竞争对手难以复制的成本领先。

（5）成本领先与产品特色的取舍。如果企业的产品在顾客面前需表现为具有特色的产品，那么在实行成本领先战略时，就必须充分考虑这一点。在某些时候，成本的降低可能会以牺牲产品的某些特色为代价。是降低成本还是更强调产品特色，需要谨慎权衡，深思熟虑。

（6）低成本领导者获取很好的利润有两种选择：第一种选择是利用低成本优势定出比竞争对手低的产品或服务的价格，大量吸引对价格敏感的购买者，通过薄利多销提高总利润；第二种选择是售价与竞争对手相同，维持现有的市场份额，利用低成本优势提高单位产品的利润率，从而提高公司的总利润和总的投资回报率。

二、低成本战略的类型

根据企业获取成本优势的方法不同，成本领先战略可以概括为如下五种主要类型：

（1）简化产品型成本领先战略。使产品简单化，也就是将在产品或服务中添加的花样全部取消，这是取得成本优势的最直接方式。

（2）产业生产创新及自动化型成本领先战略。产业结构、产业组织的变革以及产业升级、产业转型等生产创新为企业带来新的利润源泉，生产自动化可以提升生产效率。因此，它们可以作为降低成本的重要基础。

（3）改进设计型成本领先战略。该战略是通过改进产品的设计或构成成本获取优势。根据成本动因理论，产品设计是企业最重要的成本动因之一。产品设计阶段，必须认真考虑产品设计方案对成本的影响，要求成本会计人员不能只管事后算账，还要关心产品设计方案，主动对产品设计部门提出要求，要求设计出来的产品既符合技术要求，又符合经济要求。

（4）材料节约型成本领先战略。通过控制原材料来源，实行经济批量采购与保管，或者在设计和生产过程中注意节约原材料，以此来降低产品成本，获取成本优势。

（5）人工费用降低型成本领先战略。通过降低劳动力成本，从而使成本低于竞争对手。但在许多情况下，仅仅具有劳动力成本低的优势并不一定会带来总成本低的优势。因为总成本是由众多成本构成的，劳动力成本只是其中的一项；并且构成总成本的不同成本之间是相互联系的，存在着效益背反的现象，即一项成本降低的同时会导致另一项成本的上升。通常，劳动力成本的降低会增加其他生产或销售成本。这样一来，降低劳动力成本是否会使总成本降低就取决于劳动力成本下降幅度与其所引起的其他生产或销售成本上升幅度的大小比较。

三、低成本战略的适用条件

就行业特点来说，最适合采用成本领先战略的条件是：

（1）产品利润空间小，价格弹性高。如果利润空间很大，降低成本不会造成企业盈利的大幅度提高。这时，企业不适合采取成本领先战略，而是应设法扩大市场份额，通过提高销售量来提高企业的盈利。如果价格弹性不高，也不适合采取低成本战略，因为价格的降低不会对企业销售量和市场份额产生明显的影响，也不会给企业带来盈利的增加和竞争地位的提高。

（2）现有企业之间的价格竞争非常激烈。由于成本是价格的主要决定因素之一，在价格竞争激烈的行业，企业有必要尽量降低自己的成本，否则在其他成本更低的企业仍然有盈利的情况下，自己却是亏损，进而陷入被动境地。而且只有在现有企业之间的价格竞争非常激烈的情况下，企业降低成本所造成的价格上的优势才能成为企业的竞争优势。如果现有企业之间的竞争是质量与品牌的竞争，而不是价格的竞争，那么企业就不应该采取低成本战略。

（3）短期内创新难度大。如果企业所处行业的产品是标准化或者同质化的，实现产品特色化的途径很少，难以利用产品的特色化来吸引顾客，这时产品的价格就是决定企业竞争力的唯一因素，适合采取成本领先战略。

（4）现有市场份额大。如果企业的市场份额很大，也适合采取成本领先战略。由于利润总额等于单位产品的利润和销售量的乘积，因此销售量很大，即使成本降低不多，也会给企业带来绝对数字很高的利润增加。

在上述条件下，成本的稍稍降低，都能产生巨大的竞争优势；反之，不具备这些条件，采用成本领先战略就不会赢得战略性优势。

企业内部条件也对企业是否适合采用低成本战略具有决定性的作用。低成本战略要求企业必须具有实施战略所需要的资源和技能，具有降低成本的能力和条件。例如，持续的资本投资和获得资本的途径、先进的生产加工工艺、低成本的分销系统、科学的管理制度、对员工的良好监督、企业与原材料供应商之间的牢靠关系、产品的设计必须便于制造和生产、保持相对较宽的产品线以分散固定成本等。

四、实现低成本战略的有效途径

如果企业基本了解了与竞争对手之间存在的成本差异，要想获得成本优势通常有两种主要方法：一种是在企业价值创造的每一个环节上实行有力的成本控制手段；另一种是重新构建新的成本更低的价值链，即可以用新的效力更高的方式来设计、制造、分销其产品。不管采用哪种方法实现成本领先战略，都离不开下面五点措施：

1. 实现规模经济

根据西方经济学原理，在达到一定规模之前，产量越大，单位平均成本越低。因而，实现成本领先，通常应选择那些同质化程度高、技术成熟、标准化的产品规模化生产。我国一些行业内的企业远未达到盈亏临界点规模，其真正的成本优势也就无法形成。在我国市场上，乡镇企业在某些行业借助成本优势与国有大中型企业竞争，但那种优势并不是真正意义上的战略性的成本优势。

2. 做好供应商营销

所谓供应商营销，也就是与上游供应商，如原材料、能源、零配件协作厂家，建立起长期稳定的亲密合作关系，以便获得廉价、稳定的上游资源，并能影响和控制供应商，对竞争者建立起资源性壁垒。过去，很多企业“大而全，小而全”，强调自我配套；今天，则强调专业化分工，最终产品制造商依据比较经济原则组织外部配合体系，比如跨国公司都已建立起全球采购体系。

3. 塑造企业成本文化

一般来说，追求成本领先的企业应着力塑造一种注重细节、精打细算、讲究节俭、严格管理、以成本为中心的企业文化。不但要抓外部成本，也要抓内部成本；不但要把握好战略性成本，也要控制好作业成本；不但要注重短期成本，更要注重长期成本；不但要讲企业成本，更不能忽视顾客成本。要使“降低成本”成为企业文化的核心，一切行动和措施都应体现这个核心，一切矛盾和冲突的解决都应服从于这个核心。“邯钢模式”或称“邯钢经验”一段时间曾广为推行，很重要的一点是它形成了一种文化，这种文化润物细无声，得到了员工的高度认同。从国际竞争的角度看，我国相当多的企业在相当长一段时间内还只能在成本领域寻求优势，因此，培植企业成本文化尤其重要。

4. 生产技术创新

“创新”是一条永远不变的市场竞争法则，降低成本最有效的办法是生产技术创新。一场技术革新和革命会大幅度降低成本，生产组织效率的提高也会带来成本的降低。如福特汽车公司通过传送带实现了流水生产方式，大幅度降低了汽车生产成本，进而实现了让汽车进入千家万户的梦想。

5. 打好“价格战”

一提起“价格战”，不少人就感到恐慌，似乎“价格战”是什么不祥之物。其实究其本质，“价格战”不过是成本领先战略的外在表现而已。发动“价格战”的一定是具有成本领先优势的企业，在它还未形成垄断、占领绝对优势之前，绝不会满足于把自己的成本领先优势束之高阁。当把价格定在与竞争对手同样的水平时，成本较低的企业可以获得较高的利润率，但是，那并不代表它可以获得绝对较高的利润量，因为它的市场份额不一定比对手大，还可能不如对手。要真正超过竞争对手，除了在差异化等方面努力，“价格战”的确是一把开拓市场的利器。

五、低成本战略的陷阱

低成本领先战略可以给企业带来巨大的竞争优势，但企业在实施这一战略时往往会忽略掉一些机会，从而陷入困境。企业应注意下面一些常见的错误。

1. 重视生产成本而忽视其他

成本的降低使人首先联想到的是生产成本的降低，很少顾及市场营销、服务、技术开发和基础设施等活动的成本。

2. 因为降低成本而忽视产品的质量

产品的质量是企业信誉的保证，是企业的生命。因此企业成本的降低不能以产品质量的降低为代价。比如，不能为了降低成本而采用低档的材料，不能为了降低人工成本而雇用技能不合格的技术工人。

3. 忽视影响成本的所有活动之间的联系

企业机械地要求每个部门都同比例地降低成本，却忽略有些部门的成本提高反而有利于总成本的降低。例如，研究开发过程中的价值增值过程增加了研发环节的成本，但是却有利于降低总成本。通过改造企业价值链的结构降低成本，是指通过寻找革新性的途径来改造企业价值链中的各个过程和任务，省略或者跨越那些创造极少价值而成本高昂的价值链活动，更经济地为顾客提供基本的东西，以带来更大的成本优势。比如戴尔公司客户直销模式就省去了中间商环节，不但降低了价格，同时直接与顾客接触又降低了库存，减少了库存成本。

第五节　差异化战略

一、差异化战略的概念

差异化战略又称别具一格战略（differentiation strategy），指为使企业产品与竞争对手的产品有明显的区别，形成与众不同的特点而采取的一种战略。这种战略的核心是取得某种对顾客有价值的独特性。实现差异化战略可以有许多方式：设计或品牌形象、技术特点、外观特点、客户服务、经销网络及其他方面的独特性。最理想的情况是公司使自己在这几个方面都实现差异化。例如，华菱重卡公司不仅以其密集的经销网络和细致入微的服务著称，而且以其性能可靠的产品享有盛誉，它所具有的这些特性对于大型设备至关重要，因为大型设备使用时发生故障的代价是昂贵的。应当强调：差异化战略并不意味着公司可以忽略成本，但此时成本不是公司的首要战略目标。

实现产品差异化有时会与争取占领更大的市场份额相矛盾。它往往要求公司对于这一战略的排他性有思想准备，即这一战略与提高市场份额两者不可兼顾。较为普遍的情况是：如果建立差异化的活动总是成本高昂，如广泛的研究、产品设计、高质量的材料或周密的顾客服务等，那么实现产品差异化将意味着以成本地位为代价。然而，即便全产业范围内的顾客都了解公司的独特优点，也并不是所有顾客都愿意或有能力支付公司所要求的较高价格。

二、差异化战略的类型

顾客通过购买产品或服务获得效用，顾客、产品、价格等都是会存在差异的。在社会经济文化发展过程中，不同的顾客在不同阶段具有不同的需求、偏好和财务状况等条件，不同的顾客对产品和服务的认知及其满意期望值也会各不相同。即使是同一顾客，在不同的时间、地点、环境对产品和服务的要求也可能不一样。差异化顾客的存在，就成为企业差异化战略选择的依据。因此，企业实施差异化战略有以下几种类型：

1. 产品差异化

影响顾客知觉最直接、最直观的方式是凸显或改变产品的客观特性。主要包括外观、性能、质量、可靠性和耐用性、安装、操作难度、产品复杂性、产品组合及产品定制等。外观是产品给人的第一印象，最能吸引消费者眼球，特别能引发感性的消费者购买（如时装、家电等）。性能是竞争的另一个重要方面，通常与技术领先联系在一起（如汽车、计算机等）。质量的重要性无须多言，如日本、德国等众多厂家都对品质精益求精。多数消费者都不是某一产品的专家，他们非常在乎购买的产品是否易于安装、调试和使用。例如，宜家的产品、全自动洗衣机、傻瓜相机等，消费者可以很轻易地掌握其安装或者使用。而结构复杂、功能繁多的产品则给人一种高档、先进的感觉，如手机的多重功能。有时，产品本身无过人之处，但产品组合起来却可以产生更大的顾客价值和产品差异，例如将微软的 Windows、IE 和 Office 捆绑在一起销售。

2. 服务差异化

在顾客的物质文化生活越来越丰富的今天，特别是服务性行业，企业应当注重针对不同的顾客提供有针对性、特殊性、个性化、情感性等的各种特色服务。服务与技术支持水平是产品差异化的一个重要来源，特别是当产品处于成熟期，产品改进的余地不大，或者产品在技术上特别复杂时，服务与技术支持的重要性特别突出。

服务水平体现在售前、售中、售后各个阶段。例如，提供客户咨询，为客户介绍产品、技术、解答疑问等；对高水平客户进行培训，协助客户进行二次应用开发，保证产品正常运行；为客户所购商品提供周到的日常维修服务；等等。

3. 品牌差异化

企业通过创立特色品牌，可以培养顾客认可和购买该品牌产品的习惯，把企业的品牌根植于顾客的心中。品牌是产品差异化最有力的基础之一。品牌很难建立，但建立起来就能产生持续的顾客影响力，例如瑞士的钟表、法国的香水、意大利的时装、日本的家电、德国的光学镜头等。

4. 员工差异化

从企业内部员工的素质、精神面貌、言行等方面来塑造和实施差异化。差异化战略要求以侧重灵活、学习型的方式对员工进行培训，要求员工经常进行试验和学习。

5. 组织管理差异化

不同的组织管理方式可以为企业带来实际的差异化。现代管理制度强调企业内部各部门职责分工明确，各司其职，各职能部门之间常常产生冲突，很难协调配合。但许多时候，需要各个职能部门共同协作才能很好地满足顾客的需求。

一个企业与其他企业之间的联系，主要表现为各种形式的合作与联盟，也能使其产品或服务差异化。如麦当劳与迪士尼的合作。

6. 渠道差异化

企业可以通过设计分销渠道的覆盖面、专长和绩效来获得竞争优势。戴尔、雅芳分别在电脑、化妆品产业内，率先采用直销模式而获得差异化，这种直销模式区别于以往通过中间商的层级分销，直接面对消费者，从而给消费者提供了最大的实惠，也为企业赢得了更多的利润。企业可根据自己的特点和优势加以选择，在渠道方面使自己区别于竞争对手。

值得注意的是，永远不可能列出所有的差异化方式，差异化的方式是无穷无尽的。产品差异化是个人和组织创造性的体现，差异化的关键是充分发挥企业中个人和集体的创造性。

三、差异化战略的适用条件

企业实现差异化的途径较多，这些途径可以实现与竞争对手的差异化，同时这种差异被顾客认为是有价值的。差异化战略有以下适用条件：

（1）顾客的需求和产品的功能多样化。不同地域、年龄、性别和职业的顾客有各种不同的需求，同时产品也能满足这种需求。

（2）独特的差异化方法。企业的竞争对手很少用差异化的方法，或者用差异化方法的对手少，或者相对于竞争对手来讲采用的差异化方法是无法比拟的。

（3）研发创新的速度快。差异化企业的产品和服务必须面向市场，满足顾客不断变化发展的个性需求和消费观念，所以企业要拥有强大的研发能力和创新能力，产品更新换代和特色产品生产的高效率是至关重要的。

（4）企业在行业中的声望高。企业要在本行业或相关行业中有较高的声望，这样才能在与供应商和顾客的讨价还价中占有优势。

（5）企业的营销能力强。差异化企业的产品更新速度快，产品生产周期短，若要为顾客所接受和认可，就必须有高素质的营销团队，同时要改进营销方式和营销理念，使顾客能更方便直接地体验。如英特尔著名的“intel inside”广告营销活动就是一个巨大的成功，这次广告活动发起于1991年，是为了区分它的微处理器与AMD以及其他半导体厂商的产品。许多轶事描述了英特尔区分其微处理器的成功：一个对计算机知之甚少的老太太坚持所买的机器必须带有“intel inside”标识。

（6）具有较强的吸引力。因为差异化企业更多地强调创造性成果，所以应该具备良好的工作和生活条件，吸引更多的创造性人才、高级技术人才。如宝洁公司就拥有企业的博士后科研流动站。

四、实现差异化战略的有效途径

实施差异化战略可以培养顾客对品牌的忠诚，降低其对价格的敏感性，即使价格高于同类产品，顾客也会产生偏爱。此外，企业采用这种战略，可以很好地防御行业中的五种竞争力量和行业中直接激烈的竞争，使企业获得高于同行业平均水平的利润。差异化最终体现在公司产品和服务上，但差异化的来源在于企业的价值链。事实上，价值链的每一项活动之中，都存在创造差异化的可能性。实施差异化战略必须做好以下四个方面的工作。

1. 研究顾客

差异化的逻辑起点是顾客需求和顾客的价值主张，最终依归为顾客愿意为厂商提供的独特效用而付出高昂价格。为此，企业首先应该仔细研究客户的需求和偏好，了解他们认为重要的、认为有价值的和愿意支付的产品或服务。然后，确保产品或服务包含特定的客户想要得到的属性，或者开发某种独特的能力来满足客户的需求，力争客户利益最大化。客户对差别化的喜好程度越高，他们同公司的联系就越紧密，公司所获得的竞争优势也就越强。成功的差异化战略能够使企业以更高的价格出售其产品，并通过使客户高度依赖产品的某些特征而得到他们对企业产品的忠诚。

2. 研究竞争对手

要获得持续性的竞争优势，企业应密切注视竞争对手的一举一动和产业中的各种变化，努力把自身产品的属性与竞争对手明显地区分开来。由于差别是相对于竞争对手而言，对对手情况知之甚少，无异于无的放矢，差异也无从谈起。如果在同一产业领域中，所有竞争者都努力施行自以为差异、实则“撞车”的竞争战略，结果将是谁也不能取得相对优势，因为同等的活动会互相抵消，不能凸显各自的独特之处。企业应尽量将自己的产品与竞争对手做详尽对比，在此基础上寻求差异化和比较优势的途径。

3. 不要过度差异化

出售产品所带来的总收入和生产该产品发生的总支出之间的关系，是判断是否过度差异化的重要依据。在任何时候，都要确保产品所获得的收益超过为获得差异化而花费的总成本，使差异化的产品有利可图。过度差异化可能导致成本过高，成本过高又将导致大多数购买者难以承受产品的价格，企业也就难以盈利。价格的差别越大，购买者转向低价格的竞争对手的可能性越高。若竞争对手的产品价格较低，企业即使控制其成本水平，用户对差异化产品价值的认同也不足以使其接受该产品的高价格。过度差异化对企业经营造成的负面影响，不仅是收益的损失，还将耗费宝贵的人、财、物资源，使企业在关键环节的努力不够，直接造成竞争能力的下降。

4. 创新思维

差异化其实就是取得某种独特性。为此，企业往往需要利用独具匠心的构思，卓尔不群的技术和工艺，新奇独特的原料配方，别具一格的服务形式，为客户提供独特价值。有时即使产品本身并无稀奇之处，也可以通过包装、广告达到差异化的效果。本质上，差异化就是创新，在创新中创新思维至关重要。创新思维不是逻辑化、结构化和程式化的推理，而常常需要借助类比关联和奇思妙想，从看似杂乱无章、相去甚远的事物中得到启示，它常常呈现出解构性、跳跃式、一触即发和顿悟的特点。

五、差异化战略的陷阱

1. 溢价过高

溢价是企业追求差异化战略的主要动力，但过高的溢价会超过顾客的承受能力。所以企业应该合理定价，在获取溢价的同时保持对顾客的持久吸引力。

2. 过度差异化

企业过度追求差异化，会由于较多地关注非核心或非必要的产品或服务的差异，非但没有得到市场的认可，反而使成本增加，利润降低。

3. 目标顾客定位失误

买方市场的划分是企业实行差异化战略的前提，而有的差异化企业对目标顾客定位失误或未能及时根据顾客偏好变化而及时转变，所以必须正确定位买方市场，同时应该根据消费观念、收入水平等的变化，动态更新和跟踪顾客的资料、偏好的变化，以便制定更有针对性的对策。

第六节　聚焦战略

一、聚焦战略的概念

聚焦战略（focus strategy）又称专一化战略，是指企业在详细分析外部环境和内部条件的基础上，选定一个特定目标市场提供产品和服务，把自己的生产和经营活动集中在该市场上进行，以建立企业的竞争优势及市场地位。通过多施聚焦战略，企业能够划分并控制一定的产品势力范围，在此范围内其他竞争者不易与其竞争，因此市场占有率比较稳定。通过目标细分市场的战略优化，企业围绕一个特定的目标进行密集性的生产经营活动，可以更好地了解市场和顾客，能够比竞争对手提供更为有效的产品和服务，以获得目标市场的竞争优势。企业在选定的目标市场上，还可以通过产品差异化战略确立自己的优势，也可以采用成本领先战略在专用产品或复杂产品上建立自己的成本优势。

聚焦战略最突出的特征是企业专门服务于总体市场的一部分细分市场，企业最重要的是通过市场调研找到自己的目标市场。一种产品的整体市场之所以可以细分，是由于消费者或用户的需求存在差异性。引起消费者需求差异的变量很多，在实际中，企业一般是组合运用有关变量来细分市场的，而不是单一采用某一变量。概括起来，细分消费者市场的变量主要有四类，即地理变量、人口变量、心理变量和行为变量。以这些变量为依据来细分市场就产生出地理细分、人口细分、心理细分和行为细分四种市场细分的基本形式。比如，娃哈哈在市场细分中，就是按人口变量中的年龄进行细分，从大众化的饮品市场中细分出了一个儿童饮品市场。细分之后，企业决策者接下来的工作就是通过市场定位找到本企业的市场切入点。一个理想的市场定位应该是：

（1）足够大，该市场要大到能够满足一个企业生存所需的规模和购买力。

（2）足够深，该市场要深到足以使得企业在较长时期内的发展无空间之忧。

（3）足够相称，企业的能力和资源与为该市场提供优质服务所需要的条件相称。

二、聚焦战略的类型

当企业想利用其核心竞争力满足某一特定行业细分市场的需求而不考虑其他需求时，它可以采用聚焦战略。具体来说，聚焦战略包括：

1. 产品线聚焦战略

类似于飞机和汽车制造这样产品开发和工艺装备成本很高的行业，通常以产品线的某一部分作为经营重点。例如，日本汽车厂家把产品线重点集中在生产性能好、省油、外观优美并且价格低廉的产品上。

2. 顾客聚焦战略

顾客聚焦战略是将经营重心放在具有相似需求的某一特定的顾客群体上，因此，采用顾客聚焦战略的企业可以专注于为他们提供能更好满足其需求的产品或者服务。例如，手表业中的劳力士、时装业中的皮尔·卡丹、体育用品中的阿迪达斯和耐克，这些企业的产品都以高质高价为基础，瞄准高收入、高消费的顾客群。

3. 地区聚焦战略

不同地区，源于气候、地理环境或者人文风俗等方面的差异，消费者的需求必然会千差万别。地区聚焦战略就是指企业专注于对某一地区市场的仔细研究并且致力于生产满足特定地区需要的产品。

三、聚焦战略的适用条件

企业实施集中化战略的关键是选好战略目标。一般的原则是：企业要尽可能选择那些竞争对手最薄弱的目标和最不易受替代品冲击的目标。在选择目标之前，企业必须确认以下五个条件。

（1）购买者群体之间在需求上存在显著差异，或习惯于以不同的方式使用产品。

（2）这一特殊的顾客群或地区市场并不是主要竞争者取得成功的关键因素，因此，没有其他竞争对手采取类似的战略。

（3）目标市场在市场容量、成长速度、获利能力、竞争强度等方面都具有相对吸引力。

（4）企业缺乏足够的资源用于广泛的、较宽的市场面。

（5）行业内部存在许多不同的细分市场，因而允许实施重点集中战略的企业选择诱人的细分市场，以充分发挥自己的优势。

四、实现聚焦战略的有效途径

实施聚焦战略需要把握好以下五个方面的问题：

（1）选好聚焦的战略目标和途径。企业实施聚焦战略的关键是选好战略目标和途径。选择聚焦目标的一般原则是，企业要尽可能选择那些竞争对手最薄弱的目标和最不易受替代产品冲击的目标。大体上，聚焦的焦点可分为产品线聚焦、顾客聚焦和地区聚焦三大类。聚焦战略的途径，通常有低成本聚焦和差异化聚焦两种。

低成本聚焦是以某个狭窄的购买者群体为焦点，通过为这个小市场上的购买者提供比竞争对手成本更低的产品或服务来战胜竞争对手。差异化聚焦则是以某个狭窄的购买者群体为焦点，通过为这个小市场上的购买者提供能够比竞争对手更能满足购买者的需求的定制产品或服务来战胜竞争对手。这两种集中战略都有赖于目标市场与行业中其他细分市场之间的差异性。目标细分市场必须有特定需求的消费群体，或者有服务于目标市场但与其他行业细分市场相区别的产品。

（2）聚焦战略的成功实施，要求所经营的产业部门有足够的规模，有良好的增长潜力，而且对其他主要竞争者的成功并不是至关重要的，诸如市场渗透和市场开发这样的战略可提供相当大的专一经营优势。由于细分市场与总体市场之间产品或服务的需求差别变小，产品销量萎缩，细分空间受到挤压，使企业原来赖以形成聚焦战略的基础不复存在，造成生产费用增加，聚焦代价高昂，进而抵消企业为细分目标市场服务的成本优势。

（3）实施聚焦战略，尽管能在其目标市场上保持一定的竞争优势，获得较高的市场份额，但由于其目标市场本身相对狭小，聚焦厂商的市场份额的总体水平还是较低。因此，企业选择重点聚焦战略时，应该在产品获利能力和销售量之间进行权衡和取舍，有时还要在产品差别化和成本状况中进行权衡。还需警惕的情形是，众多的竞争者可能会认识到聚焦战略的有效性，加之聚焦厂商所聚集的细分市场非常具有吸引力，使各个竞争厂商蜂拥而入，瓜分细分市场的利润。此外，实施聚焦战略的厂商，通常使用的是非标准的专用设备，一旦市场发生变化，其退出成本和代价往往很高。

（4）对小型企业而言，采用重点聚焦战略要想实现成本领先，可以在专用品或复杂产品上建立自己的成本优势，因为这类产品难以进行标准化生产，也就不容易形成生产上的规模经济效益。采用重点聚焦战略的小型企业想要实现差异化，则可以运用所有差异化的方法达到预期的目的。低成本集中方法可以防御行业中各种竞争力量，使企业在本行业中保持高于一般水平的收益，这尤其有利于中小企业利用较小的市场空隙谋求生存和发展。企业还可以通过差异化集中，在选定的目标市场上确立自己的特色优势。

（5）对中型和大型企业而言，要想有效地采取聚焦战略，必须将其与差异化战略或成本领先战略结合起来使用。差异化意味着以广泛的市场为目标的竞争者在该细分市场中缺乏竞争性，因此，集中战略的经营者可赢得独有的竞争优势。企业一旦选择了目标市场便可以通过产品差异化或成本领先的方法，形成集中战略。换言之，采用聚焦战略的企业，基本上就是特殊的差异化或特殊的成本领先企业。如果一家公司能够通过将其能力和资源集中在一个界定清晰的细分市场上而明显地降低成本，在专用产品或复杂产品上建立自己的成本优势，那么，通过聚焦来取得竞争优势就可以取得成功。

五、聚焦战略的风险

任何公司在发展过程中，选择任何战略都要考虑战略与风险的匹配，往往越是宏伟的战略伴随的风险越大。聚焦战略也不例外，除了要考虑成本领先战略以及差异化战略所要考虑的一般风险之外，实施聚焦战略的企业还需要考虑以下特殊风险。

（1）与宽范围竞争者之间的成本差距。当大范围提供服务的竞争对手与实施聚焦战略的企业之间的成本差距变大时，会使针对一个狭窄的目标市场的产品或服务丧失成本优势或者差异优势。

（2）细分市场的需求不再独特。由于技术进步、替代品出现、价值观改变、消费者偏好变化等战略目标发生变化，细分市场与整体市场之间所希望的产品和服务差距缩小。

（3）竞争对手更加“聚焦”。竞争对手在战略目标市场中又找到了细分市场，使原聚焦公司显得不再集中，从而丧失其竞争优势。因此，实施聚焦战略的企业需要不断对所服务的目标市场进行研究，并且采取有效措施防止竞争对手的进攻。

（4）其他市场竞争者的侵占。企业可能面临这样一种情况，那就是原先重点关注的市场被其他市场的竞争者侵占，从而导致利润受损。例如，某汽车公司本来专注低端的市场，但高端的厂商为了扩大市场，将产品重心下移，使该企业的产品或服务市场被侵蚀。

（5）细分市场需求的变化。企业重点关注的市场需求可能发生重大变化，甚至萎缩，使原有市场分流或消失，此时采取聚焦战略的企业也会面临较大风险。

第七节　竞争战略新突破：低成本与差异化的融合[①]

已有的竞争战略理论认为：贯彻任何一种基本战略都可以建立竞争优势；低成本与差异化战略类似于一个“两难”的选择，二者不可同时兼顾，具有不一致性，夹在中间游移

① 韵江．竞争战略新突破：来自低成本与差异化的融合［J］．中国工业经济，2003（2）：90－96.

不定几乎注定要失败。根据传统竞争战略理论，实行标新立异的差异化战略，必以成本高昂为代价；目标集聚战略最易实现低成本和差异化战略的综合。是不是成本领先和差异化如同“鱼与熊掌不能兼得”？其实不然，二者可以具有内在的一致性，尤其是信息技术和全球化经济的发展以及客户个性化需求的提高，要求竞争战略创新和发展，这也给二者的融合提供了条件。本章将从对低成本战略、差异化战略以及竞争优势广延内涵的详尽分析出发，探寻低成本和差异化内在一致性的机理，以及如何使低成本和差异化达到真正融合。为了分析低成本和差异化的融合，本章建立了一种分析的框架：互动产业价值网分析—价值网核心能力分析—企业内价值链分析—价值工程与客户体验分析。在竞争优势的构建中，低成本与差异化战略已不是单纯地涉及企业内部的事情，持久的竞争优势还来自对产业定位、企业定位、业务单元的关联性以及对企业经营的各环节的分析，片面的分析不仅会使企业陷入自相矛盾，而且也缺乏实际的指导意义。

一、互动产业价值网分析

从企业外部层面来分析竞争战略优势，主要考虑两个问题：一是企业所属产业的结构，二是企业在某一产业中的定位。前者主要运用互动产业价值网分析方法来分析，后者用价值网核心能力来分析。互动产业价值网分析是要解决产业定位的问题。

产业定位是一个重要的基础。可以用互动产业价值网模型描述产业结构，即关联产业集群驱动力中的四种主要类型：竞争性驱动力、相关性驱动力、支持性驱动力、边缘性驱动力。竞争性驱动力是同业竞争对手；相关性驱动力是与本产业紧密关联的产业，例如旅游业、饭店业和会展业三者是相关的；支持性驱动力是与产业关联较小但起支持性作用的产业，如教育机构、研究所和咨询公司等；边缘性驱动力是本产业或产品的超前发展或潜在性竞争威胁，如寻呼产业与手机产业的关系类似于此。当然，该模型还包括四个重要的变数，即需求、环境、政府、技术。互动产业价值网模型在于分析出产业互动性及成本和歧义的驱动因素，进而寻求低成本和差异化的前景，谋求更好的产业定位。

此模型分析看似与低成本和差异化融合无关，其实这种分析不仅能说明不同产业低成本和差异化的侧重点不同，而且关系到成本领先和差异化的持久性。人们常常重视企业的盈利情况，并根据盈利情况对业务方向进行调整，放弃利润低、增长缓慢的产业，转入高增长、未来高利润的挑战性产业等战略性选择，在实际中由于行业或产业界限及学习经验的束缚经常很难优先考虑低成本和差异化，这样势必导致竞争优势昙花一现。互动产业价值网分析不同于以往的一些环境分析，其重点在分析产业的互动关系上，因为不同产业在竞争过程中具有可以共用、并有利于竞争的重要生产活动和技能，这种产业之间的互动会使不同产业间共享低成本、兼容差异化。

二、价值网核心能力分析

价值网核心能力分析涉及企业定位的问题。互动产业价值网分析使我们能够看到自身关联产业集群的前景，这不是要求我们必须放弃某产业，而是使我们更加明晰产业中真正的竞争状况和发展态势。因为企业的竞争能力还要看企业在产业环节中的定位。一个产业可能比其他产业获利低，但它总有部分环节比其他环节更盈利。以哈拉德和哈默尔（Prahalad & Hamel，1990）为主提出的企业核心能力理论以往最容易受到批评的是其缺乏动态的研究和对环境变化的忽视。前面的互动产业价值网分析一定程度上避免了忽视环境变化，而把核心能力分析建立在价值网基础上又能突出低成本与差异化融合对企业环境的适应性和持续性。价值网模型借鉴了波特的价值体系，但与之不同的是它建构在以客户需求为导向的动态变化上。分析企业在产业环节中的态势，可以真正找出薄弱环节或竞争劣势之所在，而且对于多元化经营也是极好的探索。低成本和差异化常常需要跳出本环节，产业单元之间的关联很容易创造竞争优势，因而差异化与低成本都极易在产业间共享。

三、企业内价值链分析

在从互动产业间和产业环节间找到产业趋势和核心能力之后，就应该在企业内部寻找能够实现低成本和差异化融合达到最优的途径。价值链就是一种极好的分析方法。价值链是企业各种相互依存活动的组合和系统，是判定竞争优势并发现一些方法以创造和维持低成本和差异化融合的一项基本工具。一方面，从价值链分析中，可以找到各种价值活动的成本驱动因素以及它们的相互作用。或者在原有价值链上进行控制或者重构价值链，只要比竞争对手价值总和多而且成本低就能创造新的竞争优势。例如制造业中重构价值链的方法之一——工艺选择，就可以改变规模与产品品种的权衡组合，日本发明的JIT生产方法就是利用工人之间高度配合，省去许多烦琐的质量管理和控制方法，而代之以大量非常规的简洁有效的控制检查方法。又如，航空公司机上售票就大大降低了登机手续和柜台售票等多种费用。另一方面，从价值链中可以寻找到独特性的来源。从外观特点、客户服务、设计和品牌形象中都可以树立与其他企业有所差别的地方。我们不仅了解价值链的基本活动和辅助活动，更要学会从客户可感觉价值最大化出发分解价值链。

四、价值工程与客户体验分析

这是以上三种分析的附加或辅助方法。在分析企业内部活动之后，我们可以进一步分析与客户最贴近的产品或劳务，即客户体验分析方法。客户得到的价值包括核心价值、增值价值、特色价值和高体验价值。这是顾客感受最近的差异化来源。由迈尔斯（Miles）创造的价值工程方法可以广泛应用于产品或服务的实践中，通过提高功能与费用之比（F/C），逐一分析产品或服务的每一部件和环节，即可找到成本优势的源泉。价值工程方法与客户体验分析方法的结合分析意味着前三个层面分析的“低成本和差异化的真正融合”（synthesizing overall cost leadership and differentiation）能准确地传递给客户，如果客户不能充分理解或认同低成本与差异化融合带来的价值，企业所做的任何努力都会没有效果。

［章后案例］

富士胶片：创新与转型始终在路上

同是胶卷时代的代名词，富士与柯达转身的快慢，决定了命运的不同走向。2012 年，柯达申请破产保护，退出传统业务领域；富士胶片，十年磨一剑，用创新实现超越，重新定义了自己。2016 财政年度上半年财报显示，富士胶片上半年实现销售收入 106.75 亿美元，其中，影像事业领域实现销售收入 14.59 亿美元，信息事业领域（含医疗系统、医药品、生命科学等）41.11 亿美元。

1. 弯道突破

富士胶片发布中画幅无反相机时引发业界关注。在素来奉全画幅为尊的影像界，富士胶片一直特立独行，在 APS-C 画幅坚守多年，此次实现二级跳，直接进军中画幅领域，不免让人生疑：是否有意规避与佳能、尼康等品牌在全画幅市场的正面角逐？对此，富士胶片（中国）投资有限公司电子影像事业部有关人士表示，确有此方面的考虑，但最主要的原因还是“自信 APS-C 产品能在画质和清晰度上与全画幅比肩，在色彩上超过全画幅”。

富士胶片始终坚持在使用领域和操作理念上的突破。富士的 GFX 50S，机身仅重 920 克，搭配标准定焦镜头后，也只有 1230 克，相当于同等配置的中画幅数码单反相机重量的 60% 左右。而从其在东京发布会上公布的全球售价来看，价格也只有后者的 20% 左右。在抗低温、防滴溅和防尘方面，GFX 50S 的一位首批体验者公布了他的实践结果：即使在零下 30℃ 的加拿大冰泡湖上，GFX 50S 仍可以持续工作；除此之外，富士相机的液晶翻转屏在极限环境下可以为他取景免除很多艰难的拍照姿势。

2. 借力打力

《富士胶片中国·可持续发展报告》中有这样一段话：以创新作为武器，不断识别业务与解决社会问题之间的联系，进而将可持续发展挑战转化为公司发展的动力，创造经济价值和社会价值的统一。

这段话可以看作是对富士胶片在中国乃至全球转型发展的概括。2016 年初富士胶片高层接受媒体采访时表示，富士胶片的转型已经完成了 80%，剩下的 20% 需要由医药、医疗产品来填补。

把在胶卷时代积累下的精细化学等核心技术延伸到医疗健康领域，是富士胶片转型牌中的一大亮点，在投入和布局方面，富士胶片出手也颇为大方。早在2006年，富士胶片就出资收购了两家法国医疗设备公司，随后，又在医疗领域陆续完成了10多次的收购与合并；2008年，富士胶片进军药品与医疗领域，两年后又启动再生医疗业务；2012年通过并购索诺声公司，正式进入超声诊断市场。在收购东芝医疗系统失败后，富士胶片又将目标瞄准了日本最大的新药试剂制造商和光纯药。

在中国，2016年10月富士胶片宣布对华润医药集团出资，认购8.2亿港元的普通股，取得华润医药约1%的股权。据悉，华润医药在中国拥有109家销售子公司、114家物流中心，并通过网络向超过4.1万家的医院直接供货。富士胶片此举也被视为借道华润开拓在华医疗业务。

资料来源：张军红．富士胶片：创新与转型始终在路上［J］．经济，2017（3）：122－123.

本章小结

战略分析与选择是基于企业内外大量客观信息对企业战略进行初步分析和最终确定，简言之，即是基于企业内外客观条件的战略制定过程。具体而言，包括基于企业内外条件的对战略方案的初步确定和对备选战略方案的进一步筛选。本章介绍了三种基于企业内外条件的战略分析方法，它们是企业战略最初形成的有效方法。

复习思考题

一、简答题

1. 大企业可以选择的战略有哪些？为什么？
2. 中小企业可以选择的战略有哪些？为什么？
3. 在行业选择中需要考虑的主要因素有哪些？

二、论述题

1. 试述差异化战略实施的内外部条件。
2. 请分别举一个成本领先战略、差异化战略和聚焦战略的案例。
3. 请用波特的五力模型分析某行业。

第七章　扩张战略

企业所采取的战略，应该能够打破正常的产业发展进程并创造不利于竞争者的新产业条件。企业的扩张战略需要超出现在的业务组合范围，可以在产业链的纵向、横向进行延伸，也可以进行平台化转型，或者是进行跨界经营，在新业态下构建竞争优势，获得高于竞争对手的超额利润。一体化战略、多元化战略、国际化战略是在原有核心竞争力的基础上，进行业务的产业链拓展、行业拓展、地域拓展，属于相对静态环境下传统企业的扩张战略选择。平台化战略、跨界经营战略并不一定是企业核心竞争力的转移和延伸，而是数字经济时代基于双边市场战略、网络效应、价值网理论等进行扩张的战略行为。本章主要解决涉及以下问题的内容：一体化战略、多元化战略、国际化战略、平台化战略、跨界经营战略、扩张战略的实施。

［学习目标］

◇ 掌握一体化战略的内涵、类型和风险收益

◇ 掌握多元化战略的内涵、类型、动因和实施条件

◇ 理解国际化战略的内涵、类型、动因和进入模式

◇ 掌握平台化战略的内涵、类型、理论基础，理解平台化战略的特点

◇ 掌握跨界经营战略的内涵、动因和类型

◇ 理解扩张战略的实施方式

［引例］

广新控股集团有限公司的平台化战略转型

广东省广新控股集团有限公司（以下简称广新）是2000年由广东省省属专业外贸公司组建的国有大企业集团。经过19年发展，从一个传统外贸企业逐步发展成为具有较强资源整合能力和价值创造力的投资控股型企业集团。

2011年开始，广新集团从网上营销展示、电子交易服务以及业务与供应链协同三个层次，规划了总体的电子商务体系，开始谋划平台化战略。广新集团的平台化战略的构建分为“平台化战略愿景”“平台内容开发”和“平台生态管理”三个方面。

1. 平台化战略愿景

首先，“广新平台”拟定商业模式要解决的核心问题为：如何为海外客户筛选优

质的供应商？如何为中小企业提供优质外贸服务？如何推动集团内部子公司的经营转型？其次，分析集团公司的资源基础，考虑如何充分利用自身的贸易网络、出口品牌、银行资信、外贸人才、良好商誉、实物资产等资源优势的问题。最后，明确了集团电子商务平台的战略愿景，即"从简单地卖产品到为客户提供产品设计、生产组织、物流配送等一揽子服务，从货源渠道、客户网络及产品组织与开发能力上为客户提供全方位解决方案为目标，成为国际商贸供应链解决方案的制定者、执行者、提供者和服务者"。

2. 平台内容开发

广新的平台内容开发定位于创新、垂直和融合三个方面。其一，从内部创新产品和服务功能，充分抓住自身既有的大客户和中小企业战略资源；其二，在既有的业务流程下，为平台用户（集团业务员和客户）的询价、资讯、交流、合作研讨等活动开发深度服务平台，通过垂直沟通降低客户的贸易成本，提升贸易经营效率；其三，利用集团资金、经验和技术打通产品链，将集团资金平台、融资平台、业务平台及技术平台交互融合。平台运作从以下方面展开：创新交易服务、提供融资服务、开展营销服务、推动"线上＋线下"融合、构建全球 B2C 资源中心、建设智能化商务中心。

3. 平台生态管理

广新集团通过搭建内、外两层生态圈，形成了"双轮驱动的平台战略"，如图 7－1 所示。第一层是内层 B2B 生态圈。以"广新商务平台"为核心，通过电子商务平台将集团下属子公司的中介服务资源、客户资源上线，同时在商务平台内引入提供专业服务的战略联盟伙伴。随着平台发展以及新成员的加入，规模效应和网络效应会进一步凸显平台的价值。在内平台上，以信息技术的效率价值为基础、平台功能的服务增值为聚合力、以平台用户的交互价值为推动力，提高平台的"供需匹配效率"，通过横向深度嵌入式升级，创造了一种新的创新性交易机制，节约了用户间的交易成本并扩张了交易规模。广新集团利

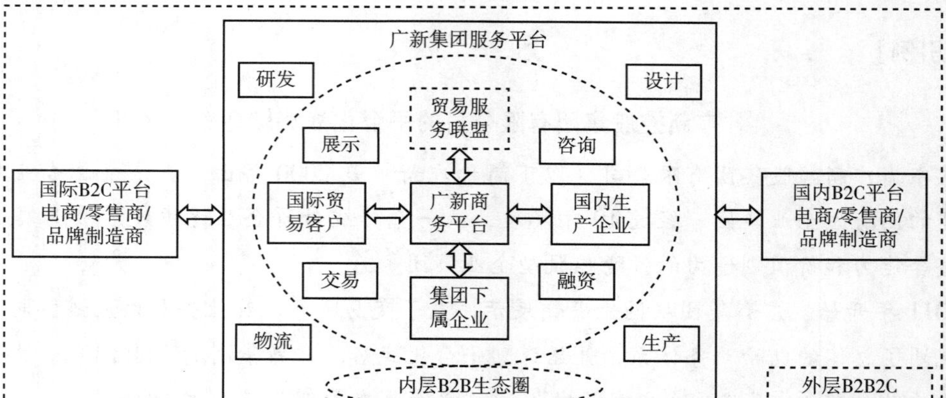

图 7－1　广新集团的平台化战略

用商务平台为供方、需方、子公司（中介方）、专业贸易服务厂商四方架构了价值逻辑清晰的贸易（服务）“产品”内层生态系统。

第二层是外层 B2B2C 生态圈。在外层生态圈中，广新集团则充当了“链主”的功能，由于拥有内层商业平台，所以其控制了内层生态圈。第二层生态圈是广新与国内外大型（包括线上和线下）B2C 厂商（平台）组建的商业合作网络。不同于第一层生态圈基于“从链到环”的横向深度嵌入式升级，在第二层生态圈中，广新集团获取了卡普林斯基意义上的“组织—机构（创新）经济租金”，进行了纵向深度嵌入式升级。具体来说，由“广新集团公司平台”扮演内外圈的商业中介角色，根据商业合作的特定需求，灵活组织或投资研发、设计、生产与物流资源，以“链主”的身份组织“平台成员库”内的供应链资源，完成商业交易。

资料来源：常路，符正平．数字经济转型下传统企业的双平台战略与组织变革——以广新集团为例［J］．企业经济，2019（9）：69－76.

第一节　一体化战略

一、一体化战略的内涵

一体化战略（integrative growth strategies），即企业的生产经营活动在产业链上加以延伸，从而扩大经营范围和经营规模，在供产、产销方面实现纵向或横向联合的战略。一体化战略也可以指企业基于产业链，将原来可以独立进行的、相互连续或相似的经济活动组合起来。相互连续的活动组合即为纵向一体化（vertical integration）；相似的活动组合即为横向一体化（horizontal integration）。一体化战略的形式如图 7－2 所示。实行纵向一体化战略的企业较为普遍。

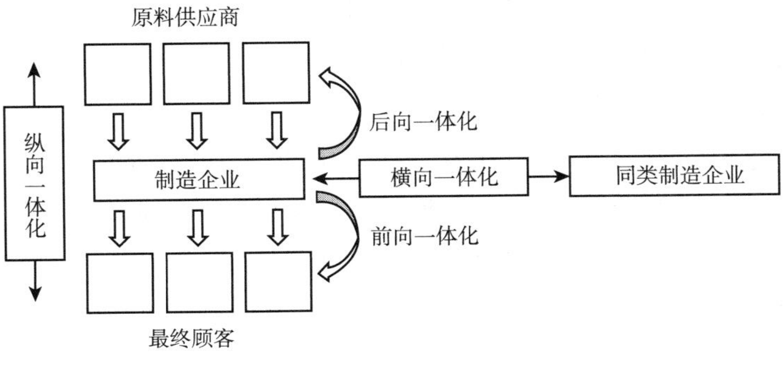

图 7－2　一体化战略的形式

二、一体化战略的类型

1. 纵向一体化战略

纵向一体化战略是企业的生产经营活动沿着产业链上游或下游进行延伸。该战略可以进一步细分为前向一体化战略、后向一体化战略。

（1）前向一体化战略。前向一体化战略（forward integration strategy）是指企业的经营活动向下游延伸，即获得分销商或零售商的所有权或加强对它们的控制。例如企业将自己的产品进行深度加工，提高其附加值再出售或组建销售产品的网点，直接面对消费者等。

数字经济时代，越来越多的制造商通过建立网上直销系统，实现前向一体化。前向一体化战略在电子类产业中表现较为突出，如微软采用前向一体化战略开了新零售店，与它的竞争对手苹果相似，在全球开设零售店。再比如，德国的奔驰汽车公司就是两位创始人在发明和制造发动机基础上发展起来的。汽车行业实施前向一体化战略较早。例如，最初丰田、福特等汽车公司在美国拥有数千家的经销商，这造成它们对经销商难以控制。于是，汽车行业进行了大规模的前向一体化，福特等公司大幅减少经销商数量，加大了直销的力度。

不是任何行业在任何条件下都可以实施前向一体化战略的。在以下六种情况下，企业推进前向一体化战略可能特别有效果：

①企业现有的分销商要价太高、不可靠，或者没有能力满足企业的分销要求。

②企业目前可以利用的合格分销商非常有限，前向一体化可以让企业获得竞争优势。

③企业处于不断上升且预期会继续显著成长的产业中，可以实行前向一体化战略。

④企业拥有足够的资金和人力资源，可以管理分销自己产品的新业务。

⑤企业生产力稳定且优势明显时，可以考虑前向一体化，因为企业可以借此更好地预测产品的未来需求，减少产品生产的波动。

⑥企业现有的分销商或零售商拥有较高的利润率，同时给出更具有竞争力的报价。

（2）后向一体化战略。后向一体化战略（backward integration strategy），是指企业获得供货方公司的所有权或增强对其的控制。例如，自行组织生产本身所需要的原材料、能源、包装器材等而不再向外采购。

随着竞争环境的变化，苹果公司也在 2009 年做出了重要的战略调整，开始后向一体化战略，即自己生产电脑芯片，以避免苹果的技术被竞争对手窃取。苹果公司设想很快能够生产出自己开发的芯片，招聘了许多芯片研发工作人员，用于 iPhone 和 iPad 触屏播放器。苹果的这项战略旨在减少与外部芯片供应商分享苹果技术方案的细节，同时也打破了多数大型电子公司将芯片和其他组件开发外包给供应商的长期趋势。

在以下七种情况下，企业实施后向一体化战略可能特别有效果：

①企业现有的供应商要价太高、不可靠，或者不能达到企业对零配件、组装件和原材

料的需求。

②供应商数量很少，竞争者数量较多。

③如果企业处于一个不断上升的产业中，可以实行后向一体化战略。

④企业拥有足够的资金和人力资源，能够管理为自己提供原材料的新业务。

⑤当价格稳定这一优势特别重要时，企业可以采取后向一体化，通过对原材料的控制来稳定原材料供应价格。

⑥企业当前的供应商利润较高时，可以推行后向一体化，因为高利润意味着供应商提供的产品和服务是有利可图的。

⑦企业急需购买所需资源时，可以考虑后向一体化。

2. 横向一体化战略

横向一体化战略（horizontal integration strategy）是一种获得对竞争对手的所有权或者增加对竞争对手控制权的战略。企业的战略管理实践中，最显著的趋势就是把横向一体化作为一种增长型战略。竞争者之间的兼并和收购有利于提高规模经济效应，促进资源和能力的转移和整合。实施横向一体化战略的企业，不会跨出原行业范畴。我国实行横向一体化战略的企业日益增多，国家从宏观层面为了推进经济结构调整，改变某些产业内的部分过多、力量分散、不规模经济的状况，制定了鼓励产业中的优势企业兼并或收购劣势企业，即实行横向一体化战略的政策。例如，我国汽车行业的骨干企业第一汽车制造厂和第二汽车制造厂分别在全国范围内进行了兼并整合，均成功地组建成规模优势明显、综合实力较强的企业集团。

在以下五种情况下，企业实施横向一体化战略可能特别有效果：

（1）企业可以在特定的地区或领域内获是垄断地位，同时又不会被政府指控为对消弱竞争有“实质性影响”。

（2）企业在一个呈增长态势的产业中竞争。

（3）企业可以借助横向一体化实现规模经济效应，从而为企业带来竞争优势。

（4）企业拥有扩展规模所需的资金和人力资源。

（5）当竞争者缺乏管理技能，或者需要获得其他企业的某种特殊资源而陷入困境时，可以考虑横向一体化。但需要注意的是，如果竞争者因为整个产业的销售量下降而造成经营不善时，不可以选择横向一体化。

三、一体化战略的收益及风险

1. 纵向一体化战略的收益及风险

（1）纵向一体化战略的收益。

①可以实现范围经济，降低经营成本。范围经济是通过同时生产或经营几种相关产品或服务带来成本的节约。其本质是：依赖生产的相似性，达到以尽可能少的投入实现生产

的多元化，从而达到扩大经营、规避市场风险的目的。

②提高差异化能力，形成经营特色。企业规模扩大、成本降低和控制加强，会提高行业进入壁垒；加强对关键零部件设计的控制，有可能更好地满足下游市场的特殊需求，进而增加对最终用户的控制。企业有机会通过使用特殊原材料、零部件或技术等寻求区别于同行业竞争者的产品特色。

③有助于开拓技术。纵向一体化提供了熟悉上游或下游相关技术的机会，这些技术信息对基础经营技术的开拓与发展非常重要。如许多领域内的零部件制造企业发展前向一体化体系，可以了解和学习零部件装配的技术。

④确保供给和需求。纵向一体化能够确保企业在产品供应紧缺时得到充足的供应，或者在总需求很低的时候能有一个畅通的产品输出渠道。纵向一体化可以有效减少上下游企业交易行为的不确定性。

⑤削弱供应商或顾客的价格谈判能力。如果一个企业在与供应商或顾客做生意时，供应商和顾客有较强的价格谈判能力，且投资收益超过了资本的机会成本，那么即便存在风险也会实施前向或后向一体化战略。

⑥提高行业的进入壁垒。企业实施纵向一体化战略，可以使关键的投入资源和渠道控制在自己的手中，提高进入行业的成本，从而使行业的新进入者望而却步，防止竞争对手进入本企业的经营领域。

（2）纵向一体化战略的风险。

①弱化了激励效应。纵向一体化意味着通过固定关系来进行购买和销售，把市场交易内化为企业的内部交易，这样可能会减弱激励效应，从而降低企业的内部运作效率。

②加大了管理难度。实行纵向一体化战略的企业，通常是使两个或不同企业合并或联合在一起，企业的管理层次和管理幅度都会增加，管理职能更加复杂，管理难度相应加大，管理成本也提高。

③难以平衡生产能力。纵向一体化后，上游单位和下游单位的生产能力必须保持平衡，否则企业不得不向竞争者购买或出售产品。为了避免强化竞争者的地位，竞争对手不太情愿与本企业做配套生产。

④影响技术扩散与变迁。纵向一体化后，上下游企业形成紧密联合体，技术可以在上下游企业中进行扩散，而无法扩散到一体化企业之外。同样地，为了维护上下游企业联合体的利益，上游企业或下游企业都有可能拒绝接受外部的先进技术，从而影响本身的技术进步，从而成为技术变迁的障碍。

⑤快速响应差。后向一体化企业后，企业进入零部件的生产环节，可能会降低生产的灵活性和专业化程度，不能够快速将新产品推向市场。

2. 横向一体化战略的收益及风险

（1）横向一体化战略的收益。

①实现规模经济。横向一体化通过收购同类企业达到规模扩张，这在规模经济性明显的

产业中，可以使企业获得充分的规模经济，大大降低生产成本，取得成本领先竞争优势。

②减少竞争对手。横向一体化是一种收购竞争对手的增长战略。通过实施横向一体化，可以减少竞争对手的数量，降低产业内相互竞争的程度，为企业的进一步发展创造良好的产业环境。

③扩张生产能力。横向一体化是企业生产能力扩张的一种形式，这种扩张相对较为简单和迅速。

（2）横向一体化战略的风险。

①管理问题。收购一家企业往往涉及收购后的整合问题，具体指母公司、子公司在管理协调上的问题。由于并购前双方公司在历史背景、人员组成、业务风格、企业文化、管理模式、管理体制等方面存在较大差异，所以母公司、子公司各方面的协调都会非常困难，这是横向一体化的整合成本。

②政策法规限制。横向一体化战略容易造成产业内的垄断结构，因此各国法律都对此做出了限制。如美国的《反托拉斯法》在确定一项企业合并是否合法时，需要考虑的因素包括：防止产业内的集中度；是否给予合并企业对其他企业的竞争优势；进入该行业是否困难；该行业内是否已经存在一种合并倾向；被合并企业的经济实力如何；对该行业产品的需求是否增长；合并行为是否存在激发其他企业进行合并的危险等。

第二节　多元化战略

多元化战略属于公司层战略的范畴，公司层战略指企业通过选取和管理不同市场上的不同业务来赢得竞争优势的行为。多元化战略就是企业将单一市场的单一业务拓展到多个产品市场中的多个业务领域。

一、多元化战略的概念

多元化战略（diversification strategy）又称多角化战略、多样化战略，是指一个企业同时涉足两个或两个以上相关或不相关的产业领域，向市场提供多种基本经济用途的产品，以避免在单一领域经营的风险，使自身能长期稳定地获取竞争优势，追求最大经济效益。多元化战略最初是由战略学家安索夫于20世纪50年代提出的，此后得到企业管理者的普遍应用。

多元化战略的目的是充分地利用现有资源。开展多元化经营可以规避风险，实现资源共享，创造出更多的协同效应，产生“1+1>2”的效果。多元化战略是相对于企业专业化经营而言的，其具体内容包括产品多元化、市场多元化、区域多元化。产品多元化指企业新生产的产品跨越了并不一定相关的多种行业，且生产多种系列化产品；市场多元化指企业的产品服务于多个市场的目标顾客，包括国内市场和国际区域市场，甚至是全球化市场；区域多元化指企业的经营活动不集中在一个区域，可以分散在多个区域甚至是世界各国。企业实施多元化战略一般都是同时涉及产品多元化、市场多元化和区域多元化，通常情况下都是从产品多元化开始拓展的。

对于多元化战略，无论是产品多元化、市场多元化、区域多元化，还是相关多元化和不相关多元化，一直都存在一些有争议的看法。一种是提倡企业多元化战略经营的说法，认为企业逐步做大时，“不要将鸡蛋放在同一个篮子里”，这样做可以“东方不亮西方亮”。一种是反对企业多元化战略的说法，认为“与其把鸡蛋放进不同的篮子里，还不如把所有鸡蛋放进同一个篮子里”，“不要将鸡蛋放在同一个篮子里”的做法是不科学的。后者的观点是基于以下原因：“装鸡蛋的篮子也需要钱”；“人们只知道把鸡蛋放在不同的篮子里，却不知道哪个篮子里有洞”；“无法保证捡到篮子里的一定是好鸡蛋”。

企业实践中，多元化战略是分层次的。根据多元化的层次和各业务间的关联程度，多元化公司可以划分为不同类型。图 7－3 将多元化战略定义为 5 个层次，单一业务和主导业务意味着非多元化或相当低的多元化，较高层次的多元化分为相关多元化和不相关多元化两类。当业务之间存在联系时，公司的多元化就是相关的，业务之间的联系越多，多元化水平的“限制”就越多，“非相关”则是指不同业务间没有直接联系。

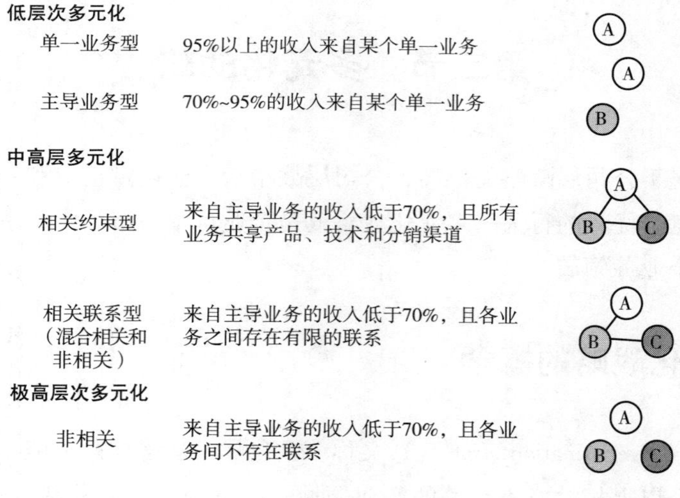

图 7－3　多元化的层次

资料来源：Adapted from R. P. Rumelt. Strategy, Structure and Economic Performance [D]. Boston: Harvard Business School, 1974.

二、多元化战略的类型

多元化战略包括两种基本类型：相关多元化（related diversification）和不相关多元化

(unrelated diversification)。业务相关是指业务彼此的价值链之间具有竞争价值的战略适应性；业务不相关则是指业务彼此的价值之间没有相似点，不存在有竞争价值的跨业务关系。也可以说，如果企业增加的产品业务在技术、市场、经验和特长方面与原有业务是相关的，就是相关多元化；若公司为平衡经营的风险而进入与原有行业完全不相关的业务领域，则称为非相关多元化。当然，企业的这种进入不是简单地跨行业经营，而是有选择地建立自己的产业组合或资产组合，以自己独特的优势取胜。

1. 相关多元化战略

相关多元化战略的特点是新增的产品或服务与原有的产品或服务在大类别上、生产技术上或营销方式上是相似的、相关联的，可以共同利用本企业的专门技能和技术经验、设备或生产线、销售渠道或顾客基础。采用这种战略一般不会改变企业原来归属的产业部门。世界上许多著名的公司，如通用、福特、丰田、本田等汽车公司，索尼、松下、日产、东芝等家用电器公司，杜邦、宝洁等化学公司，默克、辉瑞等医药公司，都是在实施相关多元化战略。

相关多元化战略是一种具有吸引力的战略，因为它代表了将存在于不同的经营业务价值链之间的战略匹配关系转变为竞争优势的机会。当一个企业以多元化战略进入存在机会的经营领域时，就会给企业带来这些战略匹配利益产生的竞争优势。这些机会有：将专有技能、生产能力或技术由一种经营转到另一种经营中去；将不同经营业务的相关活动合并在一起，降低成本；在新的业务中借用共同品牌的影响力；以能够创建有价值的竞争能力的协作方式实施相关的价值链活动等。企业经营的不同业务之间的相关性越大，带来竞争优势的契机就越大。

根据现有业务和新业务之间关联内容的不同，相关多元化战略又可以分为同心多元化战略、水平多元化战略。

(1) 同心多元化战略：即企业利用原有的技术、特长、经验等开发新产品，增加产品种类，从同一圆心向外扩大业务经营范围。例如，空调和冰箱都要利用压缩机技术，企业从生产空调向冰箱延伸就是同心多元化战略；而彩电是显像管技术，企业从生产空调向彩电延伸就不是同心多元化战略。

(2) 水平多元化战略：指企业利用原有的市场，采用不同的技术来开发新产品。水平多元化战略的特点是原有产品和新产品之间具有较强的市场关联性。例如，从生产牙膏向生产牙刷延伸就是水平多元化战略。

2. 非相关多元化战略

非相关多元化战略的特点是新增的产品或服务与原有产品或服务毫不相关，不能共用企业原有的专门技能、设备、生产线、销售渠道等。采用这种战略的企业，一般都是跨产业经营，通过收购、兼并其他企业的业务，或者在其他行业投资把业务领域拓展到其他行业中。国外很多大型企业都是通过不相关多元化战略发展起来的。例如，以生产万宝路香烟驰名的菲利普·莫里斯公司先后收购了米勒酒业、通用食品、纳斯克饼干公司，向食品产业转移。此外，该公司还兼营专用纸张、包装材料、房屋建造和设计等业务。2003 年，为了确立一种多元化的经营结构，该公司正式更名为“阿尔特里亚公司”。

除了相关多元化战略、不相关多元化战略之外，多元化战略还包括混合多元化战略。混合多元化战略是指业务组合构成中同时采取纵向一体化、共享型多元化和不相关多元化的业务组合。例如，其中几个业务之间可能是纵向相关，另几个业务之间可能是共享型相关，然而这两组相关业务之间又不是相关的关系。

三、多元化战略的动因

公司采用多元化战略的原因非常多，如表 7－1 所示。通常情况下，公司采取多元化战略主要是为了提升整体业绩表现，增加公司的价值。实行相关多元化战略或者非相关多元化战略时，如果该战略能够使公司在执行业务层战略的同时增加收入或降低成本，那么该战略就为公司创造了价值。

表 7－1　　多元化战略的原因

多元化战略的原因	具体内容
价值创造的多元化	范围经济（相关多元化） ——行为共享 ——传递核心竞争力
	市场影响力（相关多元化） ——通过多点竞争阻止竞争对手 ——纵向一体化进入
	财务经济（非相关多元化） ——有效的内部资金分配 ——业务重组
价值不确定的多元化	反垄断条例、税法、低业绩、未来现金流的不确定性
	降低公司风险、有形资源、无形资源
降低价值的多元化	分散管理者的工作风险
	增加管理者的报酬

资料来源：蓝海林．企业战略管理［M］．2 版．北京：科学出版社，2013.

企业实施多元化战略受内外部环境的影响。如果企业经营的外部环境中出现了较多的行业机会，或者是原有行业的行业结构和市场结构发生变化时，企业会通过多元化经营降低风险。从企业内部来看，多元化战略更多的是为了实现规模经济和范围经济，获得更高的收益。

1. 企业采用多元化战略的外部原因

第一，社会需求发生变化，产品需求趋向停滞。任何产品都会有其生命周期，随着人们消费结构发生变化，会使企业原有产品被市场淘汰，社会需求多样化发展给予企业新的市场机会。

第二，新技术革命的推动作用。新技术会推动生产过程中的新工艺、新材料、新产品层出不穷，这给企业实施多元化战略提供了技术基础。同时，新产业的不断兴起，也会推动企业在经营原有业务的同时逐渐向高附加值、前景较好的产业转移。

第三，竞争结构的变化。企业所有行业的竞争格局、生命周期、行业结构等发生变化时，都会使在位企业通过并购等扩大规模，改变原来的竞争态势。面对激烈的竞争局势，很多企业会以变应变，扩展业务范围或退出某些行业，以谋求竞争优势。

2. 企业采用多元化战略的内部原因

第一，实现经济目标。当企业原先制定的增长率、收益率目标无法完成时，企业会纠正目标差距，不得不通过多元化战略来弥补，以实现预期经济目标。一般情况下，目标差距越大，企业从事多元化战略的可能性越大。

第二，挖掘企业内部资源能力。企业资源包括资金、人力、技术、设备、原材料等有形资源，也包括信誉、销售渠道、品牌等无形资源。充分利用这些优势资源，可以实现规模经济和范围经济，从而提高经济收益，是企业采用多元化战略的诱因之一。

第三，规模经济和范围经济。企业实施多元化战略可以扩大企业规模，能在质量和数量方面占有优势，并得到规模经济优势。另外，多元化业务之间的资源、技术等可以共享，可以获得范围经济优势。

第四，核心竞争力转移。企业实施多元化战略可以将现有的竞争能力转移到新的业务中，以改善新的业务单位的竞争能力。企业也可以通过并购，将具有竞争能力的企业或业务单位并入本企业，获得差异化优势。

第五，企业重组。企业为了更多地创造价值，可以并购一些无效率或经营不善的企业，改善提升其业绩。企业重组的措施基本上是重新组建被购入企业的管理层，处理无生产力的资产，改善其生产运作。

除此之外，企业管理层的个体层面原因也会促使企业进行多元化经营，如富有创新精神、敢于开拓的高层管理者，采取多元化战略的可能性比较大。

四、实施多元化战略的条件

多元化战略越来越受到企业的重视，正确地运用多元化战略，可以使企业做强做大，繁荣企业。但是，并非所有的企业都适合采取多元化战略，有些企业采取多元化战略后却遭受失败。其原因可能是企业对要进入的领域预测失误，或者是盲目地进入不熟悉的领域，导致进入新领域后企业资源分散，产生各方面的冲突导致战略失败。企业在进行多元化经营之前，需要认真思考几个问题，如表 7－2 所示，慎重地进行战略选择。或者，可以简单地通过回答以下问题帮助企业判断是否适合发展新业务：业务能否满足公司盈利目标？业务是否需要大量的资金投入？业务是否有增长潜力？业务是否足够大，可以为公司的利润做出多大贡献？业务发展是否存在政府法规的限制？业务是否容易受经济周期和政府政策的影响？

表 7－2　　多元化经营六问

项目	内容
基础稳	在当前市场上，比对手做得更好的是什么
进得去	为在新市场上取得成功，必须具备什么优势
站得住	进入新业务领域能否迅速超越其中的现有竞争者
无冲突	多元化是否会破坏公司现有整体战略优势
能取胜	在新业务领域中，公司是否有可能成为优胜者
有发展	多元化是否能为公司进一步发展打下基础

资料来源：魏江，邬爱其，等．战略管理［M］．北京：机械工业出版社，2018.

实施多元化战略，企业必须具备的条件包括以下几个方面。

1. 企业战略和目标

多元化企业必须拥有一个超越于具体业务的企业战略目标，这个战略目标应该更加强调企业的愿景和总体控制，避免业务单元成为没有战略的利润中心。同时，企业必须要有明确的目标以保证在多元化的过程中不会被外力所左右而失去控制，避免盲目多元化。

2. 企业规模实力

企业本身具有拓展经营项目的实力。拥有资金、技术优势的企业集团，实力雄厚，目标远大，出于对长远利益的主动追求，多元化经营成为这些企业发展的主要方向。具有人才优势的大型企业为了尽可能避免多元化战略对企业带来的不利影响，企业在选择新业务时必须明确业务的选择标准。

3. 企业文化

多元化企业必须培养具有较强凝聚力和控制力的企业文化，使企业能够通过共同的理念减少管理成本，降低管理风险。

除此之外，企业在选择实施多元化战略时，必须选择合适的时机、合适的速度和合适的方式，才能够保证多元化战略给企业带来高收益。

五、多元化战略的收益与风险

1. 多元化战略的收益

多元化战略在增加企业实力、分散经营风险、发挥资源潜力、树立企业形象方面具有十分重要的作用。

第一，充分利用企业内部优势。与专业化经营的企业相比，多元化经营的企业相当于将原来的由多个专业化经营企业的经营活动组合在一个企业内部进行，或者是将多个产业、产品放在一个企业或企业集团内进行，使得这个企业可以充分利用企业的技术优势、市场优势、管理优势等资源优势，合理配置资源，提高资源的利用效率。

第二，获得市场机会。通过多元化战略，可以使企业进入更多的行业或产业，充分运用各种资源实现多种业务整合，充实系列产品结构或丰富产品组合结构。

第三，降低或规避经营风险。实行多元化战略，可以将企业资源分散到不同产品或行业经营中，当企业遭受某一产品或经营领域的挫折时，能迅速从不良业务中退出，通过其他产品或行业的成功经营来弥补亏损，提高企业的抗风险能力。

第四，提高人员内部流动效率。实施多元化战略的企业，可以在内部各业务部门之间实现人员流动，尤其是技术人员和管理人员的流动，而不必完全依赖于常规的招聘和解雇程度，从而提高了企业的效率。

第五，获得协同效应。企业采用多元化战略后，新老产品、新旧业务、生产管理与市场营销等各个领域，都具有内在联系，存在着资源共享性，互相之间能够起到促进作用，实现管理、营销、生产、技术、财务方面的协同效应。

2. 多元化战略的风险

尽管多元化战略的收益明显，但是潜在的风险也是不容忽视的。

第一，管理难度增大。企业在不同的业务领域内经营，会因不同的行业需要不同的管理方式、经营理念，而使企业的管理与协调工作复杂化，降低管理效率。尤其是企业进入与原有业务相关度不高的新领域时，企业原有的管理方式和理念不一定有效，造成组织结构不稳定，加大经营管理失控的风险。

第二，资源分散。实行多元化战略的企业，使企业的资金、资源被分摊到多项业务中去，这会导致企业的核心竞争力丧失；同时也可能陷入资源短缺、资金周转不灵、收缩业务或破产的境地。

第三，影响核心能力的培养。实行多元化经营的企业，核心竞争力可能被打破，如果新业务发展不利，不但不能够创造新旧业务之间的协同效应，反而会对原有品牌价值造成不良影响，从而影响企业核心业务所创立的品牌基础。

第四，打破新业务进入壁垒需要成本。打破新产业进入壁垒时必须付出成本，如额外的营销费用等。同时，现有的竞争者的价格优势、技术水平、管理水平会建立起较高的行业壁垒，企业进入新产业时会面临较大风险，可能会由于缺乏人才、技术等因素，很难在新产业中获取竞争优势。

第三节　国际化战略

一、国际化战略的概念

企业的国际化指的是企业跨过国家边界从事经营活动的战略行为，同时也是区域多元化（geographic diversification）的战略行为。企业的国际化表现为国内企业参与国际分工和经济一体化进程，企业扩张活动跨越国界进入不同市场或区域，逐渐发展为一家国际企业或跨国公司的进程。

国际化战略（internationalization strategy）是企业产品与服务在本土之外的发展战略。随着企业实力的不断壮大以及国内市场的逐渐饱和，有远见的企业家开始把目光投向本土之外的全球海外市场。企业的国际化战略是企业在国际化经营过程中的发展规划，是跨国公司为了把企业的成长纳入有序轨道，不断增强企业的竞争实力和环境适应性而制定的一系列决策的总称。

国际化最基本的特征就是它涉及两个或更多国家的经营活动，或者说其经营活动被国界以某种方式分割。也就是说，国际化经营和传统国内经营的最根本区别在于企业是否进行了商品、劳务、资本、技术等形式的经济资源的跨国传递和转化。一般来说，如果一个企业的资源转化活动超越了国界，这个企业就是在开展国际化经营。企业经营国际化可以分为"内向型国际化"和"外向型国际化"。"内向型国际化"是指国内企业引进国外企业的产品、技术、资金、人力资源等要素或资源，从而使自己参与国际分工和国际市场竞争的过程，俗称"引进来"；"外向型国际化"主要指出口、技术输出、对外投资、建立海外子公司和分公司等，俗称"走出去"。这两种类型的国际化存在着一定的联系。随着经济一体化和全球化加剧，企业的国际化扩展成为一种发展趋势，大型的世界级企业和跨国公司不断出现，越来越多的中国企业也开始实施国际化战略。真正意义的国际化就是资源配置的全球化，是一种资源配置方式的改变，即充分利用、合理配置全球资源，生产出低成本、高质量的产品。而这种资源配置的全球化也正是由生产制造全球化、市场全球化、技术全球化、人才全球化、资金全球化、品牌全球化推动的。

二、国际化战略的类型

企业的国际化战略分为两个层次，即国际业务层面的国际化战略、国际企业层面的国际化战略。对于业务层面的国际化战略，企业依然可以选择通用的战略，如成本领先、差异化、聚焦成本领先、聚焦差异化、整合成本领先/差异化。企业层面的国际化战略，包括多国化战略、全球化战略、跨国战略。企业要想创造竞争优势，每种战略的运用都必须基于稀有资源和难以模仿的能力。

企业可以根据当地市场需求的响应能力、降低成本压力两个方面的能力，来选择具体的国际化战略类型（见图7－4）。实施多国化战略的企业可以通过提高当地市场需求的响应能力而取得差异化收益；实施全球化战略的企业可以通过提高全球资源整合效率而取得低成本收益；跨国战略则试图通过整合全球战略和多国化战略，同时取得差异和成本两个方面的收益。

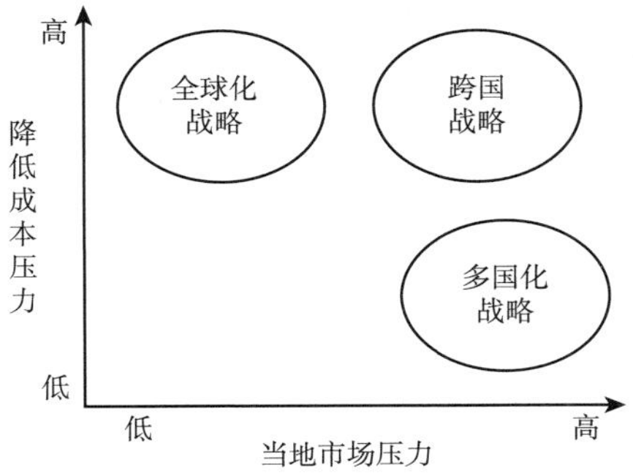

图7－4　国际化战略选择

1. 多国化战略

多国化战略（multinational strategy）也称本土化战略，是一个分散战略和经营决策的国际化战略，让每一个国家的战略业务单元自主决策，通过产品定制化来响应当地市场。这个战略假设市场有所不同，可以按照国家边界来进行细分。掌管一个国家或区域业务的跨国公司子公司经理，具有自主权来定制企业的产品或服务以满足当地客户的特殊需求。因此，多国化战略会倾向于最大化地对特殊需求采取积极响应。多国化战略通过“量身定制”满足不同国家或地区市场的需求，成本会很高，很难形成规模经济优势。

2. 全球化战略

全球化战略（global strategy）也叫全球标准化战略，本质上是在全球范围内通过标准化的产品或服务来赢得市场。相对于多国化战略，全球化战略趋向于集中控制和母国总部控制。战略业务单元在每一个国家可能是相互关联的，但要母国总部整合这些业务单元。全球化战略允许公司在不同国家的市场上提供标准化的产品，可以寻求全球范围内的生产效率，强调规模经济。全球化战略的决策和控制在母国总部，可以较好地协调不同国界的资源分享，建立子公司间的合作关系。但是，全球化战略会因缺少适应当地市场的产品，而使企业放弃本地市场的一些特殊发展机遇。

3. 跨国战略

跨国战略（transnational strategy）是将追求全球效率和当地响应结合起来的国际化战

略。全球日益增多的对手提高了竞争难度，不仅要求企业通过标准化的生产降低成本，而且还要提供定制化产品来响应日益复杂的、寻求专业产品的当地市场。由于文化和制度差异，企业还需要根据当地市场环境调整其产品和经营方法。这些情境要求跨国公司能够将标准化和本土化结合起来，在标准化和定制化两个方面做出取舍和平衡。

以上三种类型的国际化战略，在战略导向、资源和能力配置方面存在差异，如表 7－3 所示。企业可以根据自身的条件来选择不同的国际化战略。

表 7－3　不同国际化战略的战略导向、资源和能力配置

项目	多国化战略	全球化战略	跨国战略
战略导向	通过强烈的、多样的、创业型的国家运作，响应不同国家的差异化需求	通过集中化和全球规模的运作来建立技术优势	建立全球高效性、灵活性和持续学习能力
资源和能力配置	分权化和国家自给	集中化和全球运作	分散化、互相独立和特殊化

三、国际化战略的动因

1. 发达国家的动因

企业为什么要实施国际化战略？对于这一基本问题，发达国家企业的发展历程给出了四个方面的通用动因：寻求资源、寻求市场、寻求效率、全球战略。

（1）寻求资源。如果国内缺乏某种资源，或者某些资源在其他国家的成本比较低，或者某些特定资源在其他国家不具有可转移性，则企业就会为了获得这些资源而进行国际化。国际化所寻求的资源包括自然资源、人力资源、技术资源、财务资源等。

（2）寻求市场。寻求市场的动因是指占据和扩大海外产品市场为目的。寻求市场的动因主要出现在以下两类企业中：第一种企业是那些已经在母国取得优势，特别是拥有专有技术和品牌的企业，通过这些优势的跨国界转移可以促使企业在海外市场中获得某些竞争优势。第二种企业则是因为国内市场狭小，难以吸收其所在产业所需要的大批量制造加工能力或难以达到最低规模经济，从而导致经营成本过高。所以这些企业会主动通过国际化寻求国外市场。

（3）寻求效率。寻求效率的动因指的是通过国际化获得在生产制造、交易（销售）、资本运作等方面的有利条件，从而提高企业运营的效率。一是充分利用不同国家之间的传统要素禀赋差异来降低企业成本；二是指利用规模经济和范围经济以及不同国家的消费者偏好和供给能力差异来提高产出。寻求效率大多数是大型跨国公司的国际化动因。

（4）全球战略。对于某些大型跨国公司，通过国际化进入某些国家市场是基于战略布局的需要，旨在通过全球范围内的水平分工和垂直分工达到资源最佳配置的目的，最大限度地获得在全球范围内的竞争优势。例如，在世界范围内建立生产基地，以实现内部的水平分工和垂直分工；大规模地全球扩张以应对竞争对手的动态竞争等。

2. 发展中国家的动因

在20世纪90年代之后，发展中国家或新兴经济体国家的企业的国际化行为越来越难以用以上四个动因进行解释，学术界针对发展中国家企业的国际化现象，又归纳了两种新兴动因。

（1）学习。学习动因在回答发展中国家企业为什么进行国际化的问题上具有很强的解释力，特别是中国企业进入发达国家市场的情景。基于不同的战略意图，企业可以通过进入东道国市场获取所需要的知识和技能，增加国际化的经验或有关资源和能力，从而为企业提升特定优势奠定基础。此外，学习作为一种动因也表明了发展中国家企业国际化起点的差异性。

（2）寻求战略性资产。战略性资产是指对企业建立竞争优势或生存、发展具有战略意义的资产，包括关键技术、特别知识、营销资源、高级人力资源等。寻求战略性资产强调在东道国获得对企业至关重要的资源或能力，从而增强自身的特定优势。寻求战略性资产的国际化进入方式往往表现为跨国并购或战略联盟。

四、国际化战略的进入模式

国际化扩张意味着企业产品出口、参与许可贸易协议、形成战略联盟、跨国并购及建立新的全资子公司。这些不同模式的市场承诺水平和控制水平不同，并且各自有不同的优缺点。企业推进国际化战略可以选择不同的模式或路径，并且绩效表现也不同。表7－4给出了不同国际化战略进入模式的优缺点。

表7－4　国际化战略进入模式的优缺点

进入模式	优点	缺点
直接出口	集中在母国生产，具有规模经济效应；可对分销商进行更好的控制	特殊产品的高运输成本；与顾客的销售距离较远；存在贸易壁垒
间接出口	生产资源集中；不需要直接操作出口过程	对分销商控制较低；不能学习如何海外运作
许可/特许经营	低开发成本；海外扩张风险低	对技术和营销控制低；可能会造成竞争；不能参与全球协调

续表

进入模式	优点	缺点
战略联盟	分担成本和风险；获取合作伙伴的知识和资产；政治上可接受	合作伙伴间可能在目标和利益上存在分歧；有限股权和有限的经营控制；全球协作困难
并购	完全股权和完全经营控制；可保护技术和专门技能；全球协调能力强；快速进入	制度差异带来高风险；文化差异带来高风险；并购后整合较难
全资子公司（绿地投资）	完全股权和经营控制；可保护技术和专门技能；全球协调的能力强	潜在的政治问题和风险；发展成本高；进入速度慢（相对于并购）

（1）出口。出口产品或服务到其他国家是许多产业的企业在开始国际扩张时通常会采取的国际进入模式。无论是直接出口，还是间接出口，出口商对其产品在东道国的销售和分销控制较少，并不得不依靠东道国的分销商。企业仅凭出口很难获得国际竞争优势。

（2）许可。许可贸易协议允许一家外国公司的购买权利，这种权利使得购买企业能够在一个或许多个东道国制造和出售企业产品。许可形式也许是国际扩张中成本最低的，但是也会降低企业对自身的产品在东道国的制造和销售控制能力。

（3）战略联盟。战略联盟是多种企业间的合作协议的总称，这些合作协议包括从共同开发到正式的合资企业和少数股权参股等。战略联盟可以使企业进入国际市场时互相分担风险、共享所需资源，并且能够帮助增加企业产品在制造和销售上的竞争力。新兴经济体国家的跨国公司的国际化模式，较多地倾向于以国际战略联盟的形式展开，以获得较多的技术和经验。

（4）并购。跨国并购是最快、最大规模的国际扩张，并且还能够带来运营上的协同效应。与国内并购活动相似，这些协同效应可以表现为生产运作活动环节共享、设备设施共享、全球销售渠道共享、合作开发新产品等，可以带来较高的收益。但是会因国家间的制度差异、文化差异等使并购后的整合难度较大。

（5）全资子公司。建立新的全资子公司被称为“绿地投资”。在东道国建立子公司的成本较高，但是却能够让跨国公司对技术、营销、分销等方面进行最大限度的控制。当企业拥有专利技术、品牌等无形资产时，建立全资子公司获得控制权非常重要，也能为企业带来高水平的回报。当跨国公司在东道国经营的各种风险较高时，企业会偏向于合资而非建立全资子公司进入市场。

大多数跨国公司选择进入国际市场的模式顺序，都是从出口开始，到并购、建立全资子公司结束。企业可以在不同的市场上，采取不同的进入模式。关于具体选择哪一种进入模式，需要结合行业的竞争格局、国家形势和政府政策、企业自身的资源能力和核心竞争力而进行。

五、国际化战略的风险

企业选择和实施国际化战略，意味着企业的经营环节延伸到国外的其他国家和地区，由于不同国家的制度差异、文化差异等，企业的国际化战略也必然面临一些风险。

（1）政治风险。政治风险是与政局的不稳定及其国内外战争有关的风险。政局的不稳定会产生一系列的问题，如经济风险、政府制度修改带来的不确定性、各种社会冲突、法律权威受到威胁、可能的私有财产国有化等。在一国进行投资的国外企业通常很关注该国的政局稳定性，以及政府对其投资和资产的影响。

（2）经济风险。经济风险和政治风险是相互依存的。国际化进程中的经济风险主要是汇率变动对企业未来国际化经营盈利能力的影响，具体表现为汇率变化对企业产品价格、成本和数量的影响。比如自 2008 年金融危机以来，人民币汇率升值带来的压力，使许多产品的出口价格受到影响，特别是中国的纺织、家电、电子等劳动密集型企业，人民币汇率因素也促使这些出口加工型企业转型升级。

（3）经营风险。经营风险主要来自东道国环境，特别是制度环境不熟悉时所产生的不确定性。一国的制度环境既包括正式的制度，如法律、法规、政策，也包括文化和传统观念等非正式制度。当企业作为外来者（foreigner）进入东道国市场时，对正式制度尤其是非正式制度的不了解或不适应可能带来巨大的经营风险，如国外工会的力量对企业施加的影响等。

第四节　平台化战略

随着数字经济的到来和网络技术的飞速发展，新技术、新理论、新市场、新环境促使国内外出现了大量的平台型企业，其中最著名的代表有阿里巴巴、美团外卖、58 同城等。这些企业通过打造平台型的商业模式，在短时间内飞速增长，超越了传统企业。

一、平台化战略的内涵

新经济形态正在改变企业的生产方式和创新模式，平台正式成为一种普遍存在的市场形式和组织形式，拥有成功的平台逐渐成为企业获得竞争优势的重要途径。平台具有一定的经济性，能够创造较高价值。

平台化战略是一个生态系统，是以组织和个人（商业世界中的有机体）相互作用为基础的经济联合体，具体是指供应商、生产商、销售商、市场中介、投资商、政府、消费者等以生产商品和提供服务为中心组成的群体。平台型企业需要设计出一个多方的联合行动计划，为系统中的每一方创造不同的价值，使多个用户群体，包括供应商、最终用户、广告商甚至平台企业自身实现资源共享、互利共享，注重社会、经济、环境综合效益，共同维持系统的延续和发展，最终实现多方共赢。

从学术定义来看什么是平台化战略，首先需要弄清楚平台的内涵，其次才是平台化战略的内涵。平台是指两个或两个以上的行为群体进行商业互动的中介系统（Armstrong，2006），其所处的是双边市场（two-sided market）垄断者的角色。双边市场是一种特殊的市场结构，这种市场结构以平台为中心，有两组或两组以上的行为人（agent）通过平台进行交易，且任意一组行为人加入平台的收益都与另一组行为人的数量密切相关（Chakravorti & Roson，2006）。平台既非市场，也不是一体化组织，而是一种中间性组织。为了使读者更容易理解，可以将双边市场的两方称为“用户”和“供应商”。其中，用户是指消费和使用平台提供的产品和服务的客户，而供应商则是指平台中为用户提供产品和服务的各方合作者。平台企业作为双边市场的协调者，肩负着引导平台上各方的价值创造和利益分配活动的责任，同时也可以获得超额利润。从这个角度来理解，平台化战略应该是企业获取或维持自身平台地位，并借此获得收益的策略。与传统企业相比，平台化战略获得高额利润的来源不是产品本身，而是用户黏性及由此产生的网络外部性（Rochet & Tirole，2003）。要维持足够的黏性和网络外部性，就必须为平台的各边带来价值，这不仅不会造成社会福利的损失，反而能够增进社会福利（Adner & Kapoor，2010）。双边垄断者的盈利也并非来自垄断利润，而是来自辅助价值网络各方进行价值创造活动的利润分成。平台化战略就是围绕着双边垄断而展开的价值创造和竞争行为，即在双方市场中占据“平台”的位置，进而实现对双边市场的双边垄断。

所以，平台化战略也是一个平台型企业从单一产品到垄断特定的双边市场，从而成为平台的过程。与以往的基于资源垄断不同，双边垄断的维持需要依靠不断地创造超值的体验。

也有学者认为，平台化战略是一种开放的商业模式，其在互联网背景下，可以为两个或两个以上的个体提供连接支持，在一定的互动机制和开放性机制前提下，满足平台中的所有个体的需求，并通过此模式为所有个体带来盈利，在资源共享提升效率的条件下，促进实现多方共赢。平台化战略最终会形成一种良性生态圈，甚至可以促使跨领域的大规模平台化企业发展。

二、平台化战略的理论基础

关于平台化战略的理论界定，虽然内涵达成了共识，但还没有形成统一的概念。关于平台化战略的研究，学术界主要围绕以下几个关键方向展开。

1. 双边市场战略

最早提及双边市场战略的是哈佛商学院的托马斯·艾森曼（Thomas Eisenmann）教授，他于2006年在《哈佛商业评论》中的《双边市场战略》一文中这样阐述：在银行、软件和媒体等产业中逐步出现了一种新的商业模式——通过连接两边客户市场来获取利润，这种商业模式的特点需要新的方法来制定战略。在双边客户的吸引中，需要有一个物理的或者虚拟的平台来提供基础设施和规则来管制，平台双边的客户是不同的客户，双边平台的经济学理论基础是网络效应。

托马斯·艾森曼还分析了双边市场对于高层管理者的战略决策的影响。一是价格决策模式的影响。与传统的价格策略不同，双边平台的决策往往会倾向于补贴一边的客户，至于补贴哪一边、补多少，都需要根据不同的情况而定。二是赢者通吃的情况下如何维持领导地位或者作为追随者如何挑战领导者。高层管理者需要确定平台是不是注定是一个单一垄断的平台，确定这一步之后就需要明确是要和平台竞争还是要和平台合作。想要获得平台的控制权，需要有三种资产：与以往相关的客户关系资产；以往的声誉资产；财富的力量。先行者还是后来者具备竞争优势，主要看平台的市场结构。另外，平台竞争更倾向于使用捆绑战略，使用捆绑战略的过程中要学会“傍大哥”和使用反垄断法诉讼。

2. 网络效应

当一个用户消费一种产品所获得的效用随着使用该产品的用户人数而增加时，就会存在网络效应，或者称网络外部性。网络效应这一概念揭示了用户数量与产品价值之间的正反馈关系：随着购买和使用一种产品的用户人数的增加，该用户的价值上升。反过来，产品价值的上升进一步吸引更多的用户。所以，学者们把网络效应概括为需求方规模经济：需求规模越大，产品价值越高。

根据反馈方式的不同，网络效应可以分为两种类型：直接网络效应和间接网络效应。直接网络效应是通过使用相同或者兼容产品的购买人数对用户收益的直接影响增加该产品的价值。也就是说，一个用户对产品的使用直接增加了该产品的价值，从而使现有用户获益。电话网络就是直接网络效应的典型例子。电话网络的用户越多，该网络的价值就越大。如果需求规模导致产品价值增加的方式是间接的，则为间接效应。间接网络效应一般出现在单向网络和硬件/软件范式。这两类网络都可以看成是由兼容的互补组件构成的系统。在这种情况下，硬件产品的价值取决于互补软件产品的可行性。直接网络效应和间接网络效应的区分是相对的。

3. 价值网

哈佛商学院的亚当·布兰登勃格（Adam M. Brandenburger）教授和耶鲁管理学院的拜瑞·内勒巴夫（Barry J. Nalebuff）教授于1996年在《哈佛商业评论》上发表的文章《正确的策略：应用博弈论来设计战略》中，以及1996年出版的专著《竞合》中，提出了价值网的概念。价值网有两个维度，垂直方向是企业的顾客和供应商，水平方向是与企业没有交易的关系单位，它们是企业的替代者或者补充者。企业的发展进程受到以下四个核心组织成分的影响：顾客、供应商、竞争者、补充者。价值网模型是五力模型的替代理论，它意识到了竞争者的产品与补充者的产品对于企业同样重要。顾客、供应商、竞争者这三个概念与波特的五力模型中的概念表述相似，竞争者在这里外延更广，既包括企业现有的竞争对手，也包括新的市场进入者和替代者。补充者是指那些能够提高本企业产品或服务吸引力的产品或服务，它经常被用来描述 IT 企业。价值网用以分析企业的战略选择的模型是 PARTS 模型：参与者问题（player questions）、增值价值问题（added value questions）、规则问题（rules questions）、战术问题（tactics questions）、范围问题（scope questions）。理查德·诺曼（Richard Norman）认为，在如此多变的环境里，战略不再沿着价值链来确定固定的活动集，更多的情况是，成功的公司不仅仅是增加价值，它们还重新发明价值。在系统内不同的经济行动者——供应商、商业伙伴、同盟者、顾客，一起工作共同创造价值。

三、平台化战略的类型和特点

1. 平台化战略的类型

按照功能类型，可以将平台化战略分为市场制造者平台化战略、用户制造者平台化战略、需求协调者平台化战略。

（1）市场制造者平台化战略。市场制造者平台化战略可以吸引平台双方或者多方加入平台进行交易。若平台一方种群成员增多，其需求也随之增多，则市场的另一种群就会随之加入平台，这是因为平台可以提高交易配对的成功率、减少交易配对时间，比如易趣、淘宝、58 同城等。

（2）用户制造者平台化战略。用户制造者平台化战略主要是连接观众、广告商等各种用户。平台首先以免费或者低价的商品和服务吸引用户加入，当用户数量增多并对提供内容中的广告做出有效回应时，广告商就会看中平台带来的客户源；反过来，当有用信息越来越多时，用户就会越来越多依赖这样的商品或服务。例如网媒、抖音视频、电视频道等，都是依赖于广告支持的用户制造者平台。

（3）需求协调者平台化战略。需求协调者平台化战略不同于市场制造者平台“出售交易机会”，也不同于用户制造者“出售信息”，而是通过提供产品或服务引起平台双方或者是多方的间接网络外部性。网络外部性可以分为直接网络外部性、间接网络外部性。直接网络外部性指的是消费者的规模越大，所购买的商品和服务越多，商品或服务对于消费者的价值也就越大。比如邮件系统，当用户注册邮箱加入邮件系统中时，他所获得的效用依赖于系统中注册的用户数量。注册的用户数量越多，则新加入的用户所获得的效用就越大。同时新用户的加入也给老用户带来了正的效用。间接网络外部性是针对互补性产品而言的，例如，使用打印机的人数越多，其互补产品墨盒就间接地获得一种需求规模经济。

2. 平台化战略的特点

平台化战略具有以下特点：

（1）平台化战略的存活基础是“客观需求”。需求是产生交易的原动力，是企业战略的基本出发点。企业平台化战略是发现市场需求、迎合市场需求、创造规模价值的过程。

（2）平台化战略的核心价值是“竞合”。竞合指平台一方的种群在同一类经营活动中既有合作，又有竞争。例如，淘宝网卖家的主要业务是销售商品，而买家也可以进入淘宝二手市场销售闲置商品。

（3）平台化战略的依托是“网络效应”。平台化战略的特点就是依存网络而存在，网络的存在带来了无限的消费者，消费者为平台型企业的发展带来了无限增值和壮大的可能性，这就是“网络效应”。平台型企业连接两个群体，当将一个群体的产品或者服务展现给用户群体时，用户数量越多，每位用户产生的消费效用和满足感增长越多，平台企业的盈利性也就越大。

四、平台化战略的构建

公司的平台化战略是企业的成长战略，能够有效地促进企业的创新活动。采取平台化战略的企业，需要具备一定的条件。一是需要有被众多公司应用的基础技术或者产品（或者服务）；二是使众多参与方（市场参与者）聚焦于一个共同目标；三是通过更多用户、更多补充的产品或服务使其价值呈现几何级数增长。

因此平台化战略的构建必须形成双边市场和网络，同时发挥同边和跨边两种网络效应。建立双边市场，通过连接两边客户市场来获取利润，并充分利用网络效应。第一种是同边网络效应。即网络一方用户数的增加导致这个网络对于同一方用户的价值升高或降低。例如，使用 Playstation 游戏机的人越多，新用户就会发现和朋友交换游戏或者打联机游戏时找搭档更容易。第二种是跨边效应，即网络一方用户数的增加导致这个网络对于另一方用户的价值的升高或降低。如果平台提供者能够吸引足够多的补贴方用户，那么赚钱方就会愿意为接触这些用户支付可观的费用。反之，赚钱方的存在会增加平台对补贴方的吸引力。

第五节　跨界经营战略

大数据时代，企业可以从大规模、多样化的数据中挖掘价值，改造原有的盈利和运营模式，从而创造巨大的经济价值。依赖于或创造大数据资源，企业可以通过跨界经营来重新定义价值创造模式，提升企业运营效率，拓宽收入渠道，增加企业利润。

一、跨界经营战略的内涵

跨界经营是一种创新的思路，通过突破原有的行业惯例，嫁接外行业价值或全面创新，塑造价值跨越的行为。跨界经营战略是企业战略思维的转变，是一种开放、平等、协作、共享的互联网精神，体现了虚拟实体打通时空约束、打破用户本位主义等互联网理念已经成为企业普遍欢迎的战略模式。

跨界（crossover）即跨越边界，既可以是组织边界、地域边界，也可以是产业边界、技术边界。目前学者们对跨界有多种不同关注点和不同理解，当前学术界和业界尚未对跨界经营形成一致认识。

关于跨界经营战略的理解，目前有三种不同的观点。第一种观点认为，跨界经营战略是企业为寻求新市场机会，跨越地理边界、产品边界和产业边界，以进入者的身份进入新业务领域，创造出新产品，从而对新领域中的在位企业产生颠覆的战略行为。这种观点以企业的多元化战略决策为表征，与多元化战略存在较高相似性。但是，需要明确一点，互联网情境下跨界经营战略背后的逻辑并不完全是多元化的跨情景利用资源和能力优势。第二种观点认为，跨界经营战略实质是一种商业模式。这种观点是基于开放视角下的组织理论，强调跨界经营是企业与外部环境的互动过程，认为跨界经营是一种商业模式，更倾向于"跨界协同""跨界合作"来表达跨界。跨界是将原来不相干的甚至不兼容的元素连接起来，是一种跨行业、跨领域合作。张骁等（2019）认为，跨界经营是企业通过行业间的跨越与合作，以及行业内渗透与融合来管理企业边界的活动。这种观点强调跨界经营多是以不同产业间合作共赢的方式展开，将竞争关系转化为合作关系。例如，小米跨界智能家居产业链多是采用这种方式。第三种观点则是由"跨界合作"演变而来，强调跨界经营实质是实体经济价值链环节在结构分解后与互联网虚拟经济再融合的"跨链"重组。这种观点认为，实体产业与虚拟产业融合是跨界经营最显著的特征，更符合国家目前推广的"互联网+"引导政策，也是学术界关注的重点。学者冯文娜（2019）形象地将跨界经营表述为互联网企业变"硬"或制造业变"软"的过程。

综上所述，跨界经营战略普遍指企业的经营范围超出了原有的经营边界，可以是以进入者的身份进入新的业务领域，可以是不同产业间的合作共赢，也可以是实体产业与虚拟产业跨界融合。总之，跨界经营战略属于企业扩张增长战略的一种类型。

二、跨界经营战略的动因

当下，跨界经营战略的盛行有着深层次的时代背景和社会原因。一方面，现今企业经营的外部环境发生了巨大变化，如经济发展方式转变、产业竞争格局改变，技术经济范式也发生变革，这些使得企业的技术路线、生产方式、组织结构、管理模式、产业竞争范式等方面也发生变革，智能生产、创新驱动、数字集成、共享经济、弹性工作和灵活治理成为核心范式。另一方面，科学技术的进步使得企业间的交易成本降低，外部交易成本的降低促使企业进行跨界经营；企业为了提升组织资源使用效率和突破发展空间，跨界经营成为较合适的战略选择；社会消费需求的变化，消费者越来越倾向于个性化消费和消费体验，这也使得企业不得不进行“互联网＋”跨界经营。

具体来讲，企业跨界经营的动因可以从经济理性、组织理性、个人理性三个方面进行理论解释。

（1）经济理性理论的“协同效应”。经济理性理论的核心思想是，企业价值的创造来源于多元化产生的协同效应，即努力做到价值最大化。具体从资源基础观的角度来看，企业资源是企业建立和保持竞争优势的主要依据，但也会存在组织资源冗余的情况，企业跨界经营正是有效融合冗余资源的过程，将资源在多个行业间进行转移和调配，体现了组织资源效用价值最大化的思想。企业跨界经营也正是平衡风险、收益的一种战略选择，以有效地实现协同效应。

（2）组织理性理论的“降低不确定性”。企业跨界经营的动因是为了控制更多的资源，降低被市场淘汰的不确定性。为了减少不确定性，企业从事跨界经营活动，直接影响在位企业所在行业的市场竞争结构，某种程度上实现反竞争的作用。为了降低经营活动的不确定性，企业的创新活动催化企业的跨界经营行为，使企业突破“短板效应”，增强竞争力。

（3）个人理性理论的“管理者个人动机”。这种理论认为，企业从事跨界经营活动是出于管理者的个人动机，用来分散专用性投资风险，尤其是在企业集团内部，跨界经营被看成是高层管理团队追求个人利益的表现。管理者希望通过多产业的发展来增加个人的权力，同时减少被替代的风险。一方面是为了提升自身的管理技能和影响力，另一方面也是为了减少职业风险。

除此之外，也可以从企业自身条件寻求企业跨界经营的内在动因。第一，企业战略思维的影响。当企业的战略思维转变为横向求异性思维时，企业会自然涉及多个行业经营。企业会围绕组织价值、客户价值、伙伴价值，打破时间、空间、组织部门、知识、技术、市场等界限，使组织成员形成跨界融通的思考能力和解决问题能力，促成企业进行跨界经营。第二，企业跨界能力的影响。“企业的本质是一个能力集合体”，根据这种观点，企业会形成三种层面的跨界能力，一是以资源为基础的核心能力，并随着创新活动而得以强化；二是企业的动态能力，即对外部环境的主动适应能力；三是企业的组织情绪能力。这三种能力都是企业跨界经营的关键因素和保障。第三，企业重组能力的影响。企业跨界经营需要组织与时俱进，能够提供跨界经营的组织制度与组织资源，以及与外界联络的良好机制，这些都需要企业有较强的重组能力，动态平衡外部环境变化与内部流程再造。当企业拥有较强的重组能力时，企业会根据外部环境的变化，选择业务组合、组织结构、流程制度、管理风格、公司文化等，进入新产业、新市场领域。

三、跨界经营战略的类型

由于跨界经营战略的学术定义并不统一，跨界经营的类型也存在多种观点。本书按照跨界经营的层次，将跨界经营战略划分为业内跨界、业间跨界两种类型。

（1）业内跨界。业内跨界是企业的经营范围超出了原有的经营边界，但没有超出原有的行业范围。数字经济范式对产业变革和作用呈现为“自下而上，由表及里”，并表现为数字化生产、平台化协同、个性化定制等新的产业融合模式。以制造业为例，企业的业内跨界经营包括以下几种情况：一是通过产业链下游的消费品行业向产业链上游的原材料、设备等行业扩张，这种扩张可以通过平台化协同来实现。二是从制造企业外围的营销和服务环节向制造企业内部的研发、设计、制造、工艺、加工等内部环节扩张，同样也可以通过数字化生产、平台化协同实现。企业可以依托持续完善和丰富的数字基础设施，通过大数据、云计算和人工智能高级数字技术，实现生产流程的数字化改造。三是平台化协同。通过数字经济催生的新平台和传统制造业构建平台化生态系统，促进制造业活动主体在研发、设计、制造、工艺、加工和供应链环节的协同发展，充分利用比较优势，节约资源、降低成本、提高效率。

（2）业间跨界。业间跨界是企业的经营范围超出了原有的经营边界，同时也超出了原有的行业范围。业间跨界可以不是核心能力的转移，更多的是冗余资源的创造性利用。一是企业以新进入者的身份进入一个全新的业务领域，企业不具体相关的专业知识和技能，而只是为了把企业资源最大效用地价值化，将现有的资源进行重组和调配。这种情况下，企业跨界经营时与在位企业形成竞争关系。二是企业以合作者的身份进入一个新的产业领域，与其他在位企业共同搭建合作平台，降低成本，提高效率。这种情况下，企业跨界经营时与在位企业形成合作关系。三是企业的跨界经营体现了“互联网+”的思维，企业的跨界经营是将现有的实体产业与虚拟产业相融合，以形成范围经济，达到协同效应。这种情况下，企业跨界经营实质上是开拓和延伸了自身的业务领域，形成一种产业生态系统。

四、跨界经营战略与多元化战略

企业的跨界经营战略很容易与多元化战略相混淆，二者在表现形式上很难区分，但是在实践中却存在本质区别。企业实施多元化战略主要是为了降低风险、增加收益，获得规模经济和范围经济。跨界经营战略的主要目标是在新领域内实现价值创新，获得外部协同优势和创新效益。跨界经营的本质是组织资源与能力同价值创新（顾客价值、伙伴价值、组织价值）的连接，是组织在发展理念上与新领域的特征形成连接并产生交叉效应。跨界经营战略与多元化战略在较多方面存在差异，如表 7－5 所示。

表 7－5　　跨界经营战略与多元化战略的比较

比较项目	跨界经营战略	多元化战略
理论基础	网络理论、创新理论、连接红利	资源基础观理论、代理理论
动机	寻找价值与创造领域	降低风险、增加收益
表现形式	跨越组织、知识边界	产业的横纵向整合
发展类型	跨界经营、跨界创业、跨界整合	内部发展、外部并购
管理模式	授权式管理	分权式管理
优势	组织重组、价值创新、外部协同效应	规模经济、范围经济
成果归属	共享双赢或多赢	组织本身
典型案例	腾讯微信、诚品书店	宝洁、联合利华的多元化

第六节　扩张战略的实施

无论是一体化战略、多元化战略、国际化战略，还是平台化战略、跨界经营战略，都是企业成长的战略选择。所有这些扩张战略的实施方式，都可以是并购、战略联盟、新建等。选择正确的扩张战略实施方式，可以使战略得到事半功倍的效果，而且还有利于企业克服资源能力的不足并降低战略实施的风险。

一、并购

并购包括兼并（merger）与收购（acquisition）两种行为。《大不列颠百科全书》对兼并的解释是：指两家或更多的独立企业、公司合并组成一家企业，通常由一家占优势的公司吸收一家或更多公司。合并交易后，合并双方或多方的企业都因此而不复存在。收购指一家企业用现金、股票或者债券等支付方式购买另一家企业的股票或者资产，以获得该企业的控制权的行为。在收购交易中，被收购企业可能独立存在，也有可能被整合进入收购企业之中。由于上述两种行为的目的相同而且差异不大，合并和收购两个概念经常被一起称为并购（merger and acquisition）。

并购一般分为三种类型：横向（horizontal）/水平并购、纵向（vertical）/垂直并购、混合并购。其中混合并购又分为三种类型，即产品扩张型并购、地域市场扩张型并购、纯粹混合型并购。并购的类型和概念如表 7－6 所示。

表 7－6　并购战略的类型和概念

并购战略类型		概念
横向/水平并购		两个从事同类业务活动的公司并购
纵向/垂直并购		处于某项生产活动不同阶段的公司并购
混合并购	产品扩张型并购	拓宽生产线的并购
	地域市场扩张型并购	在不重叠的地理区域内经营的并购
	纯粹混合型并购	既不是产品扩张又不是地域扩张的不相关并购

横向并购是指在同一产业链中，处于价值链相同环节上企业间的并购。例如，2012 年 3 月 12 日，优酷网和土豆网宣布将以 100% 换股的方式正式合并为“优酷土豆股份有限公司”。合并后，优酷及其股东拥有新公司 71.5% 的股份，土豆及其股东拥有新公司 28.5% 的股份。① 平台型企业的横向并购也较为常见，如携程网并购“去哪儿”、京东并购 1 号店和蘑菇街、美丽说与淘世界的合并等。

纵向并购是指产业价值链不同环节的企业之间所发生的并购。由于自然资源和销售渠道越来越成为战略性资源，很多企业都会通过纵向并购来实现纵向整合。例如，中国石化近年来多次在海外并购石油公司、油田、油砂和油气开采等的权益，从而稳定原材料的供应和掌控原料价格，同时在国内收购了大量的加油站，建成了庞大的销售网络，保证产品销售。

混合并购指处于不同产业企业之间的并购，包括相关和不相关的并购。混合并购的目的是为了分散风险或最大化资本收益。例如，阿里巴巴于 2016 年斥资 45 亿美元将优酷土豆放入旗下，使视频网站行业形成优酷土豆、腾讯视频、百度爱奇艺三足鼎立的格局。阿里巴巴的收购使企业完整布局了娱乐生态，以获得更稳定的客户流量接口，是其实现跨界经营的重要战略布局。

跨国并购是企业国际化扩张战略的实施战略，指主并企业（acquirer/acquiring firm）与目标企业（target firm）的总部处于不同母国的并购行为。跨国并购可以是横向的、纵向的，也可以是混合的。跨国并购已经成为企业实施国际化战略的重要途径，不仅有利于企业的优势在更大范围内发挥，还有利于实现全球化企业内部的协同效应。

二、战略联盟

战略联盟（alliance）又称合作战略，指的是两个或两个以上经济实体为了实现特定的战略目标，在保持自身独立性的同时通过股权和非股权的方式建立的较为稳固的合作关

① 优酷与土豆宣布将以 100% 换股方式合并　土豆将退市［EB/OL］. https：//www.yicai.com/news/1518103.html.

系。同合并一样，战略联盟既可视为是一种扩张型战略，又可看作是实施扩张战略的手段。自20世纪80年代以来，战略联盟在欧美和日本企业界得到了迅速发展，尤其是在跨国公司之间的全球市场竞争中纷纷采取这种合作方式。

根据企业之间的战略联盟是否涉及产权关系以及产权分配的比例，企业战略联盟可以划分为三种：合资企业、相互持股联盟、非产权战略联盟。

合资企业是两家企业对等出资而组建和管理的企业。如广汽本田、广汽丰田就是广汽股份分别与日本本田、丰田汽车企业以50%对50%的出资比例合资成立和共同管理的合资企业。合资企业是合作双方为了实现各自的利益，而采取的平分产权、共同管理、共享收益、共担风险的合作方式。

相互持股联盟是由两个或两个以上的企业采取非对等出资的方式组建和管理的企业。例如，广汽股份与日本本田、丰田以及相关日资汽车在汽车关键零配件行业中以相互持股的联盟方式组建和管理了几十家相互持股的企业。在这种合作方式中，合作各方以出资比例或事先约定享受股东权益。

非产权战略联盟也称为契约式联盟或协议式联盟，特指两个或两个以上企业出于对市场预期和企业自身经营的目标、经营风险以及共同使用资源等战略考虑，通过各种协议、契约而形成的非股权参与、优势相长、风险共担、生产要素双向或多向流动的一种松散型合作组织模式。非产权战略联盟包括战略性外购、特许经营、合作研发。

同样地，由于企业的战略可以分为三个层次，即公司层战略、业务层战略、职能层战略，相应地，战略联盟也可以分为三个层次，即公司层战略联盟、业务层战略联盟、职能层战略联盟。

三、新建

新建又称绿地投资，是指跨国公司等投资主体在东道国境内设置的部分或全部资产所有权的企业。新建的扩张战略是企业国际化战略进入模式中涉及的内容，并且是相对于跨国并购而言的。在企业国际化扩张的过程中，企业进入国外市场的方式从最低级的出口到独资，有很多种方式可以选择。根据国际化进入模式的层级结构，新建是股权方式的进入模式，并且是资产纽带形式。

企业以新建模式进入国外市场，实施扩张战略，其特点包括以下几个方面。

（1）速度相对较慢。与跨国并购相比，企业以新建模式进入国外市场的速度较慢。由于要进行前期调研、厂址选择、设备采购等，在国外市场上建立一个新工厂的速度较慢。

（2）成本相对较高。在国外市场上新建一个组织的成本较多，各种费用成本较高，时间成本也较高，同时由于面对文化差异、外来者劣势、政策法规制度等，会导致企业的外部交易成本较高。

（3）风险相对较高。以新建模式进入国外市场，意味着企业以“外来者”的角色进入，文化认知方面的差异尤其是消费者心理认知的差异，会导致“外来者”不被接受的可能性，有可能导致经营失败。

新建模式的影响因素较多。当企业选择新建模式进入国外市场时，会受到企业层面的因素，包括国际化经验、产品多样性、内部同构、国际化战略等影响。同时也会受到行业层面因素的影响，如行业集中度、技术密集度、广告密集度等因素影响。而国家层面的因素如东道国的市场增长程度、母国与东道国的文化距离、母国特定的情景等因素影响。具体来讲，企业的区域多元化程度越高，越倾向于采取新建的方式进入国外市场；企业的产品多元化程度越高，越倾向于采取新建的方式进入国外市场；当企业的研发密度较高、文化距离较大时，越倾向于采取新建的模式进入国外市场；当母公司对战略业务单元的集权程度（内部合法性）较高时，越有可能采取新建模式进入国外市场。

[章后案例]

顺丰快递的跨界经营战略

快递与电商的跨界渗透战，已经成为一种新业态，并逐渐演变为我国网购业经营的新常态。顺丰快递是一家国内物流速度快、让客户安全放心的物流公司，近年来公司成功实现了从专门物流行业向物流和电商共同经营的混合企业跨越，极大地提升了顺丰公司的业内知名度，并帮助其获得了可观的利润。

1. 顺丰快递跨界经营的战略分析与选择

随着人民生活水平的不断提高，人们的消费活动更加追求特色、时尚、新颖。在注重全民养生的时代，消费者对水果、蔬菜等新鲜程度的要求越来越高，而传统的快递速度还无法满足顾客的需求。单一经营业务模式，已经无法满足顺丰扩张的趋势。在电商平台快速发展的背景下，借助企业自身的用户数据和规模，顺丰物流充分利用高新科学技术，跨界进入电商行业。顺丰快递建立起“顺丰优选”等电商平台业务，利用自身原本的物流业务优势，使得快递与电商两者相辅相成，共同促进企业发展。

从更加专业的角度来分析，顺丰快递选择跨界电商，实质上是向其上游企业实施了兼并业务。类似于一体化战略中的前向一体化，通过获得上游企业的资源及所有权达到对上游企业的控制，从而实现对产业链的控制。通过跨界经营，使得产业链上下游企业之间的合作关系变成企业内部的横向沟通协作关系，原来的外部交易成本大大降低，谈判交易成本也大幅降低，即外部交易成本内部化，变成企业内部的资源配置问题，降低了企业的经营成本。

2. 顺丰快递跨界经营的战略整合

顺丰快递跨界经营之后，进行了积极的战略整合。一方面，将跨界经营的理念与企业文化进行融合，在企业内部以各种方式传播这种文化理念，使全体员工都能逐渐接受，并且乐于为此做出贡献，即重新定位了企业的愿景和使命。另一方面，对企业的组织结构进行了调整。“组织结构跟随战略”，对组织结构的调整，确保高层管理人员能有效地执行企业的战略，通过选择适当的管理层次和正确的控制幅度，企业战略目标得以实现。

顺丰企业的核心竞争力是“顺丰速度”，顺丰强调的是速度、安全。因而在建立“顺丰优选”电商平台时，为了避免其核心竞争力被稀释，顺丰快递战略整合采取的应对策略是加强风险识别及分析能力，不断完善风险评估体系，加强对风险评估的准确性。除此之外，顺丰快递还建立自己的航空公司，充分利用先进的技术水平大型、小型无人机，充分做到“天网＋地网＋信息网”的完美结合，让自己的物流业务始终处于国内领先地位。

顺丰快递作为跨界经营的成功案例，在跨界经营时也不断地为企业的发展储备人才，加强内部控制，采用先进的机器人操作、无人仓管等方案来降低资本整合的风险。

资料来源：秦瑞. 电商与快递跨界经营战略及其风险管理——基于顺丰快递与京东电商案例研究［J］. 价值工程，2019，38（9）：43－45.

本章小结

本章介绍了五类企业的扩张战略；介绍了一体化战略的内涵和类型，以及每一种一体化战略的风险和收益；给出了多元化战略的概念界定，介绍了多元化战略的类型、动因，并提出了企业多元化战略的实施条件；系统地阐述了国际化战略的概念、类型、动因和进入模式、经营风险；界定了平台化战略的内涵，论证了平台化战略的理论基础，给出了平台化战略的类型和特点，以及如何构建平台化战略。跨界经营战略不同于多元化战略，本章给出了跨界经营战略的内涵、动因和类型。本章最后提出了扩张战略的实施方式，包括并购模式、战略联盟模式、新建模式。

复习思考题

一、简答题

1. 一体化战略的类型包括哪些？

2. 企业实施多元化战略的动因是什么？实施多元化战略的条件包括哪些？

3. 国际化战略的经营风险包括哪些？

4. 平台化战略的理论基础是什么？

5. 跨界经营战略的动因是什么？

二、论述题

1. 选择一家实施多元化战略的企业集团，根据多元化战略的相关理论知识，分析这家企业的多元化战略类型。

2. 选择一家跨国公司，分析其实施国际化战略的收益和风险问题。

3. 请利用相关的理论知识，分析多元化战略与跨界经营战略的区别和联系。并举例说明。

第八章　数字经济下的新型增长战略

数字经济作为新经济发展的代表能在新旧经济动能转换过程中起到润滑作用，助力我国深化供给侧结构性改革。随着疫情防控取得阶段性胜利，加之体量巨大的国内市场，经济活力得到释放，电子商务日益成熟，云商之家与时俱进，网络零售额不断攀升，制造业企业开始进行智能化改造升级，政府部门搭建公共服务平台以便提供更快捷服务。数字经济将推动新的经济发展浪潮，促进中国经济加速成长。数字经济是顺应时代趋势、抢抓发展机遇的重大战略，就目前而言，数字经济能激发社会创造力和市场活力，优化资源配置效率，撬动经济增长新支点，在今后相当长的一段时间里，数字经济将成为继农业经济、工业经济之后促进人类发展的新经济形态，带动全社会生产方式的变革、生产关系的再造、经济结构的重组和生活方式的巨变。

[学习目标]

◇ 了解数字经济的特征

◇ 理解数字经济下增长战略的分类

◇ 掌握数字技术驱动下商业模式创新的类型

[引例]

海天如何构建起企业的“护城河”？

2020 年，疫情之下酒店餐饮行业经历着生存危机，刚需型的食品饮料行业却逆市大涨。3 月 19 日到 4 月 7 日的 12 个交易日中，海天味业市值暴增千亿元。以 5 月 25 日收盘价计算，海天味业的市值高达 3758 亿元。2014 ~ 2019 年，海天的营收从 98. 17 亿元到 197. 97 亿元，仅增长了 1 倍；净利润从 20. 9 亿元到 53. 56 亿元，增长了 1. 5 倍[①]。同处消费赛道，海天估值水平已远超茅台、伊利、双汇。在产品差异并不明显，消费者品牌忠诚度不高的调味品行业中，海天是如何逐渐构建起“护城河”的呢？企业的“护城河”不是一蹴而就的，而是随着外部商业环境、行业及企业的生命周期而动态变化发展的。海天味业早期“护城河”的建立，主要在于过硬且稳定的产品力，以及靠产品拓展出的品牌

---

① 根据海天味业官方网站（www. haitian-food. com）有关资料整理而得。

力，此后随着产能和品类的扩张，拓宽销售渠道，实现全面覆盖，逐渐形成规模效应，由此打造出领先同业的成本优势。成本优势又有利于加强产品品质，由此形成正向循环，不断强化品牌力和渠道力的双“护城河”。

海天的线下渠道主要是餐饮和商超。餐饮渠道具有单次用量大、消耗快、转换成本高的特点，因此客户相对稳定，是海天的主要销售渠道，也是调味品企业竞争的战略高地。很有趣的是，海天连续几十年赞助新东方厨师学校和许多厨师赛事活动，在厨师的成长阶段强化味道记忆，增加厨师对海天产品的使用黏性。餐饮领域易守难攻，海天靠着上述方式在餐饮渠道取得非常高的普及率。商超渠道，是品牌传播和居民消费的重要途径，居民的产品认知度成为商超渠道成功的关键。与餐饮渠道相反，商超渠道易攻难守，居民的消费行为很容易受到促销活动、货架拜访、广告等种种因素影响。除了线下渠道，海天还积极布局线上。2012 年，海天天猫官方旗舰店正式开业，同时其已与京东、苏宁、唯品会、盒马鲜生等主流电商平台建立了合作关系。2020 年海天线上销售营业收入为 4. 16 亿元，占总营收的比例为 2. 22%，虽然占比较小，但是毛利率非常高，达到 54. 63%，超过公司的综合毛利率 45. 44%。

资料来源：根据海天味业官方网站（www. haitian-food. com）有关资料整理而得。

第一节 数字经济概述

以 5G、大数据、人工智能、工业互联网为代表的新一代信息通信技术的创新突破和辐射渗透正不断促进产业数字化和数字产业化。在全球新冠肺炎疫情蔓延时期，传统经济活动备受压抑的情况下，以数字经济为代表的新经济快速“补位”，展现出强大的抗冲击能力和发展韧性。加快数字化转型，培育数字经济新动能，从而促进产业转型升级、扩大新兴消费空间，实现高质量发展，将会是我国在后疫情时期的重点发展方向。

一、发展数字经济的意义

通过 G20 杭州峰会、“一带一路”国际合作高峰论坛、金砖国家领导人厦门会晤等，社会各界对数字经济正在成为全球新一轮产业变革的核心力量形成了广泛共识。发展数字经济是我国贯彻落实“创新、协调、绿色、开放、共享”五大发展理念的重要举措，更是顺应时代趋势、抢抓发展机遇的重大战略。数字经济不仅改造了旧有生产力，而且发展了新的生产力。发展数字经济的重大意义突出体现在以下三个方面：

（1）数字经济是人类社会发展的一个新的历史阶段。当前，数字经济已经成为引领科技革命和产业变革的核心力量，人类社会正在进入以数字化生产力为主要标志的新阶段。数字经济不仅在生产力层面推动劳动工具数字化、劳动对象服务化、劳动机会大众化，而且在生产关系层面促进资源共享化、组织平台化等。数字经济将成为继农业经济、工业经济之后人类历史发展的一个新的历史阶段，将带动人类社会发展方式的变革、生产关系的再造、经济结构的重组和生活方式的巨变。

（2）数字经济是世界各国加强合作共赢的重大机遇。随着世界经济结构经历深刻调整，许多国家都在寻找新的经济增长点，以期在未来发展中继续保持竞争优势，更有效地提高资源利用效率和劳动生产率。在全球范围内，跨越发展新路径正逐步形成，新的产业和经济格局正在孕育，数字经济对全球经济增长的引领带动作用不断显现。发展数字经济已在国际社会凝聚了广泛共识，为促进加深各国务实合作，构建以合作共赢为核心的新型国际关系提供了重大机遇。

（3）数字经济是适应、把握和引领经济发展新常态的重要支撑。数字经济的发展以数据作为关键生产要素，将有效驱动劳动力、资本、土地、技术、管理等要素网络化共享、集约化整合、协作化开发和高效化利用。同时，促进新一代信息技术加速与经济社会各领域深度融合，孕育了新技术、新产业、新业态、新模式，成为驱动生产方式变革的新动力。发展数字经济将进一步减少信息流动障碍，提升经济运行效率和全要素生产率，提高供需匹配效率，有效助推供给侧结构性改革。

二、数字经济的特征

我国数字经济正在进入快速发展的新阶段。据《数字经济蓝皮书：中国数字经济前沿（2021）》显示，2019 年我国数字经济规模超过 32 万亿元。数字经济对国民经济的贡献显著增强，成为拉动经济增长的新引擎。当前，我国数字经济发展总体呈现以下新特征：

一是数字化创新日新月异，重塑国际竞争新格局。数字技术成为创新的新动力。互联网等数字技术将大量创新主体有效联合，使组织、服务和技术创新相互融合，释放经济社会发展动能。数据资源成为创新的新要素，大量数据的整合分析能产生新的效益，被深度关联使用过的数据能持续产生新的价值。

二是数字化生产加速演进，重塑制造产业新格局。数字化引发生产制造技术和产业组织方式变革。数字化大大提高了生产过程的柔性和集成性，实现产能、质量和效率优化，并正在引领工业 4.0 发展，推动生产的高效率和需求的个性化融合。数字技术加强了供给侧和消费侧的联系，顾客对工厂（C2M）、消费者对商家（C2B）等线上线下融合的生产模式层出不穷。

三是数字化服务日益普及，重塑社会发展新格局。数字化引发社会组织方式和服务方式变革。互联网的广泛应用正推动社会组织朝着去中心化、集体协作的方向发展。社会雇佣关系变为基于信息分享的自由发展，催生了兼职就业等新模式。数字化服务日渐成为公共服务的主要方式，推动城市服务向着更智能、便捷、高效的方向发展。

四是数字化贸易日趋成熟，重塑国际贸易新格局。数字化促进贸易规模增长，推动全球贸易方式转型变革。数字技术的发展扩充了国际贸易产品的种类范围，跨境电子商务为国际贸易规模扩大提供了新渠道。互联网等数字技术通过将传统链条式交换的贸易转为统一聚合的全球市场，大幅减少中间环节，突破了传统国际贸易的时间和空间限制，形成了新的格局。

五是数字化消费快速增长，重塑消费结构新格局。数字化消费引发需求变革和金融领域变革。数字化技术为互联网支付、P2P（个人到个人）网贷、众筹融资等新型金融服务模式提供了支撑。线上平台创新金融服务模式，使理财、基金等金融服务蓬勃发展。各种电商平台、社交网络、自媒体等逐渐成为营销渠道，不断满足广大人民群众的个性化需求。

三、数字经济对传统产业的推动作用

数字经济成为农业现代化的助推器。以物联网等为代表的信息技术向农业生产、加工、销售等各个环节广泛渗透，加快推动农业领域数字化转型。数字经济作为农业现代化的助推器，提高了农业生产效率，促进了产销精准对接，为农民提供科学的决策支持。黑龙江省利用物联网技术开展水稻智能生产线改造试点，在水稻浸种催芽过程中对水温进行实时监测和精准调控，使出芽率提高 10% 以上，亩产量增加 5% ～10%①。《2016 年度中国网络零售市场数据监测报告》显示，2016 年，我国农村网络零售市场交易规模达到 8945.4 亿元，占全国网络零售总额的 17.4%。2012～2016 年，农产品网络零售交易额从 200 亿元增长至 1589 亿元，增长近 8 倍。农村电商已成为促进产销衔接、助力精准扶贫、精准脱贫的重要途径。

数字经济成为制造业变革的驱动器。数字经济促进了制造业的“智能化、个性化、网络化、服务化”，推动了企业生产方式、管理方式的创新变革，驱动传统产业转型升级。信息化带动了产品、企业和产业等多层面融合创新，使高端装备产品附加值显著提升，加快了企业研发设计、生产管理、协同营销的集成应用，提升了制造业生产效率，促进了管理精细化。信息技术大力推动产业发展模式创新，远程诊断、在线运维、个性化定制和供应链集成服务等创新模式层出不穷，大幅降低生产成本。制造企业依托互联网开展众包生产、个性化定制，探索形成以用户为中心的新生产体系，促进了生产与消费的有序衔接。

数据经济成为服务业新模式的孵化器。随着移动互联网的广泛普及，数字经济发展迅速，网络经济、分享经济等新形态、新模式在交通出行、商旅住宿、快递物流等领域渗透，并逐渐向知识内容、文化创意等领域不断拓展。根据《中国分享经济发展报告 2017》的统计数据，2016 年我国分享经济市场交易额约 3.45 万亿元，同比增长 103%；参与分

① 数字经济引领经济增长新时代［EB/OL］. https：//www.ndrc.gov.cn/xwdt/xwfb/201709/t20170929_954670.html? code = &state = 123.

享经济活动的人数超过6亿人，比2015年增加1亿人左右。提供服务者人数约为6000万人，比2015年增加1000万人；分享经济平台的就业人数约585万人，同比增加85万人。据预测，未来几年我国分享经济仍将保持年均40%左右的高速增长，到2022年，我国分享经济交易规模占GDP的比重将达到10%以上。

数字经济成为国际合作的新热点。以加深数字经济领域广泛合作为主要内容的“数字丝绸之路”建设对于助力“一带一路”相关国家抓住数字化的发展机遇、释放创新增长潜力、加深与我们的务实合作等发挥了重要作用。特别是随着与相关国家数字经济领域的政策沟通和战略对接不断加强，中国—东盟信息港建设、中阿网上丝绸之路经济合作试验区建设率先启动，一大批优秀企业积极走出国门，在宽带信息基础设施、大数据、跨境电商、智慧城市等新兴产业领域，为“一带一路”沿线国家提供了高质量的信息产品和技术服务，有力促进了各国经济社会发展，为“一带一路”沿线国家数字经济发展贡献了中国智慧。

第二节 电子商务战略

电子商务时代，企业面临的挑战主要表现为以下几方面：企业产品的功能、价格等信息公开化，竞争对手间的信息完全透明，形成完全竞争的市场竞争态势；传统垄断竞争条件下厂商主要的价格管理、质量竞争、广告宣传等竞争方式受到一定的限制；消费者能以极小的成本搜索产品类各个厂商的价格；虚拟现实技术的应用使得消费者更加易于沟通，广告宣传只能起到较小的作用。面对“价格战”随时可能爆发的风险，企业需要制定电子商务新的竞争战略，以战略管理为龙头，采取适宜战术，避免两败俱伤，分析和估计电子商务企业的竞争强度，如潜在的竞争者的威胁、供应商的讨价还价能力、买方的讨价还价能力、产品集团竞争者、替代产品的威胁等，同时，考虑电子商务企业内部力量的影响，如供应链管理（SCM）、客户关系管理（CRM）、企业资源规划（ERP）等，以实现企业可持续发展。

一、电子商务战略分析过程

企业开展电子商务，必须制订电子商务战略计划。计划作为一种事先的安排，可以用于正确地指导企业实现自己的目标。电子商务战略计划是企业根据外部环境和内部资源条件而制订的涉及企业电子商务管理各方面的带有全局性的重大计划，是企业战略的一个重要组成部分。显然，电子商务战略计划是企业及其业务单位为企业开展和完善电子商务所采取的一系列重大步骤。企业电子商务战略分析过程包括规定企业电子商务任务、确定企业电子商务目标、安排电子商务策略组合、制订电子商务业务计划等。

1. 规定企业电子商务任务

企业电子商务任务是一只无形的手，可以指引全体员工朝一个电子商务方向努力，使全体员工协调各项工作，促进电子商务的发展。制定电子商务战略任务必须考虑诸多因素，如企业发展史上的突出特征、企业业主和最高管理层的意图、企业内外环境的变迁、企业的核心能力等。企业电子商务任务最终要形成一份正式的报告书，报告书应体现电子商务的商务本质，以市场为导向，业务范围切实可行，富有吸引力和鼓动性，并且规定明确的电子商务方向和指导路线，以明确每个员工的责权利。

2. 确定企业电子商务目标

确定企业电子商务目标是将企业电子商务的任务具体化为一系列各个层次的目标。一般来说，企业电子商务可以分为三个层次，如表 8－1 所示。

表 8－1　　企业电子商务分层

层次	主要内容
初级层次	企业开始在传统商务活动中部分地引入计算机网络信息处理与交换，代替企业内部或对外部分传统的信息储存和传递方式
中级层次	企业利用电脑网络的信息传递，部分地代替某些合同成立的有效条件，或者构成履行商务合同的部分义务
高级层次	企业商务活动的全部程序将被计算机网络的信息处理和信息传输所代替，从而最大程度地消除人工干预

显然，三个层次的划分不够细致。电子商务作为一个企业内部提高效率和速度、改革并创造新价值的新的驱动途径，经历门户、客户交互、交易实现、一对一关系、实时企业、兴趣社区等六个阶段。各个阶段的内涵构成企业的目标。

（1）门户阶段，是指将互联网作为一种宣传信息如企业简介、产品或服务介绍、报价单、联系方式等的手段。

（2）客户交互阶段，是指企业创造出一种与客户交流和对话的手段，使客户能够访问门户站点、进行咨询和提出要求，企业则通过网络与客户进行双向交流并满足合乎的要求；同时，企业员工、供应商可以方便地和企业相互交流。

（3）交易实现阶段，是指企业开始利用网络开展商务活动，如上网寻找供应商并获得供应，借助网络进行促销和销售，通过电子银行完成资金的流转过程，并促进企业内部流程的网络化进程。

（4）一对一关系阶段，是指企业逐步适应并开始利用电子商务的交易规律，一对一地与客户交易，为提供顾客定制独特的产品，灵活调整价格，甚至可以由顾客定价，以拍卖的形式销售产品或服务。

（5）实时企业阶段，是指企业不断改造内部的网络和改进外部连接，以适应客户需求快速变化的发展趋势，并构造完备的价值链体系，根据客户需求的即时变化快速设计、生产和交付产品或服务，实时地创造价值。

（6）兴趣社区阶段，是指企业利用网络创造一个围绕企业的兴趣共同体或利益共同体，以价值链的形式把各个协作者紧密联系在一起，形成一个实时互动、灵活敏捷、虚拟现实相结合的电子商务体系。

企业电子商务的具体目标，可以借助诸如网页点击率、网络销售额增长率等指标来衡量，由于各个阶段的具体任务不同，目标也不完全一致，但必须注意各个阶段的可持续发展。

3. 安排电子商务策略组合

企业电子商务涉及企业诸多业务部门，各个业务部门可能拥有不同的产品大类、产品、品牌等，由此形成战略业务单位（strategic business units，SBUs）。由于受到企业资源的限制，企业必须对现有的各种业务进行分析、评价、决策，并分别采取发展、维持、削减、放弃的战略；同时，处在价值链上的各个职能部门，也需要采取合理的策略，以促进电子商务的发展。对于战略业务单位的分析和评价，可以借助波士顿咨询集团法（BCG Approach）和通用电气公司法（GE Approach）等来进行；而组合合理的策略，应主要应用“感知—响应”的思想方法来进行。

“感知—响应”方法是 IBM 先进商业研究所的斯迪芬·海克（Stephan Haeckel）相对于“生产—销售”方法而提出来的，这是一种面向顾客的方法，能识别客户的需求，并与客户共同工作来满足需求。“感知—响应”方法和“生产—销售”方法分别形成不同的组织，在此基础上，实现决策支持工具的可视化，并借助情景分析表进行电子商务策略组合。

4. 制订电子商务业务计划

制定好企业电子商务策略，就要以具体的业务战略计划来保证。由于电子商务主要通过网络进行。企业的广告、宣传能使市场扩展到全国、全世界，无论是城市，还是农村，只要客户上网都可能实现交易活动。因此，企业发展的业务战略计划主要是产品和服务的开发。企业通过增加花色、品种、规格、型号等，向市场提供新产品和改进产品，以及新服务和改进服务。欧盟于 2018 年 5 月发布的《通往自动化出行之路：欧盟未来出行战略》提到，通用汽车公司设计的“智能世界里的智能汽车”就是汽车能在智能高速公路上自动地运载着乘客驶向目的地，汽车拥有丰富信息，可向乘客和司机提供娱乐和数据资料，且信息和交通基础结构有效的连接，直接引导司机驶向目的地，而无须路标，驾驶员无须行车执照，儿童可使用自己的汽车，父母们可以在家或其他地方控制其子女的路径和行车功能。汽车业的竞争是提供信息服务的竞争。

二、确定电子商务战略

1. 电子商务战略模型分类

本书以企业内部信息化程度为横坐标，企业实力为纵坐标的二维坐标系，进行电子商务战略模型分类，如图8－1所示。

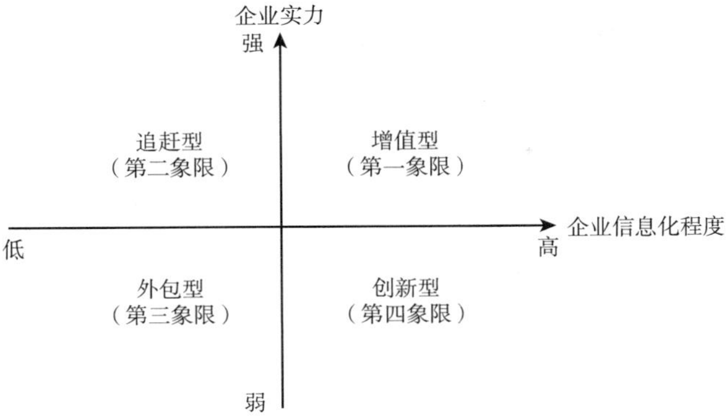

图8－1 电子商务战略象限

坐标系的横坐标为企业内部信息化程度，企业内部信息化不单纯是利用先进的、能够提高劳动生产率的工具，它还包括其他方面。例如，企业信息的占有量和信息处理能力反映了企业的市场竞争能力，企业内部信息化的应用水平反映了企业职工的整体素质水平，企业内部信息化的组织水平反映企业经营管理的综合水平等。因此，企业内部信息化是企业信息资源管理能力的综合体现。利用企业信息化程度衡量准备发展电子商务企业的信息化应用水平，涉及企业内部信息化程度的因素包括计算机普及率和应用状况、软件开发和应用能力、内部网建设和外部网建设能力、互联网接入及网站建设能力、信息管理能力、人员素质等。电子商务战略选择是从中识别出几个关键的因素，然后根据每个关键因素相对重要程度定出各自的权数，再对每个因素按其对电子商务发展的有利程度逐个评级，再考虑它的级数，最后加权汇总以确定企业内部信息化程度的高低。

坐标系的纵坐标为企业实力，影响企业实力的因素有：市场占有率、价格竞争力、产品质量、管理能力、物流配送能力、企业信誉度和知名度、制造及营销能力、研究开发能力等。电子商务战略选择是从中识别出几个关键的因素，然后根据每个关键因素相对重要程度定出各自的权数，再对每个因素按其对电子商务发展的有利程度逐个评级，再考虑它的级数，最后加权汇总以确定企业实力的强弱。

根据二维坐标四个象限所具有的特性，把电子商务战略选择图的四个象限分别命名为：增值型（第一象限）、追赶型（第二象限）、外包型（第三象限）、创新型（第四象限）。

第一，增值型（第一象限）。增值型战略是一个全新的战略，对企业业务发展非常重要。企业要在现有的信息化、网络化的基础平台上，针对电子商务经营的直接增值环节设计战略规划，如实行客户关系管理（customer relationship management，CRM）、供应链管理（supply chain management，SCM）等。这个象限里的战略是互联网战略，着眼于将重要的业务过程或产品特性转化为持久的竞争优势。例如，对大多数企业来说，公司的供应链管理是非常重要的，将互联网服务的策略引入供应链管理中以增加竞争优势，就是增值战略。这种战略一旦成功，将带来很高的回报，但是与之相应的失败风险也很高。这个象限内的电子商务具体策略是：着眼于企业的互联网转型，强调对供求链的改进，加强客户关系的管理等；愿意接受中高水平的风险，力争保持企业持久的竞争优势。此时，电子商务理论上的优点是：节省成本及规模效益已经显现出来，为企业带来经营和管理上的巨大收益，创造新的价值。

第二，追赶型（第二象限）。追赶型战略指企业综合利用电子商务的优势和企业原有的资源优势，采取各种方法研究企业在电子商务下新的运作方式，从各个方面革新企业，全面实行电子化、网络化。处于这个象限的企业的运营模式要从“以生产为中心”转移到“以客户为中心”，企业电子商务具体的发展策略是：实行电子商务，企业仍然能够保持原有的业务优势，因而企业强调影响竞争优势的过程，如创建新市场，改革行业标准，改善竞争的性质；同时，企业强调销售增长，以创造新价值和产生利润；一旦企业试图和传统思维方式脱离时，就要对现有的业务模式进行重组，因而企业对业务异常敏感。企业实施追赶型战略一旦成功，则其因全面配置基于网络的信息化系统所带来的战略利益将非常丰厚；但是，如果系统配置失败，则会给企业带来灾难性的后果。由于处于该象限企业的信息化程度不高，如果没有一个基础的能支持电子商务环境的平台，一下子去做电子商务，风险就会很大。因此，企业开始时，要选择那些风险不大的接口或环节做网络化的尝试，以防失败带来的严重后果。即企业配置了作为基础的战术性环节的网络化方案，培养一定的人才、具备一定能力之后，才进一步尝试更为重要的环节。值得注意的是，企业在内外部接口方面，容易导致前台与后台脱节，造成的压力可能会将企业自身压垮，最终不仅会导致战略实施失败，还会使企业丧失原有的市场和竞争优势。但是，受外部环境，特别是竞争对手网络化趋势的影响，企业愿意接受较高风险，在企业内部各个环节和企业对外的所有接口同时实行信息化，并使信息化系统具备电子商务的功能。当然，实力强大的大中型企业也可以将信息化中的小部分接受外包服务。

第三，外包型（第三象限）。外包型战略指企业基于自己不可能在所有的方面领先和综合成本考虑，不直接从事电子商务的科研开发，而是根据企业战略和信息化管理的需要，交由企业自身以外的专门机构通过委托进行研究开发，以降低成本。外包型战略分部分外包和全部外包。企业采用电子化外包，目的在于利用外包公司先进的技术资源来安排企业自身的信息技术资源、扩张网络能力和节省成本。

这个象限中企业内部信息化程度和企业实力两个变量均处于低水平状态，我们可以把处于这个象限的企业简单地看成是一个信息化程度偏低的中小企业。企业采取外包型战略，不需要自己准备 IT 专业人才，向厂商购买 PC、服务器、网络设备等硬件产品，然后搭建内联网（intranet），购买或自行开发所需的应用软件；而是或者以获得系统集成商（SI）服务的方式实现自己的内联网，或者以接受 ISP 或 IDC（数据中心）服务的方式实现自己连接到互联网并发布信息、实现电子商务的目的。同时，企业还可以接受各类应用软件厂商的 ASP 服务方式，通过互联网为企业获得所需的从办公自动化、主页设计、发布及维护，到财务、企业资源规划系统（ERP）、客户关系管理系统（CRM）、供应链管理系统（SCM），最后到 B2B 或 B2C 交易市集（marketplace）的一系列服务内容，甚至 PC、服务器等硬件产品企业也完全不需要购买，而是以租赁的方式来获得。例如，美国国民半导体公司（National Semiconductor，NatSemi）将装货、运货、客户代理等业务外包给联邦快递，使公司的供货时间由原来的 4 个星期缩减为 1 个星期，运送成本由过去占销售收入的 2.9% 下降到 1.2%①。

第四，创新型（第四象限）。创新型战略也称作独创型战略，即企业根据自己的科研实力优势、基础研究和应用研究的成果，独立地在关系到企业发展电子商务的核心力量、安全系统和技术方面，进行科研开发。通过开发具有独创性且适合企业实际情况的、全新的应用于企业发展电子商务的技术、产品、服务、经营模式，创造新产业，并防止企业的生存命脉被其他高科技公司所控制。

在这个象限里，企业主要是通过建立外部网站向外发布企业信息，实现双向互动以发展电子商务。外部主页既是企业对外进行品牌宣传、信息和产品发布的窗口，也是企业进行电子商务、电子服务的必备工具。客户和经营伙伴不仅可从网站获取信息，同时也通过网站向企业提供信息，从网上下单，跟踪订单，获取发货和信用信息等，大量的订单在网上传递，大大减少了订单错误的机会，减少了交易双方审核定单的时间和精力，提高了信息传递效率。企业网络化不仅仅使企业降低了成本，提高了效益，而且帮助企业创造了价值。更为重要的是，电子商务的创新战略会对公司的电子文化或网络文化产生很大的影响，因为对于电子商务而言，企业网络文化是至关重要的。如果企业不实行网络化，就可能面临日益增加的风险。

企业创新型战略的目的是创建新市场或新的利润增长点，涉及的领域不一定会立竿见影地对业务产生重大的影响。具体的策略包括：崭新的商业模式和经营理念；崭新的客户渠道；重构价值链；超越传统中间商，代之以新的价值链形态，创造利润空间；赋予客户以更大自由、更多选择；开拓新的客户群。

在这个象限里，企业的电子商务策略实行的是不对业务产生重大影响的应用系统，风险较小。即便实施失败，也不太可能危及企业原有的业务；新产品或服务一旦成功，可能会成为企业业务的关键，为企业提供极为重要的学习机会。

2. 进行企业电子商务战略模型分类的局限性

当然，企业电子商务战略选择模型分类也存在一定的局限性。在战略选择模型的分析中没有决定性的因素，任何一个象限都不比其他象限优越。因为，每个企业都必须在每个象限里有相应的过程和操作方案，而一个方案在模块中的定位是随着情况的不同而变化的，不同的企业会对类似的方案做出截然不同但同时又是合理的评价。其局限性主要表现

① 许晓辉．一个人的电商：运营策略与实操手记［M］．北京：电子工业出版社，2015.

在以下三方面：

第一，战略选择模型是概念型模块，即从概念出发，通过对公司内外部条件来确定战略位置，建议相应的战略，因此这些模块仅能提供给决策人员一种思路，并不能实际决策企业的战略。

第二，战略选择模型中采用的是二维坐标将平面划分成四个象限，决定企业战略的选择，这些模块属于规范性分析模型，也就是企图将战略分析规范化、模式化，然后对应于一套标准战略；而实际上，企业电子商务战略的选择研究应考虑的因素要复杂得多，而且企业的优劣势、竞争地位的强弱、信息化水平的高低等都带有相当大的模糊性，要决策人员打分加权求和也带有极大的主观性，不能排除人的偏见、了解情况不够深刻、判断失误的影响，因此要企业决策人员把发展电子商务的战略选择确定在某个象限内，确是一件极为困难的事。

第三，战略选择是确定企业未来战略的一种决策，属于非程序化决策。因此，在进行战略选择时，除了要对企业信息化程度、企业竞争地位、企业优劣势、企业可利用的资源及企业外界环境等因素进行分析外，还往往取决于许多非理性的计量因素，如企业领导人的价值观及对风险的态度等，这些非理性的非计量因素是用模型分析方法无法解决的，决策是科学同时也是艺术。

总之，在进行电子商务战略选择时，应注意调查研究，掌握第一手资料，广泛听取各方面的意见，应当将定量分析与定性分析相结合，实证性研究与规范性研究结合起来，才能选出切实符合企业微观、产业中观、社会宏观环境变化趋势的并使企业兴旺发达的战略。

第三节　虚拟经营战略

随着数字技术、数字经济的飞速发展，企业经营意识、管理观念也在发生着巨大的改变。虚拟经营作为一种崭新的经营理念，已被越来越多的企业所关注和重视。一些大的跨国企业，如英特尔、波音、耐克、IBM，我国的春兰、海尔、TCL 等企业，纷纷利用虚拟经营低成本获取外部资源，并因此在瞬息万变的市场上保持其领先地位。

一、虚拟经营的概念与特点

虚拟经营实质上，就是指借用、整合外部资源，以提高企业竞争力的一种资源配置模式。之所以说“虚拟”，是因为虚拟模式突破了企业有形的组织界限，借用外部资源进行整合运作。在这种模式下，企业可获得生产、设计、营销、财务等功能，但却不一定要拥有与上述功能相对应的实体组织。这就是说，企业在有限的资源下，为取得竞争中的最大优势，仅保留企业最关键的功能，而将其他的功能虚拟化——通过各种方式借助外力进行整合弥补，它依靠电子网络手段形成统一指挥的经营实体，并能以最快的速度推出高质量、低成本的新产品，其目的是在竞争中最有效地发挥企业有限的资源能力。

虚拟经营战略模式下，企业只专注研发、生产、销售、市场拓展等价值链环节中的部分环节，另一部分价值环节借助外力完成。该战略侧重利用企业外部资源、发掘企业外部效率为顾客服务。虚拟经营的发起企业形虚而神不虚，从静态角度看，是非完整的企业，其部分资源、功能虚拟化了；从动态角度看，其具有完整的功能，企业经营是一个组织功能具有可重构、可重用、可扩充且功能虚拟化、外部化、内部化不断调整的动态进化过程。

二、虚拟经营战略的优势

从资源配置角度，虚拟经营强调资源利用导向而非控制导向，其内向配置的高附加值业务与外向配置的低附加值业务紧密相连，有所不为而后可以有为。参与虚拟经营的各成员企业仍保持其独立的法人地位，在核心能力优势互补的基础上形成企业间合作的关系网络，即虚拟经营组织。这是一种柔性组合，能够对市场需求和环境变化做出迅速反应的经营组织，借助信息网络的支撑，当市场出现某种新的机遇时，具有开发某种产品所需要的不同能力和资源的企业，根据共同的目标和不同的需要，迅速组建成一个战略联盟，共同应付市场挑战。任务完成之后，该虚拟经营组织就结束使命，自然解散。当有新的任务时，再寻找新的合作伙伴，组织新的虚拟联盟。

从价值创造角度，虚拟经营强调合作生态系统的整体优势而非个体优势，通过加强与价值链上各成员企业协同运作意识，共同营造具有竞争优势的价值系统。在虚拟经营过程中，各成员企业都只专注于自己最有竞争力的业务，而将自己的劣势功能或环节外部化（交由其他优势企业去完成）。这样虚拟经营通过集成各成员企业的核心能力和资源，在管理、技术、资源等方面拥有得天独厚的竞争优势，在竞争中能够最快、最大效率地开发出一流质量和功能且具有竞争力的产品，从而共享市场机会和顾客，实现合作共赢的目的。

三、虚拟经营战略的运作模式

一个企业在生产经营中，哪些环节可以虚拟，哪些不可以虚拟，这是一个十分重要的问题，要依据不同的行业特性、企业的核心能力和产品特性等进行分析，企业要保持竞争优势，就必须保持企业价值链上特定战略环节的优势，突出主业，放弃非相关业务，从而形成不同的虚拟经营模式。

1.“星型”运作模式

“星型”运作模式是一般意义上的通用的虚拟经营模式。它是由一个或几个企业构成核心层，以知识、项目、产品或市场机遇为中心，选择合作伙伴企业形成松散外围层。为实现虚拟企业战略目标，将合作伙伴中实现某种职能所具有的所有资源和能力集成在一起，形成以职能为中心的集成任务模块，如研发模块、生产模块、营销模块等，各模块间平等合作，以并行工程方式分解工作任务，完成整个任务流程，如图 8－2 所示。

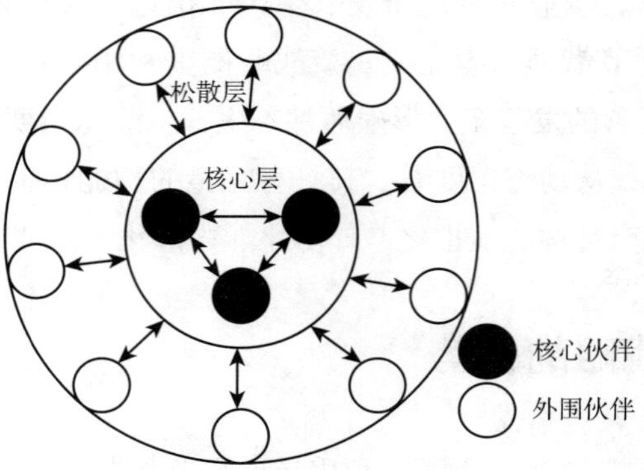

图 8－2　星型模式运作示意

虚拟经营的“星型”运作模式是以产品工序多样化而带来的专业化和分工为基础的。在这一模式中整个虚拟经营的领导、控制、协调、监督、激励等管理职能一般都是由核心企业承担的。其产品多为大型产品及成套设备，生产工序多而复杂，制造过程可分割性强，产品结构的层次清晰，对企业的生产能力要求高，通常靠单个企业的力量难以生产。

“星型”模式中的核心企业必须具有独特的资源优势和核心竞争力，可以在全球范围内优选合作企业，在激烈的市场中共谋发展、共担风险，并建立长期的合作关系。“星型”模式适用于由核心企业牵头，合作企业分工协作的配套产业群。波音 777 的设计制造过程就是以波音公司为核心，集合其他具备核心能力的公司的虚拟经营制造。波音公司作为虚拟经营的核心，负责大部分机身的设计制造和整体的协调。日本的三家公司负责 20% 的机身设计和制造：三菱重工主要制造三段机身的壁板和旅客舱舱门；川奇公司制造两个机身段的壁板、机尾密封框、货舱舱门和一些机翼部件；富士则负责制造机翼、机身整流罩、机翼中央段和主机舱舱门，在经济上承担 25% 的发展成本。发动机由美国通用电气公司、英国的罗一罗公司以及美国惠普公司负责提供。另有一部分组件外包，以实现虚拟化。①

2. “哑铃型”运作模式

价值链的上、下游环节是决定产品异质化程度的关键环节，在过剩经济条件下，利润来自异质化，因此，利润从价值链的中间环节分别转向上、下游环节，这也是出现“哑铃型”运作模式的原因。所谓“哑铃型”运作模式就是进行虚拟经营的企业将主要的人力、物力和财力投入研发和营销环节，而将中间的制造环节外包出去，即所谓“两头大、中间小；两头在内、中间在外；抓两头、放中间”的经营模式，如图 8－3 所示。

① 姜旺，魏小平．基于虚拟经营的企业运作模式研究［J］．科技管理研究，2008（1）：153－155.

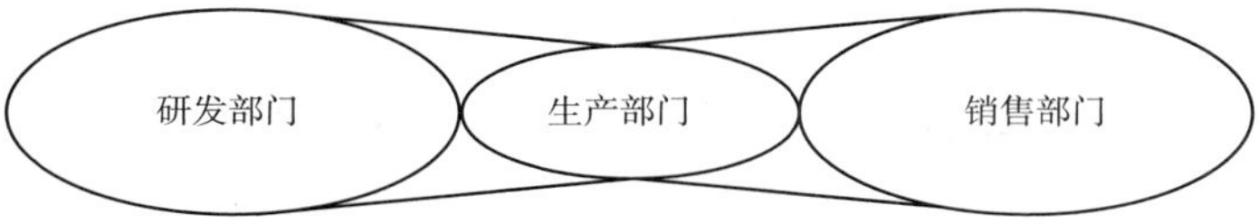

图8－3　哑铃型模式运作示意

“哑铃型”模式适用于研发能力和营销能力极强，而制造能力相对较弱的企业。要求企业密切关注市场需求变化，快速响应客户需求，重点抓好研究开发和市场营销环节，而将生产环节虚拟化，择优选择生产厂家，做好外协和外购工作。这种模式由于不需要企业具备大型机器设备等固定资产或生产线的条件，因此能够快速、敏捷地捕捉市场信息，及时、准确地响应客户需求。

该模式一般应用于高新技术行业。高新技术产品的技术升级和产品更新快，一旦新技术或产品问世，原有技术和产品的价值和使用价值便会大幅度下降，过程具有不可逆性，产品呈跨越性需求。该模式要求企业具有独到的研发设计和市场销售能力，以客户为中心，密切联系市场，敏捷捕捉市场变化，创出自己的知名品牌，并能够快速响应客户需求。“哑铃型”模式运用最广泛、最成熟的代表性行业有两个：服装鞋帽行业和消费电子产品行业。这两个在门类上相距甚远的行业，有一个共同的特点：最终决定一种产品区别于另一种产品的因素，主要在于设计、营销、品牌等方面的差别，而不是生产环节的区别。例如，服装行业，款式设计、品牌知名度和美誉度是构成产品差异性的最重要要素；消费电子产品行业，贴近消费者需求的功能设计、便捷可靠的操作方式、创新性的产品外观设计，是影响产品差异性的主要因素。

3. “橄榄型”运作模式

所谓“橄榄型”运作模式就是指进行虚拟经营的企业将主要的人力、物力和财力投入生产环节，而研发和营销主要依赖其他企业，即所谓“两头小、中间大；两头在外、中间在内；抓中间、放两头”的运作模式（见图8－4）。这类企业按照设计环节的要求，根据营销环节的订单加工产品，企业仅仅负责一种或者几种产品或零件的生产，对于产品设计则不做过多的涉足。

图8－4　橄榄型模式运作示意

该模式适合于市场竞争比较激烈、产品生产成本中固定投资所占比重较大的行业。“橄榄型”模式下的企业固定资产投资较大，以专业代工为主，所面临的市场风险较小，产品生产成本优势明显。一个生产主体可以与多个研发主体和销售主体对接。由于不承担研发环节的技术风险和销售环节的市场竞争风险，在资产专用性程度既定的前提下，专业代工企业的投资风险较低。选择该模式的企业要具有很强的制造能力，相对同类企业要有相当的比较优势。“橄榄型”企业要与多个“哑铃型”企业对接，发挥制造能力的竞争优势。“橄榄型”模式适用于具有先进制造设备和生产线、制造能力超强的制造企业。目前，国内外不少企业采取了“哑铃型”虚拟运作模式，其生产制造业务的完成需“橄榄型”企业与之对接，因此为“橄榄型”企业提供了更加宽广的发展空间。

以上三种运作模式各自有着不同的侧重点：“星型”模式侧重于核心企业在全球范围内寻求合作伙伴，并建立长期的战略关系，谋求共同发展；“哑铃型”模式强调企业注重外部环境，及时了解市场动态，以灵活的战略确立市场竞争优势；“橄榄型”模式强调企业自身的过程再造，目的是充分利用内部的固定资产，最大限度地发挥企业的制造能力，和上下游企业建立稳定的关系，实现规模效应，有效规避风险，保障企业的长远发展。

四、虚拟经营的战略安排

未来企业的最大变革在于组织结构的变革，企业必须突破原有的实体组织界限，由竞争走向合作，共同创造价值，共同提高竞争力。实施虚拟经营，企业需做好以下战略安排：

（1）有所不为而后可以有为——强化核心竞争力。虚拟经营实质上是一组相关的核心竞争力的组合，所以企业必须尽可能培养并突出自己的核心竞争优势。由于财力、物力和人力等因素限制，每个企业不可能在多个方面都具有竞争优势。所以这就要求企业要做到有所不为而后可以有为，不要盲目多元化，而是应把一些非主导业务剥离出去，集中本企业内部资源强化主要业务的经营优势，即首先要形成一定的核心竞争能力，这是成功实施虚拟经营战略的前提。突出主业并对之强化，放弃相关业务，在目前全球企业界已成共识。如西门子为做好白色家电，忍痛卖掉了彩电生产线；以小家电著称的飞利浦挥泪出让生产大家电的子公司；百事可乐为集中力量打败老对头可口可乐，不得不放弃饭店和快餐业；通用电气宣布即使需要大量投资，也要撤离那些只停留在行业前三位以下的服务领域；以“万宝路”著称的菲利普·莫里斯公司，2010 年宣布大幅裁员和重整，着手拍卖“非核心业务”[①]。可见，由“广而泛”向“专而精”的战略转移已是大势所趋。

（2）借鸡生蛋——对非关键业务实行外包。从价值链的角度看，世界上无论是大企业还是小企业，没有一家会在所有的业务环节上都具有竞争优势，所以，企业在强化核心业务的同时，其他在本企业资源有限约束下无法做到最好的环节，可将之虚拟化，即实行业务外包策略。外包的本质是以外加方式充分利用外部最优秀的专业化供应商，从而达到降低成本、降低风险、提高效率、增强竞争力的目的。外包改变了企业自给自足的组织模

---

① 徐飞．现代企业多元化经营战略辨析与探究［N］．中国管理传播报，2010－11－02.

式，把非核心技术工艺的大部分分包给其他厂商，而集中资源重点构造自身的核心竞争力。制造业的大部分企业在生产环节采用这种形式。如运动鞋制造商耐克，就是采用这种形式。他们在主打产品之一运动鞋的生产中，只有关键部分，即气垫系统，由耐克公司自己生产，其余业务均由外部供应商来完成，公司只集中资源、精力专攻附加值最高的设计、品牌经营和成品销售。

（3）同舟共济——组建战略联盟。这种形式已在世界范围内成为企业管理的潮流。它是指由两个或两个以上有着对等实力的企业为达到共同拥有市场、共同使用资源等战略目标，通过各种契约而结成的优势互补、风险共担、要素双向或多向流动的松散型网络组织。战略联盟多是自发的、非强制性的，联盟各方仍旧保持着原有企业的独立性。当几家公司拥有不同的关键技术和资源而彼此市场互不矛盾时，就可采用战略联盟的形式，彼此相互交换资源，以创造竞争优势，实现资源（技术、资本、人才、信息等）的共享与成本的共担，从而获得预期的经济效益。如世界计算机业的软件大王微软公司与芯片大王英特尔公司组建的 Wintel 联盟，是计算机软、硬件结合的最具垄断性的事实联盟。通过联盟，它们创造了计算机业的产品技术标准，并获得了强大的垄断地位，保持了强大的竞争优势。

（4）技术交换。企业间可通过技术资料分离、互换技术许可证和互相交流其他二手资料而进行合作。技术交换一般在协议中明文规定技术内容和合作期限等事项，缔结成一种相互间的技术授权性协议组织。通过技术交换，合作企业双方的资源得到重新的配置，不必靠单个企业的自我积累来缓慢地实现企业的扩张。如飞利浦公司 1992 年宣布向日本的 Marsushita 公司提供其研制的数码盘技术，而后者则向飞利浦公司开放有关家电和记录装置方面的先进技术①。由于战略得当，两者的业绩都得到了提升。

（5）职能部门虚拟化。这是企业将某些原来属于职能部门的工作委托一些专门机构去做，即借用“外脑”为自己服务。如财务管理虚拟化，这并不是说公司不设自己的财务部门，而是在一些重大项目的处理上，交给实力雄厚的会计公司去做，以便取得最佳效果。如这几年我国的会计公司雨后春笋般地成立，正是适应了虚拟经营这一趋势。再比如，在应收账款的管理方面，在我国很多企业备受“三角债”困扰的时候，财务管理虚拟化为企业的财务管理提供了一种新思路。

第四节　商业模式创新战略

在数字经济与实体经济融合发展的过程中，互联网、大数据、人工智能等新一代信息技术对传统产业进行从发展理念到商业模式的全方位变革突破。中国正持续加强数据开放与互联互通，推动实体经济与数字经济融合，以数字化驱动商业模式创新。数据作为一种

---

① 资料来自飞利浦公司官网。

生产资料，只有在流通、共享、应用中才能创造价值，为诸多行业提高“含金量”，实现质量、效率、动力变革。在各行各业，数字化竞争者都在利用新的平台、工具和关系来打击竞争对手、接近用户，以及颠覆旧的商业模式。

一、商业模式的定义

商业模式是一个企业满足消费者需求的系统，这个系统组织管理企业的各种资源（资金、原材料、人力资源、作业方式、销售方式、信息、品牌和知识产权、企业所处的环境、创新力，又称输入变量），形成能够提供消费者无法自我生产而必须购买的产品和服务（输出变量），因而具有自己能复制且别人不能复制，或者自己在复制中占据市场优势地位的特性。商业模式是一个整合概念，包括了企业的经济本质、经营运作与战略发展等企业内部的各个方面。不同的企业核心能力衬托了商业模式的重要性，特别是随着企业开放式创新程度越来越大，通过商业模式创新提升核心能力的作用日益增强。商业模式一共包含了四项连锁元素，如果把它们组合到一起将会创造传递价值。

1. 客户价值主张（CVP）

一个成功的公司能够找到为顾客创造价值的方法——帮助客户完成一项重要的工作。说到“工作”一词，是在特定的情况下需要解决的一个基本问题。一旦我们了解到了这个工作以及它所有的情况，包括如何完成它的所有步骤，我们就可以为顾客提供帮助。一个工作对于顾客越重要，顾客对于解决问题现有选择的满意程度就越低，你的办法如果比现有解决问题的方法更好（当然以更低的价钱），那么你的客户价值主张就越高。提供解决问题的机会是创造客户价值主张最有利的办法，研究发现当解决一个真正的问题所需要的选择性的产品或服务还没有被设计时，这就是客户价值主张的逻辑起点。

2. 盈利模式

利润公式是定义如何在为公司创造自身价值的同时为顾客提供价值的蓝图。它包括了以下内容：

（1）销售额＝价格×数量。

（2）成本结构：包括直接成本、非直接成本、经济规模。成本结构将主要由商业模式中的关键资源成本所驱使。

（3）利润模式：一旦被赋予期望数量，成本结构以及来自各个交易事项的贡献，就会达到所期望的利润。

（4）资源速度：指需要移交存货清单、固定资产以及其他资产的速度。它主要是资本运作的效率。

人们常常认为“盈利模式”和“商业模式”这两个词是可以互换的。但是如何盈利却只是商业模式中的一部分。相关研究发现最有效的商业模式是通过建立资金渠道来传递客户价值主张，然后幕后操作决定可变成本和总利润。这样的话就决定了规模的大小和应有的资源速度，从而达到预期利润。

3. 关键资源

关键资源是像人力、科技、产品、设施、设备、渠道以及品牌等这样的资产，这些资产根据客户需要会被重新整合。这里的重点是关键元素，这些关键元素可以为客户和公司创造价值，并且可以创造那些关键元素相互作用的方法（每个公司也有不创造竞争性差异的遗传性资源）。

4. 关键过程

成功的公司拥有可操作管理的过程，这使它们可以通过一种在规模大小上能成功地重复和增加的方式传递价值。这些过程包括像培训、发展、制造、编制预算、计划、销售和服务这样周期性的工作。关键过程也包括一个公司的规则、指标和标准。

这四个元素构成了商业模式的生命控制中心。客户价值主张和盈利模式为顾客和公司分别定义价值；关键资源和关键过程为我们描述了价值如何被传递给客户和公司。这四个元素中的任何一个发生重要的改变都会对其他的元素造成影响，并且会影响整个元素构成。成功的企业设计了一个相对稳定的系统，在这个系统中，这些元素以一致互补的方式相互依赖。

二、商业模式的分类

无论是哪种类型的企业，都是为客户提供产品或者服务，向客户传递价值，以此获取回报和利润。从小商贩，到企业经营，再到国际组织，无论是营利性组织还是非营利性组织，都蕴含着商业模式的要素和内容。商业模式的经营思路和经营模式，因组织的自身特点而有差异，但本质特征依然保持不变。商业模式就是企业获取利润的方式，而企业“做生意的方式”千差万别导致商业模式形态各异。美国著名的商业模式研究学者奥斯特瓦德和皮尼厄（Osterwalder & Pigneur，2011）概括出五种商业模式新式样：非绑定商业模式、长尾商业模式、多边平台商业模式、免费式商业模式和开放式商业模式。

（1）非绑定商业模式企业有三种不同的业务类型：客户关系型业务、产品创新型业务和基础设施型业务。每种不同的类型都包含三种不同的驱动因素：经济驱动因素、竞争驱动因素、文化驱动因素。所以企业应关注三种价值信条：产品领先、亲近客户、卓越运营。为避免冲突或不利的权衡妥协，三种业务类型“分离”成为独立的实体但又可同存于一家公司，如私人银行业、移动通信业等的商业模式。

（2）长尾商业模式是指市场定位于“多样少量”的模式，并把这种量少样多的产品称为“利基产品”，长尾模式能够存在的前提是低库存成本、强大的平台和买家容易寻找和获得。典型的行业有图书出版业，典型的企业有 eBay、Netflix 等。

（3）多边平台商业模式是指将两个或更多有明显区别但又相互依赖的客户群体汇集在一起，通过促进各方客户群体互动来创造价值。如何激发网络效应，增加入驻平台的用户数量是多边平台模型运行的关键。其典型企业有亚马逊、阿里巴巴等。

（4）免费式商业模式是指至少向一个庞大的客户细分群体提供持续的免费服务，并据此吸引付费用户，且通过付费用户补贴免费用户的一种商业模式。作为一种营销手段，免费的本质就是交叉补贴，免费式商业模式的特点是至少有一个客户细分群体持续从免费的产品或服务中受益，奥斯特瓦德和皮尼厄将免费模式划分为三种：基于多边平台（基于广告）的免费产品或服务、带有可选收费服务的免费基本服务（免费增收模式）、诱钓模式（通过廉价或免费的初始产品或服务，来促进和吸引相关产品或服务的未来购买）。

（5）开放式商业模式是指通过与外部伙伴系统性合作来创造和捕捉价值，可以分为“由外到内”和“由内及外”两种式样。前者是指将外部的创意引入公司内部，如宝洁公司将内部研发外部化，通过互联网平台，将自己研发中的难题暴露给全球的科学家，成功地开发解决方案则可获得保洁公司现金奖励的方案。后者是指将企业内部闲置的创意和资产提供给外部伙伴。如葛兰素史克建立对外开放的专利池，把公司弃用的开发疑难杂症的相关知识产权放在专利池，以供外部的研究者使用，以促进对疑难杂症的研究，产生更多的价值。

可以看到，五种式样都是对新兴商业模式的描述，在互联网经济时代得到广泛应用的主要有三种：长尾商业模式、多边平台商业模式和免费式商业模式。当今互联当道，基于互联网的平台商业模式风起云涌已然成势，如电子商务领域的阿里巴巴、京东等；旅游服务领域的携程、去哪儿、途牛；婚恋交友领域的各类网站等。不过，国内有诸多学者质疑将免费界定为一种商业模式的恰当性。

三、商业模式创新战略应遵循的原则

在现实经营中，我们看到，多数企业业绩下降和成长缓慢的原因是陷入了一种“成熟的陷阱”中。产业发展到成熟期，产业内的多数企业在本质上都采用了大同小异的市场竞争策略，所有的企业都很努力，想在同一个游戏中做得更好，这些企业用同样的假设进行市场竞争，对运作模式的创新缺乏足够的重视，结果，他们的价值观、战略计划等都是基本雷同的，竞争带来的相互间的模仿使创新的潜力受到了压制。于是，降低成本、回避风险、互相模仿就成为企业经营的标准游戏规则。但是，所有这些努力只是在一定程度上提高企业的运营效率，算不上是运作模式的创新，这样的竞争最终导致了产业内的企业相互间进行价格大战，由此造成了行业平均利润大幅下降，技术创新能力降低、顾客满意度下降，从业人员流失严重等情况。因此，一个成功的商业模式应该遵循以下几个原则：

（1）客户价值最大化原则。一个商业模式能否持续赢利，是与该模式能否使客户价值最大化有必然关系的。一个不能满足客户价值的商业模式，即使赢利也一定是暂时的、偶然的，是不具有持续性的。反之，一个能使客户价值最大化的商业模式，即使暂时不赢利，但终究也会走向赢利。所以我们把对客户价值的实现再实现、满足再满足，当作企业应该始终追求的主观目标。

（2）持续赢利原则。企业能否持续赢利是我们判断其商业模式是否成功的唯一的外在标准。因此，在设计商业模式时，能赢利和如何赢利也就自然成为重要的原则。当然，这里指的是在阳光下的持续赢利。持续赢利是指既要能“赢利”，又要能有发展后劲，具有可持续性，而不是一时的偶然赢利。

（3）资源整合原则。整合就是要优化资源配置，就是要有进有退、有取有舍，就是要获得整体的最优。在战略思维的层面上资源整合是系统论的思维方式，是通过组织协调，把企业内部彼此相关但却彼此分离的职能，把企业外部既参与共同的使命又拥有独立经济利益的合作伙伴，整合成一个为客户服务的系统，取得“1+1>2”的效果。在战术选择的层面上，资源整合是优化配置的决策，是根据企业的发展战略和市场需求对有关的资源进行重新配置，以凸显企业的核心竞争力，并寻求资源配置与客户需求的最佳结合点，目的是要通过组织制度安排和管理运作协调来增强企业的竞争优势，提高客户服务水平。

（4）创新原则。一个成功的商业模式不一定是在技术上的突破，而是对某一个环节的改造，或是对原有模式的重组、创新，甚至是对整个游戏规则的颠覆。商业模式的创新形式贯穿于企业经营的整个过程之中，贯穿于企业资源开发、研发模式、制造方式、营销体系、市场流通等各个环节，也就是说，在企业经营的每一个环节上的创新都可能变成一种成功的商业模式。

（5）组织管理高效率原则。按现代管理学理论来看，一个企业要想高效率地运行，首先要解决的是企业的愿景、使命和核心价值观，这是企业生存、成长的动力，也是员工干好的理由。其次是要有一套科学的实用的运营和管理系统，解决的是系统协同、计划、组织和约束问题。最后还要有科学的奖励激励方案，解决的是如何让员工分享企业的成长果实的问题，也就是向心力的问题。只有把这三个主要问题解决好了，企业的管理才能实现高效率。

四、商业模式创新战略设计的核心

数字技术创造的差异化优势主要体现在商业模式战略层面。一方面，数字技术能驱使企业更加有效地分析客户需求特征和消费行为，从而在客户细分、市场定位、差异化市场提供等方面创造优势；另一方面，企业通过数字技术能更好地进行权衡和管理，更准确地进行预测和决策，还能更有效地进行干预和控制。在商业战略中，企业转变商业模式的战略目标在于创造或提升竞争优势，通过对海量信息的有效开发，促进企业商业管理不断演化，进而转变商业模式，最终实现企业竞争优势提升。在设计商业模式战略时，有以下几点核心要素：

1. 价值创新是灵魂

企业商业模式的灵魂在于价值创新。企业必须借助企业商业模式进行价值创造、价值维护和价值提供，从而实现企业价值最大化。成功的企业商业模式应该回答一系列的问题：向什么顾客提供价值？怎么样为顾客提供价值？企业如何实现价值？等等。增强企业创新能力，要注重三点，即注重企业软实力、构造企业价值网和为广义的客户创造价值。

2. 占领客户是中心

企业商业模式设计必须以客户为中心，由企业本位转向客户本位，由占领市场转向占领客户，为客户创造价值。认真考虑顾客所期望获得的利益，把竞争的视角深入到为用户创造价值的层面中，从而进入游刃有余的竞争空间。实施以顾客为中心的主张，要注重三个要点，即精心研究客户需求、实施客户互动管理和创造新的附加值。

3. 经济联盟是载体

从微笑曲线可以看出，目前企业创造的价值，1/3 源于企业内部，2/3 源于企业之间。新的企业商业模式不再是企业孤军奋战，必须以联盟为载体，发展联盟经济。通过合作，聚合彼此价值链上的核心能力，创造更大的价值和形成更强的群体竞争力。发展联盟经济，主要应做到三点，即强化供应链管理、打造企业核心竞争力和外包非核心业务。

4. 应变能力是关键

如果说企业商业模式决定了企业的成败，那么应变能力则是企业商业模式成败的关键。应变能力是企业面对复杂多变市场的适应能力和应变策略，是竞争力的基础。企业增强应变能力，要注重三点，即注重时间观念、JIT 随需而变和个性化定制。

5. 信息网络是平台

新的企业商业模式必须重视信息网络的力量，在信息经济时代，脱离信息网络平台，企业将无竞争力可言。网络平台可以造就无数神话。企业必须具有敏锐的商业意识，抓住商机，驰骋在网络世界，同时很好地与现实相衔接。企业要搭建精良、敏捷、具有创新精神的扁平化“动态网络”结构，建立学习型组织。以信息网络为平台，要注重三个方面，即构造虚拟经济的竞争力、加快企业商务电子化和推动流程再造。

商业模式战略设计就是企业或组织根据自身的实际情况，为更好地满足客户的需求和适应市场竞争因素，有针对性地对商业模式组成要素进行变革和创新。进行商业模式战略设计既可以是探索出全新的未知领域，也可以是在已有领域内构建出全新的商业模式。总而言之，商业模式战略的本质是为满足用户个性化需求而进行的突破常规的演进过程，它使企业更好地适应市场的快速发展和变化，在市场竞争中立于不败之地。

第五节　创业战略

创业战略是基于产生创业意识之后的，一种人为性的，基于目前资源形势的判定之后对远景的布置以及大体行动方法的总纲。创业战略直接决定了创业者以后所成长的空间。创业战略并不是指小的时间段的行动准则，以及一个具体的行动方法。它有一个全局的布置，在较长的时间范围内，让创业者利用众多的现有资源，通过合理的战术手法，达到自己的战略目的。总而言之，战略制定就是通过创业者的智慧，将小的资源转化为大的资源，将少的资金转化为多的资金。创业战略犹如打一场仗，需要布局自己手中的资源，以己之所长，攻敌之所短，集合无数的战术手段，让它们攻之一点，最终创业成功。

一、寻求战略优势

战略优势，指的是企业在较长时期内，在关系到全局经营成败和带有根本性目标方面，所拥有的优势地位和优势实力。企业要求生存、求发展，就一定要形成一定的优势，哪怕是暂时的、局部优势，在市场竞争中占据一席生存之地，从而实现由劣势向优势的转化。对于初创企业来说，要想形成自己的战略优势，就必须从承认自己是弱者开始，抓住各种市场机会，走在环境变化的前头，选择正确的战略目标和战略重点，才有把握逐步走上成功之路。

1. 对本企业的状况应有正确的认识

所谓正确认识本企业的状况，就是从承认和认识“自己是弱者”开始。因为，只有承认自己是弱者，才能在激烈的国内外市场竞争中生存和发展。企业创建初期就总体来说是弱者，弱在以下几个方面：一是经营规模比较小，承受冲击能力弱；二是信息网络不健全，要迅速、全面把握市场的动向有一定困难；三是销售网尚未建成，对销售商依赖很大，缺少与销售商讨价还价的能力；四是社会声望不高，融资困难较大。但是，新创企业也绝非一无是处。一般来讲，初创企业起码有两大武器往往是优于大企业的：其一，危机感深重，有强烈的摆脱危机、求生存、求发展的欲望，有强烈的进步欲望，有艰苦奋斗、努力拼搏的思想基础。其二，机动灵活。常言道“船小好调头”，只要有好的发展机会，舍弃原有的经营业务也在所不惜；企业规模小，架构简单，企业内部信息渠道通畅，因而具有反应灵敏的优势，统一内部认识比较容易。

2. 抓住机会，走在变化的前面

对于初创企业，更大的发展机会存在于变化之中。因为，对先进企业来说，变化有可能使它们失去现有优势和现有实力的危险。但对于新兴企业，变化就是机会，能抓住变化所提供的机会，调整自身的部署，利用机会先发制人，往往就是成功的第一步。变化可能提供的机会有以下多种情况：一是科技进步，新技术、新材料、新工艺、新产品的出现；二是顾客需求多样化、特殊化、个性化的发展；三是政策法律的改变；四是各国产业结构与经济体制的调整；等等。问题的关键在于能否对各种变化有高度的敏感，并善于从各种变化中发现、掌握和利用变化的各种机会。这就必须建立企业对外界可能发生的种种变化迅速做出反应的机制，对影响企业发展的环境因素进行科学的预测，进而选择、制订正确的战略方案，建立适应开拓的强有力的经营结构，使企业的活动有计划、分步骤地走在变化前列，时机成熟时迅速出击，超越对手，把劣势变成优势。

3. 选择合适的战略重点

企业在建立初期需要特别注意的战略重点有：

（1）突出专业化和核心专长。初创企业大多为中小企业，由于财力、物力和人力等因素限制，不可能在多个行业都具有竞争优势。这就要求这些企业做到“有所不为而后可以有为”，专注于专业化发展，集中企业内部的优势资源，突出核心专长，借此来培育企业长期的竞争优势。目前，一些中小企业意识不到这一点，盲目地多元化，结果带来优势资源的分化，导致企业的竞争优势迅速瓦解，失去了生命力。事实上，当企业发展到一定程度的时候，多元化是一种必然趋势，但决不能盲目地多元化，即使那些超大型企业也应在有限的多元化上追求专业化。因为只有突出专业化，企业才能具有持久的竞争优势，企业才能走得更远。

（2）注重市场的深化细分，明确目标消费者。企业在建立初期受资源、实力所限，不可能在本行业的所有领域中进行竞争，而只能针对环境、市场今后的某些变化，从本企业能筹集的经营资源出发，对整个市场进行分层次、细致的划分，在有限范围内达到领先的目标。企业在起步发展阶段，其战略一定要从自身情况出发，注重市场的深化细分，明确目标消费者。只有这样，才可能具有高度竞争优势，才可能成功。

二、创业企业的生存战略

对初创企业来说，首要的目标是生存。如何以合适的价格将适合的产品送到目标客户手中是此时企业战略要考虑的中心议题。此刻企业有限的资源都要围绕这个目标来配置，配置的效率和效果决定企业未来的“生存质量”。所以企业必须结合自身的特点，制定出切实可行的市场经营战略。下面介绍几种比较重要的战略，它们很好地体现了初创企业战略的独特之处。

1. 见缝插针、快速取胜战略

小企业势单力薄，竞争能力弱，不能和大企业进行正面抗衡，否则无异于“鸡蛋碰石头”。因此小企业在势力壮大之前最好避实就虚，“夹着尾巴做人”。首先找到那些大企业没有发现，或大企业不想干，但并非没有前途和利润的细分市场作为自己的目标市场。这样，就可以避开大企业的巨大威胁，也等于增强了自己的实力。这是根据小企业灵活、适应性较强的特点而制定的一种战略。小企业应根据“人无我有，人有我快”的原则，通过寻找市场的各种空隙，凭借自身快速灵活的优势，一举进入空白市场，进则扩大空隙，向专业化方向发展；退则迅速撤离，寻找新的空白，待时机成熟之后，再和大型企业一争高低。比如山西南风集团的奇强洗衣粉的定位战略便是首先选择上海奥妙、美国宝洁和英国联合利华等大企业忽视的农村市场，采取“农村包围城市”的战略而发展壮大起来的。

2. 集中优势、特色取胜战略

所谓“梅须逊雪三分白，雪却输梅一段香”。每个小企业都有自己的特殊性，都有自己的比较优势。小企业只要能创造性地发挥自己的比较优势，便能形成自己特有的竞争能力。小企业规模小，一般不能达到规模经济的要求而保持成本水平的领先地位来取得竞争中的主动地位；但可以集中优势，通过选择能够有效发挥企业长处的细分市场进行专业化经营，把有效的资源集中在目标市场上，形成企业特色产品，提高市场占有率。

小企业经营的范围窄，比较容易接近顾客，能通过使企业的产品或服务具有与众不同的特点来吸引消费者，处于有利的竞争地位。这就是小企业的特色经营战略。这是根据小企业规模较小，资源有限，比较容易接近顾客而制定的一种经营战略。个性化是小企业生存的根本。小企业的发展应当遵循社会生产组织分工规律，扬长避短，结合自身的竞争优势，采取循序渐进的竞争策略，加快调整和优化产品结构，进行合理的市场定位，改变"小而全"的企业组织结构，实施特色产品经营战略，提高产品专业化水平，努力向"小而专、小而精、小而优"的方向发展，走"专、精、特"的道路，使企业拥有其他企业不具备的技术和人才，组织资源优势，生产出具有不可完全替代性和模仿性的产品，形成自己的竞争优势。进入21世纪以来，浙江出现大量的成功小企业，它们就是采取了特色战略，将市场定位于个性化、独特性的产品领域，生产和经营差别化的产品，并采用特色营销手段来提高其市场竞争力并获得成功的。

3. "借鸡下蛋"，协作配套战略

小企业要善于借助大企业的优势来发展自己。许多大型企业有着产品品牌优势和市场地位优势，它们是市场上光芒四射的"恒星"，但这些企业并不是万能的，它们的发展需要很多的配套工程，如非核心的相关零部件，某些服务等都需外部提供。小企业在势力比较弱小时可以首先充当配角，与大企业建立稳定的协作配套关系，形成与大企业分工协作、专业互补的关联产业群体，提高生产的专业化与社会化水平，构建与大企业的良好协作关系，凭借大企业的优势为自己在市场竞争中谋求一席之地。

例如，温州虹桥镇的小企业之所以获得迅速发展，就是因为它们首先以32家上等级、上规模的全国股份制大企业为龙头，采取委托加工、协议加工和参股合资的方法，和大企业建立了稳定的加工配套服务关系，拉动了虹桥镇350家小企业联动发展，使虹桥镇成为浙江耀眼的明珠①。

4. 成本领先，比较优势战略

成本领先战略分两个层次。一是低价低值战略。看似没有吸引力，但很多公司按此经营获取成功。这时企业应关注对价值非常敏感的细分市场，面对收入水平低下的消费群体，低价低值是一种很有生命力的战略，是一种成本领先的战略。二是低价战略。这是企业寻求成本领先战略时常用的典型途径，在降价的同时保持产品或服务的质量不变。我们来看一下成功的典范——格兰仕。

格兰仕的发展轨迹：从价格优势到技术优势再到规模优势，三部曲把比较优势发挥得

---

① 中小企业的四大营销战略［EB/OL］. http：//www. emkt. com. cn/news/marketing/2002 - 03 - 11/4429. html.

淋漓尽致。1999 年格兰仕提出“九九归一”的战略口号，争取在 1999 年内完成全面整合微波炉市场，使格兰仕产品在该市场一统天下。当时有人怀疑，有人反对，但是格兰仕实现了这一战略目标。格兰仕利用成本领先战略，以市场上的低价位战略把国外对手挤出市场。有些外企把设备挪到中国交给格兰仕生产国外品牌，提供低价位产品——OEM 生产方式。格兰仕利用 OEM 壮大了自己，把国外名牌逐渐变成自己的产品，通过这样的运作，从价格优势逐步向规模优势转变。①

三、创业企业战略设计中的“三忌”

发展战略是一把双刃剑，好的发展战略将会带领企业走上成功之路，而不切实际、不合适的发展战略则会导致企业的失败。因此，初创企业在设计自己的发展战略时，必须保持谨慎，要防止速度过快、起点过高、规模过大，否则容易脱离实际，导致创业失败。

1. 初创企业扩张速度不能太快

投资创业有其不能违背的规律，如果一味追求所谓的“超越”和“飞速”，缺省或颠倒企业的发展阶段，就会直接影响企业的发展过程，甚至打乱企业平衡，破坏企业生存基础，失去掌控主动权。于是，“超越”了规律，就容易“飞速”地死掉了。

（1）过快断裂发展过程。“治大国若烹小鲜”，老子这句话是对管理国家的比喻。要把小虾小鱼烹煮得好，不能用急火爆火，只能用温火文火，这样才能熟而不烂、鲜而不生。这也是治理国家的适度渐进原则。同样的道理，企业的成长同人一样，它的诞生、发育和成长，有其自身的自然规律和过程，任何过程的跳跃与阶段的短缺都会导致脆弱生命的夭折，至少是埋下隐患。我们只能是朝着目标努力地、积极地、抓紧地、一件一件地去做，任何急功近利都无济于事。因此，初创企业必须要遵循这种发展规律，拔苗助长的举措会导致企业的死亡。

（2）过快打乱系统平衡。和其他社会单位一样，企业也是一个系统，它是由若干个单元，在相互联系相互制约中，在系统的平衡运动中产生的。快与慢只能是整个系统协调运动的结果，其中任何一部分的加快，不仅不能导致其他部分的自然跟进，相反会造成系统的混乱。例如管理制度是驾驭其他单位的操作软件，一套合理实用的管理制度绝不是一朝一夕能够产生的。王永庆有句名言，叫“点点滴滴”，在管理上点点滴滴追求合理化，说明管理制度的合理化是一个长期的事情。如果初创企业所用的制度不是从企业的实际出发慢慢形成的，那么，系统的混乱比想象的还要快。

（3）过快破坏生存基础。每个创业者都希望能够成功创业，而找到合适的项目则是成功的起点，因此，愿望一旦遇到诱人的项目就会燃烧起来，很多创业者也因此会丧失冷静，急于求成。但问题是，任何新的项目和新的领域都会有风险。风险通常来自两个方

① 史丹. 利用比较优势打造竞争优势——格兰仕成功的经验与启示［J］. 经济管理，2002（20）：91－96.

面，市场的不确定性和新的运作所必需的能力。前者会在前进中逐渐变得清晰，后者也会在摸索中逐渐获得。只有当冰山浮出水面，又有了可以把握的底数，方可最后下决心。这时胆子大一点，步子快一点是可以的。而在达到这一点的过程中，首先考虑的不是过快扩张，而是不要被敌人打败吃掉，因此，企业在前进的过程中，要机警地小步渐进。

（4）过快失去掌握主动权。对于初创企业来说，掌握市场主动权对生存是极为关键的。针对市场机制制订计划后，在实施过程中会碰到许多不曾预料的事，甚至全盘推翻原来计划的事也是常有的。如果在执行中走得过快，就会与系统不协调，产生如财务预算和现金流量、生产系统对新市场特点的适应、现有工艺技术对市场细分的要求等矛盾和问题，这些都会直接动摇系统的平衡和稳定。如果执行过快，对预料不到的问题，在应对和处理上没有回旋的余地，就会失去协调的时间、机会，陷入忙乱中，最终丧失掌握系统的主动权。可见，快与生存、稳定、平衡、发展之间有着密切的关系，肆意的快，会因失去控制而招致恶果。

2. 初创企业投资起点不能太高

投资和运作企业的过程中，总会遇到许多权威的、时髦的观点影响你，不论是“把鸡蛋放进多少个篮子里”，还是“打造不沉的航空母舰”，都会影响着许多的初创者和实践家。表现在投资行为上则是热衷于轰轰烈烈，轻视埋头苦干；只看重表面的气魄，却看轻资本质量内涵；先搞基本建设铺摊子，再完善技术工艺；先进行固定资本投入弄出产品来，再找市场搞营销；先租下门面堂而皇之，再磨炼服务内容；先搭起架子完善系统，再寻找经营模式。凡此种种都是高起点的观念使然。

在投资中一开始就追求高起点的，能够运转起来且生存下去的很少。通常是把银行的贷款或筹措的钱花完为止。相反，那些从小到大，在生存的压力下备尝艰辛，在竞争的残酷中摸爬滚打，在经受挫折中逐渐成熟的企业，才能得以生存并慢慢发展起来。创业是一个事情的初始，初始的东西总是小的。正是由于小，事情才相对易于筹谋、易于看透、易于把握，才能在指导行事中成竹在胸。因为小的事物蕴含着生存、发展、强大的全部“基质”。正是由于小，才有成长的无限空间，因为任何事物的大都是由小发展而来的。把握住了小就把握住了大，就把握住了事物的根本。

在现实的经济生活中，企业的强不强与大小无关。小的未必弱，大的也未必强。据日本外务省公布的数据，日本500多万家企业中，中小企业占99%。中国的情况也差不多，中小企业提供的就业人数占企业从业人数的75%左右，他们在激烈的市场竞争中有着旺盛的活力。小企业往往把产品做得很专业、很精密、很细致、很有特色、很有深度，而且性价比高，所以它们的产品很有竞争力。因此，投资从低起点开始是正路。

3. 初创企业的规模不宜太大

把企业做大、做强是很多创业者的远大目标之一，投资者本能地具有把企业做大的企盼，在投资伊始尽其所能追求一定的规模，在进行中追求尽善尽美，尽快搞定生产经营的一切基本条件。正是此种做大的潜在驱动，不自觉地就把规模放大了。但是规模并不是越大越好，规模失当导致投资失败通常不易被人察觉，但它却是企业失败的一个巨大的隐性因素。尤其对于初创企业来说，不适当地扩大规模，会给企业带来致命打击。

不适当地扩大规模，其颠覆作用发生在三个致命处：一是把投资者应该在实践中逐渐增长的能力，过早地推到了极限，由此发生混乱与失控；二是将投资对象的内涵，应该在由小到大的成长过程中不断加深的认识和理解，在迈大步的过程中省略了；三是绷紧了资金的链条，资金链条被拉紧再拉紧，一旦绷断则运转就中断了。

当然，规模不是一味的小就是好，而是要适当。什么叫适当？寻找适当的规模就要与企业所处的行业、面对的市场和企业自身的条件与资源联系起来考虑。下面是一些决定企业规模的影响因素：

（1）行业种类。行业种类的特点就像动物的遗传基因一样，是一个带有自然属性的现象。比如鲜花店、网吧、美容院、食杂店等，它由周边辐射的居民数量决定，怎么可能做大呢？连锁则另当别论。相反，搞农业种植养殖、小商品批发，没有一定的规模就很难盈利。

（2）市场容量。企业规模要与市场需求量相适应。有的产品价值小重量大，利润会被运费吃掉；也有的产品受保质时间限制，不宜开拓远方市场。这两类产品受产地市场的容量限制，进而就决定了企业的规模。

（3）开拓能力。新的产品与开拓市场的能力有直接关系。企业是否拥有这种能力，同样决定产品的数量，进而决定企业的规模。鉴于产品制造容易，而销售相对困难，规模设定一定要与企业在一定时期（比如一年）可能具备的市场开拓能力相适应。

（4）流动资金。它与规模是最直接成正比例关系的。流动资金的供给必须持续到良性循环的那个时点：销售收入开始进账的那一天。这时，企业运转的耗费才开始得以补偿。在这一天到来之前，资金需要不停顿投入且不能中断。如果资金的准备不能维持到这一天，投资的项目就会夭折。

（5）管理能力。管理能力的形成，建立在企业发展的过程中。比如管理费用，哪些绝对不可以发生，哪些要控制，控制到什么程度，如何控制等，都需要在实际操作中做出规定。既然能力的产生是实践的过程，投资规模就要与管理能力相适应，否则便将败于管理。因此，对初创企业来说，不能一味地追求规模的扩张，而要根据实际情况因地、因时、因势制宜，首要的目标是要把利润做大，把市场做稳，让客户满意，这才是企业的生存之本。

［章后案例］

互联网如何改造传统行业？①

最近，为了录制“创业记——志刚和他的朋友们”视频访谈节目，我两次拜访 91 金融创始人兼 CEO 许泽玮。出生于 1983 年的许泽玮，既有金融专业背景，也有 IT 专业背

① 本文摘自李志刚的著作《颠覆者：中国商业变革中的新生代企业家》，文中的第一人称就是指李志刚先生本人。

景，他对91金融的定位是，做互联网上的金融超市。这家公司的主业之一，就是为银行找到有贷款需求的个人或者中小企业，91金融也会做出预判，用户的需求和贷款资质更适合哪家银行，以此提升贷款的成功率。

他们的业务基本通过互联网促成。我想很多人都有过我这样的烦恼，每天都有陌生电话打进来，问你是否需要贷款等理财产品。这些都是一些传统的金融中介机构做的，他们拿着不知从什么地方买来的号码名单，像大海捞针一样，寻找有贷款需求的人。据不完全统计，北京就有两三千家。在这个领域，市场集中程度比物流行业还不如，你几乎说不出在全国一定名气的传统金融中介。

你能够想象，这个领域的效率有多低下。这正是许泽玮要做的事，他希望首先干掉这些传统金融中介，让银行知道哪里有既有需求又符合资质要求的用户，让用户知道符合自己需求、相对容易申请到的贷款在哪个银行。

2014年春节后我见许泽玮时，他提及2013年的全年交易额是360亿元。2014年6月26日，在录制“志刚和他的朋友们”节目的时候，他说：现在91金融每天的交易额已经有三四亿元了。许泽玮曾在2014年的新春致信中表示，2015年91金融的交易额将超过3000亿元，服务的金融消费者将超过200万人。借助互联网和移动互联网，很多行业增长速度令人瞠目结舌。

这正是互联网对传统行业改造的第一环节：消除信息不对称的问题，让信息以更优效率的方式流动，以更优的成本完成商户和消费者的匹配。原来的出租车司机不知乘客在哪里，只能在一些客流量大的地方蹲守趴活，乘客也不能预判附近是否有出租车经过，需要站立在街头耗费时间举手拦车。各种打车软件恰好解决了信息不对称的问题。

让信息以更优效率的方式流动，以更优的成本完成商户和消费者的匹配，显然有助于改变生产者和消费者之间“盲婚哑嫁”的局面：信息往往在过长的供应链里损耗，反过来说，因为信息不对称所以才需要如此长的供应链层层传递。互联网公司对传统行业更深入的改造就是，剔除供应链的冗余环节，让自身在更短、更简洁的供应链里扮演强力的角色。

生鲜电商“本来生活”在四川省蒲江县长秋山乡与当地果品协会合作，指定200亩试验田做丑柑有机种植，本来生活以比市场价更高的价格收购这些丑柑。当地的生产商非常积极地做这件事，他们觉得，这能解决优质农产品的出路问题。过去生产端的优质产品，消费端不认可，优质做不了优价，劣币驱除良币。从农田到餐桌，按照传统渠道的“农民—农村经纪人—产地批发商—销地批发商—水果贩子—消费者”环节，每个环节加价20%~30%。生鲜电商直接将环节压缩到“农民—生鲜电商—消费者”，让生产与消费对接更直接，供应打开市场，就形成压力倒逼前端的生产者，要求对方成规模地标准化生产，提供安全优质的产品。

类似地，专做海外贸易的电商B2C兰亭集势，直接介入那些婚纱手工作坊的生产环节，帮助它们改造生产环境，把控设计、生产质量，按照“中国工厂—兰亭集势—海外消费者”的路径，让中国婚纱漂洋过海；而在此之前，这条路径是“工厂—出口商—进口商—批发商—零售商—消费者”。2014年，美团网5月交易额超过29亿元。很多用户在美团网购买本地服务，例如电影票、餐饮、美发、KTV、婚纱摄影等。中国每卖出七八张电影票，其中一张就是由美团网卖出。在美团网过去三年的发展里，技术更多的是支撑作用，例如把交易做得更流畅，吸引更多的用户使用美团网进行消费。不过，越往后发展，技术可能会更多地起到牵引、驱动的作用：挖掘积淀下来的海量数据，用数据来引导商业决策。例如，电影院的选址、观众电影消费的偏好，通过数据分析，可能会获得比过去更为精准的判断。相比起来，传统行业很难像互联网公司这样，获得规模巨大的、详细的、系统的海量数据。这些数据，放在那里沉睡就没有价值，如果被使用，它会发挥出巨大的价值。

纵观世界的工业史，每一次的产业升级换代，实际都是用更有效率的技术取代旧的技术。在当下的新商业变革里，互联网是工具，让现有的产业可以变为更有效率的工具，帮助新的创业者改造或者重塑现有产业的价值链。换句话说，传统产业里那些让人觉得不便的、麻烦的、困惑的环节，有可能蕴藏着用互联网改造的商机。

资料来源：李志刚．颠覆者：中国商业变革中的新生代企业家［M］．北京：中国友谊出版社，2014.

本章小结

随着产业数字化和数字产业化的不断深化，数字经济作为当前最具发展潜力的新经济模式，将扮演驱动宏观经济高质量发展的重要角色。现阶段，数字信息技术发展态势良好，新一轮全球信息技术革命浪潮持续推进，数字生态圈不断优化。虽然数字经济发展竞争空前剧烈，但是数字经济发展空间得到长足拓展，为我国数字经济发展奠定了坚实的基础，数字经济将面临全新的发展机遇。通过虚拟经营战略和商业模式创新战略，企业可以进一步打破企业创新的制约，推动创新从无到有、从封闭到开放；通过合作层次的升级，创业门槛和创新成本必然大幅减少，能够催生海量市场主体在线协同研发新模式的出现。

复习思考题

一、简答题

1. 与其他类型的战略态势相比，增长型战略具有什么特征？
2. 商业模式创新的基本模式是什么？
3. 数字技术赋能企业增长的路径是什么？

二、论述题

1. 数字经济时代，企业如何制定正确的增长战略？
2. 结合一个案例，谈谈企业增长和发展的区别。

第九章 战略实施

企业战略管理体系可分为战略制定、战略分解、战略执行、战略评估和战略调整五个环节，广义上看，除战略制定以外的环节，其他都可以纳入战略执行过程管理的范围。从管理实践来看，战略管理中的最大瓶颈是战略与实施之间存在断层。美国《财富》杂志2017年11期披露：有效的策划而且得到有效执行的战略不到10%，而大约70%的战略执行失败在于执行不到位。从管理实践来看，战略执行是中国企业面临的最大挑战之一，国内不少优秀的企业进行了积极的探索，如华润集团构建了6S管理体系、华为构建了战略管理的流程框架DSTE和BEM模型、ALBB采取“晒KPI”方式推动业务战略落地。通过借鉴国内外战略执行体系的优秀案例，创建和实施适合中国企业发展的战略执行体系，实现高质量发展和可持续增长的战略绩效目标，具有重要意义。

［学习目标］

◇ 了解企业的战略执行体系

◇ 理解资源组织如何进行优化

◇ 理解公司治理结构如何设置

◇ 掌握学习型组织的含义

◇ 掌握创新型企业文化的内涵

［引例］

数字经济时代HE公司的COSMOPlat工业互联

作为中国最早一批探索工业互联网的企业，HE公司自2012年就开始智能制造转型的探索实践，2016年3月，在上海举行的中国家电及消费电子博览会上首次推出面向全球、全行业的工业互联网平台——COSMOPlat。

浪潮云依托在政府、行业、企业信息化领域30余年的深厚经验技术积累，以安全可靠的云平台、国内领先的技术水平和运营能力，面向政府机构和企业组织，提供覆盖IaaS、PaaS、DaaS、SaaS及管理服务等在内的公有云服务。致力于以云服务的方式，提供安全、可信的计算和数据处理能力，让计算无处不在；帮助区域政府实现服务转型，帮助行业部委实现业务转型，帮助大型企业实现运营转型。

在“人单合一”的管理模式下，HE 公司于 2019 年推进链群自驱动机制的组织变革。链群自驱动机制是在高度网络化链接、供需不断变化的社会中，企业产销各节点组织为不断满足用户需求变化，形成相互链接协同迭代生存的能力，是企业适应时代创世界级物联网模式的基本组织、机制保证。链群组织由“体验链群”和“创单链群”融合而成。“体验链群”是与用户直接交互的社群与触点，不断与用户交互，实时获取用户需求；“创单链群”包括研发、制造等节点，通过并联各方资源，输出不断迭代的场景解决方案。在同一目标下，“体验链群”和“创单链群”融合、相互倒逼咬合，形成自驱动共同满足用户需求。链群组织可以根据用户群的不断细分自裂变，也可以依据新的市场机会自涌现，链群承接市场引领目标，保证用户体验迭代的满足。链群的这种自组织、自驱动能够满足不同用户需求的自适应，这种自适应的非线性网络使链群与用户零距离融合，不断提升交易效率。

HE 公司在自身智能制造和平台建设的基础上研发了具有中国自主知识产权的工业互联网平台 COSMOPlat，构建“1（主平台）+7（模块）+N（行业）”的平台架构体系，实现跨行业、跨领域应用。它是全球首个引入用户全流程参与体验的工业互联网平台，打破了传统以企业为中心的模式，始终以用户为中心，创造用户最佳体验，实现用户终身价值。COSMOPlat 工业互联网平台从 3 个维度赋能推广。第一个维度是模块，针对智能制造节点、供应链节点、设计定制和研发这些节点，对企业进行赋能。例如，有的企业只想做工厂升级或者只想使用工业互联生态的物流资源。第二个维度是下沉到各个区域，在上海、广东、西南等 12 个片区进行布局。第三个维度是下沉到行业，基于行业的具体需求，开发定制的平台，成立行业的工业互联网小微，例如房车（改装车）、建材（包括陶瓷、石材等）、农业、服装、能源、健康、化工、电子、模具等小微。疫情期间医疗成为热点行业，COSMOPlat 也迅速在医疗健康行业进行了大幅拓展。

资料来源：笔者根据相关资料整理。

第一节　战略执行体系

企业战略执行，是指企业实行战略的具体计划、行动和控制过程。它包括企业战略执行的基本原则、适度的合理性原则、统一领导统一指挥的原则、权变原则等。战略执行系统最关键的是战略信息系统、战略计划系统、战略动力系统、战略反馈系统。

企业战略管理的实质就是要获得持久竞争力。而要获得这种持久竞争力，仅仅停留在战略制定层面是远远不够的。再好的决策，再宏伟的战略，如果没有有效的执行，也将会变为一张废纸，毫无意义。只有既制定了良好的战略，又能有效地实施这一战略，才能使企业获得成功。目前，对大多数中国企业而言，构建战略执行体系，提升战略执行力实乃当务之急。

一、战略执行体系概述

国内外学者对战略执行进行了大量研究，并相继从不同的角度来研究战略执行相关问题。有学者从战略执行与战略制定的关系出发进行研究。赫比尼亚克（Hrebiniak，1984）认为战略的选择不可能完全适合企业，但在战略的执行过程中却可以根据特定的变化来调整已经制定好的战略。我国学者齐大庆（2005）的研究认为，战略执行是由多个相互关联的要素组合而成的系统框架，它是企业为实现战略目标而进行的战略制定、战略实施和战略控制过程，由多个步骤相互衔接而成。

也有学者研究战略执行的影响因素。约翰逊（Johnson，1989）的研究发现，不同层次的管理者在对企业战略的认知上存在着差距，而这种差距对企业战略的执行有很大的影响。韦瑟斯比（Weathersby，1998）认为，在经济全球化的环境中，战略的执行必须注重人员作用，他指出，共同的价值观和目标是影响战略执行的重要因素。在组织变革中，企业的战略调整会与组织的变革共同进行，而且，经过回归模型的应用，雷维里奥蒂斯（Reveliotis，2006）的研究很好地检验了战略管理实施的流程。

企业战略执行是指企业对战略设计方案进行有效实施的一整套系统化流程，包括计划、行动、控制、调整和再实施，涉及战略的澄清、沟通和分解，计划拟定，资源分配，合理预算，结构调整，信息反馈，运营、业绩管理，薪酬激励，企业文化和战略调整等过程。企业战略执行过程中应遵循以下三个基本原则：

（1）适度合理性原则。企业战略执行过程中不应离开客观条件去寻求绝对的合理性，只要能基本上达到战略预定的目标，战略执行就是成功的。

（2）统一领导、统一指挥的原则。企业战略执行，必须在企业高层领导的统一领导，统一指挥下进行，只有这样，战略执行过程中所涉及的各方面工作，才能相互协调、平衡，才能使企业各部门为实现企业战略所制定的目标而有效地运转。

（3）权变的原则。企业高层领导应密切掌握企业内外环境的变化，科学分析内外环境的变化程度，实事求是地实施和调整企业战略。

战略执行体系是一个系统，利用该系统，管理人员可以评估企业的经营战略及企业在战略执行中所取得的进步；如果经营战略与战略目标间出现差异，则要明确需要改进的地方。平衡计分卡的创始人卡普兰表明，新的战略执行体系是一种动态循环的管理系统，是实现长期战略目标和短期行为活动的一体化①。战略执行体系的流程，对设计和实施战略以及学习和反馈进行了分析，使战略执行过程成为循环往复的流程，促使管理人员对企业战略和经营行为进行协调和兼顾。

---

① 哈佛大学商学院教授罗伯特·卡普兰（Robert S. Kaplan）于1992年以严谨而全面的架构提出平衡计分卡（balanced scorecard）概念。

企业战略执行体系是基于企业战略目标以及战略执行的原则、方法、程序和标准，以提升企业竞争优势为目标的一整套全过程的动态化的战略管理运作系统，它为企业战略的有效实施与优化提供了良好的平台和组织保障。企业战略执行体系的组成系统包括信息沟通系统、战略计划系统、战略动力系统、战略反馈和评估系统。

1. 信息沟通系统

有效沟通是企业提升战略执行力的基础。企业战略能否得到有效执行，取决于战略是否具有可执行性，战略是否得到企业员工的普遍认同，战略实施过程中企业各种资源和能力能否得到有效协调，以及战略执行能否得到有效控制。而这一切又都取决于战略管理过程中的沟通效果。同时，一个良好的信息沟通系统对于企业组织内部和企业组织与组织之间知识的分享、应用和转移，进而将员工个体知识集聚为企业整体的知识，有着极为关键的作用。

构建信息沟通系统包括：营造良好的企业文化，为有效沟通的实现营造良好的文化氛围；建立扁平化的组织结构，为有效沟通的实现提供良好的组织保证；健全企业的沟通渠道和机制，为有效沟通的实现创设良好的制度环境；提高管理者的沟通技能，为有效沟通的实现提供良好的方法和手段；构建战略制定过程中的双向沟通机制，保证在企业战略制定和执行过程中，做到“上情下达”和“下情上达”；建立正式战略沟通计划与非正式沟通体系有机结合的沟通模式，广泛地促进战略执行过程中有效沟通的实现。

2. 战略计划系统

构建战略计划系统包括：确定与战略相匹配的组织结构和组织职能；设定新的战略体系下业务流程结构和业务模式；将企业的战略目标分解为各类子计划，并将工作任务分解到职能部门和基层员工；分配资源及编制资金预算；设计对月度或季度工作目标和绩效进行考核的体系和标准。

（1）确定各事业部门的战略目标，制订各事业部的战略方案。战略计划工作的第一步是对企业总体系战略及战略目标进行说明，企业高层领导对事业部经理制订战略计划要规定一定的方向，各事业部结合实际制订出战略方案后，企业高层领导要进行评估和平衡，以减少各事业部之间相互竞争的风险。

（2）明确各职能部门的任务及策略。当各事业部门战略计划确定之后，各职能部门要制定策略和措施，确保完成各项任务指标。

（3）资源分配和资金预算。资源分配和资金预算主要做好以下四点：一是既要严格按照战略计划分配资源和进行资金预算，又要在资源分配和资金预算中留有余地，遇有特殊情况，可以及时调整和平衡。二是明确资源、资金和战略的关系。每个项目的资源分配和资金预算都要提交书面说明书，阐明该项资源分配和资金预算对现行战略实施的影响，对无助于现行战略实施的资源分配和资金预算，可以否定。三是加强指导和约束。企业要用一定的政策来约束资源分配和资金预算的随意性，任何违反政策规定的资源和资金的使用要求都不予考虑。四是实行项目负责制，下放具体项目的资源分配权和资金使用权。企业总部对各项战略计划所需的资源进行分配以后，宜将每个具体项目的资源分配权和资金使用权，下放给项目负责人，让其有权有责，充分调动其积极性，完成战略计划的各项任务。

3. 战略动力系统

战略动力系统主要是指能够有效推动企业各级人员努力实现战略的激励系统，包括企业的薪酬福利体系、奖励体系、管理人员的任职标准和能力素质要求标准、人员晋升与选拔方法、企业文化导向等，合理的战略动力资源的应用，能够积极推动公司战略的有效执行。企业领导人是实施战略的关键因素，领导人的积极性直接关系到企业管理的成效。只有激励，才会强化企业领导的战略行动，使其进行各种创新的工作。

4. 战略反馈和评估系统

战略反馈和评估系统是企业针对外部环境的变化对自身战略的评审和纠偏，及时发现战略执行过程中的不足、失误和不合理的内容，并反馈与调整。

（1）战略反馈的主要内容。一是绩效监控与纠偏评估。通过一定的测量方式、手段、方法监管企业的实际绩效，并对比实际绩效和绩效标准，进行偏差分析。二是控制外部环境。外部环境的关键因素是企业战略赖以生存的基础。外部环境的变化意味着战略前提条件的变动，必须予以充分注意。

（2）战略评估的主要内容。一是战略环境扫描。企业决定战略目标和进行战略决策需要获取外部环境正在发生的现象和变化着的知识，需要准确地预测和分析内外环境的变化，这些都需要针对环境进行扫描。二是寻找战略误差。评价工作绩效是将实际战果与预定的目标进行比较。通过比较会得出三种结论：第一种是超过目标，出现正偏差，它是一种好的结果；第二种是正好相等，没有偏差，这也是好的结果；第三种是实际成果低于目标，出现负偏差。对第三种结果应及时采取措施纠偏，完成预定的目标。

二、战略执行体系的基本框架

战略执行体系是公司用于战略制定、战略运营实施以及将战略转化为公司绩效的一套系统的战略管理体系。战略执行体系的基本框架是一套由投入到产出的系统的公司管理体系，包括“战略—运行—绩效”三个部分，其中的“运行”又分为三个层面，即理念层（领导力、企业文化）、行动层（战略规划、经营计划、财务预算、绩效管理和工作日程），以及平台层（组织、流程和人力资源），这一体系由公司最高管理层直接领导，将管理落实到各个层面。

战略规划是战略执行体系的起点，也是它的中心，决定和影响着其他执行体系要素。其主要内容包括：愿景、使命和价值观；战略分析；战略选择；战略转化，以及战略完善等。

1. 愿景、使命和价值观

愿景明确了公司的中长期目标，是公司的长期愿望、组织发展的蓝图，体现组织永恒的追求，也不断地激励着组织奋勇向前，拼搏向上。使命为公司确立了经营的基本指导思想、原则、方向、经营理念等，它不是具体的战略目标，不一定表述为文字，但影响经营者的决策和思维。价值观是指引组织为了公司的生存和发展而执行某些行为的战略选择，明确了公司所提倡的行动和禁止的行为，确定了公司的经营理念，是企业文化的重要组成部分。愿景、使命和价值观共同构成了战略规划的宏伟蓝图。

2. 战略分析

在明确了公司的愿景、使命和价值观后，公司开始通过资料的收集、整理分析组织的内外部环境，包括外部宏观环境、竞争对手情况、组织内部的资源和能力，从而识别公司的机遇和挑战、组织的优势和劣势。外部环境分析，包括宏观环境分析、行业环境分析以及竞争环境分析。其中，宏观环境包含了政治/法律、经济、人口、社会文化、技术和全球化。行业环境则通过迈克尔·波特的“五力模型”来分析。内部环境分析，主要是利用价值链分析来确定并评价公司内部的资源和能力，找出公司内部的优势和劣势。

内外部环境分析后，通过 SWOT 分析确认企业面临的优势、劣势、机会、威胁，进而制定企业战略。

3. 战略选择

通过 SWOT 分析，公司管理者应着手选择竞争战略。迈克尔·波特认为，组织要获得竞争优势，一般只有两种途径：一是在行业中实现成本最低；二是在产品和服务上形成与众不同的特色。在选择竞争战略时，需要在考虑公司所处的外部环境以及自身的资源和能力的基础上，比较各个战略的适用情况，从而选择适合自己的战略。

4. 战略转化

战略选择好之后，管理者需要将战略转化为细小的目标和任务，从而传达给各个部门和员工，战略图就是一种有效的战略描述工具。它是由罗伯特·卡普兰和戴维·诺顿（Kaplan & Norton，1992）提出的理想的战略描述工具，它从财务、客户、内部流程以及学习与成长四个层面出发绘制而成。一般情况下，公司会绘制一张总体战略图，每个部门也会绘制各自的战略图，然后将二者联系在一起，保持公司整体与各个部门的平衡和兼顾，做到主次分明、相互协调。

5. 战略完善

在战略规划的最后阶段，需要对公司和各个部门的战略规划提出修改意见，进行调整和完善。通常情况下，公司通过有关会议进行战略规划的审核。公司可针对重点问题对战略规划进行讨论、审核、修改和完善。

三、战略执行体系的运行

科学地制订并有效地实施好组织结构方案、组织文化方案、行动与控制方案、资源配置方案、冲突处理方案、障碍清除方案、战略执行评估方案等七类执行方案，是确保企业战略执行体系的有效运行、企业战略执行力高效的关键。

1. 制定组织结构方案

组织结构方案是说明企业在竞争战略以及职能战略执行过程中所采用的具体组织形式的方案，是企业战略执行的“硬件方案”，也是其他战略执行方案的基础。在竞争战略层面，存在以下三种组织结构。

（1）职能式组织结构：适合于以成本和效率为中心的保守型竞争战略，它可以充分发挥集权式管理刚性、统一的优势。企业通过改进产品质量、降低产品成本，提升产品生产速度和安全度等方式巩固行业既有地位，并伺机通过提升现有市场占有率和现有客户群体贡献率的方式赢得竞争优势。

（2）事业部式组织结构：适合于以市场和研发为中心的风险型竞争战略，它可以充分发挥分权式管理柔性、灵活的优势。企业通过强化企业的市场运营能力和技术研发能力等方式，提升行业既有地位，并伺机对竞争对手的市场份额进行蚕食鲸吞，以赢得竞争优势。

（3）矩阵式组织结构：适合于以成本、效率和市场、研发双中心为特色的竞争战略，它可以充分发挥集权式管理与分权式管理各自的优势。企业在自身经营涉足的部分行业中，采取巩固既有地位，并伺机提升现有市场占有率和现有客户群体贡献率的策略；在另外一些行业中则采取提升既有地位，并伺机对竞争对手的市场份额进行蚕食鲸吞的策略。

2. 制订组织文化方案

组织文化方案是说明企业在竞争战略和职能战略执行过程中所推行的工作理念和工作行为标准的方案，它需要与企业的愿景、使命和核心价值观保持高度一致。由于思维方式和行为方式的调整能够彼此充分互动，且思维方式和行为方式的调整能够在很大程度上改变人原有的工作态度、激发人巨大的工作潜能，组织文化方案便自然成为企业战略执行的有力支撑。

3. 制订行动与控制方案

行动与控制方案是说明企业各级战略执行者在竞争战略和职能战略执行过程中所采取的具体行动方式、步骤及其直接上级对其进行控制的方式、步骤的方案。行动与控制方案必须遵循 SMARTER 原则，即方案本身必须是具体的（specific）、可测量的（measurable）、可达到的（attainable）、现实的（realistic）、有时间要求的（timebased）、激动人心的（exciting）和竞争性的（rivalrous）原则，以便为战略执行者及其直接上级的相关活动提供明确导向。优良的行动与控制方案会从根本上提升各级战略执行的速度和质量。

4. 制订资源配置方案

资源配置方案是说明企业在竞争战略和职能战略执行过程中有关人力、物力、财力和信息资源配置数量、方式和时间的方案。资源配置方案能够确保企业的多种资源按照各级、各类战略目标的重要程度、优先顺序和具体特点进行高效、合理、恰当的配置，使企业在各级、各类战略执行的“主攻方向”上形成相对资源优势，为战略执行的最终成功奠定坚实的基础。

5. 制订冲突处理方案

冲突处理方案是说明企业在竞争战略和职能战略执行过程中解决各单位、部门间发生的冲突的方式、步骤的方案。冲突处理方案有助于对企业战略执行中出现的各类冲突的性质、范围、程度以及可能产生的影响迅速做出准确判断，指导各级战略执行者采取有力措施及时化解冲突。

6. 制订障碍清除方案

障碍清除方案是说明企业在竞争战略和职能战略执行过程中清除各类人为障碍的方式和步骤的方案，它属于“非常”战略执行方案的范畴。当某些战略执行者或其他人员在理念和行为上拒绝接受组织文化和其他战略执行方案的要求，采取消极回避、拖延懈怠、拒绝合作甚至公开对抗等方式阻碍企业战略执行的正常推进时，以公司内部惩戒方案和即时解聘方案为代表的障碍清除方案就将充分发挥作用。其中，即时解聘方案是最为严厉的障碍清除方案。

7. 制订战略执行评估方案

战略执行评估方案是对企业各阶段竞争战略和不同职能战略执行情况进行综合评估的方案。企业战略执行评估方案一般包含战略执行评估的内涵、战略环境变化分析、战略目标调整分析、战略执行成本、效果对比分析、竞争对手战略执行情况分析、战略执行调整、战略执行者评审和违规处罚条例等内容。竞争战略的执行情况一般每 3 ~ 5 年评估一次，职能战略的执行情况一般每年度评估一次。通过对战略执行工作进行定期、规范的评估，能够及时发现各级战略执行者在战略执行活动中的优点和不足，激励、鞭策各级战略执行者不断提升自身的战略执行水准；同时为调整、优化各级、各类战略执行方案的原则、方法、程序和标准提供充分依据，为企业各级、各类战略目标的顺利实现和战略执行综合绩效的持续提升提供动力。

第二节　资源组织优化

企业在不同的发展阶段面临着不同的环境和特点，这决定了其经营发展的战略和人力资源需求与配置要求也各不相同。同时，企业在高层认识、战略体系、组织结构中存在诸多问题，企业应根据不同的战略类型制定差异化的人力资源配置方案，以适应企业的经营发展战略。

随着外部市场环境变化的加剧，企业人力资源的优化与配置变得越来越重要。人力资源优化配置是指企业为了提高工作效率、实现人力资源的最优化而实行的人力资源科学、合理的配置。目前我国企业由于缺少基于企业战略的人力资源动态配置观念，往往把人力资源配置理解为静态的信息收集和相关的人事政策设定，面对复杂多变的企业环境以及随之变化的企业战略，企业在进行动态的人力资源配置时常常变得束手无策。企业人力资源如果缺乏优化与配置，那么再好的企业战略也无法得到推行与实施。

一、企业战略与人力资源配置的关系

企业的人力资源配置必须与企业战略相匹配，企业战略的成功在很大程度上取决于人力资源配置的优化程度。

1. 企业战略是人力资源配置的依据

面对瞬息万变的市场环境，企业要生存并持续发展就必须及时制定和实施相应的企业战略，从而取得并保持竞争优势。在不同的企业战略下，会有不同的企业目标、组织结构和生产技术，这对人力资源的配置会相应提出不同的要求。企业需要准确定位企业战略，明确中长期发展愿景，并据此来构建组织结构。企业组织结构是否与企业战略相匹配，对企业战略的实现有很大的影响，组织结构设计的好坏在某种程度上关系着组织运行效率的高低。同时，企业也要根据组织结构来设计职务、配置员工，如果职务规划不当，不仅会造成人员的浪费，而且会导致人才的缺乏和流失。人力资源配置作为人力资源管理的一项基本职能，服务于企业战略，并支持企业战略目标的实现。

2. 人力资源的合理配置是企业战略制定的基础

分析企业现有的人力资源配置状况，是制定企业战略的基础性工作之一。人力资源配置分析提供的内部信息包括人力资源的现状、人力资源的素质、人力资源的工作绩效与改进、人力资源培训与开发的效果等；提供的外部信息包括劳动力供给的情况、竞争对手所采用的激励或薪酬计划的情况等信息。企业战略的实现首先要立足于开发现有的人力资源，因此要对企业现有的各类人力数量、分布、利用、潜力状况以及流动比率进行统计，并采用科学的方法进行统计分析，对企业的人力资源需求与供给做出预测。成功的企业战略的制定通常都是在企业的内部资源状况和外部环境的变化之间寻求一种平衡，以提高企业战略的适应性。

3. 人力资源优化配置是企业战略顺利执行的保证

现代管理理论普遍认为，人力资源是企业最重要的资源。如果企业人力资源匮乏或者人力资源配置失衡，那么即使它占有了其他优质资源，也会渐渐失去其已有的优势。而且任何一种战略都需要有能力的人来制定并实施，作为企业的管理人员，其主要职责就是从事企业战略的制定、实施和控制工作，所以在领导岗位配置的管理人员是否合格也决定了企业战略能不能顺利地推行。同时，企业的人力资源结构，员工的质量，动机、满意度等对企业的发展起到促进或阻碍作用。如果企业的人力资源结构合理，人才质量高，员工工作满意度高并支持企业战略目标的实现，这种人力资源配置将会促进企业的发展；反之，则对企业战略的实现起到阻碍的作用。所以人力资源的优化与配置对于企业提高自身的竞争力，赢得竞争优势，实现企业战略，表现得越来越重要。

二、企业人力资源配置存在的问题

我国大多数企业的人力资源配置与企业战略之间的匹配度不高，人力资源职能和企业战略之间的关系往往属于行政事务类和被动执行类。行政事务类指企业的人事部门仅仅从事工资发放、员工档案管理等日常事务性行政工作，与企业的经营管理工作联系很少，完全谈不上对企业战略的贡献，是最落后的一种方式；被动执行类则指企业人力资源部门开始参与企业战略的实施，但被排除在战略制定的过程之外，因此企业的人力资源战略，特别是人力资源配置往往是被动的和应付性的，难以准确把握企业战略的本质特征。究其原因，可以分为以下几点：

1. 企业高层管理者对人力资源配置工作的系统性和重要性的认识不足

在制定企业战略时忽视人力资源配置的支撑作用，导致全员的职能结构与学历结构、管理人员的年龄结构和知识结构都无法做出相应的调整。对企业来讲，进行专业化的人力资源配置，行使战略人力资源管理的职责，是人力资源配置配合企业战略的重要环节，也是保证企业人力资源管理工作有效开展的基本条件，有利于人力资源管理科学化、规范化决策。

2. 组织结构保障不力

一些企业的人力资源部门与经营管理部门之间的关联性不高，人力资源管理人员甚至很少参与企业经营管理方面的工作会议。一般来讲，能够经常参加企业各类经营管理工作的人力资源专业人员，对企业的经营和管理都有着较深刻的理解，其人力资源配置工作也能够对企业的经营战略目标提供较好的支撑作用。由于企业的领导人或高层管理人员对人力资源配置工作在推动企业价值创造过程中的作用了解不够，同时，企业的人力资源专业人员自身的素质不高，因此难以获得企业的认可，使得许多企业的人力资源专业人员参与经营管理的关联性仍然处于较低的层次。

3. 战略性人力资源管理体系还未建立

许多企业的人力资源管理无法用高瞻远瞩的发展战略统筹全局，相关板块的工作仍然处于割裂状态，人力资源配置工作变得无所适从，不但无法与企业战略相匹配，即使与人力资源管理的相关职能都互相冲突，所谓的人力资源配置基本流于形式。要构建战略性人力资源管理，需要人力资源管理各职能有机地结合在一起，形成整体的人力资源战略。同时，人力资源战略要支持企业的经营目标，只有在此基础上，才能实现人力资源管理与企业战略的有效匹配。

三、基于企业战略的人力资源配置策略

人力资源配置是属于人力资源战略的内容，而人力资源战略又属于企业的职能战略，

用以支持企业总战略和事业战略。因此，人力资源必须根据企业的战略进行动态的配置。

1. 基于企业发展战略的人力资源配置

企业的发展战略亦称增长战略，包括集中生产单一产品或服务战略、纵向一体化战略和多样化战略。其重点是市场和产品的开发与创新以及完善组织结构，通过整合和利用企业的资源来强化组织的优势，以使企业获得持续、快速、稳定的发展。

（1）集中生产单一产品或服务战略。这是指企业将大部分的经营活动集中于一种业务或行业，并以快于过去的增长速度来增加销售额、利润额或市场占有率。企业采取这种发展战略时，往往具有规范的职能型组织结构和运作机制，高度集权的控制和严密的层级指挥系统，各个部门和人员都有严格的分工。这种企业在员工选择招聘和绩效考评上，较多从职能作用上评判，且较多依靠各级主管。在薪酬上，这种企业多采用自上而下的家长式分配方式。在员工培训和发展方面，以单一的职能技术为主，较少考虑整个系统。

（2）纵向一体化战略。这是指企业在两个可能的方向上扩展现有业务的一种发展战略。采取这种发展战略的企业在组织结构上仍较多实行规范性职能型的运作机制，控制和指挥同样较集中，但这种企业更注重各部门的实际效率和效益。因此，企业在人员的挑选招聘时，较多依靠客观标准，并同时进行企业内部和外部的招聘。在绩效考评时也是较多依靠客观标准，立足于事实和具体数据。奖酬的依据主要是工作业绩和效率，并且注重物质奖励。员工在培训时注重开展正规的技能培训，员工的发展仍以专业人才培养为主，少数通过工作轮换来培养和发展。

（3）多样化战略。这是指企业进入与现有的业务在价值链上拥有战略匹配关系的新业务。采取这种发展战略的企业因为经营不同产业的产品系列，其组织结构较多采用战略事业单位（SBU）或事业部制。这些事业单位都保持着相对独立的经营权。这类企业的发展变化较为频繁，在人员招聘和选择上较多运用系统化标准，并尽量从内部招募。在公司制定新业务扩张的时候，人力资源部应该首先根据新业务的需求，考虑如何获得适应新业务需求的工作人员。积极从公司内部调整人员，以获得新业务人员的要求，或者积极从外部了解公司新业务所需人才的目标群，以便快速准确地招到合适的人员。如果新业务是目前少有的业务，人力资源部还要积极地准备人才培训，同时，为公司新业务的开展进行必要的人才储备。对员工的考核主要是看员工对企业的贡献和企业的投资效益，运用“内在激励”多于“外在激励”；员工的培训和发展往往是跨职能、跨部门甚至是跨事业单位的系统化开发，即员工的发展和培训计划是大规模的。

2. 基于企业竞争战略的人力资源配置

竞争战略产生于不确定性中，无论是选择基本竞争战略，还是选择战略组合都存在风险。竞争战略是建立在企业自身和竞争者的博弈过程中的，要提高战略决策的有效性、规避风险，这一切都离不开与人力资源配置的有效配合。

（1）成本领先战略。它指企业通过有效途径降低成本，使企业的全部成本低于竞争对手的成本，甚至是同行业中最低的成本，从而取得竞争优势的一种战略。在具体的配置过程中必须遵循两个原则：一是基于市场的实用主义原则；二是组织的稳定发展原则。为了控制人工成本，企业往往严格控制员工数量，所吸引的员工也往往是技能高度专业化，强调员工具有技术上的资格证明和技能。在人员招聘上注意效率和招聘成本，以低成本高效率的方式来招聘选拔人才。为了节约成本，稳定员工队伍，调动员工的积极性，为企业内部员工提供发展的机会，企业往往采取内部招聘的办法，即当企业出现职位空缺时，人力资源管理部门将首先从组织内部寻找、挑选合适的人员填补空缺。

在工资规划方面，应强调以工作为基础的薪资，即根据员工所担任工作（职务、岗位）对任职人员在文化、技术（业务）、智力、体力等方面的要求，以及劳动环境对员工的影响等因素所确定的各工作的顺序（等级）来确定薪酬。员工干什么工作，就领取什么样的薪酬，而不考虑他具有的超出本职要求的工作能力。

（2）差异化战略。它指企业向顾客提供的产品或服务与其他竞争者相比独具特色、别具一格，从而使企业建立起独特竞争优势的一种战略。这种企业的成败取决于员工的创造性，这就需要吸引有创造力和独立思考能力的员工，并储备多种专业技术人才。基于这种情况，在招聘时可采用外部招聘的办法，以高报酬吸引同行业的高尖人才或创新性人才。这样选择的范围广、层次丰富，选择的余地大。对于有创造力的员工，在工作内容的安排上应较模糊，无常规做法，具有非重复性并且具有一定的风险，其可适应的工作类别广，工作规划松散，强调创新和弹性。

（3）集中化战略。它指企业的经营活动集中于某一特定的购买群体、产品线的某一部分或某一地域性市场，通过为这个小市场的购买者提供比竞争对手更好、更有效率的服务来建立竞争优势的一种战略。因此，企业既可以通过差异化战略来满足某一特定目标的需要，又可通过低成本战略服务于这一目标。所以说，集中化战略是结合了成本领先战略和差异化战略，具有特定的战略目标，因此，在人力资源配置方面，也结合了上述两种企业战略中所采取的人力资源配置方法。

3. 企业防御战略的人力资源配置

防御战略的目的与发展战略相反，它不寻求企业规模的扩张，而是通过调整来缩减企业经营规模，包括收缩战略、调整战略、放弃战略和清算战略等几种战略。企业只有在运营状况欠佳的局面下才会采取这种战略，以达到渡过危机、提高运营效率的目的。在这种情况下，对人力资源的配置更要符合低成本的原则。应重新对企业人力资源供需状况和工作岗位要求进行分析，确定现阶段企业所需人员的数量和质量，通过建立淘汰机制和提前退休政策等方式，减少冗员，降低企业的人力成本。具体对策包括：更换高层和较低层的管理人员，实行决策集中化以控制成本；减少新人员的录用；一般性的削减支出，包括解雇一些人员；强调成本控制和预算等。同时企业应注意留住核心人才，通过参与核心人才的职业生涯规划，为其提供所有路径的职业发展通道等方法来增加其职业期望值。只有留住企业的核心人才，才能保住企业的竞争力，才有可能扭转不利的局面，实现新的发展。

第三节 公司治理结构

随着经济全球化和新经济浪潮的日趋掀起和不断扩散，世界经济增长的环境正发生着革命性的变化。为顺应这一历史性变化，世界各国都正在加速进行经济结构调整和经济的战略性转型，以取得在新一轮国际竞争大潮中的最佳竞争位置。而制造业是现代经济的重要基石，对于正处于转型期的我国来说更是如此。传统制造业曾经为我国初期工业化的发展立下了“汗马功劳”，但是随着新经济浪潮的日渐汹涌和冲击，尤其是全球竞争的日趋加剧，我国许多传统制造业行业先前具有的比较优势正在衰竭，甚至一些行业出现全行业衰退，这是摆在我们面前的一项具有全局性意义且极为迫切的战略任务；另外，我国正处于工业化发展的关键阶段，面临着如何进一步加快工业化发展进程以在全面实现工业化的同时向新经济跨越的双重任务，而作为实现工业化核心主体的制造业企业尤其是传统大型制造企业能否实现全面转型和再造，将直接决定着这一历史性任务能否顺利实现。因此，关于我国传统大型制造业企业如何“变革、转型”这一具有全局性意义的战略课题，正日渐受到包括政府、学术界和企业界的广泛关注和探讨。

一、公司治理结构对企业战略转型的作用机制分析

公司治理与公司战略管理之间的内在联系是：战略管理层是联系公司治理和公司管理的“重要联结纽带”。因此，公司治理尤其是公司治理结构，对公司战略管理（包含战略形成、实施以及转型等）具有十分重要的影响，其具体作用机制如图 9 - 1 所示。

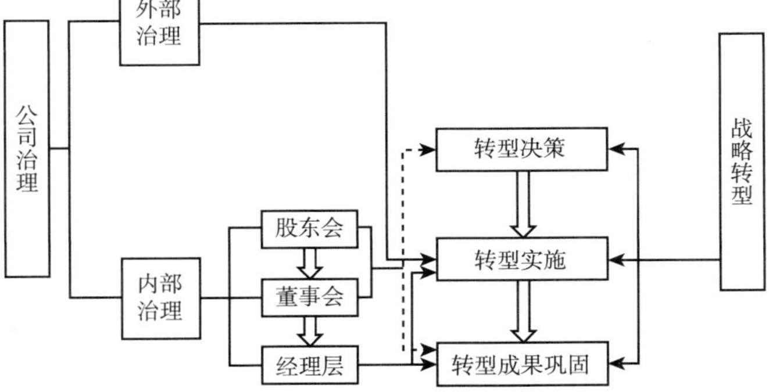

图 9 - 1 公司治理结构对公司战略转型的作用机制

资料来源：李烨，郭继辉．透析公司治理结构对企业战略转型的影响与启示［J］．中国高新技术企业，2008（23）：1 - 3.

由图 9 - 1 可知：内部治理对战略转型的全过程都有着重要影响，尤其是对决策和实

施阶段；而外部治理主要是对转型的实施过程有影响（主要表现在经理人市场对企业经理人员的影响以及资本市场对企业进入、退出某行业的影响）。同时在内部公司治理结构中，董事会在战略转型过程中尤其是决策阶段处于核心地位，其直接决定着企业转型的方向和转型的目标。当然，战略转型不只是受公司治理结构的影响，还受到其他许多因素的影响（如法律、政策等）。同时，战略转型对公司治理结构也具有反作用。实际上它们是一个互动作用过程，因为在有些情况下，为了顺利实施转型，不得不先对公司治理结构进行调整，而一旦战略转型成功也将不可避免要对企业组织体制进行重组，这样新形成的公司治理结构又将影响着下一次的“战略转型”能否有效进行，从而形成公司治理结构与战略转型互相影响、相互作用的演进机制，共同推动企业不断向前进化，实现可持续发展。

二、公司治理结构对企业战略转型的具体影响

1. 对战略转型决策的影响

战略转型决策是企业战略转型最为重要的一个阶段，其将直接决定着是否“转”以及“朝哪里转”等关键性问题。依上面分析并结合图9-1可知，公司治理结构尤其是董事会对战略转型决策具有决定性的影响，健全、有效的公司治理结构会使得董事会保持较强的独立性，同时其建立的一套科学的预警机制和决策程序，可以确保转型决策的及时性和有效性。

2. 对战略转型时机的影响

战略转型时机与战略转型决策有着密切的联系，如果转型决策制定及时且有效，则将为企业抓住有利的转型时机奠定重要基础；同时转型时机的有效把握还取决于转型准备及其实施的条件和能力等因素。

3. 对转型执行的影响

转型的执行过程是企业战略转型很关键和重要的一个环节，将直接决定着企业战略转型的成败以及效果等，公司治理结构尤其经理层对转型的实施及其效果具有决定性影响作用。

4. 对转型成果巩固的影响

战略转型仅是企业发展历程中面临经营环境的变革所实施的一次重要决策和特殊环节，企业一旦转型成功，必须采取必要措施保证新战略的有效和持续实施。

三、我国公司治理结构

我国目前正处于经济体制转型的“深水区”，作为经济体制改革中心环节的“国有企业改革”能否成功将直接决定着转型的成效。而我国已成功加入世界贸易组织（WTO），国有企业尤其是国有大型企业集团面临着前所未有的严峻挑战。一方面必须伺机进行战略

转型以融入全球分工体系，同时促进我国产业结构升级以提升我国产业的国际竞争力，因此，必将有越来越多的企业走上转型之路；另一方面只有进一步深化改革和不断健全、完善公司治理结构，才能构筑起实现可持续发展和参与全球竞争的制度基础和保障。

1. 总裁和董事长的职务应当分由两人担任

基于我国国有企业的实际情况，现阶段总裁和董事长职务应分由两人担任，这样一方面可以减少目前国有企业改制过程中出现的“内部人控制”现象和降低企业实施战略转型的人为性障碍，同时也可以促进提高国有企业决策过程的科学化和民主化，降低因个人偏好所引起的决策失误风险。

2. 加快职业经理人市场建设，全面推行经理人员选聘制度和任期制

目前，我国国有独资和控股公司中绝大部分经理仍由政府主管部门和党组织任命，既影响实现政企分开，导致用人责任不清，也阻碍了经营者市场的形成。为此，必须深化改革，加速将政府部门和党组织对经理人员的任命制改为董事会对经理人员的选聘制，发挥市场对经理人员的配置作用。

3. 加快实现企业产权主体多元化

当前，一些改制为国有独资或绝对控股的公司制企业，在法人公司治理结构上未能形成有效的制衡机制，甚至出现了不少“翻牌公司”。究其原因，主要是企业投资主体未发生明显变化，股权过于集中。根据党的十六大会议精神，应当加速推进对国有企业的战略性改组，进一步推进国有企业的产权改革，同时鼓励更多的非国有法人资本、境外资本和民间资本投向国有企业，促进企业产权主体多元化并进而实现企业股权多元化，形成公司内不同投资主体的相互制衡机制，从而为规范公司治理结构创造条件，降低企业实施战略转型的制度性障碍。

4. 加强董事会建设，建立起科学、高效的决策机制和程序

董事在公司治理结构中处于“核心地位”，保证董事会的独立性是构建规范、有效的公司治理结构的重要基础。当前我国许多改制后的国有公司或国有控股公司都存在董事会不独立现象，使得董事会不能充分发挥应有的监督和决策作用。因此，进一步加强董事会建设，增强董事会的独立性，以真正发挥董事会的监督职能，同时构建起一套科学、高效的决策机制和程序，是我国国有企业公司治理结构改革、完善的主要内容之一。

5. 明确董事会与经理层的权责，给予经理人员充分的创新空间

科学、有效的公司治理结构要求必须明晰公司治理结构中各主体的权、责、利分配，同时也要求应确保经理层的创新能力能得到充分发挥，能够依据环境的变化，抓住机遇及时实施转型，尤其对于我国现阶段国有企业创新能力低下的现实，这一点就显得尤为迫切和重要。因此，构筑和完善公司治理结构时，在科学匹配公司治理结构中各主体的权、责、利的同时，必须考虑给予经理层一个什么样的自由空间，以使其可以充分发挥创新能力的同时，又不损害企业的整体利益。

随着全球经济一体化进程的加快及新经济浪潮的日益崛起，企业面临的经营环境将更加动荡、竞争也将日趋激烈。为实现可持续发展，越来越多的企业将走上转型之路，而科学、规范的公司治理结构是促进企业有效转型的重要基础和制度保证。为此，本节对正在或即将走上转型路上的我国企业，尤其是国有企业，如何进一步改革、优化、完善其公司治理结构具有一定的借鉴意义。

第四节　学习型组织

一、学习型组织概述

学习型组织最早起源于20世纪60年代，佛瑞斯特教授于实践中得出的设想，理论正式形成于其学生彼得·圣吉。彼得·圣吉的著作《第五项修炼》被公认为学习型组织理论的最初框架体系。关于学习型组织理论的含义，数年来，众说纷纭，本书给出的定义是：学习型组织是指一个由拥有终身学习思想理念的团体形成的组织，在该组织中自下而上成员均具有自发学习的能动力，并期以学习工作协同化创造更好的组织前景未来；在该组织中，核心要素是共同的组织目标和良好的学习工作氛围，与以往的森严等级制度的集权性组织不同，学习型组织更注重开放性和自由学习及群体性学习。

据相关理论研究可得出以下几点关于学习型组织的特征：

（1）一致的组织目标。相对于其他传统组织而言，学习型组织具有显著的目标一致性，这体现在组织内部从基层员工到高层管理者，都清晰明了本组织的愿景、目标及企业组织的宏图，并且组织全体成员自发共同维护这一组织目标和为实现其共同愿景而不懈努力。个体差异性在此过程中自动求同存异，相互促进，为实现一致的组织目标而团结协作。

（2）创造性思维模式。于学习型组织而言，创造性思维模式一直都是关键特征之一，创造性思维模式才能更好地推动组织前进发展，故步自封的思维学习工作模式，终将会被淘汰，一个生命力长久的组织必须具备创造性思维，在面对外部形势变化时才能做到随机应变，更具抗风险能力。

（3）学思结合的方法论。在该组织中，学习工作相伴相随，不存在学习与工作互为基础与发展的关系。学习型组织中强调学习工作化，工作学习化，两者相融合，共同提高工作效率和增强人才素质；在工作中学习，在学习中工作，同时注重学习与思考，对于组织前进过程中存在的问题或者取得的成就应有自己的判断思考能力，用学习与思考来解决当下的工作问题或潜在的问题。

（4）终身学习理念。学习型组织着重于从个体到团队的整体终身学习意识培养，意识到“活到老，学到老”的重要性，适应知识高速更新节奏，做到自我知识更新顺应信息化时代发展，对于整体学习过程和细节点学习同时把握。终身学习理念自发性形成，并不是拘泥于上级指示或者文件要求，强调全员学习，自发主动学习。

二、基于学习型组织理论的必要性

1. 大环境下客观经济环境的需求

（1）市场环境的知识性需求。面对大环境下市场经济的激烈竞争，大中小型企业均面临着前所未有的挑战，消费者需求的变化，知识体系的更新，国内外经济形势的变动趋势，都需要上至领导者下至员工的一定的敏感性认知分析。而与此同时，知识性需求就显而易见地占据重要地位。在面对本企业行业内部风向变动，标杆企业的走向时，企业内部相对应的管理体系知识、营销战略方法和质量管理等知识，绩效考核与薪酬管理的知识，项目管理的系统化知识，以及对应相关联知识的学习都进一步验证了学习型组织理论的企业改革刻不容缓。

（2）市场经济的创新性需求。在掌握知识的基础上，企业需要进行创新性发展思维的拓展。在当下这个风云变幻的时代，没有哪家企业可以凭借着固有的老旧的知识或管理方法而存活下去，历史上曾风光无限的诺基亚也因闭门造车，没有接受智能型手机的转变与创新而最终走向被收购的末路。无论是新媒体运营公司还是制造型企业，从“制造”走向“创造”都是共同的选择。

2. 企业内部环境发展的需要

（1）企业微观个人发展的需要。一个企业的发展离不开其组织成员的协同合作，对于个体员工而言，其学习的主动性与工作的效益成正比，对于每个员工而言，学习型组织提供的共同发展的学习工作氛围是其他组织望尘莫及的，对于每一个对自身有要求并有一定的职业生涯规划的员工，他个人的生活工作协调性需求和自身发展需求与学习型组织紧密相连。

（2）企业宏观组织发展的需要。对于一个有着清晰长远的规划和明确的发展目标的企业而言，组织型转变是首要的，诸如国内阿里巴巴集团和华为公司，它们的企业改革模式也都遵循学习型组织模式。学习型组织最突出的优势就在于它更强调的是群体性学习，强调全员学习，只有当每一个员工内心坚守同一个企业愿景，并自发进行开放性的学习，才更容易实现整体工作的运作效率。单枪匹马的时代早已经过去了，共赢才是当下的主旋律。

三、基于学习型组织理论的企业改革

1. 基于学习型组织的企业改革构成要素

（1）共建组织愿景。构建学习型组织的企业首先要建立目标愿景，如马云建立的阿里巴巴王国，其企业文化价值管理中最核心的一点是建立愿景。一个企业明确了组织成员共同追求的愿景目标，就有了持续工作的能动力，在接下来的细化工作中就能更专心于自己的工作，为实现企业组织的目标而奋斗。构建企业组织愿景是建立学习型组织企业的基石。

（2）群体小组协作学习。组织是一个团队小组力量的体现，企业组织内部各部门协调合作，集思广益，针对内部或外部的问题采用科学高效的方法，才是最有利于全面解决问题的措施。而对于平时的学习更是如此，群体智慧应大于个人智慧的数值，通过小组学习讨论以形成正确的判断，通过集体的思考分析，消除掉个体思想观念上的偏差和局限性，提高整体团队学习工作效率。独裁者的高度集权管理时代已经过去，学习型组织倾向于群体小组开放性互相学习并提出自己的意见，除旧换新，适当时候可以采取“头脑风暴法”，各抒己见，对于日常工作问题以及自己的新发现，最大限度地表达自己内心对于工作中点点滴滴的看法。以群体小组形式共同探讨问题，是构建学习型组织企业的“水泥”，将组织成员紧密连接在一起。

（3）提升心智水平。在传统企业组织中，个体的认识问题可能局限于某一时点，对于一些新型的知识观念未能及时学习并吸收。然而在学习型组织中，由于长时间主动性的持续学习观，使得组织成员在面对新事物时的接受度极度宽容，对于新型挑战也能持学习探索的心态从容应对，对于学习型组织的个体成员的心智水平有极大的提升。在构建学习型组织的企业的过程中，提升心智水平为“实心砖块”，提升心智水平的真正意义是带来企业的新生。

（4）员工追求自我超越。自我超越意识的觉醒，是对自我的高标准要求，对工作的高度负责。在学习型组织的企业中，员工应严于律己，知识型经济时代的发展，要求每个员工应保持自我超越的危机意识，知识型员工的普及意味着淘汰制的上演，对于自我要求与工作要求，学习型组织的企业员工应有清醒的认识。员工追求自我超越是构建知识型企业组织的房梁，支撑着员工个人的优胜劣汰。

（5）系统思考原则。学习型组织的企业应始终秉持系统思考原则。避免因繁多细节而忽略全局，要做到微观解决问题，宏观调控方向。不因关注于细枝末节而忽视了系统全局把控。对于企业的日常工作安排和战略目标管理，都需要系统化思考并给出合理的方案。系统思考原则是构建学习型组织的企业整体框架，坚持把握好系统思考的方针，这样，企业就能在大方向上不出错。

2. 基于学习型组织的企业改革重塑内容

（1）学习型组织改革的企业文化重塑。基于企业文化管理的人本思想主导方针，对于学习型组织改革的企业文化重塑，应侧重于人的管理，以人为本，强调关心员工、理解员工、尊重员工、培养员工；旨在满足员工物质经济报酬的同时，尽量满足员工精神的需要，以人为中心，以适应组织员工层次不断提高的需要；着重于培育企业员工共同的企业文化价值观，企业制度管理与共同价值观协调一致，企业文化改革重塑与学习型组织的人本思想理念相一致。

（2）学习型组织改革的企业员工重塑。通过文化改革重塑建立以人本为重的企业文化，进而重塑学习型组织员工的价值观和自身素质的培养。在包容性扁平化的结构组织，人性化的企业管理模式下，员工重新审视自我的缺陷及优势，在跨部门学习交流过程中，找准自己的定位，扬长避短，学习新知识，开拓新思想，站在不同的岗位角度上去思考问题，对自己的人生职业规划进一步完善，结合学习型组织的企业目标愿景以及自己的学习能力，重塑自我认识和自我规划。

（3）学习型组织改革的企业领导重塑。领导层管理重点由行为层转移到观念层，由垂直型结构向扁平化结构转变，学习型组织改革的企业领导重塑侧重于共享信息和相对平等交流，上层管理者给予下层管理者表达意见的民主自由，中层管理者与基层员工实现广泛而开放性的交流，减少管理层次，适当增大管理幅度，有利于不同的“声音”流通组织内部，在收集建议信息时缩减烦琐的流程，提高工作效率，降低时间成本，更大限度地保证内容的真实性与可靠性。

3. 基于学习型组织的企业改革方法步骤

（1）建立科学的评价体系。与前文构成学习型组织的首要因素是建立共同的愿景相对应，创建学习型组织的第一步就是建立一个科学的文化管理评价体系，通过时效性原则、系统性原则、可行性原则来共同评估企业文化管理的成效。每隔一个周期，可以按月或者按季度进行，大型企业还应统计半年度和年度评价报告进行一次文化管理评价，对企业组织成员有关企业文化理念的看法有一定的了解，对学习型组织企业的文化管理模式和企业员工的思想相容性进行了解和调整，避免出现“空中阁楼”现象，要脚踏实地地将企业学习型组织的工作环境及相关学习探讨方式频率通过员工反馈及时进行改进。填写相关反馈文件表格时应采取匿名方式，尽可能保证信息的真实性，避免形式主义。

（2）提供安静的工作环境和心理宣泄室。创建相应的心理宣泄室以用于员工个人情绪的释放，长期处于高压状态下的人的心理素质往往会倾向于崩溃的极端状态，而工作环境的安静需要保证，在相对安静的环境下有利于保证个体工作的专注度以及提高工作的时间效率，因而在员工因个人压力或者其他自身心理因素需要缓和时，可以到相应的心理宣泄室发泄低气压情绪，以获得心理平衡和放松的心情，继而以饱满的精神状态投入工作中。心理宣泄室建议分别设置女性和男性隔离的房间，房间整体装修风格清新自然，采用暖色系装饰风格，分别可放置仿真宣泄人、宣泄球、宣泄棒、蓝牙音箱。

（3）完善相应的奖励制度。奖励机制应分门别类地制定并实施，对于科学评价报告中的建议被采用的，应给予相应的物质经济奖励，并注重精神层面的奖励，可以在进行会议时划分一块时间段用于表扬或者颁发相应的具有企业特色的证书。对于绩效考核中“员工学习与工作结合发展能力突出”的，给予一定的奖励，结合物质和精神给予相应的鼓励，以更好地带动学习型组织的学习工作融合进展。对于不同部门，采取不同的指标衡量标准，在相应部门采取合适的周期评价并鼓励，形成系统性、科学性的奖励制度。

（4）调动组织成员积极性。充分调动学习型组织企业成员的积极性，鼓励员工专于工作、关心企业目标及远景，在学习中工作，从工作中学习，具有描绘组织宏图的思考能力，并能将企业愿景转化于工作学习中，思考当下遇到的问题并积极寻找解决方案，具有一定的自主管理能力，注重连接系统，能够从多方位角度将一个体系框架构建起来。积极乐观地面对工作和生活，明确个人的目标与组织目标，并将个人目标与组织目标相结合，积极进取，认真工作。

第五节　创新型企业文化

一、创新型企业文化的概念

在分析创新型企业文化和企业战略之间的联系时，首先要了解其概念，创新型企业文化是企业长期发展过程中形成的一种企业的经营理念、精神以及价值观，每个企业内部这种创新型企业文化都是存在差别的，也是企业独有的。企业战略是企业在发展环节制定的相应目标，企业遵循着该目标发展。从企业战略的概念上来看，创新型企业文化和战略一个是思想层面的，一个是战略层面的，看似毫无关系，其实是相辅相成的。

1. 创新型企业文化是一种管理文化

管理是指采用计划、组织、控制、激励和领导等措施协调人力、物力和财力资源，以期达到组织目标的过程。这一过程的实现要用必要的管理手段及方法，但更重要的是要调动人的积极性。因为人是生产力诸因素中最基本的因素，只有人才能将生产力的其他因素结合起来，转化成现实的生产力；人力资源及其开发状况是决定一个企业经济效益的根本因素，许多事例都证明，凡是经营出色的企业，都是把员工而不是把资本和自动化技术作为提高生产率的最主要源泉。

2. 创新型企业文化是一种经济文化

企业是一个从事生产经营活动、实行独立核算、具有法人资格的基本经济单位，因此创新型企业文化反映的是企业这个经济组织的价值观、最高目标、宗旨、基本信念及行为规范。

3. 创新型企业文化是一种微观组织文化

企业组织是为了达到企业目标，经由分工与合作及不同层次的权力和责任制度而构成的人的生产经营的集合体，是国民经济的基本细胞。这种组织除了要有组织原则、组织结构、组织过程及必要的规章制度外，更重要的是要有创新型企业文化，使企业组织有一个共同的群体意识及行为准则，以营造和谐的人际关系，每个人都有明确的责任、权利和利益，形成团结、互助、融洽的组织氛围。

二、创新型企业文化的结构

创新型企业文化结构大致可分为三个层次，即物质层、制度层和精神层。

1. 物质层

这是创新型企业文化的表层部分，是形成制度层和精神层的条件，它往往能折射出企业的经营思想、管理哲学、工作作风和审美意识。它主要包括：企业的名称、标志；厂容厂貌；产品的特色、式样、外观及包装；企业工艺设备特性；企业的旗帜、歌曲、服装、花卉、文化体育设施；企业的造型和纪念性建筑；企业的文化传播网络；企业的纪念品等。从这些方面往往能折射出企业的战略思想、经营哲学、工作作风及审美意识，反映出创新型企业文化的个性色彩。

2. 制度层

这是创新型企业文化的中间层次，主要是指对企业员工和企业组织行为产生规范性、约束性影响的部分，它集中体现了创新型企业文化的物质层及精神层对员工和企业组织行为的要求。

制度层规定了企业成员在共同的生产经营活动中应当遵循的行为准则，主要包括企业的一般制度（即企业的工作制度、管理制度及责任制度等）、特殊制度（即企业的非程序化制度，如员工评议干部制度、员工与干部对话制度、庆功会制度等）及企业风俗（如约定俗成的典礼、仪式行为习惯、节日活动等）三个方面。这三个方面主要规定了企业成员在共同的生产经营活动中所应当遵循的行为准则。

3. 精神层

这是创新型企业文化的核心部分，主要指企业的领导和员工共同信守的基本信念、价值标准、职业道德及精神风貌。精神层是创新型企业文化的核心和灵魂，是形成创新型企业文化的物质层和制度层的基础和原则。创新型企业文化的精神层主要包括企业最高目标、企业哲学、企业精神、企业风气、企业道德和企业宗旨等六个方面。创新型企业文化中有没有精神层是衡量企业是否形成了自己的创新型企业文化的一个标志和标准。

三、创新型企业文化的性质和作用

1. 创新型企业文化的性质

文化是由人类创造的不同形态的特质所构成的复合体，它是一个庞大的丰富而复杂的大系统，既包含社会文化、民族文化等主系统，也包含社区文化、创新型企业文化等属于亚文化层次的子系统。由于文化的层次不同，它所具有的功能、担负的任务、所要达到的目的也不同。创新型企业文化作为一种子系统文化，主要包括以下四方面特性：

（1）无形性。创新型企业文化所包含的共同理想、价值观念和行为准则是作为一个群体心理定势及氛围存在于企业职工中的，在这种创新型企业文化面前，员工会自觉地按照企业的共同价值观念及行为准则去工作、学习、生活，这种作用是无法度量、计算的。创新型企业文化是一种信念的力量、道德的力量、心理的力量，这三种力量相互融通、促进，形成了创新型企业文化优势，这是企业战胜困难、夺取战略胜利的无形力量。

（2）软约束性。创新型企业文化之所以对企业管理起作用，是靠其对职工的熏陶、感染和诱导，使企业员工产生对企业目标、行为准则及价值观念的“认同感”，自觉地按照企业的共同价值观念及行为准则去工作。

（3）相对稳定性和连续性。创新型企业文化是随着企业的诞生而产生的，具有一定的稳定性和连续性，能长期对企业员工行为产生影响，不会因为日常的细小变化或个别干部及员工的去留而发生变化。

（4）个性。创新型企业文化是共性和个性的统一体，各国企业都是商品或服务的生产者和经营者，有其必须遵守的共同的客观规律，如必须调动员工的生产积极性、争取顾客的欢迎和信任等，因而创新型企业文化有共性的一面。

2. 创新型企业文化的作用

创新型企业文化理论的出现，使得以前被视为管理难题的组织目标与个人目标的矛盾、管理者与被管理者的矛盾等有希望得到解决。具体而言，创新型企业文化具有以下五个作用：

（1）导向作用。创新型企业文化可以把企业员工个人目标引导到企业所确定的目标上来。在激烈的市场竞争中企业如果没有一个自上而下的统一目标，很难参与市场的角逐，更难于在竞争中求得生存和发展。在一般的管理概念中，为了实现企业预定的目标，需要制定一系列策略来引导员工；如果有了一个适合的创新型企业文化，员工就会在潜移默化中接受共同的价值观念，目标一致地向既定方向努力。

（2）约束作用。作为一个组织，企业常常不得不制定许多规章制度来保证企业的正常运行，这当然是完全必要的，但是即使有了千万条规章制度，也很难规范每个员工的每个行为，而创新型企业文化则是用一种无形的文化上的约束力量形成一种行为规范，制约员工的行为，以此来弥补规章制度的不足。

（3）凝聚作用。文化是一种极强的凝聚力量。创新型企业文化是一种黏合剂，它把各个方面、各个层次的人都团结在本创新型企业文化的周围，对企业产生一种凝聚力及向心力，使员工个人的思想感情和命运与企业的安危紧密联系起来，使他们感到个人的工作、学习、生活等任何事情都离不开企业这个集体，将企业视为自己最神圣的东西，与企业同甘苦、共命运。

（4）激励作用。创新型企业文化的核心是要创造出共同的价值观念，优秀的创新型企业文化就是要创造一种人人受重视、受尊重的文化氛围。良好的文化氛围往往能产生一种激励机制，使每个成员所做出的贡献都会及时得到员工及领导的赞赏和奖励，由此激励员工为实现自我价值和企业发展而勇于献身，不断进取。

（5）辐射作用。创新型企业文化塑造着企业的形象。优良的企业形象是企业成功的标志，这包括两个方面：一是内部形象，它可以激发企业员工对本企业的自豪感、责任感和崇尚心理；二是外部形象，它能够更深刻地反映出该创新型企业文化的特点及内涵。

［章后案例］

ALBB 布局新赛道，“躺平”智造发力数字化全屋定制

“躺平”是什么梗？躺平是指顺从心理。使用“躺平”一词时调侃玩笑的成分居多。不做反抗，顺从心理，无论对方做出什么样的行动，均已经做好了心理准备。

据悉，躺平是 ALBB 旗下的创新业务，模块包括躺平 App、躺平家居、躺平设计家、躺平供应链、躺平智造等。其中躺平智造，则更具“基础设施”意义。它旨在向行业提供全链路数字化的 SaaS 解决方案，帮助合作伙伴提供从获客、销售、设计、生产到履约的数字化解决方案，构建一个高效、稳定且值得信赖的生态系统。

全链路数字化全屋定制成为风口。全屋定制已成为家装市场必经的升级方向，也是近几年来炙手可热的风口之一。随着消费升级与观念升级，越来越多的消费者选择更具个性化的一站式置家服务。

告别费时、费力，走向数与智，让个性化与智能化完美融合……在业内观察人士看来，躺平智造的强势介入，必将掀起行业变革的又一场飓风。

传统行业模式痛点急需数字化改造。在传统模式中，全屋定制家居行业商家有三大无法摆脱的烦恼：首先就是获客难、成本高。客人从哪儿来？预算多少？要什么样的风格？缺乏精准的数字信息标签，就会导致获客成本高，企业增收难。其次是设计生产不对称。设计师制作的渲染方案顾客很满意，但到了生产环节却产生了偏差甚至会出现“宕机”。创意止步于图纸，设计与生产脱节，不仅成本巨大，商业口碑还容易受损。最后是交易链路繁杂。全屋定制并非快消品，交易链路复杂、生产周期长，任何环节出了问题不在第一时间解决，全盘成果就会大打折扣。

伴随行业规模的扩大和数字化交易革新，能不能在这些问题上有所突破，是一个全新的命题和重大挑战。

资料来源：笔者根据相关资料整理。

本章小结

企业战略管理的实质就是要获得持久竞争力。而要获得这种持久竞争力，仅仅停留在战略制定层面是远远不够的。再好的决策，再宏伟的战略，如果没有有效的执行，也将会变为一张废纸，毫无意义。只有既制定了良好的战略，又能有效地实施这一战略，才能使企业获得成功。目前，对大多数中国企业而言，构建战略执行体系，提升战略执行力实乃当务之急。本章从战略执行体系、资源组织优化、公司治理结构、学习型组织、创新型企业文化进行论述，阐述了战略实施的主要内容。

复习思考题

1. 企业战略执行过程中应遵循哪些基本原则?
2. 企业战略执行系统的含义是什么?
3. 基于企业战略的人力资源配置策略包含的内容有哪些?
4. 企业人力资源配置存在哪些主要的问题?
5. 简述学习型组织的企业改革重塑的内容。

第十章　战略评价与控制

企业的战略应随着企业内部和外部环境的变化而及时地进行评价和控制，这些变化中既有战略方针的变化，也有战略措施的变化。企业能否正确评估内外部环境的变化，从而根据当前形势对企业既定战略进行调整和控制，成为企业能否渡过危机的关键因素。从企业战略的角度上讲，战略制定、战略选择、战略实施、战略评价与控制共同构成战略管理的全过程。

企业所处内外部环境的变动性，决定了要保证战略管理过程的顺利实现，必须通过战略评价体系对制定并实施的战略效果进行评价，以便采取相应完善的措施和控制手段。由此可见，战略评价和控制决定着战略管理的成败。战略评价在计划实施之前进行，通过战略评价，可以让企业高层管理者再一次深入思考战略的有效性、可行性。而战略控制则是在战略评价的基础上，对既定战略与实际中的偏差进行修正，从而保证实际的成果符合预先制定的目标要求。

［学习目标］

◇ 了解战略评价与控制的功能和三项基本活动

◇ 掌握建立有效的战略评价与控制的要点和原则

◇ 正确认识战略信息系统的功能与结构

◇ 熟练掌握两种战略管理工具

◇ 深刻认知战略管理中容易出现的失误

◇ 掌握流程再造应遵循的原则与实施流程

［引例］

数字经济领域投资潮涌与产能过剩的机制：共享单车案例

1. 共享单车行业性质及其产业经济特征

“共享单车”实际上是自营互联网分时租赁自行车业务，依靠增量自有车辆，这种车辆的使用并非生活自用，而是以营利为目的的经营性用途。这一行业本身是重资产的，并且初始阶段就需要较为大量的一次性投放，以享受网络外部性带来的规模经济，故高额投入会造成一定的进入门槛。行业发展会很快从规模经济，到过度投放下低使用频次、高维护成本而造成规模不经济。而且，产业集中度很高，这种寡头垄断本是成熟产业或有进入规制的特殊产业的特征。

奇怪的是，在这种本可自发防止过度投资的产业经济学特征下，投资潮涌仍未停止。从融资历程表可见，投资潮涌一方面体现在2016年下半年到2018年初，巨额资本涌入头部公司推动共享单车大量投放；另一方面体现在2016年到2017年上半年，大量初创共享单车公司如雨后春笋般突然出现，尔后又在2017年下半年大量倒闭。该行业产能过剩也就对应地体现在两方面：头部企业过度投资、过量投放、产能利用率极低；大量非头部企业无效投资、无效投放、押金亏空。

2. 共享单车行业投资潮涌与过度投资

统计数据显示，保守估计摩拜、ofo两家公司三年间合计融资超过310亿元人民币，由于部分融资未披露金额，实际可能比该数据还要大得多。除了融资金额，平均融资间隔也是极短的，分别达到了3个月和4.2个月，这一方面体现了强烈的投资意愿，另一方面体现了产能扩张之迅速。除了这两家既有头部公司，2016年以来更有大量资本扶持新创业者进入共享单车行业，并形成了数个小高峰，保守估算非头部企业亦累计获投超50亿元人民币。

3. 共享单车行业产能过剩的企业成本

共享单车行业的严重过度投放，造成企业普遍严重亏损。根据住建部统计数据，2017年中国城区常住人口4.1亿人。从中筛选出城区人口大于200万人的城市城区人口加总，并剔除地形因素不适合单车骑行的重庆外，适合单车覆盖的城区人口约为1.5亿人。按照上海市2420万城区人口最多可容纳60万辆共享单车计算，饱和覆盖率约为2.5%，也就是这1.5亿的人口最多可容纳投放375万辆共享单车，而目前实际投放的单车数量达3000万辆，其中头部公司超过2000万辆，是饱和规模的数倍之多。不计运营成本，光以摩拜的辆均造价千元来算，光制造成本就达到了300亿元。

至2018年，共享单车行业普遍进入了过度投资、产能利用率极低而运营维护费用极高，进而产生大额亏损的状态。将摩拜公司的财务状况进行解析，按照299元押金计算，共有3287万用户，收取98.29亿元押金，其中已被挪用约60亿~70亿元。其月度收入构成大约是1000万元的利息收入与1亿元的付费骑行收入。假设按900万辆单车计算，每辆车每天创造营收0.41元，平均被骑半次，而花销是2.93元，净“烧掉”2.52元。净利率达到惊人的-619%。除去自创的递延所得税资产16.37亿元外，摩拜公司的净资产几近于零，只能勉强依靠融资性现金流维持生存。

资料来源：林玮，于永达．数字经济领域投资潮涌与产能过剩机制：共享单车案例［J］．甘肃行政学院学报，2019（2）：116-125，128.

第一节 战略评价概述

在当今经济全球化、贸易一体化、需求多样化等宏观经济环境下，战略的作用越来越突出。但由于企业内外部环境因素总是处于不断变化之中，设计完美、实施得当的战略也会变得过时，因此管理者需要不断调整战略，使战略管理朝着正确的轨道运行。

一、战略评价的内容

战略的内涵决定了其本身具有方向性、整体性、个体差异性和一致性等特点，并且这些特点是战略优势的重要表现。战略应该要达到企业内部能力、外部环境、企业长远目标三者的动态平衡。任何公司的战略都是独特的，战略没有对与错之分，因此战略评价必须根据实际情况而不是按照最好的通用的战略来进行。同时，战略是与公司目标与使命紧密相关的，战略评价过程中将伴随一系列的复杂情况，而在执行战略评价前也必须确定谁有资格来主持客观的评价等问题。战略评价包括以下活动：检查企业战略的内在基础；比较实际结果与预期结果；采取纠正措施，确保行动和计划一致。

环境监测和业务度量是战略评价的两个重点内容。业务度量是传统的评价内容，而在当今多变的环境下，环境监测显得更为重要。环境监测的目的是了解企业战略方案赖以生存的基础是否发生了变化，所以环境分析的着眼点就应放在那些可能会使战略基础发生动摇的因素上。监测环境的变化是评价的第一步，要做好环境监测工作，一方面需要对行业运作的特征非常熟悉，需要经常训练对环境变化的敏感性；另一方面也需要理论上的系统思维方式，帮助提高对环境变化的分析与把握。

战略评价的概念是蒂尔斯（Tiles）于 1963 年提出的，然而直到 20 世纪 80 年代，才得到广泛关注。鲁梅特（Rumelt，1980）给出的战略评价的定义现在仍被人们广泛接受：战略评价是对计划的评价以及对计划结果的评价，主要关注和影响的是企业的使命。根据这一定义，战略评价应该回答三个问题：战略目标是否合适？制定的主要策略和计划是否合适？战略实施的结果是否与制定战略所依据的重要假设一致？

随着人们认识的不断深入，战略评价的概念也得到了逐步的完善。近几年出版的战略管理文献中几乎都有关于战略评价的内容。表 10－1 总结了一些学者对战略评价的定义。

尽管这些定义大多是对已有知识和理论的一个整理和总结，一般为解释性的和派生性的，但是对我们理解战略评价理论以及产生新的理论认识是有价值的。从上述定义可以看出，战略评价涉及两方面的活动：一是为选择将要实施的战略而对备选战略方案进行的评价；二是评价组织的战略实际执行的好坏，即对战略的实施以及实施效果的评价。

表 10 - 1　　战略评价定义

学者	战略评价定义
约翰逊（Johnson G）、肖尔（Scholes K）	评价备选战略方案可能的效果以及组织为未来选择战略的过程
林奇（Lynch R）	评价备选战略方案对组织的贡献，选出最可能成功的战略
汤普森（Thompson A）、斯特里克兰（Strickland A J）	评价公司现有战略执行得如何
汤普森（Thompson J L）	评价现有战略的价值和活力以及企业应对未来变化的选择；评价组织的战略是否成功，集中于对成果的评价
威伦（Wheelen T L）、亨格（Hunger J D）	评价可选战略方案以及为执行选择一个战略；评价战略以控制战略管理过程以及纠正该过程中的错误

资料来源：张玉．战略评价综述：内容、步骤与方法［J］．中山大学研究生学刊（社会科学版），2010，31（2）：95 - 106.

莫罗尼（Moroney，2000）在这些定义的基础上，做了进一步发展，提出在战略管理过程的不同阶段战略评价应该采取不同的类型，他将战略评价分为三种类型：

（1）业绩评价和战略评价：这是制定一个新的战略或者对现有战略基础进行重新评价的第一步，原则上应包含偏差分析。

（2）战略评价和选择：它是指战略选择方案的预期评价以及选择一个最优战略。

（3）战略业绩的评价和控制：它是战略执行过程中的控制，以保证战略目标的实现。

二、战略评价的标准

在战略管理过程中，一个关键的环节是建立战略评价标准，它是制定、实施战略管理的目标和依据，没有战略评价标准的约束，战略管理只会成为一个令人迷惑的时髦工具，必将导致混乱的局面。一些学者认为成功战略一般拥有四大要素，即拥有清晰的目标、理解竞争环境、洞察自身资源、有效执行战略。

美国战略学家乔治·斯坦纳（George A. Steiner）认为，评价战略时应考虑六个要素：战略要有环境的适应性；战略要有目标的一致性；战略要有竞争的优势性；战略要有预期的收益性，特别是长期利润；战略要有资源的配套性；战略要注意规避其风险性①。

英国战略学家理查德·鲁梅特（Richard Rumelt，1980）提出了可用于战略评价的四条标准：一致、协调、优越和可行。协调与优越主要用于对公司的外部评估，一致与可行

① Steiner G A . Strategic Planning : What Every Manager Must Know［M］. The Free Press, New York, 1979.

则主要用于内部评估。

日本战略学家伊丹敬之则认为，优秀的战略是一种适应战略，它要求战略适应外部环境因素，包括技术、竞争和顾客等；同时，企业战略也要适应企业的内部资源，如企业的资产、人才等；再者，企业的战略也要适应企业的组织结构。企业家在制定优秀的战略时应该权衡七个方面的战略思想：

（1）实行差别化。战略自身的特点可以与竞争对手区别开来。

（2）战略要集中。企业资源分配要集中，要确保战略目标的实现。

（3）把握好时机。企业应积极创造适当的时机推出自己的战略。

（4）利用波及效果。企业要发挥和利用自己的核心能力，扩大影响。

（5）企业战略要能够激发员工的士气。

（6）战略要有不平衡性。企业战略不能长期稳定不变，要有一定的不平衡性，从而产生一定的紧迫感。

（7）战略要巧妙组合。企业战略应该能把企业的各种要素巧妙地组合起来，使各要素产生协同效果。

表 10－2 归纳了部分学者们所认同的战略评价的标准。

表 10－2　　战略必备要素

学者	学者所认同的战略必备的要素
乔治·A. 斯坦纳（George A. Steiner）	（1）战略要有环境的适应性；（2）目标的一致性；（3）竞争的优势性；（4）预期的收益性，特别是长期利润；（5）资源的配套性；（6）注意规避其风险性
理查德·鲁梅特（Richard Rumelt）	（1）一致性；（2）协调性；（3）优越性；（4）可行性
伊丹敬之	（1）实行差别化；（2）战略要集中；（3）把握好时机；（4）利用波及效果；（5）企业战略要能够激发员工的士气；（6）战略要有不平衡性；（7）战略要巧妙组合

资料来源：张玉．战略评价综述：内容、步骤与方法［J］．中山大学研究生学刊（社会科学版），2010，31（2）：95－106.

综合以上研究，战略需要具备一致性、适合性、优势性、可行性和可接受性。

第二节　战略评价与控制的三项基本活动

按照战略评估的职能，企业战略评估与控制存在三项基本活动，即考察企业战略的内在因素、战略绩效的度量与偏差分析、采取纠正措施。这三项基本活动分别承担了对战略实施条件的审视、对战略实施效果的评价和对战略基于反馈的调整的任务。三项基本活动在时间顺序上前后连接，相互联系，构成战略管理的评价和控制功能。

一、考察企业战略的内在因素

战略的选择是企业战略管理者对内外部因素综合分析的结果，其基础是对企业内外部环境的认定。如果这些基础发生了变化，那么企业的既定战略方案在战略执行的时候将会遇到问题。考察企业战略的内在因素就是要在方案制订之后，对企业的内外部环境进行监测，以识别变化的内外部环境是否影响到战略选择的有效性。如果战略选择的基础发生了动摇，应能够尽快反映到企业的战略管理层，从而使企业能够尽快对变化的内外部形势做出相应的战略调整。考察企业战略的内在基础需要进行以下三项工作：

（1）检验制定战略前提的可靠性。

（2）识别关键战略因素的变化。

（3）将关键因素的变化与战略实施紧密联系。

二、战略绩效的度量与偏差分析

企业战略绩效度量与偏差分析是将战略规划中的目标与实际结果进行比较，找出实施战略规划过程中已经取得的成绩，分析实际成果与评价标准的差距及产生的原因。这是发现战略实施过程是否存在问题和存在什么问题，以及为什么存在这些问题的重要步骤。

三、采取纠正措施

战略评估的最后一个步骤是采取纠正措施或实施权变计划。针对偏差产生的主要原因，管理者在战略控制中可以采取的处理措施有以下三种：

（1）对于工作失误造成的问题，处理的办法主要是通过加强管理和监督，确保工作与目标接近或吻合。

（2）如果是内部环境或者外部环境出现了重大的变化，致使制定战略的前提和假设出现了偏差，相应处理方式为根据当时的环境情况对既定战略进行调整。

（3）如果目标或战略不符合实际情况，那么相应的处理措施就是制订新的计划。

弗雷德·R. 戴维认为战略评价的框架可由图 10－1 表示。根据戴维提出的框架，从评价的对象和采用的方法来看，战略评价可理解为一个循环过程，即首先对企业现行战略的绩效进行评价，检查其是否为企业带来经济效益，是否与经营目标一致，是否能适应环境变化等问题，检查结果或继续执行原战略，或采取适应环境的纠正措施。若决定采取纠正措施，可能在原战略基础上做调整，也可能制定新战略。制定新战略则需要评价企业现行环境并严格按照以上标准制定备选战略，然后进行战略选择评价，确定并实施新战略，接着进行执行过程评价，及时获取战略执行情况并及时处理战略目标差异，最后对战略实施成果进行评价，这也是循环回到第一步对企业战略实施结果的评价，当然这里所评价的战略内容与第一步是不同的。整个过程可以用图 10－2 表示。

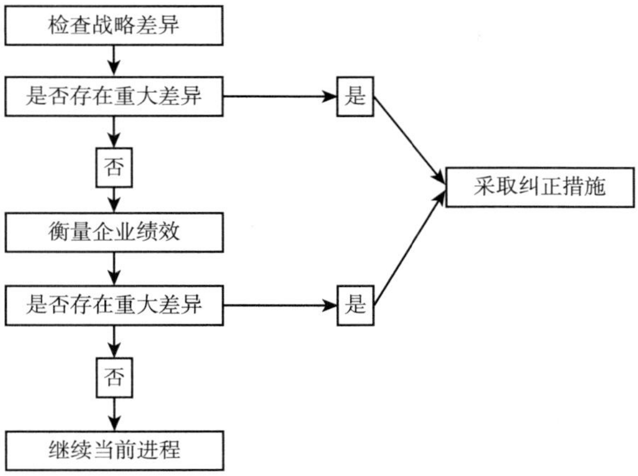

图 10－1　战略评价框架

资料来源：张玉．战略评价综述：内容、步骤与方法［J］．中山大学研究生学刊（社会科学版），2010，31（2）：95－106.

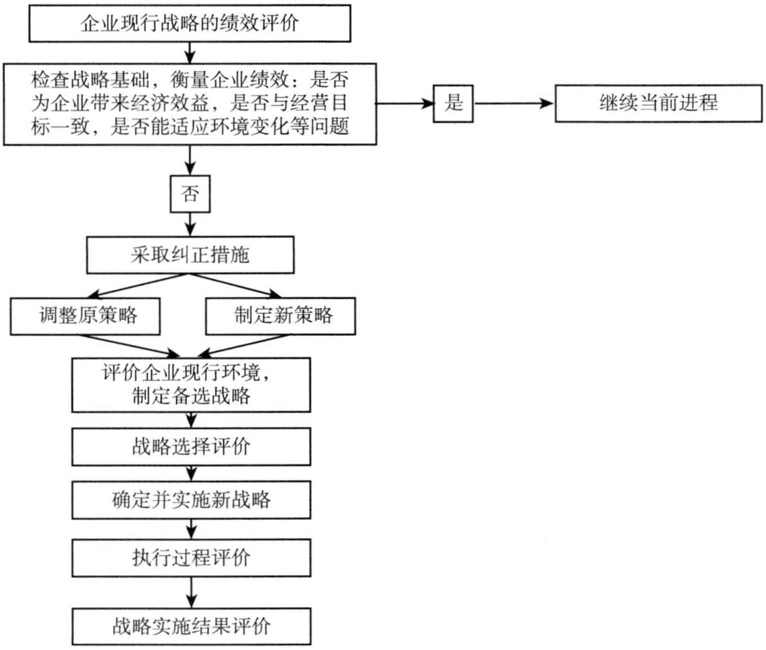

图 10－2　战略评价步骤

资料来源：张玉．战略评价综述：内容、步骤与方法［J］．中山大学研究生学刊（社会科学版），2010，31（2）：95－106.

图 10－2 中，在判断检查战略基础时，可以利用修正的外部因素评价（EFE）矩阵和内部因素评价（IFE）矩阵检查企业战略的内在基础，比较修正的与当前的内外部评价矩阵，若不存在重大差异，继续衡量企业绩效；比较计划实现目标进程同当前实际目标进程之间的差异，若不存在重大差异，继续当前进程。反之则采取纠正措施。

第三节　有效的战略控制

一、战略控制的概念

战略控制主要是指在企业经营战略的实施过程中，检查企业为达到目标所进行的各项活动的进展情况，评价实施企业战略后的企业绩效，把它与既定的战略目标及绩效标准相比较，发现战略差距，分析产生偏差的原因，纠正偏差，使企业战略的实施更好地与企业当前所处的内外部环境、企业目标协调一致，使企业战略得以实现。

战略控制与战略评价既有区别又有联系，要进行战略控制就必须进行战略评价，只有通过评价才能实现控制。评价本身是手段不是目的，发现问题、实现控制才是目的。战略控制着重于战略实施的过程，战略评价着重于对战略实施过程结果的评价。

二、战略控制的内容

对企业经营战略的实施进行控制的主要内容有：

1. 设定绩效标准

根据企业战略目标，结合企业内部人力、物力、财力及信息等具体条件，确定企业绩效标准，作为战略控制的参照系。

2. 绩效监控与偏差评估

通过一定的测量方式、手段、方法，监测企业的实际绩效，并将企业的实际绩效与标准绩效对比，进行偏差分析与评估。

3. 纠正偏差

设计并采取纠正偏差的措施，以顺应变化着的条件，保证企业战略的圆满实施。

4. 监控外部环境的关键因素

外部环境的关键因素是企业战略赖以存在的基础，外部环境关键因素的变化意味着战略前提条件的变动，必须给予充分的注意。

5. 激励

激励是战略控制的执行主体，调动其自控制与自评价的积极性，以保证企业战略实施的切实有效。

三、战略控制的特征

战略控制的基本特征与战略控制过程的基本特征不同，它是对战略控制的基本要求。

1. 适宜性

判断企业战略是否适宜，首先要求这个战略具有实现公司既定的财务和其他目标的良好前景。因此，适宜的战略应处于公司希望经营的领域，必须具有与公司道德哲学相协调的文化。如果可能，必须建立在公司优势的基础上，或者以某种人们可能确认的方式弥补公司现有的缺陷。

2. 可行性

可行性是指公司一旦选定了战略，就必须认真考虑企业能否成功地实施。公司是否有足够的财力、人力或者其他资源、技能、技术、诀窍和组织优势，换言之，企业是否具备有效实施战略的核心能力。如果在可行性上存在疑问，就需要将战略研究的范围扩大，并将能够提供所缺乏的资源或能力的其他公司或者金融机构合并等方式包括在内，通过联合发展达到可行的目的。特别是管理层必须确定实施战略要采取的初始实际步骤。

3. 可接受性

可接受性强调的是：与公司利害攸关的人员是否非常满意推荐的战略，并且给予支持。一般来说，公司越大，对公司有利害关系的人员就越多。要保证得到所有利害相关者的支持是不可能的，但是所推荐的战略必须经过最主要的利害相关者的同意，而在战略被采纳之前，必须充分考虑其他利害相关者的反对意见。

4. 复杂性

企业的整体是由局部构成的。从理论上讲，整体利益和局部利益是一致的，但在具体问题上，整体利益和局部利益可能存在着一定程度的不一致性。企业战略控制就是要对这些不一致性的冲突进行调节，如果把战略控制仅仅看作一种单纯的技术、管理业务工作，就不可能取得预期的控制效果。

5. 多样性和不确定性

战略具有不确定性。公司的战略只是一个方向，其目的是某一点，但过程可能是完全没有规律、效率和不合理的，因此这时的战略就具有多样性。同时，虽然经营战略是明确的、稳定的且是具有权威的，但在实施过程中由于环境变化，战略必须适时地调整和修正，因而也必须因时因地地提出具体控制措施，这就是说战略控制具有多样性和不确定性。

6. 弹性和伸缩性

战略控制中如果过度控制，频繁干预，容易引起消极反应。因而针对各种矛盾和问题，战略控制有时需要认真处理、严格控制，有时则需要适度地、弹性地控制。只要能保持与战略目标的一致性，就可以有较大的回旋余地而具有伸缩性。因此，战略控制中只要能保持正确的战略方向，尽可能地减少实施过程中的问题，尽可能多地授权下属在其职权范围内解决问题，小范围、低层次的问题不要在大范围、高层次上解决，反而能够取得有效的控制。

第四节　战略信息系统

一、战略信息系统概述

在战略制定、战略实施、战略评价与控制三个阶段，信息始终发挥着重要的作用。早在20世纪80年代初，迈克尔·波特教授就开始研究信息技术与竞争战略的关系，成为战略信息系统（strategic information system，SIS）的有力倡导者之一。

在信息技术急速发展和市场竞争日益激烈的今天，企业应该如何充分开发利用信息资源来为自己的战略管理服务，是战略信息系统发展的思想基础。此外，信息技术对战略信息系统的推动作用也不可小觑。传统的以企业内部信息资源为主要对象的信息管理模式，为战略信息系统的诞生和发展提供了初始的技术条件。现在，无论是面向对象的技术，还是数据分析技术，乃至局域网与互联网技术，都已成为战略信息系统的重要组成部分。

战略信息系统的研究先驱、美国学者惠兹曼（Charles Wiseman）① 在其著作《战略信息系统》中明确指出，一个成功的战略信息系统就是运用信息技术去支持或体现企业竞争战略和企业计划，从而使企业获得或维持竞争优势，或削弱竞争对手的竞争优势。换言之，战略信息系统是从企业竞争战略的高度出发，通过充分开发和有效利用信息资源提高企业的竞争实力，它是企业战略管理和信息管理的整体配合和有机协调。

二、战略信息系统规划

1. 战略信息系统的功能

战略信息系统是对企业内外信息资源的战略应用系统。信息资源的战略应用要达到三个目标：一是提高生产率；二是增强市场反应能力；三是强化或者保持竞争优势。在结构上与传统信息系统不同的是，它不是面向企业业务流程和办公事务来设计的，而是面向高层管理和竞争战略决策的需要而开发的一类新型信息系统，其目标是通过改变企业的组织结构和经营特性来提高竞争能力。为适应组织竞争环境的不断变化，许多场合下战略信息系统表现为通过网络联结起来的虚拟信息系统，其结构和功能灵活多变。目前，战略信息系统还是一个比较新的概念，真正推行尚待时日。

---

① Wiseman C , Macmillan I C . Creating competitive weapons from information systems [J]. J Bus Strategy, 1984, 5 (2): 42-49.

战略信息系统的主要功能是，通过集成企业信息系统，充分利用企业内外部信息资源，实现内部信息共享、外部信息交换和信息集成的有机统一，旨在利用信息辅助战略的制定、执行与控制，提高企业竞争力。

战略信息系统的具体功能是：

（1）信息分析功能：包括外部环境信息分析、供应商信息分析、顾客信息分析、竞争对手信息分析等。

（2）企业重大决策分析预测功能：包括企业投资战略分析、模拟预测企业发展战略等。

（3）企业生产和销售战略分析功能：包括生产及市场开发战略分析等。

战略信息系统功能的主要特征为：目标一致性；信息共享性；战略协同性；快速反应性；模拟预测性；价值链的集成统一性。

2. 战略信息系统的结构

战略信息系统的基本功能是构建企业的集成信息系统，消除部门间的彼此封闭，使企业内部信息共享，实现规范化管理，从而提高整体运作效率。它不但注重内部信息的管理，更注重外部信息的开发利用，以形成完善的竞争情报系统。同时，战略信息系统的结构必须与组织结构、业务流程及管理模式的发展相适应。

模块一：企业内部信息

企业内部信息主要来自各个业务管理部门的信息系统产生的各类业务信息。业务应用系统信息通过对基础信息进行鉴别、筛选等工作，去除没有价值的信息资源。这些信息为决策系统提供了企业内部的运作情况，使决策者可以清楚地了解企业运营水平，了解自身的优势和劣势。企业内部资源信息主要包括：企业产品的市场变化情况；企业产品类型的结构变化；企业经营现状与改进措施信息；企业价格与成本分析信息；企业市场需求预测分析信息；企业信息化现状信息及企业员工信息等。

模块二：企业外部信息

对于战略管理来说，光靠企业内部信息是远远不够的，管理者还需要对企业的外部信息有尽可能多的了解，从而明晰自身所处的环境、机遇与挑战。企业外部信息主要从五个方面得来，分别是外部环境信息、供应商信息、竞争者信息、合作者信息以及市场信息。外部信息处理需要对基础信息进行鉴别和筛选，从而为决策系统提供有价值的信息。这些重要的信息包括：行业当前状况及其前景；竞争者产品结构，研发水平和价格；供应商产品质量和价格以及市场动向等。

模块三：信息处理平台

从企业内外部得来的数据信息，通过系统软件输入数据库，然后予以分析处理。信息处理平台的主要工作包括：

（1）分析。分析评价的内容包括：本企业的经营状况；企业内外可利用的信息资源和竞争环境；竞争对手的发展变化；等等。

（2）预测。根据市场变化情况，利用各类数学模型预测本企业今后的发展趋势。

（3）战略决策。由决策支持系统、群决策支持系统和职能决策支持系统等一系列智能化系统构建，通过运作人机交互式系统、已有的企业内外部信息以及方法库、模型库、市场库和知识库，为决策层领导提供决策依据，帮助他们做好企业的战略管理工作。

模块四：办公自动化系统

战略信息系统的分析结果，一方面可以通过办公自动化系统软件，把信息直接反馈给企业管理者，通过局域网将意见反馈给各业务部门；另一方面还可以通过互联网将信息发布至企业外界。实际上，战略信息系统规划是一个极其复杂的过程，每个企业都有自己特殊的环境与需求，因此任何企业的战略信息系统都不应该是完全相同的。可以说，企业成功运用该系统的关键在于正确的观念加上科学的方法，以及不断地尝试与修改，才能更加充分地发挥战略信息系统的作用。

三、实施战略信息系统常见的问题

目前，大多数中小企业所实施的战略信息系统基本上还处于探索阶段。相比之下，大型企业的信息化水平较高。根据国内统计数据，中国已有92.5%的超大型企业建立了企业内部局域网，36.5%的企业建立了企业资源计划（ERP）系统；76.3%的企业使用了财务管理软件；12.5%的企业建设了客户关系管理（CRM）系统；11.3%的企业建立了供应链管理系统，并向更高阶段过渡①。随着信息化建设的不断深入和成功企业管理模式的推广，相信会有更多的企业不断尝试使用战略信息系统，并从中享受由此带来的巨大优势。

然而，在实施战略信息系统时，诸多因素会影响到系统的使用效果。美国学者莱德勒（Lederer）和塞思（Sethi）通过对美国一些企业的战略信息系统进行研究，发现主要存在以下几方面问题：

（1）管理层的重视不够。

（2）规划结果仍需进一步分析。

（3）没有信息技术开发的培训计划。

（4）规划的成功依赖于信息技术的带头人。

（5）未能找到一个符合适当标准的规划小组组长。

（6）没有足够的计算机支持。

（7）忽视了计划的实施问题。

（8）对信息技术部门的优势和劣势分析不足。

（9）对技术环境的分析不足。

以上这些问题既涉及战略信息系统规划所采用的方法，又涉及企业的组织、管理、环

① 牛东来．流通业供应链管理与电子商务模型及应用［M］．北京：中国人民大学出版社，2012：373.

境等各方面的问题。因此，不能把该过程简单视作按照某种方法所进行的若干个步骤的集合。应该用综合系统的观点来看待整个过程，即在战略信息系统规划时，不仅要重视方法的选择和采用，更应考虑到与其相关的企业内外环境因素以及规划实施方面的要素等。

第五节 战略管理工具

一、平衡计分卡概述

在诸多的战略管理工具之中，平衡计分卡（balance scorecard，BSC）是目前全球最为流行的工具之一。平衡计分卡（BSC）由罗伯特·卡普兰与戴维·诺顿于 1992 年提出，最初被用于企业的绩效考核，后又被广泛用于企业的绩效管理。经过几年的研究后，1996 年，平衡计分卡的两位创始人发现，该工具对企业的战略管理有明显的作用，能解决战略实施中的许多关键问题。此后，平衡计分卡的研究和应用主要围绕如何利用平衡计分卡帮助企业进行战略评价与战略控制。目前，平衡计分卡作为一种战略管理工具，受到广大企业的重视并得到广泛应用。

按照平衡计分卡创始人的最初设想，平衡计分卡就像飞机驾驶舱中的仪表盘，帮助经营者对企业复杂的信息一目了然。飞机驾驶员要保持飞机的良好飞行，就必须掌握关于燃料、速度、高度、方向和风力等反映飞行情况和预测环境变化的指标。平衡计分卡如同飞机仪表一样，将企业经营指标明确地反映在一张卡片上，使经营者既不依赖单一的指标片面地进行管理，又不至于因为管理工作过于烦琐而分散注意力，从而忽视对企业关键运行指标的掌握。

平衡计分卡是以信息为基础，系统考虑企业业绩驱动因素，以多维度平衡指标进行评价的一种业绩评价指标体系。其中“平衡”一词指评价要兼顾战略与战术、长期与短期目标、财务和非财务衡量方法、滞后和先行指标，以及内部和外部业绩等各个方面的因素。平衡计分卡通过设计出相应的评价指标，系统全面而又迅速地反映企业的整体运营状况。其指导思想基于以下逻辑：企业想要获得良好的财务绩效，就必须要有良好的市场表现作为支持，例如较高的市场占有率或销售增长率；企业要在市场方面拥有满意的表现，就必须要有持续的业务流程优化和改进能力，提高所提供产品和服务的性价比，因为业务流程优化能力决定了企业运作效率的高低；而业务流程优化和改进能力，主要取决于企业员工在学习和成长方面的水平。

二、平衡计分卡的适用条件

全球排名前 1000 的公司之中有 70% 已经采用了平衡计分卡工具进行战略管理，并取得了显著的成效①。然而，并非所有的企业都适合采用平衡计分卡管理体系，具体说来，企业需要具备以下条件：

（1）具有明确的发展战略。即只有以战略为导向的企业，才适合采用平衡计分卡的管理体系。行之有效、清晰明朗的战略目标，恰恰是平衡计分卡系统运用的前提。通过转换企业战略为量化的指标，平衡计分卡帮助企业重新认识与制定发展战略。

（2）具有完善的信息传递和反馈系统。平衡计分卡的建立，需要完善的信息收集系统作为其基础，要求企业全体员工通力合作，上下协调。只有具备完善的信息沟通系统，才可能实现财务、顾客、内部运作以及学习能力方面量大面广的数据收集与传递工作。

（3）具有完整的价值链。许多中小型企业由于其功能过于单一，难以形成完整的价值链，而平衡计分卡的运用要以一个较为完整而明确的价值链为基础，并通过价值链各个部分的影响传递来实现其功效。

三、平衡计分卡的主要指标

平衡计分卡从财务绩效、客户评价、内部业务流程、学习与创新能力 4 个方面，确定 15～20 个可量化的指标，对企业进行综合考察和评价。同时，要求所确定的指标能够与企业战略的实现紧密联系，并通过将指标层层向下分解，使各级员工对企业的战略和前景都有明确的认识，从而将战略目标落实到每个员工的具体行动之中。

（1）财务指标。财务指标定位于战略的短期收益，反映即期满足股东、实现股东价值最大化的目标。其代表性指标有：净资产收益率、权益报酬率、现金流量、经济增加值等，解决的是“企业如何满足股东利益”的问题。财务指标表明企业所做出的努力是否对企业的经济收益产生了积极的作用。财务指标是以下三个指标的出发点与归宿。

（2）顾客指标。顾客指标反映企业组织对顾客的满足程度，顾客对企业提供产品和服务的满意度，是从顾客角度衡量企业竞争力的变化。通常，顾客关注以下指标：产品或服务的性能、价格、质量、提供的快捷程度、后续服务的便利程度等。因此，这一指标综合考察了企业面向市场上的各个维度，包括制造效率、反应速度、管理和控制水平，还包括对渠道的控制能力。当然，不同行业的不同企业，应根据自身的情况确定顾客指标。

（3）内部运作指标。内部经营过程是企业改善其经营业绩的重点。内部运作指标体现企业组织的运作效率及效果，解决的是“我们怎样组织生产以满足顾客要求”的问题。内部指标重视的是对客户满意度和实现组织财务目标影响最大的那些内部过程。这些过程能够创造未来企业的价值，推动未来企业的财务绩效。其衡量指标有生产率、生产周期、成本、合格率、新产品开发周期等。

---

① 张越．基于平衡计分卡的高校绩效评价指标体系构建［D］．昆明：云南师范大学，2019.

（4）学习和成长创新指标。学习和成长创新代表企业长期的竞争能力，其衡量指标有新产品推出情况、员工满意度、合理化建议采用率等。这些指标强调企业员工成长和创新的重要性，是企业不断提高竞争能力，不断提升企业价值的关键所在。

四、平衡计分卡的实施流程

实施平衡计分卡时，首先对企业的愿景与战略予以澄清，然后通过沟通与连接，使企业战略目标与各级各层局部目标相衔接；接下来通过规划并设定具体的目标和行动方案，使企业战略得以落实；最后，进行战略学习与反馈。

平衡计分卡的实施流程可分为紧密关联的四个步骤。

步骤一：澄清企业的愿景与战略。这是战略学习流程的开始，以四个维度整套目标作为澄清愿景与战略的语言，把复杂而笼统的概念变为精确的目标，这对于企业高层管理者达成共识帮助极大。

步骤二：沟通与链接。企业要动员每一个员工采取行动完成组织的目标。平衡计分卡的设计特别强调因果关系，注重动态的系统思维。它促使不同部门的所有成员都能看清楚组织全貌，都能了解个人角色彼此的交互影响乃至对全局的影响，进而促使个人与组织积极沟通，使个人目标与部门目标、企业目标相连接。

步骤三：规划并设定目标和战略行动方案。平衡计分卡是利用一套平衡的成果指标度量绩效驱动因素，为企业界定具体量化的绩效指标，评价企业预期绩效目标和企业目前实际绩效水平的差异，以找出绩效差距，并通过设计战略行动方案来缩小甚至消除这些差距。

步骤四：战略的学习与反馈。这个步骤赋予公司战略性学习的能力。传统的反馈和考察程序注重公司及其各部门、员工是否达到了预算中的财务目标。当管理体系以平衡计分卡为核心时，公司就能从另外三个角度（顾客、内部流程以及学习与发展）来监督短期结果，并根据最近的业绩评价战略、修正战略，随时反映学习所得。

通过以上四个步骤，企业将短期战略目标与短期行动联系起来，一个完整的战略管理体系就得以建立。

五、平衡计分卡与传统绩效管理体系的区别

传统的绩效管理是对员工进行评估的工具，只包含财务目标，而忽略其他方面的因素。实际上，单纯的财务目标，例如销售额、毛利润、应收账款、费用等，只能说明企业目前运营的状况，却无法对以后的活动进行指导。传统的绩效管理体系完全忽略了人员指标、流程指标和外部因素等指标。因此，传统的绩效管理属于人力资源管理的范畴，即根据员工达到目标的程度对员工的表现进行评估。

平衡计分卡的出现，使得传统的绩效管理从人员考核和评估的工具，转变成战略实施的工具，使得领导者拥有了全面的统筹战略、人员、流程和执行四个关键因素的管理工具，可以平衡长期和短期、内部和外部，确保企业持续发展。

与传统的绩效管理体系相比，平衡计分卡具有以下优点：

(1) 传统的绩效管理体系多与企业发展战略相脱节，从而导致绩效评价仅仅被用来评判企业运营现状与员工工作情况，与企业发展却没有直接联系。平衡计分卡使企业的战略和绩效管理相结合，既能促使企业重新审视战略，又能有效地促进企业战略管理的科学化，从而克服了传统绩效管理体系不能把公司长期发展与短期行为联系起来的缺陷。

(2) 传统的基于财务模式的绩效考核，能够对有形资产进行评估和管理，但在无形资产和智力资产的评估和管理上存在盲点，例如，员工的学习能力、员工满意度、新技术采用率等均未纳入评估和管理的范畴。相比之下，平衡计分卡的评价体系既关注财务指标，又综合考虑无形资产因素，从财务、客户、企业流程以及员工各个角度进行审视，使企业在跟踪财务业绩的同时，能够监督企业长期发展能力的进展状况。

(3) 平衡计分卡反映了绩效与报酬的关系。有效的平衡计分卡能够提供合理的、可度量的工作表现、绩效标准，能在企业的短期和长期规划之间，在不同的利益相关者之间形成合适的平衡，实现激励功能。

(4) 平衡计分卡反映了在企业诸多量化指标之间寻找“平衡”的思想，有助于实现企业内部流程管理与外部利益相关者之间、财务指标与运营表现之间、长期目标和短期目标之间以及落后指标和领先指标之间的平衡。

(5) 平衡计分卡的指标体系并非一成不变，随着战略目标、外部情况等因素的改变，指标体系也会进行相应调整，从而起到及时追踪企业跨部门、跨时段绩效变化的功能。

六、平衡计分卡的不足

平衡计分卡之所以获得广泛推崇，主要是因为它能够弥补传统绩效管理体系的缺陷，实现了战略意图与指标测评的有机统一。但是，平衡计分卡在理论和实践上还存在一些有待克服和改进的问题。

(1) 部分指标难以量化和考核。与传统的财务指标相比，平衡计分卡的部分指标难以客观量化，并存在考核困难的问题。例如，员工受激励程度方面的指标不仅难以量化，而且需要收集大量信息，经过充分的加工才能有实用价值。此外，还存在员工迫于上级压力做出虚假反馈的可能，这就对企业信息传递和反馈系统提出了更高的要求。

(2) 指标体系四个方面的关系尚未完全明晰。平衡计分卡要对财务、顾客、内部运作以及学习和成长创新这四个方面的指标进行考核，一个典型的平衡计分卡要包括

25~30 项指标。但是，目前学术界对于指标体系中四个方面的内在联系还未能给出很好的解释。

（3）目标多元可能会干扰企业决策。平衡计分卡众多的财务指标与非财务指标，虽然可以较为明确地反映企业运营状况与战略执行情况，但这四个方面的某些指标可能是彼此冲突的，若不能平衡好这些指标之间的关系，就可能产生反作用，甚至干扰企业进行正确决策。

（4）企业实施成本大。平衡计分卡要求企业建立完善的信息传递与反馈系统，从财务、顾客内部运营、学习与成长等四个方面综合考虑战略目标的实施效果，并为每个方面制定详细明确的目标和指标。典型的平衡计分卡设计周期长达半年，再加上不断完善和修改的时间，总的开发周期至少一年。因此，平衡计分卡的实施需要企业在时间、财力、物力方面做较大投入。

（5）平衡计分卡应与其他战略管理工具结合使用。平衡计分卡的种种不足，决定了它必须有效地结合其他管理工具，才能充分发挥效用。例如，我国台湾地区的银行业和寿险业普遍以产品功能创新和客户服务作为平衡计分卡的关键因素来提升战略竞争优势；而以六西格玛作为辅助工具，提升内部流程的执行效率，以实现战略层面与执行层面的有效结合。

第六节 流程再造

一、业务流程再造概述

1. 流程再造的产生与发展

业务流程再造（business process reengineering，BPR）于 20 世纪 80 年代末 90 年代初在美国兴起，并迅速风靡世界，被誉为第二次世界大战后自全面质量管理以来的又一次管理变革运动。20 世纪 70 年代，以日本为先导的全面质量管理，强调流程思考和流程改善，把流程思考和流程改善的思想放在更广泛的企业管理范围内加以运用。日本质量专家认为，只要把流程管理好了，输出的产品和服务质量自然就好。到了 80 年代中后期，许多大公司，特别是美国和欧洲的一些大公司，开始怀疑这种连续的改善能否满足企业变化的需求。信息技术的飞速发展为流程的彻底改善提供了可能。随着“价值链”概念的大行其道，“为制造而设计”“并行工程”等思想应运而生。这些思想的共性在于，把关注的焦点由流程的某一职能扩展到跨职能的流程，以信息技术和组织调整作为整个流程变化的推动器，追求流程业绩的巨大改善。业务流程再造把这些思想推广应用到制造型企业外的各行各业，在企业中推广到整个企业的所有流程。1990 年，美国著名企业管理大师、麻省理工学院教授迈克尔·哈默首先提出了流程再造理论，随即成为席卷欧美国家企业的管理革命浪潮。

流程再造的主要过程如图 10 – 3 所示，有系统诊断开始，经过总体建模、重新设计、试运行和量化设计等几个主要程序。

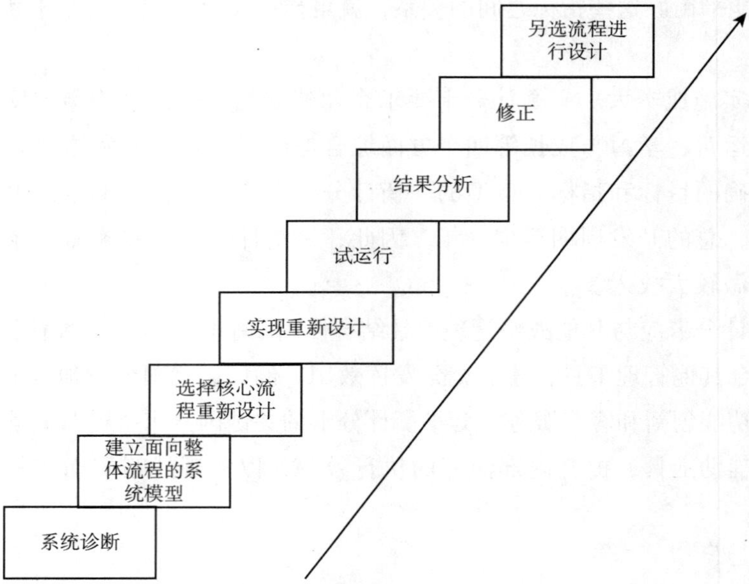

图 10 – 3　流程再造的主要步骤

资料来源：徐飞．企业战略管理［M］．3 版．北京：中国人民大学出版社，2016.

2. 企业流程再造的核心思想

企业流程再造的核心思想是，以企业长期发展战略需要为出发点，以流程价值再增值设计为中心，强调打破传统的职能部门界限，提倡组织改进、顾客导向及正确地运用信息技术，建立合理的企业流程，从而使企业适应日益加剧的市场竞争和瞬息万变的外部环境。

企业战略对于企业流程再造具有极其重要的导向作用。企业实施流程再造时，应当确保企业的流程再造能够体现战略发展的方向，再造后的流程能够服务于企业战略要求。这两点必须始终贯穿流程再造的全过程，即从再造蓝图的描绘、流程的识别、流程的分析、流程的再造，直到流程再造后的评价和检测工作的全过程。

二、流程再造的实施

1. 企业流程再造实施应遵循的原则

（1）以提高企业核心能力为目标。企业要想在激烈的市场竞争中立足，必须不断培养和创新自己的核心能力。一些企业热衷于“资本运营”或“资本扩张”；还有一些企业虽然十分重视企业产业结构、产权结构和产品结构的调整，但大多停留在表面。企业要获得良好的发展机遇，长治久安，基业长青，必须先充分搞好企业最基本的内部流程重组，以现有核心能力为基础，多角度全方位地思考所有流程，大胆取舍，使企业系统绩效得以优化，整体水平得以提升。

（2）以市场为导向。在卖方市场时代，商品供不应求，企业市场竞争意识淡薄。随着市场经济的逐步深化，市场竞争越来越激烈，企业只有通过“关注客户→捕捉客户需求→实现客户需求→达到客户满意”来争取市场份额，才能实现企业效益最大化。因此，在流程再造过程中，需通过市场调研了解市场信息，将市场调研规范为企业日常经营活动的重要环节，充分考虑直接影响企业经营活动的三大要素——客户、竞争者和政策环境，致力于发现和理解顾客当前和未来的需求。

（3）以流程为中心。流程再造首先是将企业形态由传统的职能导向型转变为流程导向型。这两种企业形态的本质区别，不在于企业运营过程的不同，而在于企业的基本结构不同。职能导向型企业的基本结构是职能部门（车间）。各部门有自己的任务，以任务为中心，它们将企业流程人为地分割成“条”“块”“子流程”。由于各部门受自身任务的压力和自身利益的驱使，难免各自为政，因此，部门之间脱节、扯皮乃至冲突屡见不鲜，从而影响企业整个流程目标的顺利实现。流程导向型企业的基本结构是流程，且随着市场变化而不断改变。每个流程由各类专业人员组成的团队实施。以流程为中心，要求企业流程再造围绕结果进行，即围绕企业最终为顾客提供产品和服务这一结果来组织、设计、实施流程。

（4）以人为本的团队式管理。流程再造的重要目标之一是提高组织的柔性，以应对易变的外部环境。传统管理中，外部环境相对稳定，组织多采用职能结构、任务导向，从而提高执行的效率。但在职能组织模式下的任务导向的团队，往往具有很强的刚性，职能之间的壁垒难以打破，在外部环境多变的情况下，任务导向的团队往往难以快速改变人员的组合，难以适应外部市场的变化。而以人为本的团队式管理，根据人的特点设计流程，使每个人都成为流程中的一个重要环节。团队中的个人不仅会关心任务，也会关心流程的运转。

2. 企业流程再造的实施流程

企业流程再造是一项艰巨的工程，要获得成功，不仅需要清晰合理的计划，还需要巨大的勇气与魄力。在任何一个再造计划中，组织都需要识别增值业务活动和非增值业务活动，并试图尽可能减少后者的比例，以达到为顾客提供更多价值的目的。尽管执行企业流程再造并没有一个固定的模式，但可参考如下基本步骤：

第一步：业务流程诊断。

流程再造建立在对原有流程充分认识的基础上，它需要对原有流程进行全面的功能和效率分析，发现其存在的问题。在查出流程中的问题后，还要针对具体问题，分析原因。流程的问题既可能由流程本身内部的混乱造成，也可能缘于流程之间关系的不协调。由于企业的各种流程存在相互联系、相互制约的关系，企业应特别重视流程之间的相互作用和匹配，不仅要对单项流程进行合理的整合，更应加强流程网络的总体规划，使流程之间彼此协调，减少摩擦和阻力，降低系统内耗。

第二步：确定业务流程改造策略。

企业业务流程中关键的流程直接面对顾客，为顾客提供有价值的产出，所以是企业流程再造的中心环节。流程再造将原来按职能划分进行的管理方式，转变为以业务流程和具体任务为中心来重新整合。流程再造从设计一个或数个基本的业务流程开始，改造的基本原则是：执行流程时，环节越少越好；从服务对象看，需要交流和面对的人越少、越简单越好。根据这一原则，可以有以下改造策略：

（1）借助技术支持，将可以合并的流程合并，减少工序的分割，既可以提高工作效率，也可以降低管理成本，还可以减少衔接错误的发生率。

（2）将同一个职能步骤且需要紧密合作的连续流程合并，组成工作小组，重新构造流程。以团队内信息沟通代替个人之间信息交换和交接手续，从而提高效率。以团队方式开展流程中的工作，将是多数企业改造流程的重要策略。

（3）将连续和平行式流程改为同步工程。连续流程是一个前后工序紧密衔接的流程。前后工序不能随意变换，前道工序没有完成，后道工序便无法开始。平行式流程将各工序分开进行，最后将各工序成果进行汇总和组装。同步工程则是将多道工序组合成为一个模块，在模块内部，各工序可以互动进行。传统的产品研发多采用连续或平行式流程，不仅时间长，而且只要其中一个步骤失误，整个流程就需要重新开始。尤其在新产品研发中，如果发现某个流程有问题，就需要耗费大量时间从头开始。而采用同步工程方式，将全过程划分为几个模块，模块内部各工序可以随时交流，一个流程错误可以在模块内部调整和纠正，可显著提高开发效率。

第三步：流程设计。

在完成以上两个步骤后，流程再造进入实质性阶段流程设计。流程设计应充分集思广益，群策群力，认真审视设定的目标以及流程设计所必须达到的输出要求，将目标和一些想法、建议通过工作流程加以实现。同时，还应考虑到本企业的实际情况，设计出与流程改进方案相配套的组织结构、人力资源配置、企业文化方面的保障体系。只有以流程改进为核心形成系统的企业再造方案，才能达到预期的目的。这包括组织结构的再造、人力资源的重新配置以及企业文化的重塑。

第四步：组织实施与持续改善。

流程设计完成之后，应尽快将流程加以实施。实施企业再造方案，必然会触及原有的利益格局，因此，要精心组织，谨慎推进。既要态度坚定，克服阻力，又要积极宣传，达成共识，以保证企业再造的顺利进行。此外，企业还要通过实践进一步完善流程。企业再造方案的实施并不意味着企业再造的终结。在社会发展日益加快的时代，企业总是会面临新的挑战，这就需要对企业再造方案持续加以改进，以适应新形势的需要。

［章后案例］

数字经济新营销模式——直播销售

2020 年 6 月 29 日，中国消费者协会官网发布《“618”消费维权舆情分析报告》。报告称，“6·18”促销活动期间共收集有关“直播带货”类负面信息 112384 条。直播带货的“槽点”包括：产品质量货不对板；平台主播向网民兜售“三无”产品、假冒伪劣商品等。从直播带货的主播角度来看，销售假冒伪劣产品的主观动机可能性并不高，但其暴露出直播平台内部的管理还有待进一步完善，需要重新梳理管理流程，优化渠道合作伙伴管理机制，提高供应商准入门槛，全力避免类似事情再次发生。

在直播带货下半场中，需要反思的是，具有强大销售能力的带货主播，其在供应链中究竟占据的是什么位置？是所谓抽取佣金的“平台”，还是需要成为产品生产到销售中的一个环节？传统零售中的经销商模式，在互联网时代能否复制到主播品牌之上？这些问题，直到如今都缺乏深入的讨论。

而且，即使主播选择扮演的是第三方平台角色，他们也无法真正意义上从假货事件中撇清关系。相比电商平台，头部网红的品牌效应一定程度上来说更为珍贵和难以维护，一旦过度消费用户信任，商业模式也就无从谈起。

也就是说，如果带货主播不能在真正意义上介入产品的生产过程，充分了解和熟悉所带货品的供应链流程，那么直播带货遭遇“翻车”的不可控风险就会一直持续。对于直播带货来说，野蛮生长的红利期也在快速过去。2020 年 11 月 23 日，国家广播电视总局官网发布的《国家广播电视总局关于加强网络秀场直播和电商直播管理的通知》（以下简称《通知》）对秀场网络直播和电商直播的登记、内容、审核、主播、打赏等方面提出了具体的管理细则。其中最为引人注目的，是直接点名头部主播，并专门对其监管提出了更严格的要求。

因此，直播带货如果要真正实现从野蛮生长到规范发展的彻底转型，真正重要的是能否建立一套适配天量主播的供应链响应体系，这也是直播带货下一步转型需要突破的天花板所在。

但同时需要看到的是，科学高效的供应链体系的建设，绝不是一朝一夕可以落成的。事实上，自新零售概念提出以来，零售业绝大多数的变革其实都发生在终端市场。无论是商品营销的迭代还是从平台到直播渠道的变化，其本质上还是聚焦在终端市场，这也是面对广大用户对于个性化、多样化与体验式消费的新需求能够最快响应的地方。可是，当直播带货在聚光灯下把终端营销做到极致，在这一领域变革的瓶颈也很快到来。因为，没有一个适配于新零售销售模式的供应链系统配合，任何人都无法完成全行业的变革。这一僵局的出现，其实不只是在直播带货领域。供货和用户需求不匹配、商品质量问题同样是限制新零售发展的重要方面。我们所熟悉的新零售的诸多业态，比如无人零售、快闪店、生鲜超市等，这些看似和直播带货并不一样的零售渠道，持续亏损的现状，证明其本质上遇到的是和直播带货同样的困境。即使是巨头争抢的社区生鲜，其实到如今依然并不是挣钱的市场。

关键是要实现货物的数字化转型。包括直播带货在内的新零售问题的症结，就是其在终端改变了人货场的结构，却无法得到上游系统的快速匹配。试想，如果直播间在选品时能够快速直观清晰地了解到产品的生产流程，这样的“翻车”事故应该也就不会发生。

很长一段时间以来，当人们谈及新零售时，人货场的重构几乎是创投圈的时髦词汇。但事实上，尽管在用户需求也就是人的需求挖掘上已经相当充分，直播带货在场景的构建上也足够有吸引力，带货的数字化塌陷，已经成为阻碍新零售发展的关键所在；而要实现带货的数字化转型，意味着对整个现有轻工业体系提出了一套全新的要求：快速匹配、定制生产、及时响应。也就是说，直播带货的未来，其实有赖于工业互联网的数字化转型，利用大数据模型和算法库、知识库等，为企业提供生产过程管控、资源配置、产品性能改进等多场景的决策参考。

一直以来，直播带货这一领域就存在着监管收紧和流量见顶的普遍性忧虑，确实外部市场因素的变化会直接影响一个行业的起伏。但从当下来看，能否在打破传统零售供应链之后建立起一套适应直播带货的规范化供应链体系，才是直播带货下半场能否持续突围的真正症结所在。直播改变了人们的购物方式，也改变了整个物流乃至生产方式的运作，对整个供应链的运行提出了新的要求。比如，在生产端能否快速匹配多元化不可控的订单牵引，在原材料采购备货上及时对直播带货的“爆款”进行分析处理；再比如，在物流端能否在短时间内使得产品快速抵达大批量消费者，这些都是对企业生产供应能力的全新考验。

资料来源：【年终盘点】2020 年直播带货十大“翻车”事件［EB/OL］. https：//www. sohu. com/a/443015973_120491808.

本章小结

本章从战略评价概述、步骤、方法、战略信息系统以及战略管理工具方面，对战略评价进行阐述和分析。在当今经济全球化、贸易一体化、需求多样化等宏观经济环境下，战略的作用越来越突出。但由于企业内外部环境因素总是处于不断变化之中，设计完美、实施得当的战略会变得过时，因此管理者需要不断调整战略，使战略管理朝着正确的轨道运行。战略的内涵决定了其本身具有方向性、整体性、个体差异性和一致性等特点，并且这些特点是战略优势的重要表现。战略应该要达到企业内部能力、外部环境、企业长远目标三者的动态平衡。任何公司的战略都是独特的，战略没有对与错之分，因此战略评价必须根据实际情况而不是按照最好的通用的战略来进行。

复习思考题

1. 评价战略时应考虑哪些要素？
2. 制订战略备选方案的方法归纳起来大致有哪几种？
3. 战略结果评价对完成情况的全面衡量和分析预测的模式分为哪几种？
4. 整个战略规划包含哪些主要内容？
5. 如何对平衡计分卡进行定义？

参考文献

［1］奥斯特瓦德，皮尼厄．商业模式新生代［M］．王帅，毛心宇，严威，译．北京：机械工业出版社，2011.

［2］白松松，梁亚粉．企业战略管理理论的嬗变与新趋势［J］．中国商论，2012（2）：82－83.

［3］彼得·F．德鲁克．管理实践［M］．上海：上海译文出版社，1999.

［4］彼得·德鲁克．管理的实践［M］．齐若兰，译．北京：机械工业出版社，2008.

［5］蔡海山．产业跨界的渠道差异化运作［J］．销售与市场（管理版），2015（7）：52.

［6］常路，符正平．数字经济转型下传统企业的双平台战略与组织变革——以广新集团为例［J］．企业经济，2019（9）：69－76.

［7］陈建校．企业战略管理理论的发展脉络与流派述评［J］．学术交流，2009（4）：75－79.

［8］陈倩，涂思雨，沈甜甜．企业跨界经营的动因及风险管控研究——基于"互联网＋"背景［J］．重庆科技学院学报（社会科学版），2020（2）：54－59.

［9］陈幼红．基于"文化—战略—执行"三环链模型的企业战略管理创新研究［J］．改革与战略，2014（4）：48－50.

［10］程新生．企业战略控制探析［J］．企业经济，2014（3）：5－10.

［11］戴维．战略管理［M］．李克宁译．10版．北京：经济科学出版社，2006.

［12］邓后平．论战略业绩评价在我国的应用［J］．商业经济与管理，2002（8）：37－40.

［13］弗雷德·R．戴维．战略管理［M］．李克宁译．6版．北京：经济科学出版社，1998.

［14］弗雷德·R．戴维．战略管理：概念与案例［M］．徐飞译．北京：中国人民大学出版社，2012.

［15］郭彬．浅析虚拟经营战略［J］．理论界，2004（3）：148－149.

［16］郭立新．企业动态能力系统演化的状态变量与影响因素［J］．科学学与科学技术管理，2008（6）：24－36.

［17］郭筱笠．建好企业数据资源［J］．网络运维与管理，2012，12（24）：87－89.

［18］亨利·明茨伯格，布鲁斯·阿尔斯特兰德，约瑟夫·兰佩尔．战略历程［M］．魏江译．北京：机械工业出版社，2001.

［19］胡艳．商业模式创新战略［J］．中外企业家，2013（10）：20－22.

［20］霍国庆．企业战略信息管理［M］．北京：科学出版社，2001.

［21］蓝海林．企业战略管理："静态模式"与"动态模式"［J］．南开管理评论，2007.

［22］蓝海林等．企业战略管理［M］．2版．北京：中国人民大学出版社，2018.

［23］雷如桥，陈继祥．战略管理的发展历程——一个动态演变的观点［J］．价值工程，2004（1）：3－5.

[24] 李卜石．论企业战略管理［J］．现代商贸工业，2012（1）：33－34.

[25] 李景贵．大数据时代企业须打好信息资源整合攻坚战［R］．人民邮电报，2015.

[26] 李烨，郭继辉．透析公司治理结构对企业战略转型的影响与启示［J］．中国高新技术企业，2008（23）：1－3.

[27] 李玉刚．战略管理行为［M］．北京：中国市场出版社，2006.

[28] 栗庆伟，尹洪亮．平衡计分卡——新的效绩评价和战略管理系统［J］．大连大学学报：社科版．2003（1）：71－73.

[29] 林志扬，赵靖宇，裴彩霞．跨界：你需要怎样的组织控制能力［J］．清华管理评论，2014（Z2）：56－63.

[30] 刘冀生．企业战略管理［M］．2 版．北京：清华大学出版社，2003.

[31] 刘平．企业战略管理规划理论、流程、方法与实践［M］．北京：清华大学出版社，2010.

[32] 吕巍，周颖，冯德雄．战略管理［M］．武汉：武汉理工大学出版社，2010.

[33] 迈克尔·A. 希特，R. 杜安·爱尔兰，罗伯特·E. 霍斯基森．战略管理：竞争与全球化（概念）［M］．焦豪，等译．北京：机械工业出版社，2012.

[34] 齐大庆．中国企业的战略制定与执行［J］．中国新时代，2005（1）：50.

[35] 钱志新．商业模式创新的核心战略［J］．江苏科技信息，2008（9）：30－33.

[36] 切斯特·巴纳德．经理人员的职能［M］．王永贵译．北京：机械工业出版社，2007.

[37] 秦瑞．电商与快递跨界经营战略及其风险管理——基于顺丰快递与京东电商案例研究［J］．价值工程，2019，38（9）：43－45.

[38] 权小妍．企业战略管理的“静态模式”与“动态模式”分析［J］．商业时代，2013（30）：102－103.

[39] 数字经济时代，企业如何加快推进数字化转型［EB/OL］．https：//www. yangtse. com/content/917247. html.

[40] 王东升．商业模式、财务战略与企业价值［D］．太原：山西财经大学，2016.

[41] 王佳．浅谈企业战略管理的“静态模式”与“动态模式”［J］．现代经济信息，2019（19）：118.

[42] 王子军，刘志永．论企业战略管理对企业发展的意义［J］．科技资讯，2011（5）：172.

[43] 魏江，邬爱其，等．战略管理［M］．北京：机械工业出版社，2018.

[44] 吴永亮，卢宁，赵玉洁，等．动态环境下企业战略管理模式构建研究［J］．江苏科技信息，2019，36（11）：36－39.

[45] 希尔，琼斯，周长辉．战略管理［M］．孙忠译．7 版．北京：中国市场出版社，2007.

[46] 项伟峰．虚拟经营模式实践研究［D］．广州：暨南大学，2009.

[47] 项益鸣，鲁婕．企业社会责任的内生动机与管理体系构建——以西子联合控股有限公司为例［J］．西安电子科技大学学报（社会科学版），2019（1）：1－7.

[48] 小阿瑟·A. 汤普森，A. J. 斯特里克兰三世．战略管理——获取竞争优势［M］．北京：机械工业出版社，2006.

[49] 肖智润．企业战略管理：方法、案例与实践［M］．2 版．北京：机械工业出版社，2018.

[50] 谢艳红，徐玖平．战略绩效考核工具——平衡计分卡（BSC）［J］．商业研究，2005（9）：141－143.

［51］新京报．政策红利＋庞大需求，“二师兄”成跨界宠儿［EB/OL］．https：//baijiahao. baidu. com/s？id＝1666175749356987091&wfr＝spider&for＝pc.

［52］徐飞．企业战略管理［M］．3 版．北京：中国人民大学出版社，2016.

［53］徐飞．战略管理［M］．北京：中国人民大学出版社，2013.

［54］徐飞．战略管理［M］．3 版．北京：中国人民大学出版社，2019.

［55］袁博，李永兵．产业政策对企业跨界经营行为的影响［J］．技术经济，2017，36（2）：22－28.

［56］约翰·甘布尔，小阿瑟·汤普森著．跟大师学战略管理［M］．刘学元译．北京：人民邮电出版社，2012.

［57］张涛，文新三．企业绩效评价研究［M］．北京：经济科学出版社，2002.

［58］张玉．战略评价综述：内容、步骤与方法［J］．中山大学研究生学刊：社会科学版，2010，31（2）：95－106.

［59］赵弘．科技战略的控制与管理［J］．经济师，2000（12）：211.

［60］中国投资咨询网．跨界是商业模式的重构过程［EB/OL］．http：//www. ocn. com. cn/touzi/201704/cajhw25120742. shtml.

［61］Belasco James A，Stayer Ralph C. Flight of the Buffalo［D］．Grand Central Pub，1994.

［62］Bita Arbab Kash，Aaron Spaulding，Larry D Gamm，et al. Healthcare strategic management and the resource based view［J］．Journal of Strategy and Management，2014，7（3）：251－264.

［63］Eisenhardt K & Santos F. Knowledge based view：a new view of strategy［A］//Handbook of strategy and management［C］．London：Sage，2003.

［64］Eisenhardt K M & Martin J A. Dynamic capacities：what are they［J］．Strategic Management Journal，2000（21）：1105－1121.

［65］Grawe S J，Haozhe C，Daugherty P J. The relationship between strategic orientation，service innovation and performance［J］．International Journal of Physical Distribution & Logistics Management，2009，39（4）：282－300.

［66］Hinings B，Gegenhuber T，Greenwood R. Digital innovation and transformation：An institutional perspective［J］．Information and Organization，2018，28（1）：52－61.

［67］Hrebiniak L，Joyce W. Implementing Strategy［M］．Macmillan，New York：West Publishing，1984.

［68］Ireland R D，Hitt M A. Mission statements：importance，challenge and recommendations for development［J］．Business Horizons，1992，35（3）：34－42.

［69］Johnson，Leonard W，Frohman，Alan L. Identifying and Closingthe Gap in the Middle of Organizations［J］．Academy of Management Executive，1989，3（2）：107－114.

［70］Kaplan R S，Norton D P. The balanced scorecard：the measures that drive performance［J］．Harvard Business Review，1992（70）：71－79.

［71］Lane R J，Salk J E & Lyles M A. Absorptive capacity，learning，and performance in international joint－ventures［J］．Strategic Management Journal，2001（22）：1139－1161.

［72］Madjid Tavana. Euclid：strategic alternative assessment matrix［J］．Journal of Multi－criteria Decision Analysis，2002，11（2）：75－94.

[73] Majchrzak A. Designing for digital transformation: Lessons for information systems research for the study of ICT and societal challenges [J]. Mis Quarterly, 2016, 40 (2): 267 – 277.

[74] Marko Kohtamki, Sascha Kraus, Markus Mkel, et al. The role of personnel commitment to strategy implementation and organisational learning within the relationship between strategic planning and company performance [J]. International Journal of Entrepreneurial Behaviour & Research, 2012, 18 (2): 159 – 178.

[75] Mike Moroney. Strategy evaluation: Towards an updated paradigm [J]. Journal of the Irish Academy of Management, 2000, 21 (1): 103 – 127.

[76] Miles R E, Snow C C, Meyer A D, et al. Organizational Strategy, Structure and Process [M]. New York: McGraw-Hill, 1978.

[77] Reveliotis Spyros A. Uncertainty management in optimal disassembly planning through learning-based strategies [J]. IIE Transactions, 2006, 39 (6): 645 – 658.

[78] Robert S Kaplan and David P Norton. The Balanced Score card: Measures that Drive Performance [J]. Harvard Business Review, 1992 (1 – 2).

[79] Rumelt Richard. Corporate Strategy [J]. Journal of Business Strategy, 1980, 1 (2): 63 – 65.

[80] Singh A., Hess T. How chief digital officers promote the digital transformation of their companies [J]. Mis Quarterly Executive, 2017, 16 (1): 1 – 17.

[81] Weathersby George B. Competing in a global economy [J]. Management Review, 1998, 87 (7): 5.

[82] Zott C. Dynamic capabilities and the emergency of intraindustry differential firm performance: insight from a simulation study [J]. Strategic Manatement Journal, 2003 (24): 97 – 125.

